BUR
rizzoli

# Storia d'Italia

1. L'Italia dei secoli bui
2. L'Italia dei Comuni
3. L'Italia dei secoli d'oro
4. L'Italia della Controriforma
5. L'Italia del Seicento
6. L'Italia del Settecento
7. L'Italia giacobina e carbonara
8. L'Italia del Risorgimento
9. L'Italia dei notabili
10. L'Italia di Giolitti
11. L'Italia in camicia nera
12. L'Italia littoria
13. L'Italia dell'Asse
14. L'Italia della disfatta
15. L'Italia della guerra civile
16. L'Italia della Repubblica
17. L'Italia del miracolo
18. L'Italia dei due Giovanni
19. L'Italia degli anni di piombo
20. L'Italia degli anni di fango
21. L'Italia di Berlusconi
22. L'Italia dell'Ulivo

STORIA D'ITALIA

INDRO MONTANELLI

# L'Italia di Giolitti

1900-1920

Premessa di Sergio Romano

BUR
rizzoli

ISBN 978-88-17-04678-7

Per la parte aggiornata:
Testi appendice e inserto a colori – Massimiliano Ferri
Ricerca iconografica – Silvia Borghesi
Mappe – Angelo Valenti

Prima edizione aggiornata BUR Storia d'Italia marzo 2011

# Premessa

Il ventennio comincia con l'assassinio di Umberto I a Monza e si conclude con l'ultimo governo di Giovanni Giolitti prima dell'avvento del fascismo al potere. Quello che fa il suo ingresso nel nuovo secolo è un Paese molto diverso dall'Italia risorgimentale di cui Montanelli ha scritto nei volumi precedenti. Ha un nuovo Re, il terzo Vittorio Emanuele, deciso a regnare con uno stile brusco e sobrio che è per molti aspetti l'opposto di quello del padre. Ha nuove industrie, nuove banche, nuove famiglie politiche, nuove organizzazioni sociali e nuove ambizioni. I socialisti sono più numerosi e meglio organizzati. I cattolici escono dall'ombra dove erano lungamente rimasti dopo lo strappo provocato dalla presa di Roma. Lo sviluppo industriale del Nord accentua la distanza che separa le regioni settentrionali da quelle meridionali. Negli ambienti economici si discute dell'importanza che l'energia idroelettrica (il "carbone bianco") avrà per l'economia nazionale. Negli ambienti finanziari si calcolano i vantaggi che il Paese potrà trarre dalla conversione del debito, realizzata da un uomo politico, Luigi Luzzatti, che è al tempo stesso un brillante economista. Nel palazzo della Consulta, dove ha sede il ministero degli Esteri, si tengono d'occhio i Balcani e l'Africa settentrionale, dove l'Italia cerca spazio per le sue ambizioni. Nei circoli intellettuali si parla di irredentismo, nazionalismo, colonialismo, sindacalismo rivoluzionario, modernismo. E nei salotti si parla molto di un "vate" che ha l'arte di sorprendere e scandalizzare. Si chiama Gabriele D'Annunzio e avrà, nella seconda metà del ventennio, un ruolo nazionale in cui politica ed estetica formano una combinazione affascinante e pericolosa. L'Italia è ancora afflitta dalla piaga dell'analfabetismo, ma il «Corriere della Sera» a Milano, «La Voce» a Firenze e «la Critica» di Benedetto Croce a Napoli sono indici di una nuova effervescenza intellettuale.

L'uomo che governa questo passaggio del Paese verso la modernità è un piemontese uscito dai ranghi della giustizia amministrativa. Non può vantare meriti risorgimentali, ha un orizzonte intellettuale apparentemente ristretto, un modo di esprimersi asciutto e scolorito, uno stile di vita sobrio e austero. Giovanni Giolitti può sembrare un notabile provinciale, ma si dimostra un geniale timoniere, energico e coraggioso, capace di usare le nuove energie del Paese per allargare lo spazio della partecipazione politica e sociale. Non ha pregiudizi e partiti presi. Può schiudere le porte del governo ai socialisti per inserirli nella politica nazionale, ma può anche sfruttare la minaccia socialista per accelerare la nascita di un cattolicesimo democratico e nazionale. Può tenere a bada le sproporzionate ambizioni internazionali dei nazionalisti e degli irredentisti, ma può anche impegnare il Paese in una guerra per la conquista della Tripolitania e della Cirenaica. Può essere molto spregiudicato e clientelare quando deve conquistare i suffragi degli elettori meridionali, ma promuove una legge che raddoppia il numero di coloro che hanno diritto al voto.

Allorché le rivalità internazionali trascinarono l'Europa verso la guerra, Giolitti, cercò d'impedire che l'Italia entrasse nel conflitto. Conosceva i vizi del Paese e la sua fragilità, sapeva che la guerra avrebbe reso la sua trasformazione molto più complicata e imprevedibile. Non poté evitarlo e assistette per qualche anno dalla sua casa di Dronero al verificarsi delle sue peggiori previsioni. Ebbe la soddisfazione di essere richiamato al potere quando il Paese, smarrito, era alla ricerca di una guida e riuscì ancora a sciogliere qualche nodo di politica nazionale e internazionale. Ma fu una breve parentesi, la fine di un'era.

Sergio Romano

# L'ITALIA DI GIOLITTI

# AVVERTENZA

*Mi sembra superfluo spiegare al lettore perché a questo volume, che abbraccia i due primi decenni del Novecento, dal regicidio di Monza al «Natale di sangue» di Fiume, ho dato per titolo* L'Italia di Giolitti. *Nessuno può contestare che sia stato lui, ultimo grande* notabile, *a dominare questo periodo, non soltanto sul piano politico, ma anche su quello del costume. E nessuno può nemmeno contestare che la sua caduta segnò quella del regime liberale e delle sue democratiche istituzioni.*

*L'avvenimento che fece precipitare la crisi – su questo mi pare che la storiografia sia pressoché unanime – fu l'intervento in guerra. Ed ecco perché a esso ho dedicato tanti capitoli, ma tenendo l'occhio fisso, più che ai fatti militari, alle loro conseguenze economiche e sociali. Al di là della vicenda dello Stato Maggiore, mi ha interessato quella del fante perché la trasformazione della società italiana avvenne in trincea. Fu attraverso la trincea che le masse irruppero sulla scena politica e ne diventarono protagoniste sovvertendone quel tradizionale assetto di cui Giolitti era l'incarnazione e il garante.*

*Il lettore si stupirà del poco rilievo che ho dato a Mussolini. Ma il fatto è ch'egli comincia quando il libro finisce, e quindi mi riservo di prendere daccapo il filo della sua avventura nel prossimo volume che si chiamerà appunto* L'Italia di Mussolini. *Non so se riuscirò a completarlo per l'anno venturo. Temo proprio di no, ora che la professione di giornalista mi richiama in servizio a tempo pieno. In tal caso, spero che i lettori mi perdoneranno l'infedeltà al solito appuntamento natalizio. Per una volta, una dilazione me la possono concedere.*

*Come al solito, debbo chiedere scusa delle molte cose che mancano al panorama di questo ventennio. Ma non ne conosco nessuno che possa dirsi completo. Ogni libro di storia è il frutto di una scelta, e anch'io ho dovuto fare le mie: se qualcuna ne ho sbagliata, il lettore mi usi indulgenza.*

*Infine, un ringraziamento alla signora Maria Stella Signorini Sernas per il valido e intelligente aiuto che anche stavolta mi ha dato nelle ricerche.*

I.M.

*Ottobre 1974*

# PARTE PRIMA

## CAPITOLO PRIMO

# IL NUOVO RE

L'uccisione di Umberto avvenuta a Monza il 29 luglio del 1900 riempì l'Italia di esecrazione e di paura. Anche coloro che più avevano motivi di scontentezza nei confronti del cosiddetto «sistema» compresero che quel pover'uomo assassinato a freddo mentre se ne tornava da una gara sportiva aveva pagato colpe non sue. Anche se non era stato un gran Re, non aveva demeritato il titolo di «buono» che – forse in mancanza di meglio – gli era stato appioppato. «Gli volevamo più bene di quanto credessimo» scrisse un liberale, Papafava, che non gliene aveva mai mostrato molto. Il repubblicano Bovio dichiarò che accorciando di qualche anno la vita di Umberto si era allungata di parecchi decenni quella della monarchia. E gli stessi socialisti si guardarono dal solidarizzare col regicida. Turati si rifiutò di assumerne la difesa in tribunale, e l'«Avanti!» lo definì «un pazzo criminale». A esaltarne il gesto ci fu solo un frate, e francescano per giunta: don Giuseppe Volponi, e l'episodio non era affatto casuale: nell'odio contro l'Italia laica risorgimentale, di cui il Re era l'incarnazione, i preti battevano anche gli anarchici.

I funerali si svolsero il 9 agosto, secondo il solito cerimoniale. Apriva il corteo il generale Avogadro recando la spada del Re che gli era morto fra le braccia. Poi, su un affusto di cannone tirato da sei cavalli, veniva il feretro su cui posavano l'elmo piumato del defunto, una bandiera di combattimento, una sola corona con tre nomi: *Margherita*, *Vittorio*, *Elena*. Seguiva il cavallo preferito di Umberto. Poi, dopo la banda coi tamburi velati di nero, il nuovo Re, solo, alcuni passi avanti al folto stuolo dei Principi italiani e stranieri, e tutte le alte gerarchie dello Stato.

Nonostante fosse un giovedì e un caldo torrido, due fitte ali di folla si assiepavano lungo il percorso. Ma quale fosse il suo stato d'animo, lo dimostrò l'ondata di panico di cui fu improvvisamente preda e che si risolse in un generale fuggi-fuggi al grido di: «Gli anarchici!». Gli anarchici non c'entravano. Era stato solo un mulo degli alpini che, imbizzito, aveva strappato la cavezza di mano al conducente. Ma tale era il terrore delle «belve umane» seminato dai giornali, che ci scappò un morto e una quarantina di feriti. Ne fu contagiato anche il manipolo dei Principi, da cui si vide balzare un omaccione in brache e ciocie come un pastore per precipitarsi a far scudo del suo corpo al nuovo Re. Era suo suocero, Nicola del Montenegro.

Due giorni dopo, mentre la folla romana seguitava a sfilare dinanzi alla bara tuttora esposta nel Pantheon, Vittorio Emanuele si presentava alle due Camere riunite nella grande aula del Senato parata a lutto per prestare il giuramento e fare le prime dichiarazioni. Tutti si aspettavano qualche accenno al regicidio e l'annuncio di misure repressive. Ma non ci fu niente di tutto questo. Come non aveva versato una lacrima sul cadavere del padre, così non ci fu da parte sua se non qualche parola convenzionale di cordoglio, subito seguita da una energica affermazione di fiducia nei princìpi liberali. I progressisti ne complimentarono il capo del governo Saracco, ritenuto autore di quella allocuzione. Ma questi dovette ammettere che, dopo avergliene commissionato il testo, il Re lo aveva disfatto e rifatto a suo modo. Dopodiché aveva detto che non c'era bisogno di leggi speciali né di speciali magistrature, neanche per giudicare il regicida. Dopo che Bresci fu condannato all'ergastolo, fece assegnare un sussidio alla moglie e alla figlia rimaste in America.

Il nuovo Re era nato l'11 novembre del '69 a Napoli dove suo padre, tuttora Principe ereditario, era stato mandato per conquistare alla casa Savoia gli ex sudditi dei Borbone. Privo di calore e di colore, Umberto non era molto adatto al compito. Ma Margherita lo svolse a meraviglia, e fra le tante sue trovate per toccare il cuore di quella città ci fu anche l'attribuzione al neonato del nome Gennaro dopo quelli di Vittorio Emanuele e Ferdinando per ragioni di famiglia, e di Maria per addolcire la Chiesa con cui i rapporti restavano pessimi.

Il parto era stato laborioso e qualcosa doveva essere andato storto perché i medici pronosticarono che la puerpera non avrebbe potuto avere altri figli, come infatti avvenne. Ma il neonato appariva, come dimensioni e peso, assolutamente normale: e di questo fu subito informato l'ansioso nonno che giaceva a Firenze ammalato. Per l'allattamento, il piccino fu dato in appalto a una balia locale, e per la prima educazione a una *nurse* irlandese, Elizabeth Lee, vedova di un ufficiale britannico, e naturalmente cattolica perché la devota Margherita non avrebbe mai accettato una protestante. Elizabeth, detta Bessie, rimase quattordici anni col suo pupillo, e fu una delle poche creature che questi abbia amato.

Il piccolo Principe aveva dieci mesi quando i cannoni di Cadorna sfondarono Porta Pia, e aveva da poco compiuto un anno quando fu trasferito a Roma al seguito dei suoi genitori. Naturalmente la sua memoria non registrò quegli avvenimenti. Ma registrò una frase di suo padre che un giorno, additandolo all'ambasciatore Tornielli, esclamò in tono di scherno: «Guardi che bei frutti danno i matrimoni fra parenti!».

Effettivamente, come frutto, Vittorio Emanuele non era da vetrina. Era cresciuto, ma solo di testa e di tronco. Di arti era rimasto sottosviluppato, e sulle gambe rachitiche si reggeva a stento: «Me le sento di vetro» diceva a Bessie. Che questo dipendesse dalle consanguineità ancestrali, è molto probabile. Anche suo padre, figlio di due cugini, aveva sposato una cugina. Comunque, il ragazzo si rendeva conto della propria anomalìa, ne soffriva, e i genitori non facevano nulla per alleviargli la pena. Un po' perché priva di senso materno, un po' perché assorta dai suoi compiti di grande *hostess* del Quirinale, un po' perché forse si vergognava di aver messo al mondo un prodotto così avariato, Margherita si occupava ben poco di lui. E quanto a suo padre, lo trattava come lui stesso era stato trattato dal padre suo, e come del resto era regola in casa Savoia: con una freddezza che poteva arrivare alla brutalità.

Tutto questo non poteva non avere riflessi sul carattere del piccolo Principe. Anche se nell'infanzia egli covò entusiasmi e abbandoni, questo trattamento glieli spense. Un giorno che sua madre, in vena di tenerezza, gli propose una passeggiata per le vie di Roma, le rispose: «E dove vuoi andare a mostrarti con un nano?». Ad aprirsi, non trovava aiuto nemmeno negli amici. Gliene concedevano alcuni solo la domenica, ma scelti unicamente secondo il rango e dietro impegno di non dimenticarsi che avevano a che fare col futuro Re. E da futuro Re il Principino li trattava. «Oggi non si giuoca perché è l'anniversario della battaglia di Novara» disse loro una volta congedandoli, e non aveva che sette anni. La sola che riuscì a stabilire con lui un rapporto abbastanza confidenziale fu una ragazza dell'aristocrazia piemontese, Daisy Francesetti de Hautecour, che con la sua schiettezza seppe vincerne la ritrosia. Da vecchia essa lo ricordava come un bambino timido, cosciente della propria inferiorità fisica, ma smanioso di nasconderla e di rivalersene in qualche modo. Malgrado i lancinanti dolori ai piedi ingabbiati nelle scarpe ortopediche, si sforzava di ballare e di stare correttamente in sella. Ma soprattutto si accaniva sui libri. Fin d'allora sfoggiava una memoria quasi prodigiosa, di cui si serviva per confondere e prendersi qualche rivincita sul suo aitante ma ignorantello cugino, il Duca d'Aosta, di cui era e sarebbe sempre rimasto geloso.

Aveva nove anni quando tornò in visita a Napoli con suo padre, da pochi mesi salito al trono, sua madre, e il capo del governo Cairoli. In carrozza, questi si accorse di dare la sinistra al Principe, e fece per cambiar di posto, ma Umberto lo trattenne. Fu per questa svista di cerimoniale ch'egli poté interporre il proprio corpo fra quello del Re e il pugnale del cuoco Passanante. Il piccolo Principe ebbe la sua divisa di marinaretto imbrattata dal sangue di Cairoli. Rimase, dicono, impassibile, e ci crediamo: di coraggio fisico non fu mai a corto. Ma l'episodio dovette fargli una certa impressione e insegnargli qualcosa sugl'incerti del mestiere di Re. Agli omaggi dei sudditi e alle loro proteste di fedeltà non credette mai.

Su consiglio del Principe ereditario di Germania, grande amico di Umberto e Margherita, a fargli da precettore fu chiamato il colonnello Osio, addetto militare della nostra ambasciata a Berlino, al quale sono state attribuite molte colpe pedagogiche. Si è detto che plagiò il suo pupillo e ne lesionò definitivamente il carattere terrorizzandolo e mortificandone gli slanci. Si è detto che anche sul suo fisico ebbe pessima influenza costringendolo a penosi e logoranti sforzi. Si è detto che furono i suoi metodi repressivi a creare nel Principe quei complessi d'inferiorità da cui fu sempre afflitto, a traumatizzarlo, a inaridirlo, a riempirne l'animo di sordi rancori.

Ma se non proprio di falsità, si tratta di verità contraffatte. Militare dalla testa ai piedi, Osio era un uomo duro, imperioso, abituato al comando. «Il Principe è libero di fare tutto quello che voglio io» diceva. Ma era anche un gran signore, perfetto uomo di mondo, e nutrito di buone letture. Sebbene la sua carriera potesse esserne notevolmente avvantaggiata, esitò molto ad accettare l'incarico, vi si risolse solo dietro garanzia che nemmeno i genitori avrebbero più interferito nell'educazione del ragazzo, di cui egli diventava unico e assoluto responsabile, e al termine della sua missione non beneficiò di nessuno «scatto di grado». Quanto ai sentimenti di ribellione e di animosità ch'egli avrebbe suscitato nel pupillo, è un fatto che le uniche lettere di Vittorio Emanuele in cui si avverte un palpito di affettuosa e rispettosa gratitudine sono quelle ch'egli seguitò a scrivere al suo ex precettore, il quale gli rispondeva seguitando a sua volta a trattarlo da ex pupillo. Quando Morandi, scelto da Osio come insegnante di lettere, pubblicò un libro pieno di piaggerìe per il Principe e di velenose insinuazioni contro Osio che gli aveva affidato quell'incarico, Vittorio Emanuele scrisse al colonnello: «Ha visto il libro di Morandi? Non avrei mai pensato che si potessero stampare tante ridicolaggini».

La verità è che i metodi di Osio, per quanto duri, e forse proprio per questo, erano i più congeniali all'allievo. Certi suoi caratteri erano ereditari, e quindi irrevocabili:

la diffidenza e l'orgoglio dinastico. A dieci anni, sapeva già a memoria l'albero genealogico e l'ordine di successione dei Savoia da Umberto Biancamano in giù. Di suo, aveva in più un certo interesse per la cultura, ma concepita soltanto come cumulo di nozioni, di date e di dati. Fu il primo Savoia a saper scrivere l'italiano senza sfondoni. Ma era assolutamente privo di fantasia e refrattario alle idee generali. Quando andava a visitare una mostra di pittura, l'unica cosa di cui s'informava erano i dati anagrafici di opere e di autori. Quanto alla musica, una volta disse che per lui n'esistevano due sole: la Marcia Reale e la nonMarcia Reale. Della letteratura, detestava tutto ciò che puzzava di retorica: il che, di una letteratura come quella italiana, gli consentiva di apprezzare ben poco. Per i giornalisti aveva un'antipatia istintiva e irriducibile: li chiamava «parolai», s'indignava delle loro inesattezze, e non capiva perché i giornali non si limitassero alla pubblicazione delle notizie e degli atti ufficiali.

Alla dura disciplina che per otto anni Osio gl'impose non si ribellò mai, sebbene gli esercizi fisici, e soprattutto il cavallo, gli costassero atroci dolori di gambe e di piedi. La pedagogia di casa Savoia era sempre stata spartana, e che nelle sue particolari condizioni fosse controindicata è smentito dal fatto che il suo corpo stortignaccolo e meschinello si rivelò resistentissimo alle fatiche, godette sempre ottima salute, e fece di lui il più longevo di tutti i Re Savoia. In una giornata che cominciava all'alba e che fra lezioni ed esercizi non gli dava tregua fino alle nove di sera, non c'era posto per svaghi e divaghi. Tuttavia quando gli fecero dono di una macchina fotografica col soffiettone, ne fece uno dei suoi due hobby, cui resterà fedele per tutta la vita. L'altro era la numismatica, cui si appassionò fin dai dieci anni, quando gli regalarono un soldo di Pio IX. Ciò che gli piaceva delle monete non erano i pregi estetici, ma il destro che gli offrivano di ricostruirne a vista l'anagrafe: epoca, paese eccetera. Forse non era soltanto pignoleria, ma anche un'istintiva reazione polemica a quelli ch'egli sempre considerò i peggiori difetti nazionali: il pressappochismo, la faciloneria, il dilettantesimo.

«Si ricordi che il figlio di un Re, come il figlio di un calzolaio, quando è asino, è asino» gli aveva detto Osio insediandosi nella sua carica di precettore. Ma non ebbe bisogno di ripeterglielo spesso perché il pupillo dimostrò una vocazione financo eccessiva al lavoro di tavolino. Un po' perché si vergognava della sua miseria fisica, un po' per le pene che gli procurava il camminare e più ancora il cavalcare, preferiva la vita del topo di biblioteca. Anzi, ci si sentiva così vocato che, da quanto egli stesso raccontò tanti anni dopo al suo aiutante di campo Puntoni, chiese a suo padre di esentarlo dalla successione e di lasciarlo alla sua prediletta attività di sommozzatore di archivi. L'unico esercizio all'aria aperta che gli piaceva era la caccia. Fu subito un buon fucile. Ma per via di quelle maledette «gambe di vetro», lo usava solo da fermo, alla «posta». Come aveva, stringendo i denti, imparato a cavalcare, così imparò anche a ballare, e pare che lo facesse anche con una certa grazia. Ma appena salito al trono, abolì i balli di Corte.

A completamento della sua educazione, Osio lo condusse a fare i soliti giri in Europa. Per conservare l'incognito, il Principe aveva un passaporto intestato al Conte di Pollenzo, lo stesso nome che adottò partendo per l'esilio. Visitò un po' tutti i Paesi guardando ciò che Osio gli diceva di guardare e stendendone ogni sera per iscritto il bilancio in resoconti minuziosi, corredati di tutti i particolari – di clima, di orario, di prezzi –, ma assolutamente privi d'impressioni e opinioni. Vedeva il mondo come lo vedeva la sua Kodak, e senza mai uscire dal binario che il precettore gli tracciava. È lecito supporre che, fin quando rimase sotto la sua giurisdizione, cioè fino ai vent'anni, non conobbe altre donne che quelle che frequentavano la Corte, né ebbe con loro altro rapporto che il baciamano.

Osio prese congedo da lui nel 1889, quando ormai erano pari grado. Iscritto *pro forma* al collegio militare della Nunziatella, il Principe aveva avuto la carriera rapida di tutti i figli di Re: sottotenente di fanteria a diciassett'anni, a venti era colonnello come il suo precettore, dalla cui tutela veniva ora emancipato. A quanto pare, non la considerò una liberazione. Per quanto severo sino alla crudeltà, Osio era stato in quegli otto anni l'unica persona con cui aveva avuto un rapporto umano. Coi genitori si era ritrovato solo due volte la settimana, il giovedì e la domenica, a pranzo. Non aveva mai fatto loro confidenze, né mai ne aveva ricevute. In quell'immenso Quirinale, di cui detestava la solennità, il lusso e le cerimonie, aveva vissuto da estraneo. Ma anche questo era in perfetto stile Savoia. Dopo che Osio se ne fu andato, seguitò a scrivergli quasi tutti i giorni. Quando i giornali riportarono la notizia del suo matrimonio e ironizzarono sul fatto che la sposa aveva venticinqu'anni meno di lui, il Principe ne fu furioso come di un insulto alla propria persona.

È difficile dire se per la vita militare avesse un vero trasporto. Ma da quando Crispi, avendolo visto una sera a cena in un ristorante romano, aveva raccomandato al Re di proibirgli gli abiti civili, non aveva quasi mai più smesso la divisa. Per risparmiargli l'umiliazione di venire scartato, si era dovuto abbassare di alcuni centimetri il già basso minimo di altezza richiesto. E ora, per fargli far pratica di comando, gli venne affidato quello del 1° reggimento di fanteria a Napoli.

Furono i suoi anni più belli. Strano a dirsi, Vittorio Emanuele amava Napoli, ne parlava benissimo il dialetto, e napoletano fu l'unico amico al quale concesse il tu: il principe Nicola Brancaccio. Fu lui a istradarlo nella vita segreta di Napoli, che non era quella dell'alta società, ma dei camerini di teatro e di certi salotti e salottini che di rispettabile avevano solo la facciata. Il povero prefetto Basile ebbe il suo daffare a seguire le piste dei due giovanotti e stabilirvi misure di sicurezza. Ma i suoi rapporti, invece di allarmarli, rallegravano il Re e la Regina, i quali avevano sempre temuto che il loro erede non fosse in grado di procurarne altri alla dinastia. Il sole di Napoli e la contagiosa allegria di Brancaccio avevano sciolto la ritrosia del Principe, che mostrava anzi notevole intraprendenza. Per fare fronte agl'impegni del rango, egli ebbe anche un'amante d'alto bordo, la baronessa Barracco, di cui le venne anche attribuita una figlia. Ma le sue preferenze andavano alle ballerinette e alle sciantose di approccio facile e di coscia lesta. Brancaccio aveva fatto presto a capire i suoi gusti, e li secondava da perfetto ciambellano. Con lui il Principe si apriva, anzi si spalancava alle confidenze, anche perché fra loro parlavano napoletano, una lingua in cui le confidenze diventano facili, e perfino obbligatorie. Vittorio Emanuele gliene serbò eterna gratitudine. Quando Brancaccio fu congedato da Generale per limiti di età, Vittorio Emanuele, ormai Re da un pezzo, lo fece nominare direttore della Biblioteca Reale a Torino, ma ogni poco lo chiamava a Roma perché solo lui riusciva a procurargli qualche intermezzo di buonumore con le sue piccanti e mimate storielle. Era l'unico a cui concedeva di raccontarne anche su Mussolini. Tanto è vero che, quando morì, si sparse la voce che lo avessero avvelenato i fascisti. La voce era certamente infondata perché tutto l'antifascismo di Brancaccio si sfogava solo nelle storielle. Ma la sua scomparsa fu per il Re un gran dolore. Per le esequie andò apposta a Torino, e fu una delle rare apparizioni che vi fece nel corso del suo lungo Regno. Parlava il piemontese, e specie in campo militare non si fidava che dei Piemontesi. Ma non amava il Piemonte.

La felice stagione napoletana durò fino al '94 quando, promosso Generale, lo trasferirono a Firenze. Ci si trovò malissimo. Scostante, insolente e beffarda, quella città sembrava fatta apposta per fargli rimpiangere il calore, la tolleranza, l'ossequiosità di Napoli. Di Brancaccio, fra i Toscani, non ce n'erano, e negli occhi della gente, quando doveva sfidarli per qualche cerimonia ufficiale, non vedeva che lampi d'ironia. Per di più doveva difendersi dalle insistenze dei genitori, impazienti di dargli moglie: mai erede al trono di casa Savoia era arrivato a venticinqu'anni da scapolo.

Come Osio gli aveva insegnato, Vittorio Emanuele aveva obbedito sempre e in tutto. Finché non era andato a Napoli, neanche gli amici li aveva scelti di testa sua. Non si era ribellato nemmeno quando avevano allontanato da Corte Daisy Francesetti, l'unica compagna di giuochi ch'era riuscita a vincere la sua ritrosia. Ma quando gli parlarono di moglie, puntò i piedi, e non ci fu nulla da fare: i risultati dei matrimoni combinati solo per motivi dinastici glieli documentava lo specchio, quando ci si guardava. Come disse più tardi al generale Porro: «Guardi bene come mi hanno fottuto le gambe!».

Per sua fortuna, il Re era distratto in quel momento da ben altri pensieri. Spinti da Crispi, ma col pieno consenso di Umberto, i soldati italiani risalivano l'altopiano eritreo. Ligio alla regola di famiglia per cui «si regna uno alla volta», il Principe seguiva gli avvenimenti da semplice spettatore. «Non capisco più nulla di questa benedetta Africa» scrisse a Osio «e mi pare che a Roma sian tutti allo stesso punto mio, ciò che è disastroso.» Ma non chiedeva né informazioni né spiegazioni, tutto preso unicamente dai suoi compiti di Generale, di cui seguitava a rendere minuzioso conto al suo ex precettore. In caserma si comportava come se i suoi scatti di grado dipendessero unicamente dallo zelo che vi spiegava. La notizia di Adua l'apprese dai giornali. «Quanto è accaduto» scrisse al solito Osio «era purtroppo inevitabile. Parecchie cose non ho potuto ancora capire: perché hanno attaccato con truppe affannate, dopo una lunga marcia; perché hanno manovrato in terreno difficilissimo e poco conosciuto, per tre colonne; e perché non hanno atteso i rinforzi, ch'erano vicini. Qui corre voce che Baratieri ha abbandonato Adua al più tardi alle 10, mentre le truppe hanno valorosamente combattuto fino al tramonto. La città è piena di pettegolezzi, il mondo politico in fermento.» Tutto qui. Come se quel disastro fosse capitato a un altro Paese invece che a quello di cui stava per diventare Re.

Da questa lettera non erano trascorsi che pochi mesi, quando Osio ne ricevette dal suo ex pupillo un'altra datata da Cettigne: «Carissimo Generale, non voglio lasciare il Montenegro senza prima ringraziarla dei suoi tanto gentili auguri. Ella è sempre stato tanto buono per me; mi ha fatto infinito piacere di sapere la parte che Ella prende alla mia festa; ho fatto tutto di testa mia e senza alcun aiuto della politica, la quale per fortuna è lontana mille miglia dal mio fidanzamento...».

Il Principe era certamente in buona fede. Ma le cose

non stavano esattamente come lui credeva che stessero. Prima che per quella sua, l'idea di dargli in moglie una Principessa montenegrina era passata per la testa di Crispi, che nella sua consueta mania di grandezza sognava un'attiva politica italiana nei Balcani, di cui il Montenegro poteva essere il punto d'appoggio. Il Montenegro era un Principato indipendente sotto lo scettro di Nicola Petrovich Niegos, una specie di capopastore che, rivestito di pelli di capra, amministrava la giustizia sotto l'albero di fico, a tempo perso componeva poesie, e a chi gli chiedeva quanti sudditi avesse, rispondeva: «Io e il mio amico lo Zar di tutte le Russia ne abbiamo centocinquantun milioni». La sua dinastia si reggeva infatti grazie all'appoggio dello Zar, che paternamente provvedeva anche a ospitare alla Corte di Pietroburgo i suoi nove figli – tre maschi e sei femmine –, a farli istruire e a procurargli vantaggiosi matrimoni. Due ragazze le aveva già accasate con Granduchi di famiglia. Ne restavano quattro senza una lira di dote, ma di poche pretese, di gusti semplici, di costumi illibati, e soprattutto di sangue sano e di fusto buono.

Vittorio Emanuele credette di essere stato lui a scoprire la sua Yela, quando la conobbe a Venezia nella primavera del '95. Viceversa l'incontro era stato discretamente combinato da Crispi con l'assenso di Umberto e Margherita. Essi dovevano recarsi a Venezia per l'inaugurazione di una mostra d'arte. Ma all'ultimo momento, allegando non so quale pretesto, vi si fecero rappresentare dal Principe perché facesse gli onori di casa alle personalità che venivano a visitarla. Fra di esse c'era appunto, con la madre e la sorella, la principessa Yela, che invece sapeva benissimo perché si trovava lì. Era una bella ragazzona di ventitré anni, che a Pietroburgo era stata lì lì per andare sposa a un giovane ufficiale della nobiltà baltica, il barone Mannerheim, futuro eroe nazionale della Finlandia, di cui nel '18 guiderà la vittoriosa lotta di liberazione dalla Russia e nel '40 l'eroica resistenza. Chi scrive è stato ospite nella sua casa di campagna presso Helsinki, e ci ha visto la fotografia di Yela con affettuosa dedica.

Vittorio Emanuele simpatizzò con quella bella figliola dagli occhi languidi, ma nulla di più. L'anno dopo fu invitato a Pietroburgo per l'incoronazione dello zar Nicola II. Guarda caso, c'era anche Yela. E, a quanto pare, fu il solo a non capire come mai se la ritrovava accanto ai banchetti e ai balli. Tutti facevano a gara per lasciarli a tuppertù, e lo Zar ogni tanto li prendeva paternamente sotto braccio per un giro in giardino. Insomma, era un vero e proprio complotto internazionale. Ma lui era convinto che a Roma non ne sapessero nulla, e fu con un certo tremore che, rientrato in patria, comunicò le proprie intenzioni al padre: temeva che questi trovasse la scelta inadeguata al suo rango. Viceversa l'assenso fu condizionato soltanto alla preventiva conversione di Yela alla religione cattolica. Il Papa si sarebbe contentato anche di una conversione successiva alle nozze. Ma Margherita si mostrò più intransigente di lui.

L'annuncio del fidanzamento venne dato in agosto da Cettigne, dove Vittorio Emanuele era andato col suo pànfilo *Gaiola*. Cettigne era un villaggio di un migliaio di abitanti ancora vestiti alla turca, e la Reggia una casetta a due piani, dove per mancanza di spazio le Principesse dormivano tre per stanza. La sala del trono era la piazza, dove Nicola dava udienza seduto su una panca. Ma fu proprio questa semplicità che piacque a Vittorio Emanuele. Egli chiese da sé la mano di Yela, che da quel momento cominciò a chiamarsi Elena. E Nicola, dopo aver dato l'assenso, tornò in piazza per mostrare a tutti il braccialetto che il Principe aveva portato come dono di fidanzamento alla futura Regina d'Italia.

Si sposarono in ottobre, e subito scomparvero di scena. Vittorio Emanuele prese in affitto per pochi soldi l'isola di Montecristo, completamente deserta e senz'altra abitazione che un padiglione di caccia mezzo diroccato. Si divertì a ricostruirselo da sé, mattone su mattone, mentre Elena gli preparava il pranzo in cucina. Non fu una bizzarrìa da luna di miele. Anche quando, saliti sul trono, avranno a disposizione palazzi e castelli, preferiranno sempre una vita appartata e piccoloborghese. Elena, che da ragazza dipingeva, suonava il violino, componeva poesie come suo padre, e amava il tennis e la danza, rinunziò a questi passatempi appena vide che lui li detestava, anzi adottò come hobby quelli di lui: la numismatica e l'archeologia. Per il resto fu soltanto una donna di casa, come lo era stata a Cettigne. Sapendolo insofferente dei camerieri, era lei che lo serviva a tavola, e per farsi i vestiti si prese in casa una sartina. Molti trovarono da ridire su questi suoi costumi poco regali, specialmente la sua omonima cugina, Elena d'Orléans, andata sposa al Duca d'Aosta, che la chiamava *la bergère*, la pastora. Ma il marito glien'era gratissimo e, pur nel suo burbero modo, glielo dimostrava con piccole attenzioni. Non tornava mai a casa senza portarle un mazzolino di fiori di campo, e per tutta la vita si vanterà di non aver mai baciato la mano ad altra donna che a sua moglie. Non risulta infatti che abbia avuto delle amanti, e neanche delle avventure: la sua intraprendenza l'aveva sfogata a Napoli. Fra loro parlavano in francese perché lei non riuscirà mai a imparar bene l'italiano. Ma parlavano, e molto. Lei era l'unica persona a cui lui diceva tutto.

Purtroppo, quest'armonia non dava frutti, e ciò preoccupava sia la Corte che il governo. Che quella ragazzona impalmata per irrobustire il ceppo stanco dei Savoia fosse invece sterile? O fosse impotente lui, magari per qualche malattia venerea contratta a Napoli? Il dubbio era tanto più assillante in quanto, se il trono fosse rimasto senza eredi diretti, sarebbe passato all'Aosta che tutti sapevano un trastullo nelle mani della Orléans, miscuglio di spocchia francese e di devozione al Papa. Specie negli ambienti della Sinistra, quasi tutti massoni, si parlava con allarme di una «monarchia guelfa».

Gli unici che non condividevano questi timori erano i due interessati, paghi della loro armonia. Gran parte del loro tempo la passavano a viaggiare sul pànfilo ora ribattezzato *Yela*, che costituiva il loro unico lusso, perché entrambi avevano la passione del mare e delle fotografie: cioè l'aveva lui, e lei l'aveva adottata. Si spinsero fino alle Spitzbergen, di ogni paese che visitavano studiando prima la storia e le caratteristiche sui libri, e poi redigendo diligenti e puntigliosi rapporti ch'egli inoltrava alla Reale Società Geografica. Il resto dell'anno lo passavano a Napoli, dove si trovava il Corpo d'Armata di cui lui aveva il comando. Ma delle vecchie amicizie ne riesumò due sole: Brancaccio, con cui del resto aveva sempre mantenuto confidenzialissimi rapporti, e la principessa Caracciolo di Candriano, che diventò dama di compagnia di Elena e svolse una parte importante nella vita della coppia. Ogni volta che lui era di cattivo umore (e dopo l'incoronazione gli capitò spesso), Elena la tratteneva a colazione o a cena perché raccontasse qualcosa in dialetto. E il rimedio si rivelava infallibile.

Nei confronti della politica, egli seguitava a tenere l'atteggiamento di sempre, cioè di totale disinteresse. Sebbene il momento fosse tra i più inquieti per via delle agitazioni sociali e delle misure repressive adottate da Rudinì e da Pelloux, che poi sboccarono nei moti di Milano, nelle lettere del Principe a Osio, che restava il suo costante punto di riferimento, non si trovano che due accenni: uno all'attentato dell'anarchico Acciarito contro il Re, l'altro al tentativo di ottenere una «concessione» in Cina (ma lui la chiamava *China*). Dell'attentato dava la colpa al questore ma senz'aggiungere una sola parola di deplorazione, e nemmeno di trepidazione per il padre. All'impresa di Cina si mostrava avverso vedendoci il pericolo di «una seconda Africa». Ma di queste opinioni non mise a parte che il suo ex precettore, e naturalmente la moglie.

Il 31 luglio del 1900 egli era con lei sul *Yela* in crociera nei mari della Grecia. Navigavano da oltre un mese, Kodak a tracolla, per fissare sulla lastra panorami, visitare scavi, cercare monete. Ora il pànfilo era sulla via del ritorno, e puntava su Reggio Calabria. Mattiniero come sempre, il Principe se ne stava sul ponte a guardare il levar del sole, quando sul semaforo di Capo dell'Armi si vide uno sventolio di bandiere. Il comandante decifrò immediatamente la segnalazione: il Principe era invitato ad accorrere a Monza perché il Re era gravemente ammalato. Dopo un'altra ora di navigazione, una torpediniera si fece incontro al *Yela*, con la bandiera abbrunata e a mezz'asta sull'albero. Non c'era da equivocare: Umberto era morto, e il nuovo Re era lui, Vittorio Emanuele. «Maestà» gli disse infatti il prefetto di Reggio, venuto a prenderlo al porto per scortarlo fino alla stazione, dove attendeva il treno reale.

Per l'interminabile viaggio non volle nel vagone speciale altra compagnia che quella di sua moglie. Non aveva che trentun anni, e di politica sapeva solo che il momento era dei peggiori. Suo padre non ve lo aveva mai iniziato, e coi suoi protagonisti non aveva alcuna dimestichezza. Uno di essi lo aspettava a Napoli per fargli le sue condoglianze in lacrime: Crispi. Vittorio Emanuele lo accolse a occhio asciutto e lo congedò freddamente. Salirono anche, per accompagnarlo, il Duca di Genova e i Duchi di Ascoli, latori di una lettera di Margherita col resoconto del regicidio. Leggendolo a Elena, la sua voce non ebbe un trasalimento. A Monza arrivarono dopo sessanta ore di treno e di caldo torrido dentro il vagone con le tendine abbassate. La salma era ancora lì, contesa alla putrefazione con iniezioni e ghiaccio. Depose un bacio sulla fronte del padre, la prima udienza la concesse a Osio che lo trovò «calmo e risoluto», e il primo ordine che diede come Re fu di sbarrare il sentiero che conduceva dal parco della villa reale a quello della marchesa Litta, che Margherita invece aveva invitato a vegliare il cadavere la notte dell'uccisione. Al Pantheon, durante la cerimonia funebre, lo udirono mormorare con impazienza: «Quanto la tirano lunga, questi preti!». E bastò per far circolare la voce che il nuovo Re era massone.

La voce era infondata, ma era vero che qualcosa, nei rapporti fra Quirinale e Vaticano, stava per cambiare. Carlo Alberto era stato un Re bigotto; Vittorio Emanuele II un incredulo pieno di reverenza e perfino di una specie di superstizioso timore nei confronti della Chiesa; Umberto I un agnostico osservante e pieno di riguardi per la Gerarchia. Il nuovo Re non credeva, non praticava, e non trovava nemmeno necessario salvare le apparenze di una certa devozione. Il suo anticlericalismo veniva un po' dalle letture di cui si era nutrito – Comte, Stuart Mill, Ardigò –, tutte positiviste, ma un po' anche dalla coscienza del suo ruolo.

Più che un laico, era un ghibellino profondamente conscio del ruolo antinazionale che la Chiesa aveva sempre svolto in Italia, e pieno di diffidenza nei suoi confronti. Istaurò rapporti cordiali col cappellano di Corte; ma, a differenza di quanto avevano fatto Umberto e Margherita, gli fece subito capire che il suo regno era limitato alla cappella e che nemmeno lì avrebbe avuto molto da fare.

Non fu la sola novità. Appena insediatosi in Quirinale, ne chiuse le porte alle amanti di suo padre, fece vendere i centocinquanta cavalli di cui Umberto aveva riempito le scuderie reali, e abolì i banchetti di Corte. Per obbligo di cerimoniale, appena finito il lutto, diede un ballo, vi comparve in ritardo, rimase per un poco a guardare le quadriglie degli ospiti senza parteciparvi, si ritirò quasi subito, e l'indomani fece chiudere i saloni. Tutti i servizi di Corte furono ridotti all'essenziale, messi sotto chiave i liquori e perfino i sigari. Forse, se avesse potuto, il nuovo Re avrebbe licenziato volentieri anche i corazzieri che con la loro prestanza sembravano messi lì per far vieppiù risaltare la sua miseria.

Come la Regina Madre accogliesse questa ventata di austerità in flagrante contrasto col fastoso tono ch'essa aveva dato al Quirinale, non sappiamo. Comunque, essa ne aveva sloggiato per trasferirsi nel palazzo Boncompagni comprato a bella posta dal figlio. Elena invece ci si adeguò benissimo. Ridusse all'osso il servitorame, assunse di persona l'amministrazione di casa facendo i conti della spesa, arruolò una sartina per rivoltare i vestiti, e deliziò il marito con marmellate di castagne confezionate con le sue mani. Anche per lei fu un giorno di gioia quando comprarono e andarono a stare a Villa Savoia: in quel Quirinale tutto fasto, specchi e spocchia, non si era mai sentita a casa sua.

Ma il cambiamento più importante fu quello dei rapporti col potere politico. Vittorio Emanuele II, pur avendo sempre formalmente rispettato la Costituzione, non aveva mai rinunziato a considerare i suoi Ministri come esecutori di ordini, e lo dimostravano le sue collere contro coloro che vi si rifiutavano. Pretendeva ch'essi si sentissero legati dai suoi personali impegni d'onore come quando tentò di schierare l'Italia a fianco di Napoleone III contro la Prussia e quando ritardò il trasferimento della capitale a Roma per non dare un altro dispiacere al Papa. Umberto, pur senza il suo piglio e le sue impennate, teneva lo stesso paternalistico atteggiamento. Volubile e chiacchierone (non riusciva mai a tenere un segreto), trattava bonariamente i suoi Ministri fino a imprestargli denaro come aveva fatto con Crispi, serbando con loro rapporti confidenziali anche dopo ch'erano scaduti di carica, e andando a trovarli a casa loro. Anche lui rispettò sempre la Costituzione, ma c'è da dubitare che l'avesse letta, e comunque non ebbe mai un senso esatto delle «prerogative». Entrambi poi detestavano il lavoro di tavolino, avevano orrore delle «carte», e le firmavano senza leggerle.

Vittorio Emanuele non attese nemmeno l'investitura per istaurare un nuovo stile. Quando suo padre cadde sotto la rivoltella di Bresci, Presidente del Consiglio era il piemontese Saracco, un probo magistrato ottuagenario, ultimo scampolo della vecchia Destra di Sella e di Lanza con la sua religiosa concezione dello Stato e del bilancio dello Stato. Avarissimo, «non va mai in vettura,» scriveva di lui il repubblicano Barzilai, suo avversario «rinunciando ai fondi stabiliti all'uopo in bilancio e mangia al caffè Colonna un po' di minestra e un pezzo di carne. Gli basterebbe la cucina di Sparta». E portava abiti talmente lisi e impillaccherati che, quando prendeva il fucile per mettersi dietro a lepri o pernici (suo unico svago) gli amici dicevano che andava a caccia «fra le sue macchie». La sera del regicidio, Saracco era in piazza Esedra, ad ascoltare l'orchestrina d'un caffè, ma in piedi per risparmiare la consumazione. Rientrando, trovò un telegramma con l'annuncio dell'accaduto. Corse al Ministero degl'Interni per impartire disposizioni nell'eventualità di qualche disordine, e partì la notte stessa per Monza, a rendere omaggio al defunto. Era appena uscito dalla camera ardente che Vittorio Emanuele lo convocò nel suo studio. Senza dargli tempo di pronunciare le solite parole di cordoglio, gli mostrò le carte che si ammucchiavano sul tavolo. Erano decreti su cui il padre non aveva fatto in tempo ad apporre la firma, ma che secondo lui andavano poco d'accordo con la Costituzione. Sbalordito, Saracco replicò che quello non era problema di competenza del Re, il quale doveva limitarsi a firmare come sin allora aveva sempre fatto. «Già,» rispose il Principe «ma d'ora in avanti il Re firmerà solo gli errori suoi, non quelli degli altri.» Saracco, che oltre tutto passava per un grande esperto di diritto, si sentì offeso e offrì seduta stante le dimissioni. Il Principe fece finta di non sentire, ma insisté che i decreti, prima che alla firma, gli fossero portati in lettura. Dopodiché spiegò al presidente come concepiva i doveri suoi e quelli altrui. «Non ho la pretesa» disse «di rimediare con le sole mie forze alle presenti difficoltà. Ma sono convinto che queste difficoltà hanno una causa unica. In Italia pochi compiono esattamente il loro dovere: v'è troppa mollezza e rilassatezza. Bisogna che ognuno, senza eccezioni, osservi esattamente i suoi obblighi. Io sarò d'esempio, adempiendo a tutti i miei doveri. I Ministri mi aiuteranno, non cullando alcuno in vane illusioni, non promettendo che quando saranno certi di poter mantenere.» Così almeno riferisce Saracco, ignaro dell'opinione che di lui si era fatta Vittorio Emanuele, il quale la riassunse in questo ritrattino, compilato in occasione della sua morte:

> Saracco, sotto apparenze liberali, era molto reazionario. Vecchio uomo, non s'era fermato nemmeno al 1848; la sua cultura e la sua vita erano quelle del periodo della rivoluzione francese, e gli uomini fra i quali pareva vivesse erano Royer-Collard, Barras e simili. Aveva studiato da prete, poi prese due mogli; nei suoi discorsi, oltre ai continui ricordi dei tempi di Luigi Filippo, c'erano sempre citazioni dei Salmi della Bibbia. Era incapace di qualsiasi favore a chicchessia. Si trincerava in un severissimo riserbo, sproporzionato alla causa. «Questo non si può fare» diceva, ripetendolo come un intercalare in piemontese: *Ma l'on peut nen fese*.

Un Savoia capace di penetrare un carattere con tanta precisione, di descriverlo con tanta sintassi, stringatezza, umorismo, e più ancora di trovarlo eccessivamente «reazionario», fin allora non si era mai visto.

CAPITOLO SECONDO

# IL «MIRACOLO ECONOMICO»

I sanguinosi moti di Milano del '98 e tutti gli altri episodi di violenza culminati alla fine nel regicidio di Monza non erano il frutto di un tenebroso complotto delle forze eversive, come sostenevano i giornali conservatori, ma i segni di un disagio autentico e motivato. Il Paese usciva da un brutto decennio. La politica triplicista, cioè di alleanza con gl'Imperi Centrali (Austria e Germania) ci era costata l'inimicizia della Francia che si vendicava con la guerra doganale. La perdita del mercato francese metteva in crisi l'agricoltura che tuttora restava il pilastro dell'economia nazionale, mentre l'avventurosa politica coloniale di Crispi imponeva spese militari sproporzionate alle risorse del Paese. La crisi non era soltanto italiana: quel decennio era stato di «recessione» per tutta Europa. Ma in Italia, data la fragilità delle sue strutture, essa provocava gli scompensi più gravi, e proprio nel momento in cui le classi popolari cominciavano ad acquistare coscienza dei propri diritti e a organizzarsi come forze politiche autonome.

Verso la metà degli anni novanta c'era stata una svolta. Per cause di cui qui sarebbe ozioso ricostruire i complessi fattori, l'Europa usciva dalla sua fase di recessione per inaugurarne una di espansione. Ma l'Italia ne risentì poco. Come notava Pantaleoni, il mondo produttivo italiano non aveva che scarsi e deboli contatti con quello internazionale. Né poteva essere diversamente finché l'Italia restava la frangia agricola – e di un'agricoltura afflitta da molti ritardi – di un Occidente industrializzato. Alla sua ripresa, che in breve volgere di anni si tradusse in vero e proprio «decollo», contribuirono altri motivi.

Il primo furono le Banche. In Italia naturalmente ce n'erano già. Anzi, come abbiamo spiegato nell'*Italia dei notabili*, ce n'erano troppe perché, dopo l'Unità, quasi tutti i vecchi Stati avevano voluto conservare le loro, il che provocava un grave disordine finanziario. Non solo. Ma i loro criteri di gestione erano i meno adatti a svolgere compiti, come oggi si dice, «promozionali». Le più forti, come consistenza di fondi, erano la Cassa Depositi e Prestiti, le varie Casse di Risparmio, e le Banche Popolari. Erano queste che rastrellavano due buoni terzi del risparmio nazionale, ch'era un risparmio di piccola gente di provincia e di campagna, ignara del mondo moderno, timorosa delle novità, e attaccata alla sicurezza. Dagli amministratori dei suoi stentati peculi essa esigeva investimenti magari di modesto utile, ma di tutto riposo, come i mutui alle province e ai comuni per le opere pubbliche, cartelle di credito fondiario, o titoli del debito pubblico.

Alle Banche ordinarie andava invece il risparmio dei ceti più intraprendenti e attivi che, avendo maggiori disponibilità, tenevano meno alla sicurezza, ma di più agli utili, e li volevano tali da compensare il rischio. Ecco perché queste Banche avevano finanziato le speculazioni, e specialmente quelle edilizie, che negli anni ottanta avevano conosciuto un vero e proprio boom. Poi, come sempre capita quando l'avventurosità perde i freni e il controllo, era sopravvenuta la crisi col suo funesto corollario di fallimenti e scandali. Quello della Banca Romana aveva travolto il primo ministero Giolitti e discreditato la classe politica più di quanto questa meritasse, mentre altri due grandi Istituti – il Credito Mobiliare e la Banca Generale – avevano addirittura dovuto ammainare bandiera.

Il risultato complessivo di questa situazione, al principio degli anni novanta, era questo: che né le Casse per il loro attaccamento alla prudenza, né le Banche ordinarie per la loro propensione alla speculazione, erano disposte a investimenti industriali, che comportano sempre un notevole margine di rischio e non garantiscono utili che a lunga scadenza. Ecco uno dei fondamentali motivi per cui il decollo ritardava: perché gli mancava il primo insostituibile propellente: il capitale. In Italia ce n'era poco perché l'ammontare globale del risparmio nazionale non toccava i cinque miliardi. Di questo poco, la fetta più grossa era congelata dalla paura. E il resto alimentava solo il giuoco d'azzardo della speculazione.

La crisi aveva toccato l'acme nel '94, quando appunto il Credito Mobiliare e la Generale erano sprofondati nel baratro. Al potere era Crispi, l'uomo della Triplice. Contro di lui la Francia non si contentava della rappresaglia doganale che chiudeva il suo mercato alla nostra esportazione agricola. Con abili operazioni di borsa, essa faceva anche crollare la quotazione dei nostri titoli. Per fronteggiare l'emergenza, Crispi chiese aiuto al suo grande amico Bismarck. Questi persuase alcuni riluttanti finanzieri tedeschi a intervenire. E fu così che nacquero la Banca Commerciale Italiana a Milano, e il Credito Italiano a Genova.

Sebbene l'iniezione di capitale fosse modesta – una decina di milioni –, bastò a infondere fiducia nello scoraggiato mercato italiano. Ma il vero beneficio non fu questo. Gli uomini che vennero a dirigere i nuovi istituti – Toeplitz, Joel, Goldsmith – erano dei finanzieri ebrei di grande esperienza internazionale, per i quali la Banca non doveva limitarsi a operazioni di credito ordinario, ma farsi promotrice di una vasta mobilitazione di capitali per fornire il propellente all'industria.

Il lancio di questo tipo di Banca «mista» non fu pacifico. I depositari del liberismo ortodosso, da Pantaleoni al giovine Einaudi, lo combatterono vivacemente con due argomenti di tutto rispetto. Primo: che una Banca non poteva procedere a investimenti che non fossero approvati dai depositanti, i quali in Italia non erano affatto disposti a sfidare i rischi delle imprese industriali. Secondo: che, se lo avesse fatto alle spalle del risparmiatore, oltre a sorprenderne la buona fede, avrebbe contravvenuto al proprio impegno statutario che proibiva gl'investimenti a scadenza più lunga di quella degl'impegni contratti coi depositanti, e creato una situazione di costante pericolo.

In teoria, avevano ragione. E lo si vide nel '21 e nel '29, quando anche l'Italia fu coinvolta nelle grandi crisi internazionali di quegli anni, i risparmiatori fecero ressa agli sportelli per ritirare i loro depositi; e le Banche miste, non potendo far fronte alla loro richiesta perché quei depositi li avevano investiti nelle industrie già colpite dalla recessione, furono travolte nel crollo generale. Ma nella situazione dell'Italia d'allora, non c'era scelta. Timido e timorato com'era, da sé il risparmio italiano non sarebbe mai andato agl'investimenti industriali. Bisognava mobilitarlo di forza, come del resto aveva fatto la Germania per recuperare il suo ritardo sull'Inghilterra. I banchieri tedeschi venuti a rianimare la finanza italiana, d'industria s'intendevano. E la sposarono come l'avevano sposata in casa loro, senza chiederne il permesso al risparmiatore.

Fu questo il primo fattore del decollo italiano. Ma non il solo.

Il secondo fu l'energia elettrica.

Si è sempre detto che l'Italia è povera di materie prime, ed è sostanzialmente vero. Tuttavia le sue viscere non sono affatto sfornite di risorse. Purtroppo mancava quella fondamentale, che condiziona la lavorazione di tutte le altre: il carbone. Non disponendo che di pochi giacimenti di lignite di cattiva qualità e male sfruttati, il carbone eravamo costretti a importarlo dall'estero, specie dall'Inghilterra, a un prezzo che il costo dei trasporti rendeva quasi proibitivo. Era per questo che la siderurgia non decollava: non potendo fonderlo per l'eccessivo costo del combustibile, noi esportavamo il minerale di ferro di cui il nostro sottosuolo non era affatto avaro.

Non desta quindi meraviglia l'entusiasmo suscitato fra noi dalla scoperta del «carbone bianco» come fonte di energia. Solo il primo soffione di metano sprigionato in Valpadana dalle sonde dell'AGIP nel '51 provocò altrettanta ebbrezza. Proprio per il bisogno che avevamo di una fonte di energia che ci liberasse dalla servitù del carbone nero, l'Italia era, nel campo dell'elettricità, all'avanguardia, grazie agli studi di Ferraris e di Pacinotti. Infatti era a Milano ch'era sorta la prima centrale elettrica, quella di Santa Radegonda. Ma la sua applicazione su larga scala all'industria era condizionata dal problema del trasporto a distanza, che ancora non si era riusciti a risolvere. Solo nel '98 la centrale di Paderno sull'Adda poté rifornire Milano con una rete di oltre trenta chilometri, e allora parve che più nulla si potesse opporre al massiccio impiego del nuovo fattore energetico.

Fu proprio in questa occasione che la Commerciale e il Credito Italiano fecero sentire il loro peso. Furono esse ad alimentare gl'investimenti delle società elettriche facendone passare in pochi anni il capitale da trenta milioni

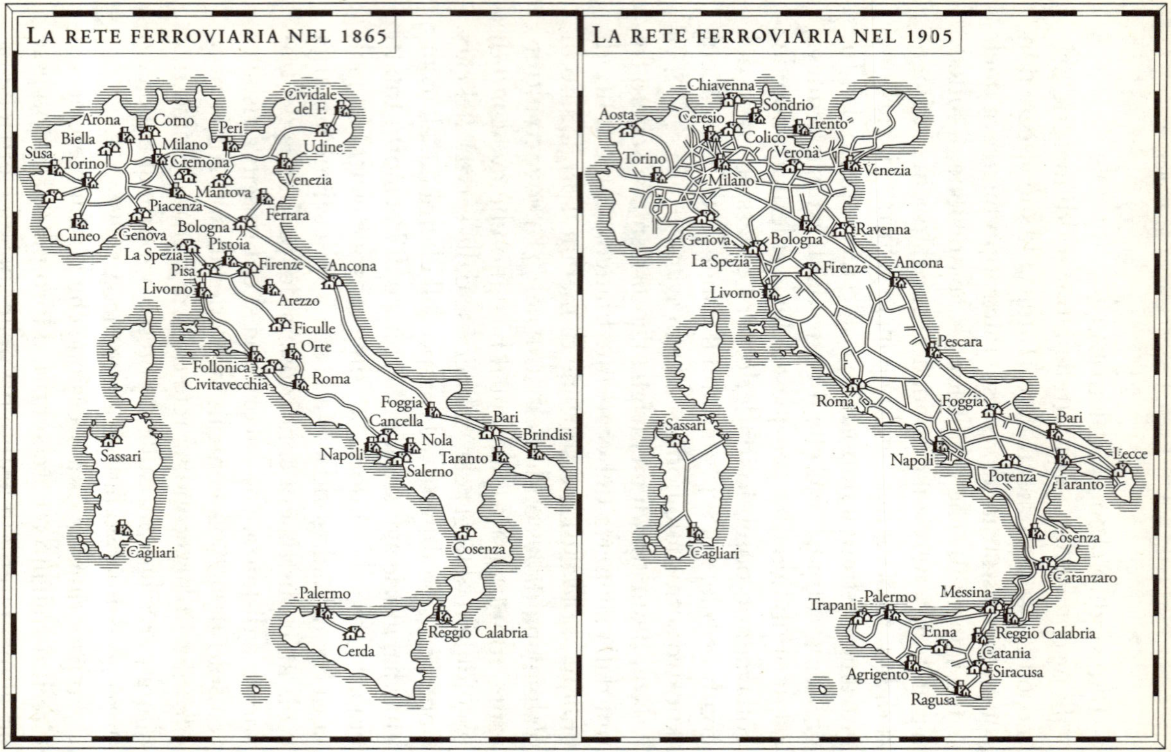
LA RETE FERROVIARIA NEL 1865
Cividale del F.
Arona
Como
Peri
Biella
Milano
Udine
Susa
Torino
Cremona
Venezia
Mantova
Piacenza
Ferrara
Bologna
Cuneo
Genova
Pistoia
La Spezia
Firenze
Ancona
Pisa
Livorno
Arezzo
Ficulle
Orte
Follonica
Civitavecchia
Roma
Foggia
Cancella
Bari
Nola
Brindisi
Sassari
Napoli
Taranto
Salerno
Cagliari
Cosenza
Palermo
Reggio Calabria
Cerda
LA RETE FERROVIARIA NEL 1905
Chiavenna
Sondrio
Aosta
Ceresio
Trento
Colico
Torino
Verona
Venezia
Milano
Ravenna
Genova
Bologna
La Spezia
Firenze
Ancona
Livorno
Pescara
Roma
Foggia
Bari
Sassari
Napoli
Lecce
Potenza
Taranto
Cosenza
Cagliari
Catanzaro
Messina
Trapani
Palermo
Enna
Reggio Calabria
Catania
Agrigento
Siracusa
Ragusa

a cinquecento e portandone la produzione da sessanta milioni di kilowatt a oltre un miliardo. Con molta accortezza, l'operazione finanziaria fu condotta in modo da facilitare la concentrazione dei capitali in poche società, di cui la Edison fu subito la capofila, ma di cui le due Banche continuarono a controllare la conduzione. E questo fu il campo in cui l'industria italiana svolse in tutta Europa un ruolo d'avanguardia.

Col passare del tempo si vide che, sebbene la tecnologia ne consentisse sempre nuove applicazioni, l'elettricità non bastava a risolvere il problema delle fonti di energia. Ma il disinganno sopravvenne solo quando le speranze avevano già compiuto il miracolo. Come abbiamo detto, il decollo dipendeva da quello della siderurgia. E lo sapevano benissimo anche i legislatori che soprattutto per stimolare la siderurgia avevano adottato la nuova politica doganale protezionistica, che metteva il cattivo ferro italiano ricavato a costi altissimi dai rottami importati al riparo da qualsiasi concorrenza. Ma la misura non era bastata. Solo un anno dopo l'inaugurazione della centrale idroelettrica di Paderno, il mondo siderurgico si mise in moto grazie all'intervento di una società belga che prese in appalto il minerale di ferro dell'Elba per lavorarlo sul posto, a Portoferraio. Se i dirigenti facevano assegnamento su un'applicazione del carbon bianco anche al loro campo, furono certamente delusi perché lo sviluppo dell'elettrosiderurgia si rivelò più lento e tribolato di quanto si sperava. Ma intanto essi avevano dato avvìo a un processo che ormai seguiva la sua propria logica.

Considerando l'ipoteca belga sull'Elba una minaccia per se stessa, la Terni, ch'era la più forte azienda siderurgica italiana, si fece promotrice di una specie di «cartello», cioè di monopolio nazionale, unendosi con la Metallurgia Ligure di Raggio e fondendo i propri interessi con quelli del potente gruppo cantieristico Odero-Orlando. Alla testa di questa coalizione, essa strappava ai Belgi l'appalto dell'Elba e fondava i grandi stabilimenti di Piombino e di Bagnoli. Anche queste operazioni, di cui risparmiamo al lettore i dettagli tecnici, furono guidate dalle due nuove Banche, specialmente dalla Commerciale. E sul piano strettamente economico non furono per il Paese un affare perché, dati i ritardi di sviluppo dell'elettrosiderurgia, la lavorazione del minerale richiese un aumento delle importazioni di carbone, che rappresentavano il passivo più grosso della nostra bilancia commerciale e, gravando paurosamente sui costi di produzione, facevano del nostro ferro un prodotto malato ed eternamente bisognoso di protezione doganale. Anche in questo settore gl'investimenti toccarono presto il mezzo miliardo, ma gli utili che davano erano i più bassi di tutti, e le aziende rimasero sempre pericolanti anche perché l'ILVA, che avrebbe dovuto coordinarne e razionalizzarne i compiti, non riuscì a farlo. In compenso, l'esportazione del minerale cessò, la produzione di ghisa passò da ottomila a quattrocentomila tonnellate e quella dell'acciaio da sessantamila a un milione.

A far le spese di questo cattivo e costoso materiale autarchico fu l'industria meccanica, che a esso doveva attingere per via delle proibitive tariffe doganali che colpivano quello straniero. E questo provocò un rallentamento del suo sviluppo, sebbene lo Stato facesse del proprio meglio per ovviarvi con le sue «commesse». Ma gli ordinativi di traversine e carri ferroviari, per quanto massicci (oltre mille locomotive e tremila carrozze in quattro anni), non bastavano. Ad animare questo settore fu un'altra novità, che produsse pressappoco gli stessi effetti psicologici del carbon bianco: l'automobile. Nello spazio di pochi anni, le società produttrici si moltiplicarono fino a settanta, e la FIAT, con un capitale di tre milioni, si permise il lusso di distribuirne cinque di utili ai suoi azionisti. Fu qui che più si rivelarono i caratteri patologici e «selvaggi» del primo (ma non soltanto del primo) «miracolo economico» italiano: l'imprevidenza, l'avventurosità, la rapineria. Non ci voleva molto a capire che all'automobile un'Italia ancora in gran parte agro-pastorale non poteva fornire un mercato: dopo cinque anni di produzione, non ne circolavano che quattromila; e ancora alla vigilia della prima guerra mondiale erano arrivate appena a ventimila. Eppure le aziende si moltiplicarono e i capitali fecero ressa fino a provocare una crisi non meno esplosiva del boom che l'aveva preceduta. Ma questo avvenne solo nel 1907 e si risolse in un salutare ridimensionamento. Sebbene le sue azioni crollassero in poche settimane da 450 a 17 lire, o forse proprio per questo, la FIAT fu la società che pagò al disastro il pedaggio più basso e ne trasse il beneficio più alto: la liberazione da una concorrenza troppo folta e l'adeguamento a tempi di sviluppo più ragionevoli. Agnelli ebbe il grande merito di comprendere che, come produzione di massa, l'Italia si prestava solo a quella delle biciclette: ne circolavano quasi un milione e mezzo. Per quella dell'automobile, bisognava aspettare un altro e più consistente «miracolo».

Ciò che l'elettricità non era riuscita a fare nel campo della siderurgia e della meccanica, era però riuscita a farlo in altri settori, e specialmente in quello tessile. La lana si era mossa poco per mancanza di materia prima. Ma il cotone aveva ricevuto un grosso impulso dalla sostituzione della nuova forza motrice a quella idraulica. Lo dimostravano le importazioni del greggio, raddoppiate nel corso di pochi anni. Lo dimostrava la moltiplicazione dei fusi da due a quattro milioni. Lo dimostrava il volume degl'investimenti che si avviava al mezzo miliardo. Un'altra industria che andava a gonfie vele non per l'elettricità, ma per la tariffa doganale, era quella zuccheriera che ormai superava il fabbisogno nazionale e distribuiva dividendi di oltre il dieci per cento. Ma è inutile procedere in un inventario che interessa soltanto gli specialisti di economia. Per noi contano soltanto i caratteri generali di questo primo miracolo e i suoi riflessi sulla società, e quindi anche sulla politica nazionale.

Il primo di questi riflessi fu naturalmente l'alterazione del rapporto fra industria e agricoltura, cioè fra città e campagna. Non equivochiamo. Anche al termine di questo processo, l'Italia rimaneva un Paese prevalentemente agricolo, di casolari isolati e di sparsi borghi e villaggi, male collegati fra loro e coi grandi centri, e poverissimamente dotati di servizi civili. Molta gente non usciva dal limitato orizzonte della sua parrocchia che in occasione del servizio militare. E questo provocava una stagnazione che frapponeva un grosso ostacolo al recupero dei nostri ritardi. Però l'industria reclamava braccia da lavoro, e la campagna rispondeva al richiamo. In quarant'anni, dall'Unità alla fine del secolo, la popolazione agricola era scesa dal 65 al 42 per cento. Questo decongestionò i campi rendendo meno disagiata la condizione di chi ci restava. Ma naturalmente creava nelle città un problema, come si suol dire, di «integrazione».

Qui bisogna sottrarsi a certa storiografia di parte intesa a drammatizzare le condizioni di vita della massa operaia. Come tutti i decolli industriali, anche quello italiano fin di secolo si basò in buona parte sullo sfruttamento del lavoratore. Senza dubbio gli orari erano duri, i salari bassi, il sistema previdenziale inesistente o quasi. Ma per quanto spremuto all'osso, l'operaio italiano non dovette subire le angherie cui era stato sottoposto un secolo prima quello inglese perché, grazie al suo ritardo, lo sviluppo della nostra rivoluzione industriale coincise con quello del movimento sindacale europeo, che fin da principio fu in grado d'imbrigliarne le tendenze di rapina. Lo abbiamo già visto nell'*Italia dei notabili*. Le società operaie nacquero prima ancora che si formasse una vera e propria classe operaia. E quando, dopo la lunga crisi degli anni ottanta, il vero e proprio miracolo cominciò, grazie alle nuove tariffe doganali, all'ammodernamento del sistema bancario e all'avvento dell'elettricità, esso dovette subito fare i conti con un partito socialista già costituito e in piena espansione. Questa coincidenza salvò il nascente capitalismo italiano dalle colpe di cui si era macchiato quello dei Paesi che ci avevano preceduto sulla strada dell'industrializzazione, ma nello stesso tempo non gli consentì di farsi delle ossa altrettanto forti.

Un altro riflesso fu l'accentuazione di certi dislivelli e divari. L'agricoltura italiana era già in crisi per via della guerra doganale iniziata con la Francia nell'epoca crispina, che praticamente chiudeva quel mercato all'esportazione delle sue derrate. Questo è tuttora uno degli argomenti preferiti della polemica meridionalistica, che però va accolto con riserva. In linea generale non c'è dubbio che la politica protezionistica fu voluta dall'industria del Nord come condizione del proprio sviluppo, e danneggiò l'agricoltura del Sud. Eppure, l'unico meridionale che si batté contro di essa fu Giustino Fortunato. Gli altri la sostennero calorosamente perché in quel momento faceva comodo anche a loro, come unica difesa contro la concorrenza del grano americano che proprio allora conquistava coi suoi bassi costi tutti i mercati europei. La situazione era quindi più complessa di quanto oggi dicano i meridionalisti. A fotografarla fu, con la consueta chiarezza, il liberista Einaudi: «Su una produzione agricola annua di cinque miliardi di lire» egli scrisse «il grano rappresenta a malapena ottocento milioni. Di essi, la metà è consumata dai medesimi produttori, e solo l'altra metà va sul mercato e si giova del dazio. Si può onestamente sostenere che un regalo fatto a questa infima minoranza degli agricoltori italiani equivalga a proteggere la terra nostra? Non solo non la protegge, ma la danneggia perché il giorno in cui ci saremo decisi ad abolire il dazio sul grano, potremo ottenere dalla Russia, dagli Stati Uniti, dall'Argentina ecc. tali riduzioni di dazi sui nostri vini, oli, agrumi, frutta ecc. che un immenso slancio verrà dato all'agricoltura perfezionata e progressiva italiana», mentre quella arretrata «merita di andare in rovina, e senza rimpianto». Ma l'agricoltura arretrata, che produceva quasi esclusivamente grano e sopravviveva solo grazie al dazio, era proprio quella del Sud: ecco perché Giustino Fortunato era stato l'unico meridionale a combattere il protezionismo. Esso ledeva gl'interessi della frutticultura e della vinicultura che anche nel Sud erano in mano a piccoli proprietari di scarso peso economico e politico; ma secondava quello dei grandi e potenti latifondisti, il cui aratro a chiodo non sapeva spremere dalla terra che grano.

La cosa di cui l'agricoltura del Sud veramente soffrì fu la scarsezza di capitali. Ne aveva sempre avuti pochi. E ora anche quei pochi venivano risucchiati dall'industria del Nord, in cui il risparmiatore meridionale si affrettò a investire i suoi peculi. Fu questo che rese ancora più grave il ritardo del Mezzogiorno. La distribuzione degl'investimenti segue, in tutto il mondo e in tutte le epoche, una sua logica: essi si concentrano nei punti in cui lo sviluppo industriale è già in atto, perché solo lì essi trovano non solo le cosiddette «infrastrutture» (strade, servizi eccetera), ma quel fervore d'iniziative che la rivoluzione capitalistica provoca in tutti i campi e in tutti i ceti. Fin d'allora i meridionalisti commisero l'errore – ripetuto in questo dopoguerra su scala infinitamente più larga – di concepire quello del Mezzogiorno solo come un problema di stanziamenti e di «incentivi». Fin d'allora ne reclamarono, e ne ottennero. Ma il Mezzogiorno non decollò, come non decolla oggi per la renitenza delle iniziative locali, dovuta alla mancata trasformazione capitalistica dell'economia meridionale. Finché quella del Sud rimane una società redditiera, non potrà mai uscire dal suo immobilismo. Già grave al momento dell'Unità, il divario fra Nord e Sud era diventato ancora più profondo alla fine del secolo. Lo dimostrava il reddito pro-capite che si era raddoppiato al Nord, mentre rimaneva quasi stazionario al Sud. Lo dimostrava il tasso di analfabetismo che decresceva rapidissimamente al Nord e lentissimamente al Sud. Lo dimostrava l'emigrazione salita a una media annua di trecentomila espatrii, di cui i tre quarti erano meridionali.

Come tutti i miracoli economici insomma anche questo del primo Novecento non era privo di ombre, di contraddizioni e di squilibri. Ma non lo si può negare, e si riassume in pochi dati che non si prestano a contestazione: il reddito nazionale raddoppia, il risparmio si quintuplica, il tasso d'incremento del commercio estero supera nettamente quello di Germania e d'Inghilterra e – cosa più importante – l'esportazione di materie prime cala nella stessa misura in cui cresce quella dei manufatti, il che vuol dire che l'Italia sfrutta da sé le proprie risorse, e il prodotto del suo lavoro può competere su tutti i mercati con quello estero. Pochi anni dopo un economista poco propenso agli entusiasmi scriveva: «Non vi è Paese in Europa che nell'ultimo decennio abbia dato, come il nostro, tanta prova di energia individuale nel progresso economico».

Eppure, l'opinione pubblica si mostrava restia ad ammetterlo, come se non ci credesse o ne provasse dispetto. Lo notava un uomo che non si può certo sospettare di complicità col regime, di cui anzi era un critico severissimo, il socialista siciliano Napoleone Colajanni: «La massa degl'Italiani progredisce senza accorgersene, senza darsene ragione, senza confessarlo». Egli ne dava colpa ai liberisti e alle loro denunce contro il protezionismo. Ma il fenomeno era più vasto e profondo. Sempre più l'opinione pubblica s'identificava con quella delle masse popolari che, rimaste estranee alla costruzione della Nazione, la consideravano un prodotto della classe padronale, di cui non volevano ammettere i successi perché seguitavano a sentirsene escluse.

Era con questo stato d'animo che doveva fare i conti colui al quale il nuovo Re stava per affidare quasi ininterrottamente fino alla prima guerra mondiale i destini del Paese.

ESPATRI DALLE REGIONI ITALIANE (1901-1915)
TRENTINO
LOMBARDIA
VENEZIA
VENEZIA GIULIA
PIEMONTE
LIGURIA
EMILIA
TOSCANA
MARCHE
UMBRIA
Mar Adriatico
ABRUZZI
LAZIO
MOLISE
Mar Tirreno
CAMPANIA
PUGLIA
BASILICATA
SARDEGNA
CALABRIA
SICILIA
Mar Ionio
Espatri dalle regioni italiane 1901-1915
(per mille abitanti)
-2
-15
-7
-25
-10
≥25

CAPITOLO TERZO

# IL RITORNO DI GIOLITTI

Confermato nella sua carica di Primo Ministro dopo l'avvento del nuovo Re, che aveva respinto le sue dimissioni, Saracco vi si reggeva tuttavia con molta difficoltà. Sonnino, ch'era il suo principale sostegno, pubblicò sulla «Nuova Antologia» un articolo che tutti interpretarono come una campana a morto. Il regicidio, diceva, aveva drammaticamente dimostrato che il regime era alla mercé di due forze anticostituzionali e sovversive, i socialisti e i clericali. Solo un «fascio» di partiti nazionali, decisi a fronteggiare la situazione con energia e risolutezza, poteva salvarlo. Ed era chiaro che alla guida di questo fascio egli poneva la propria candidatura.

Indirettamente gli rispose Giolitti con un articolo sulla «Stampa» di Torino. Col pugno di ferro, diceva, non si risolve niente. Un Paese che ogni poco deve mobilitare l'esercito per mantenere l'ordine interno non può reggersi a lungo. Ciò che occorre è eliminare la causa del disagio, che è provocato dalle sperequazioni economiche e sociali. «Quando confronto il nostro sistema tributario con quello di tutti i Paesi civili, quando osservo le condizioni delle masse rurali in gran parte d'Italia e le paragono con quelle dei Paesi vicini, resto compreso d'ammirazione per la longanimità e la tolleranza delle nostre plebi, e penso con terrore alle conseguenze di un possibile loro risveglio. Io deploro quanti altri mai la lotta di classe. Ma, siamo giusti, chi l'ha iniziata?»

Il contrasto fra le due concezioni non poteva essere più stridente. E bastò un episodio marginale per farlo scoppiare. Dopo quattro anni di sospensione, Saracco aveva consentito la riapertura della Camera del Lavoro socialista di Genova. Ma il 18 dicembre (del '900) il prefetto tornò a chiuderla di testa sua per gl'incitamenti dati alla lotta sindacale. Per protesta, ventimila lavoratori entrarono in sciopero. E Saracco, che dapprima aveva approvato il gesto del prefetto, lo annullò. Il gesto dispiacque a tutti. Dispiacque a Sonnino, che lo accusò di essersi arreso alla violenza. E dispiacque a Giolitti che lo considerava tardivo e ne prese pretesto per un memorabile discorso alla Camera che si chiudeva con queste parole: «Il moto delle classi popolari si accelera ogni giorno di più, ed è un moto invincibile perché comune a tutti i Paesi civili, e perché poggiato sui princìpi di eguaglianza fra gli uomini. Dipende principalmente da noi, dall'atteggiamento dei partiti costituzionali nei rapporti con le classi popolari, che l'avvento di queste classi sia una nuova forza conservatrice, un nuovo elemento di prosperità e di grandezza, o sia invece un turbine che travolge la fortuna della patria».

Sia Sonnino che Giolitti avevano attaccato Saracco perché avevano capito che la sua posizione ormai era logora. Quanto alla successione, Sonnino era sicuro che sarebbe toccata a lui, che ormai aveva assunto e intendeva svolgere la parte del «nuovo Crispi». Giolitti, per il momento, alla successione non mirava. Mirava soltanto a riavvicinarsi al potere da cui, dopo lo scandalo della Banca Romana, era rimasto lontano per sette anni.

Due giorni dopo il suo discorso, Saracco diede le dimissioni, e Sonnino attese la convocazione, convinto che, al suo debutto sul trono e in un momento difficile come quello, il nuovo Re non potesse affidarsi che a lui. Ma il Re, contro il parere dei suoi consiglieri, si lasciò guidare da ben altra logica. Il governo, disse, è stato rovesciato dalle forze del centro-sinistra, cioè da quelle che fanno capo a Zanardelli e Giolitti: è dunque a queste che tocca la successione. E convocò Zanardelli, sebbene gli facessero notare che suo padre non lo aveva mai potuto soffrire.

Zanardelli aveva al suo attivo molte cose. Anzitutto, l'origine risorgimentale. Aveva fatto il suo precoce debutto sulle barricate della sua Brescia, nelle famose «dieci giornate» del '49. Ma dopo aveva dimostrato di non essere soltanto uno squadrista alla Bixio. Era stato un eccellente Ministro dei Lavori pubblici con Depretis e dell'Interno con Cairoli. Ma il meglio di sé lo aveva dato come Ministro della Giustizia e ispiratore del nuovo Codice Penale che da lui aveva preso il nome. Era anche un magnifico oratore. Ma forse il suo difetto era di esserlo un po' troppo. «Ritto, magro, nero, con le mani in tasca» lo descrive Faldella «come quella figura che i disegnatori allungano per fare una I negli alfabeti figurati, da principio sembrava un palo vocale. Poi rompeva, si dinoccolava, si riversava da una parte e dall'altra; e la voce scolpita si concitava e avvinghiava come una catena.» Ma dal piano del dibattito ideologico, nel quale era ferratissimo, incontrava qualche difficoltà a trasferirsi su quello dell'azione concreta, ed era per questo che fin allora era sempre rimasto un «brillante secondo». Quando il Re gli dette l'incarico, Giolitti dovette fargli prestare da un amico un appartamento decoroso in cui tenere le consultazioni perché quello suo si riduceva a un paio di stanze da studente: come tutti i notabili della sua generazione, non aveva tratto vantaggi dalla carriera politica ed era povero in canna.

Le difficoltà che incontrò per formare il nuovo governo furono tali che vi avrebbe rinunziato, se Giolitti non lo avesse dissuaso. Il gesto fu certamente da amico, ma anche da politico accorto: se Zanardelli declinava il mandato, questo sarebbe toccato a lui, che in quei frangenti preferiva assumere quello più modesto, ma anche politicamente più redditizio, di Ministro degl'Interni. Così fu, ma tutti capirono il giuoco. «Il vero vittorioso» scrisse Albertini sul «Corriere della Sera» «è lui, Giolitti: è lui il Ministero.» E il suo arcinemico Rastignac: «Stasera forse si verrà al voto. Io non so quello che uscirà da questa discussione. Ma prego gli Dei tutelari, se sull'Italia ne vegli ancora qualcuno, che tengano lontano dal governo del Paese la minaccia di Giolitti. Quell'uomo porta in sé i germi di tutte le catastrofi».

Agli occhi dei conservatori, queste catastrofi erano, si capisce, la politica del non intervento nelle contese fra datori di lavoro e lavoratori, il riconoscimento del diritto di sciopero e una riforma tributaria che finalmente colpisse i ricchi risparmiando i poveri. E i poveri, o per meglio dire coloro che se ne atteggiavano a interpreti, se ne resero conto. Sulla sua rivista, «Critica sociale», Turati invitò i suoi compagni socialisti ad abbandonare l'ostruzionismo che ormai si riduceva «a una pura posa coreografica», e a stringersi invece «intorno al governo per proteggerlo dagli attacchi e dalle insidie della reazione cospirante, vigilarlo perché tenesse fede al programma, sospingerlo sulla via delle riforme».

Cominciava così, fra Giolitti e Turati, quell'idillio che, se fosse sboccato in matrimonio, avrebbe sicuramente salvato la democrazia. Purtroppo, se Giolitti doveva vedersela coi suoi Rastignac per i quali la sua azione di governo era «un atto d'odio, non d'amore, di vendetta, non di rivendicazione, privo di una qualunque idea viva, vitale, operante», Turati doveva fare i conti coi suoi Lazzari, per i quali Giolitti non era che un Pelloux più aggiornato, e quindi più insidioso, ma sempre agli stipendi del «blocco agrario-borghese». Quale dei due massimalismi abbia più contribuito alla catastrofe della democrazia italiana, resta da stabilire. Ma ch'essi ne siano i maggiori responsabili, è accertato.

Quando Giolitti presentò il suo programma di politica interna, la Camera gli dette ottanta voti di maggioranza, ma il Senato tre soli. Esso rifletteva lo sgomento del Paese di fronte alla ondata di scioperi che lo investiva. Dai 400 dell'anno prima, erano passati a 1700. Giolitti sapeva che questo era il prezzo del decollo industriale; ma la pubblica opinione, in maggioranza moderata, lo accusava di debolezza, se non addirittura di doppio giuoco. In realtà egli era molto meno arrendevole di quanto si dicesse, e lo dimostrano i suoi telegrammi ai prefetti. A quello di Palermo: «A qualsiasi costo domani non devono rinnovarsi disordini. Attendo ciò dalla sua energia». A quello di Milano: «Se fattorini telegrafici si mettono in sciopero saranno subito rimpiazzati e rimpatriati se non hanno mezzi di sussistenza». A quello di Foggia: «Duolmi vedere che Prefettura è retta da funzionario inetto». A quello di Roma, dopo alcuni disordini nell'Università: «Si ricordi che per le strade non vi sono studenti ma cittadini tutti uguali di fronte alla legge». Quando erano in ballo i pubblici servizi, la mano vellutata di Giolitti si tramutava in pugno di ferro: e quando per esempio i ferrovieri si misero in agitazione, egli rispose militarizzandoli. Ma subito dopo fece votare un aumento delle loro indennità.

Era una politica difficile anche perché Zanardelli la secondava molto contraggenio. Sebbene personalmente amici e pur militando nello stesso schieramento, i due uomini erano tuttavia divisi da un fondamentale contrasto, di cui lo stesso Giolitti fornì in sede di *Memorie* la chiave. Le idee di Zanardelli, egli dice, erano «passionatamente democratiche, però della democrazia borghese del suo tempo, che non comprendeva ed avversava il socialismo». E questo spiega anche il conflitto che a poco a poco maturò fra loro.

Giolitti aveva in quel governo una posizione di forza non solo perché sul piano operativo era molto più efficiente e positivo del suo maggior collega, ma anche perché era lui che gli garantiva in parlamento l'appoggio dei socialisti. Costoro tennero nel 1902 un burrascoso congresso a Imola, dove la posizione moderata e collaborazionista di Turati venne violentemente attaccata sul piano della dottrina da Labriola, e su quello della demagogia da Enrico Ferri, che non disse nulla, ma lo disse urlando e con gesti gladiatori. Turati vinse e fece confermare l'appoggio al governo grazie ai buoni argomenti che Giolitti gli aveva fornito con le ultime misure prese in favore dei lavoratori: riduzione dell'orario ed esenzione dei ragazzi al di sotto dei dodici anni. Ma fu una vittoria risicata e di breve respiro. Bastò che nel Sud alcuni torbidi, sfociati come al solito in vandalismi, obbligassero i prefetti a provvedimenti repressivi perché la corrente massimalista riprendesse il sopravvento nel partito e l'obbligasse a ritirare l'appoggio al governo. Così Giolitti perse il suo più valido sostegno nei confronti non solo dell'opposizione, ma anche di Zanardelli e degli altri colleghi di ministero.

Seguirono altri motivi di frizione. Massone di vecchia data come quasi tutti gli uomini della sua generazione e estrazione, Zanardelli era più sensibile ai problemi del laicismo che a quelli sociali. Perciò aveva tiepidamente sostenuto la proposta di riforma fiscale elaborata dal suo Ministro delle Finanze, Wollemborg, e vedendo che la maggioranza la rifiutava l'aveva abbandonata; mentre si era impegnato allo spasimo su un progetto di legge che introduceva il divorzio, e accusò di condiscendenza verso la Chiesa Giolitti, che non lo spalleggiava. In realtà non si trattava di condiscendenza, ma soltanto di praticità. Giolitti prevedeva che, poco sostenuto dalla pubblica opinione, quel progetto avrebbe fornito un punto di coagulo a tutte le opposizioni, come di fatto avvenne, e non voleva bruciarvisi le mani. «Quell'uomo lì mi scuote tutto il governo» disse di lui Zanardelli. Ed erano pressappoco le stesse parole che cinquant'anni prima D'Azeglio aveva pronunciato sull'indocile e invadente Cavour. Come Cavour, Giolitti faceva una politica spesso in contrasto con quella del Primo Ministro usurpandone le mansioni. E come Cavour, egli presentiva i naufragi e sapeva sottrarvisi in tempo. Lo aveva già fatto nel '90, quando abbandonò la barca di Crispi poco prima che si arenasse. E da quando i socialisti gli avevano ritirato l'appoggio, aspettava solo l'occasione per rifarlo.

L'occasione fu offerta da Ferri. Questo cattivo genio del socialismo italiano, moralmente marcio, ma facondo, teatrale, esibizionista con la sua chioma arruffata sotto il cappello a larghe tese e quindi pieno di fascino agli occhi di platee che corrono dietro più al fumo che all'arrosto e preferiscono i grandi gesti e le grandi parole alla buona sostanza, era ora sulla cresta dell'onda. Invano Turati aveva cercato di mettere in guardia i compagni dal suo sconclusionato e gigionesco «sbraitare per i tetti». Il partito gli aveva affidato la direzione dell'«Avanti!», di cui egli fece subito uno strumento di campagne scandalistiche. Una delle prime fu contro l'ammiraglio Bettolo, Ministro della Marina, accusato d'interessati favoritismi nelle forniture militari. In parlamento fu presentata una mozione che chiedeva un'inchiesta sul suo operato. Il governo la respinse ponendo la questione di fiducia, ma si vide abbandonato dalle forze di sinistra sulle quali si reggeva, e a salvarlo furono i conservatori di Sonnino. In Consiglio dei Ministri, Giolitti disse che per il governo non c'era scelta: o ritirarsi, o restare prigioniero della destra, dalla quale ormai le sue sorti dipendevano. E siccome Zanardelli si rifiutò di dimettersi, si dimise lui.

La mossa rivelava il suo infallibile tempismo. Il governo aveva i giorni contati anche perché contati erano quelli dello stesso Zanardelli, minato da una malattia mortale. Egli rabberciò alla meglio il suo ministero assumendo di persona quello dell'Interno, e così si trascinò fino alle vacanze estive. Ma poi l'aggravamento delle sue condizioni lo costrinse al ritiro, cui non sopravvisse che un paio di mesi.

Tutti si aspettavano che il Re convocasse Sonnino o Rudinì, che in fondo erano stati i vincitori di quella battaglia. Invece convocò Giolitti e diede a lui l'incarico di formare il nuovo governo.

La scelta non era dovuta a personali simpatie. I due uomini fin allora si erano incontrati di rado, e se qualcosa avevano in comune, oltre alla patria e al dialetto piemontese, era una certa frigidità, che alle simpatie li rendeva entrambi allergici. Ma in quel momento il Re era più propenso alla politica di Giolitti che a quella dei conservatori, ch'egli disistimava anche personalmente. E di questo gli va dato atto. Come aveva lasciato presagire il suo primo discorso, egli voleva realmente una democrazia aperta alle classi popolari, ch'era appunto il programma di Giolitti. L'unica condizione che gli pose fu la nomina di un Generale e di un Ammiraglio di sua fiducia al Ministero della Guerra e a quello della Marina, come del resto si era sempre usato.

Il compito di Giolitti si dimostrò subito molto arduo. Egli sollecitò la partecipazione al governo dei tre partiti che formavano la cosiddetta Estrema: i radicali, i repubblicani e i socialisti. E per dimostrare la sua intenzione di rompere col passato e inaugurare un nuovo corso, escluse dalla lista tutti i collaboratori di Zanardelli. Turati gli fece capire che, se fosse dipeso da lui, avrebbe accettato; ma che se lo avesse fatto, avrebbe perso il partito, ormai in balìa dei massimalisti alla Ferri. Quanto ai radicali, posero condizioni che avrebbero significato l'aborto del governo: scioglimento della Camera e nuove elezioni, riduzione delle forze armate, e legge sul divorzio di cui il parlamento aveva già imposto a Zanardelli il ritiro.

È difficile sapere se Giolitti ritenesse realizzabile una partecipazione dell'Estrema, o gliel'avesse offerta solo per dimostrarle ch'era l'unico uomo del centro-sinistra che la proponeva e per conquistarsene in tal modo i favori. Ma la seconda ipotesi ci sembra più probabile. Rigettata su di essa la responsabilità dell'insuccesso, distribuì imparzialmente i ministeri fra uomini del centro-sinistra e del centro-destra secondo la vecchia ricetta di Depretis, inaugurando così ciò che Salvatorelli chiama il «neotrasformismo giolittiano».

Di colpo, contro due di loro si scatenò una campagna scandalistica, di cui il grande orchestratore fu il solito Ferri. Il ministro degli Esteri Tittoni venne denunciato come clericale e protettore della mafia e della camorra. Di queste accuse, la storia ha fatto ampia giustizia. Tittoni era soltanto un buon cattolico che poi svolse una parte di primo piano nella riconciliazione fra Chiesa e Stato, e come prefetto di Napoli non solo non aveva patteggiato con le due «onorate società», ma anzi le aveva vigorosamente combattute. E non gli fu difficile dimostrarlo. Ma il suo collega delle Finanze, Rosano, fu sopraffatto. Ferri scrisse che, come avvocato, egli si era avvalso della sua qualifica di parlamentare per far assolvere un suo cliente, dal quale si era fatto pagare il servigio con una parcella di quattromila lire, a quei tempi considerata esosa. In realtà il pover'uomo aveva assunto quel patrocinio prima di essere eletto, né mai aveva fatto pesare la sua qualifica di deputato sul corso della Giustizia. Ma, amareggiato e stroncato dalla virulenza degli attacchi, si uccise lasciando una lettera per Giolitti: «Muoio col tuo nome nel cuore, riboccante di gratitudine e di affetto per te». Parve per qualche giorno che si ripetesse il caso della Banca Romana. Ma proprio da quell'esperienza l'uomo aveva tratto la sua lezione. Agli attacchi, di cui naturalmente il vero bersaglio era lui, egli oppose un muro di silenzio e d'indifferenza. Sapeva benissimo che le «campagne morali» scatenate da un Ferri non avevano né potevano avere gli effetti di quelle di Cavallotti, di cui anche gli errori odoravano di bucato. E infatti non ne rimase scosso. Ma subito dopo fu sottoposto ad un'altra e più ardua prova. Per protesta contro la dura repressione di disordini scoppiati in Sicilia e Sardegna, i massimalisti che sempre più dominavano il campo socialista proclamarono lo sciopero generale.

Era la prima volta che lo si tentava, e fece enorme impressione. Specialmente la paralisi delle ferrovie sbigottì i benpensanti, e Giolitti fu violentemente attaccato per la sua inerzia. «Fino a ieri» disse Pelloux in Senato «si discuteva se convenisse di più prevenire o reprimere. L'attuale ministero ha trovato un terzo metodo: né reprimere, né prevenire.» Ma Giolitti rinnovò ai prefetti l'ordine di lasciare esaurire da sé quel «movimento pazzesco». E i fatti gli dettero ragione. Al quarto giorno, contro gli ordini dei loro dirigenti sindacali, operai e impiegati cominciarono a tornare al lavoro. E Giolitti, che aveva capito quanto i capi socialisti fossero deboli e alla mercé della demagogia massimalista, decise di richiamarli alla realtà sciogliendo la Camera e indicendo nuove elezioni.

Queste si tennero nel novembre del 1904, e costituirono un fatto di fondamentale importanza per vari motivi. Prima di tutto perché rappresentarono un grosso successo della maggioranza governativa e le diedero un assetto destinato a restare quasi inalterato fino alla prima guerra mondiale. Secondo, dimostrarono che il massimalismo non paga. Terzo, segnarono l'ingresso dei cattolici nella vita politica nazionale. Ed è su questo che ora bisogna spendere qualche parola.

CAPITOLO QUARTO

# CATTOLICI E SOCIALISTI

L'ammorbidimento dei cattolici nei confronti dello Stato laico non era naturalmente che un riflesso dell'ammorbidimento della Chiesa. Papa Leone XIII non revocò mai il *non expedit*, cioè il divieto ai fedeli di partecipare alla vita politica nazionale sia da eletti che da elettori. Ma, avendo avuto la ventura di vivere fino a novantaquattro anni, fece in tempo a rendersi conto che l'intransigenza non pagava.

Il sogno di riconquistare il potere temporale era ormai tramontato. E non solo perché non c'era in Europa una sola Nazione che pensasse a ripristinarlo, ma anche perché nella stessa Italia le nuove generazioni cattoliche, non avendolo mai conosciuto, non avevano di esso nessuna nostalgia. Lo stesso Papa era giunto al Soglio quando ormai l'annessione di Roma era cosa fatta da un pezzo, e non era uomo da non capire che i cattolici italiani non potevano essere tenuti indefinitamente nel ghetto per salvare «un fossile della politica internazionale» quale, a detta di Salvemini, era ormai diventata la questione romana.

Come abbiamo detto nell'*Italia dei notabili*, questi cattolici avevano già le loro organizzazioni, di cui l'Opera dei Congressi era l'organo propulsivo. Per molto tempo essa aveva avuto alla testa un conte Paganuzzi che la considerava la «guardia bianca» del Papa, e finché il Papa si batté per ripristinare il potere temporale, anche l'Opera non si prefisse altro scopo. Ma i nuovi quadri si resero conto che la forza cattolica erano soprattutto le masse contadine, sulle quali il potere temporale non esercitava nessun fascino. Esse volevano ben altro: volevano terre, migliorie, sgravi fiscali, aumenti salariali. E questo si rese sempre più evidente via via che il partito socialista acquistava forza. Se al suo programma di rivendicazioni sociali i cattolici non ne contrapponevano uno loro, essi rischiavano di perdere le campagne.

A elaborarlo fu un professore di Pisa, Toniolo. Intorno a lui e alla sua Unione cattolica per gli studi sociali si raccolse il meglio delle giovani leve cattoliche, impazienti di buttare a mare la vecchia guardia conservatrice e di cimentarsi nell'azione. Il Papa non nascose le sue simpatie per quei volenterosi e baldanzosi innovatori, e in un certo senso ne benedisse le iniziative con la famosa enciclica *Rerum novarum*, che gli valse il titolo di «Papa economista» e di «Padre dei lavoratori».

In realtà questo documento era molto meno rivoluzionario di quanto i suoi esaltatori dicessero e seguitino a dire: rivendicava l'esenzione dal lavoro delle donne e dei fanciulli, il riposo festivo, la limitazione degli orari, e salari corrispondenti all'esigenze di vita di un lavoratore «frugale e ben costumato», ch'è un modo di dire che non dice nulla. Ma rivoluzionaria era l'affermazione che i cattolici non potevano disinteressarsi della lotta di classe, anzi dovevano intervenirvi con le loro associazioni per portare avanti la loro battaglia con tutti i mezzi legali, compreso lo sciopero.

Il motivo di questa inconsueta presa di posizione lo spiega la data dell'enciclica: 1891, l'anno in cui il partito socialista si preparava a uscire dalla sua incubazione anarchica e cominciava a registrare grossi successi nel campo operaio. Per non lasciare le masse popolari in sua balìa, non c'era che un mezzo: scendere in concorrenza con esso sul piano rivendicativo. Il programma di Toniolo era un avvìo. Esso proponeva, come strumento per risolvere i conflitti fra capitale e lavoro, la corporazione medievale, dove imprenditori e salariati sedevano insieme e regolavano i loro rapporti.

Questo programma, che a Paganuzzi appariva pericolosamente audace, appariva invece arcaico ai giovani della «Rivista internazionale di Scienze sociali», che ne elaborarono un altro basato sul sindacato «esclusivamente operaio» d'ispirazione morale assai diversa, ma di contenuto rivendicativo analogo a quello socialista. Ed esso diventò il terreno di scontro fra le due generazioni, divise da un contrasto che non si prestava a compromessi. Ferma alla condanna di tutto il mondo moderno, che aveva trovato la sua espressione nel *Sillabo* di Pio IX, la vecchia guardia aveva lo sguardo rivolto al passato e si cullava nell'impossibile sogno di restaurazione dell'Italia papalina. A questo sogno i giovani avevano voltato le spalle. Essi accettavano l'Italia, ma si proponevano di conquistarla. In comune gli uni e gli altri non avevano che l'odio per il «mostro eretico», cioè per lo Stato laico liberale.

Fra queste due tendenze, Leone XIII si era tenuto in bilico, ma sempre più smussando la sua intransigenza. «La Chiesa ha battezzato altri barbari» disse un giorno parlando dello Stato. E più tardi invitò pubblicamente i giovani leoni della «Rivista internazionale» a «uscire dalla sacrestia e andare in mezzo al popolo». Era il benservito ai vecchi dirigenti tipo Paganuzzi. Ma era anche, sebbene non esplicita, un'eccezione al *non expedit*, che infatti si tradusse nell'invito di partecipare sempre più attivamente alle elezioni amministrative per la conquista dei comuni e delle province.

Al principio del secolo già si delineava una «Democrazia Cristiana», che non si considerava più la «guardia bianca» del Papa e, invece di chiudersi in una sterile posizione di rifiuto nei confronti della politica nazionale, smaniava di parteciparvi. Ma sin dal primo momento in essa si abbozzarono due tendenze, di cui è ancora ben visibile la traccia: quella moderata di Filippo Meda, e quella estremista di Romolo Murri.

Meda era un avvocato milanese di spirito pratico, che considerava l'astensione dal voto un dovere da osservare finché il Papa lo imponeva, ma un grosso errore strategico di cui occorreva sollecitare la revoca. Lo Stato liberale, diceva, c'è e va accettato. Va soltanto salvato dalle sue tentazioni autoritarie e giacobine. E questo i cattolici possono farlo soltanto inserendocisi e riformandolo in modo da tenerlo al riparo dai pericoli d'involuzione. Lo Stato cioè per lui era un «peccatore da salvare».

Per Murri, era un «nemico da distruggere». Discepolo di don Albertario, detto anche «don Belligero» e «martello dei liberali» per la virulenza con cui li aveva combattuti negli editoriali del suo giornale, «L'Osservatore cattolico», Murri era un giovane sacerdote marchigiano, che aveva conosciuto la povertà e nel Vangelo vedeva soprattutto un messaggio giustizialista. Introverso e malinconico come tutti i fanatici, egli si considerava molto più «avanzato» di Meda per il carattere rivoluzionario che intendeva imprimere al movimento. In realtà era un uomo del *Sillabo* che, pur partendo anche lui dall'accettazione dello Stato unitario, intendeva tramutarlo in una teocrazia egalitaria e totalitaria, sul tipo di quella che i gesuiti avevano fondato un paio di secoli prima nel Paraguay. Se a ispirarlo fosse più l'amore del povero o l'odio del ricco, non sappiamo. Comunque, condito di progressismo sociale per adattarlo ai tempi, in lui riviveva e trovava espressione il sanfedismo antinazionale delle masse cattoliche.

Meda e Murri furono dapprincipio alleati. Entrambi volevano un grande partito popolare indipendente dalla Chiesa. Ma Meda lo concepiva come lo sviluppo della organizzazione tradizionale, cioè dell'Opera, una volta strappatala alla vecchia guardia, mentre Murri lo vedeva come un organismo nuovo, un «Fascio», come quelli che pochi anni prima avevano messo a soqquadro e insanguinato la Sicilia.

L'ora della verità venne coi disordini di Milano del '98, che videro i cattolici in concorrenza di estremismo coi socialisti. Albertario, che li aveva aizzati, finì in galera. Ma il colpo più grosso al movimento lo inferse la paura. A cominciare dal Papa, molti cattolici capirono quali pericoli di eversione ci fossero nel massimalismo di quei due preti, e si dissociarono da loro. A Torino fu elaborato un documento programmatico d'intonazione moderata in cui s'invocavano riforme in perfetta armonia con la Costituzione: libertà di associazione, provvidenze per i lavoratori eccetera. In una nuova enciclica il Papa sanzionò il nome di Democrazia Cristiana. Al lancio del partito nell'agone politico mancava solo la revoca del *non expedit*. Il Papa non si sentì di farla, ma ne lasciò al suo successore tutte le premesse. Meda e Murri si allearono nuovamente per liquidare definitivamente Paganuzzi, e nel 1903 riportarono una vittoria completa. Ma pochi mesi prima Leone XIII era morto.

Quando il Conclave cominciò, tutti davano per certa la vittoria del cardinale Rampolla, Segretario di Stato. E forse sarebbe andata proprio così, se alla scelta dello Spirito Santo non si fosse opposto l'Imperatore d'Austria. Da secoli, ai sovrani d'Austria, Spagna e Francia era riconosciuta una facoltà di veto. Francesco Giuseppe la esercitò perché Rampolla era di tendenze francofile. Ma fu l'ultima volta. Il nuovo Papa, sebbene proprio a questo veto dovesse la sua elezione, ne revocò il diritto minacciando la scomunica a chiunque ne avesse di nuovo avanzato la pretesa.

Questo nuovo Papa, che assunse il nome di Pio X, era Giuseppe Sarto, Patriarca di Venezia: un prelato all'antica, di carattere autoritario, ma di modi semplici anche perché veniva da una famiglia contadina. Alieno a ogni forma di temporalismo e unicamente devoto al suo magistero spirituale, la sua bestia nera erano i «modernisti», cioè quei cattolici che volevano «adattare» la Chiesa al momento attuale revisionandone i dogmi alla luce delle scoperte scientifiche. Contro di essi scatenò subito una «caccia alle streghe» di tipo inquisitoriale, di cui fecero le spese non solo eminenti scrittori come Fogazzaro, le cui opere vennero messe all'Indice; ma anche dei sacerdoti come Buonaiuti, che venne sospeso *a divinis*. Fra gl'indiziati sottoposti a vigilanza ci furono anche il vescovo di Bergamo Radini-Tedeschi e il suo segretario, un giovane parroco di nome Angelo Roncalli.

Questo incubo dell'eresia condizionò anche il suo orientamento politico. Rampolla fu allontanato dalla Segreteria di Stato e sostituito dallo spagnolo Merry del Val che fu il primo straniero a occupare quella carica. All'amicizia della Francia, Pio X preferiva quella dell'Austria e della Germania nelle quali vedeva l'incarnazione dell'autorità e dell'ordine. Amava ricordare che, come veneziano, per una buona metà della sua vita era stato egli stesso «un leale suddito di Sua Maestà l'imperatore Francesco Giuseppe» e se n'era trovato benissimo. Nel 1904 il Presidente della Repubblica francese venne a Roma. Prima di lui, nessun Capo di Stato straniero vi aveva reso visita ufficiale per non fare sgarbo al Papa. Se a questo genere di sgarbi Pio X fosse molto sensibile, non lo sappiamo e non lo crediamo. Ma ne approfittò per rompere addirittura le relazioni diplomatiche con un Paese che ai suoi occhi era soprattutto reo di fornire molti alimenti al modernismo.

Appena reduci dalla vittoria al congresso di Bologna, i dirigenti della Democrazia Cristiana trovarono in lui un dichiarato nemico. Egli respinse la loro pretesa di trasformare l'Opera in un partito politico, e per di più indipendente dalla Gerarchia ecclesiastica, costrinse alle dimissioni il nuovo presidente Grosoli, fiduciario di Murri e Meda, e dopo alcuni giorni sciolse addirittura l'organizzazione centrale dell'Opera lasciandone sopravvivere solo i gruppi diocesani, ma sotto il diretto controllo del Vescovo.

Parve un passo indietro, il ritorno dei cattolici allo sterile rifiuto dello Stato unitario, il loro richiamo nel ghetto. E invece era proprio il contrario. A suggerire al Papa tanta severità verso la Democrazia Cristiana era il suo contenuto programmatico, e più ancora le scoperte simpatie di molti suoi dirigenti per il modernismo. Pio X si era convinto che per combattere questa eresia alla Chiesa occorreva l'appoggio dello Stato, e che lo Stato questo appoggio glielo avrebbe dato solo se la Chiesa rinunziava ad avallare un partito di atteggiamenti socialisteggianti e sovversivi. Mentre i nostalgici del temporalismo alla Rampolla pensavano che il crollo della monarchia avrebbe restituito Roma al Papa, Pio X, che del temporalismo non era affatto nostalgico, pensava che il trionfo della Repubblica sarebbe stato solo quello delle dottrine materialiste, cui il modernismo attingeva la sua linfa. Le sue istruzioni ai Vescovi furono esplicite: ostacolare in tutti i modi, nei Comitati diocesani dell'Opera, i democratici cristiani, e favorire le intese dei clericali moderati coi liberal-conservatori nei comuni e nelle province.

Quando Giolitti bandì le elezioni nel 1904, il candidato liberale di Bergamo, Suardi, chiese l'appoggio dei cattolici locali. A Bergamo i cattolici erano fortissimi e, valendosi della loro facoltà di voto in campo amministrativo, dominavano insieme ai liberali il comune e la provincia. Ma Suardi fece capire che, se non fossero andati alle urne per sostenerlo anche sul piano politico, quest'alleanza sarebbe finita a tutto beneficio dei partiti di sinistra. I cattolici, che forse non aspettavano altro, mandarono una delegazione al Papa per fornirgli lumi e chiedergliene. E il Papa, che forse non aspettava altro anche lui, rispose: «Fate, fate quello che vi detta la vostra coscienza», ch'era un modo di dir di sì senza parere né prenderne la responsabilità. Naturalmente la cosa fu risaputa dovunque. E in tutti i collegi in cui la sorte del candidato moderato era incerta, i cattolici furono liberati dal *non expedit* e mobilitati in suo favore. Anzi, in Lombardia ce ne furono quattro che si presentarono candidati nella lista moderata, e due di essi vennero eletti. A coloro che gridavano allo scandalo, si rispose che lo avevano fatto a puro titolo personale e che non andavano considerati come deputati cattolici, ma come cattolici deputati. In questi *distinguo*, la Chiesa è maestra.

Naturalmente, dietro questa operazione c'era la mano di Giolitti, anche se non lasciò impronte digitali. Giolitti era uno dei pochi esponenti della sinistra costituzionale che non fossero iscritti alla massoneria. Cosa pensasse in materia di religione non si è mai ben saputo. Una volta disse a un suo amico che credeva nell'immortalità dell'anima, e sua figlia assicura che ogni sera leggeva qualche passo del Vangelo. È una testimonianza che non ci convince molto. Ma è certo che nelle battaglie del laicismo Giolitti non si era mai impegnato né con l'acrimonia di un Crispi né col puntiglio di uno Zanardelli, convinto com'era – e di questo abbiamo le prove – che i cattolici rappresentassero una forza che occorreva sottrarre alle tentazioni eversive sollecitandone la collaborazione e dandole il suo posto nella vita politica nazionale.

Fu questo il grande successo ch'egli riportò nelle elezioni del 1904, e che andava oltre il risultato delle urne. Pochi mesi dopo il *non expedit* fu tacitamente revocato con una enciclica che dava ai Vescovi la facoltà di autorizzare o negare la partecipazione al voto, e invitava i cattolici a prepararsi seriamente per il giorno in cui sarebbero scesi anch'essi, e in proprio nome, nell'agone politico. Era il «via» al partito, ma nello stesso tempo il suo richiamo su posizioni moderate e conservatrici. L'Opera fu riorganizzata, o per meglio dire definitivamente smembrata in varie Unioni su base diocesana in modo che non sfuggissero di mano ai Vescovi e che per l'indirizzo generale dovessero rimettersi alla Curia.

Era la sconfitta dei democratici cristiani. Meda l'accettò. Murri si ribellò. Sordo agli ammonimenti, egli tentò di creare un partito cattolico di massa indipendente dalla Gerarchia e con un programma molto avanzato, la Lega democratica nazionale. La Chiesa proibì ai sacerdoti di aderirvi, e l'anno dopo Murri fu sospeso *a divinis*. Trascinato dal suo stesso fanatismo e convinto che la Chiesa, alleandosi con le forze della conservazione al potere, avesse ormai rinunziato alla sua missione riformatrice in senso cristiano, si mise risolutamente contro di essa, accentuando anche le sue tendenze moderniste. La sua Lega non ebbe mai più di millecinquecento aderenti. Ma grazie all'appoggio di socialisti e repubblicani, nelle successive elezioni egli conquistò il seggio di deputato e sedette in parlamento, vestito da prete, accanto agli arrabbiati anticlericali della Estrema. «Finalmente la sinistra si è procurata un cappellano» disse Giolitti, quando lo vide. Scomunicato, sposò una ragazza svedese, dalla quale ebbe un figlio. Poi uscì di scena, ma nel '43 ricomparve in abito talare. Aveva chiesto perdono alla Chiesa che lo aveva maternamente riaccolto nel suo grembo. La sua vicenda dimostrava che, fuori della Chiesa, per i cattolici non c'era spazio, e che un loro partito, qualunque nome prendesse, non poteva essere che confessionale. A meditare su questa lezione fu soprattutto un giovane prete siciliano, don Luigi Sturzo, che condivideva quasi tutte le idee di Murri, ma non quella che un cattolico potesse mettersi contro la Chiesa: la quale, secondo lui, restava infallibile anche quando sbagliava. Sturzo detestava Pio X, considerava la sua politica conservatrice un suicidio, ma non gli si ribellò mai. Pazientemente, ma con indomabile energia, si mise a organizzare in seno al movimento cattolico una piccola centrale ideologica che tenesse vive le istanze progressiste dell'abortita Democrazia Cristiana, in attesa che i tempi maturassero.

E maturarono.

Nelle elezioni del 1904, dei loro trentatré seggi, i socialisti ne persero quattro. Non era una decurtazione grave, ma era l'inversione di una tendenza che fin allora era stata all'espansione, dovuta non a una crisi di sviluppo, ma a una malformazione organica, di cui quel partito non sarebbe mai più guarito e ch'era destinata a farne, anche nei momenti di maggior fortuna, un «gigante dai piedi d'argilla». Al momento della sua nascita, nel 1892, esso aveva rappresentato la grande speranza di tutta l'Italia progressista. Otto anni dopo, era già in preda a una dilacerazione che niente e nessuno sarebbe riuscito a sanare.

Lo scontro era avvenuto al Congresso del 1900 sull'atteggiamento da tenere nei confronti del governo Zanardelli che bene o male poneva fine a un lungo periodo d'involuzione reazionaria del regime. Ma il problema non era di pura tattica. La rivoluzione, disse Turati, non si fa soltanto con le barricate. Ogni riforma che elevi le condizioni di vita dei lavoratori e metta a loro disposizione degli strumenti di potere, è un passo avanti sulla via del totale riscatto. E siccome il nuovo governo aveva nel suo programma alcune di queste riforme, bisognava appoggiarlo.

Era l'enunciazione del metodo «riformista» in tono con le concezioni evoluzioniste che Turati aveva sempre professato. E la sua tesi, come abbiamo detto, aveva prevalso, ma con molta fatica. Al congresso successivo che si tenne due anni dopo, essa fu battuta in breccia da Ferri, la cui alternativa – dice Seton Watson – «non era la rivoluzione, ma l'oratoria rivoluzionaria». Egli proponeva una specie di «conflittualità permanente» che tenesse in perpetua agitazione il Paese facendone crescere le tensioni fino al punto di rottura. Più che dalle sue idee, alquanto confuse, l'uditorio fu trascinato dal suo linguaggio enfatico e apocalittico, e dalle sue pose gladiatorie. L'appoggio al governo fu revocato, il partito passò all'opposizione, e Ferri, impadronitosi dell'«Avanti!», lo tramutò, da organo di dibattiti ideologici, in uno strumento di campagne scandalistiche.

Il fatto che un simile demagogo avesse prevalso su un politico accorto e responsabile come Turati e gli avesse strappato il comando, era indicativo. Ma la sorte degli estremisti – e il loro castigo – è sempre quella di essere scavalcati da altri più estremisti di loro. Nel partito si era fatta avanti una forza nuova che non si contentava delle parole di Ferri, il quale oltre le parole non andava: i sindacalisti. Essi erano guidati da un proletario autentico, Costantino Lazzari, veterano di quel Partito Operaio che aveva incontrato molte difficoltà a ripudiare l'alleanza con gli anarchici, e aveva aderito al socialismo senza rinunciare al retaggio ideologico di Bakunin, Cafiero e Malatesta, e senza mai condividere le tendenze riformiste.

La loro posizione forse sarebbe rimasta puramente nostalgica, se non avesse trovato nuova linfa e occasione di rilancio in una corrente di pensiero che dalla Francia si stava diffondendo in tutta Europa. È molto improbabile che Lazzari ne conoscesse l'ispiratore, Sorel, e ne avesse letto le opere. Ma le idee sono come i pòllini: li si respira senza accorgersene. E quelle di Sorel avevano tutto per penetrare nel sangue di un uomo come lui. Per Sorel una società socialista non può nascere senza violenza perché la violenza è la vera «levatrice» della storia. E a costruire la storia dev'essere la stessa classe operaia col suo sangue e col suo strumento: il sindacato. Ecco perché il dibattito ideologico non serve a niente. Da esso non può nascere che una *utopia*, cioè qualcosa d'intellettualistico e frigido, che non riuscirà mai a scaldare le masse e a lanciarle sulle barricate. Questo potere l'ha soltanto il *mito*. E per crearlo, occorre lo scontro frontale col «sistema», attuato con lo sciopero generale.

Naturalmente il pensiero di Sorel avrebbe bisogno di ben altra esegesi, e col tempo subì ritocchi e variazioni.

Dopo aver violentemente contestato il marxismo appunto per il suo carattere utopistico, Sorel diventò un grande ammiratore di Lenin, mentre la sua fiducia nella classe operaia e nel sindacato cedeva il posto a una totale sfiducia. Ma questa metamorfosi sopravvenne con la guerra del '14 e il dopoguerra. Al principio del secolo il sindacalismo rivoluzionario sorelliano rappresentava una grossa scoperta, e in Italia esercitava più fascino che in qualunque altro Paese, compreso quello d'origine, la Francia.

A renderlo congeniale all'Italia furono gli stessi motivi che le avevano reso congeniale Bakunin: le sue condizioni di sottosviluppo che rendevano le masse sensibili a richiami irrazionali ed emotivi, qual è appunto il mito. Infatti fu nel Sud che trovò il suo maggiore interprete: Arturo Labriola, che già da tempo era in contrasto col riformismo di Turati. Proprio nel 1902, Labriola si trasferì da Napoli a Milano e vi fondò, in polemica con l'«Avanti!», «Avanguardia socialista», che fu la centrale ideologica del nuovo verbo. I suoi appelli alla «volontà eroica» del proletariato e alla classe operaia come protagonista diretta della rivoluzione senza ricorso a stati maggiori intellettuali e borghesi sembravano fatti apposta per i Lazzari e gli altri sindacalisti, animati da una irriducibile animosità contro «gli avvocati e i professori» che dominavano il partito. Essi avevano rifiutato l'anarchismo, ma solo a parole. In realtà lo covavano ancora nel sangue. E il fascino che Sorel esercitava su di loro consisteva proprio nella sua parentela con Bakunin, di cui riprendeva, aggiornandoli, i romantici motivi della violenza come «ginnastica rivoluzionaria». Un giornale di Bologna lo scrisse chiaramente: «Dopo una necessaria parentesi, noi torniamo alla tattica della Internazionale dei Lavoratori» ch'era appunto quella fondata a Rimini sotto il segno di Bakunin. Sulle loro posizioni estremiste conversero anche alcuni repubblicani, e nemmeno questo può far meraviglia: la concezione della vita come «eroismo continuato» e del potere esemplare dell'«olocausto», prima ancora che a Bakunin e a Sorel, aveva appartenuto al repertorio di Mazzini. Tutto sommato, queste ideologie erano ancora un poscritto del Risorgimento e un tentativo di rilanciarle arricchite d'istanze sociali.

Contro questi «anarchici travestiti da socialisti» che del socialismo – disse – rappresentavano «l'età della pietra», Turati prese una posizione di netto rifiuto. Ferri tentò invece di conquistarli, rincarando sul loro estremismo. Ma i sindacalisti non si contentarono della sua demagogia. La decisione dello sciopero generale fu presa da loro, «uomini coi calli alle mani», come diceva Lazzari, con l'entusiastico appoggio di anarchici e repubblicani. E Labriola la salutò come la dimostrazione che «poche ore di azione diretta rendono più di anni di chiacchiere parlamentari».

Ma la sua esultanza non trovava molto riscontro nei fatti. Lo sciopero, abbiamo già detto, non fu un fallimento, ma non fu nemmeno un successo perché si esaurì spontaneamente, e il suo più consistente risultato fu la spaccatura delle forze operaie. Lo si vide pochi mesi dopo, quando i sindacalisti bandirono un altro sciopero, quello delle ferrovie. Fu un fiasco, da cui i sindacalisti uscirono demoralizzati e con la truppa dimezzata.

Ferri ne approfittò per cercar di conquistare una posizione di leader ponendosi a mediatore fra riformisti e massimalisti e proponendo formule di compromesso destinate a fare scuola nel linguaggio socialista, come: «Né a destra né a sinistra, ma avanti», «Siamo per le riforme contro il riformismo, e per il sindacato contro il sindacalismo». Arrivò perfino a dire che si considerava «riformista in quanto rivoluzionario e rivoluzionario in quanto riformista».

Vinse, ma non grazie a queste acrobazie dialettiche. Vinse perché i riformisti votarono in suo favore, nonostante il disprezzo che Turati nutriva per lui. Essi uscivano appena dal ghetto in cui i sindacalisti, nel momento del loro trionfo, li avevano confinati, e avevano bisogno di tempo per riconquistare le leve del cosiddetto «apparato» e ricostituire la loro maggioranza. «Il tempo lavora per noi» scrisse Turati ad Anna Kuliscioff. Ed ebbe ragione in quanto lavorò contro i suoi avversari, che seguitarono imperterriti a correre dietro al mito dello sciopero generale. La loro «conflittualità permanente» raggiunse il suo culmine nel 1907 ed ebbe per principale teatro la Padania, terra di contrasti e di umori particolarmente aspri. Molti scioperi fallirono, altri riuscirono solo a mezzo, e i sindacalisti ci persero prestigio e seguaci.

Turati ebbe la grande accortezza di saper aspettare che il suicidio dei suoi nemici si consumasse. Non prese mai posizione contro la loro «scioperomania» e le violenze che provocava perché, disse, «la sua coscienza di socialista gli vietava di separarsi dal proletariato anche nelle sue aberrazioni». Per lui, l'errore era stato il ritiro dell'appoggio a Giolitti, «l'unico uomo di governo serio che abbia la Camera», e non vedeva l'ora di ripararlo. Ma capiva che questo poteva avvenire solo quando il socialismo lombardo, frutto di una società capitalista avanzata e costituito di professionisti, di tecnici, d'intellettuali, di ferrovieri, di tipografi, avesse ripreso il sopravvento su quello da area depressa dei sindacalisti emiliani e meridionali. Perché anche il socialismo rifletteva il divario fra le due Italie, sottolineato dal fatto che questo era ancora più accentuato nei ceti proletari che in quelli borghesi: dopo il napoletano Labriola, il più accanito avversario di Turati sarà il pugliese Salvemini.

La resa dei conti scoccò al congresso di Firenze nel 1908. Sentendo persa la partita, Ferri l'aveva abbandonata andandosene a fare un giro di conferenze in America, e i sindacalisti non si presentarono nemmeno. Vennero condannati in contumacia come «deviazionisti», e combattuti proprio sul loro terreno organizzativo con la consacrazione della CGL, cioè della Confederazione Generale del Lavoro, come unica autorità competente a indire gli scioperi.

Fu il trionfo del riformismo, ma anche di Giolitti, che ora poteva dimostrare ai suoi avversari conservatori quanto fondata fosse la sua fiducia nella maturazione democratica delle classi lavoratrici. «La libertà ha mandato in soffitta Carlo Marx» disse. E quando nelle elezioni del 1909 i ventinove deputati socialisti ritornarono alla Camera in quarantuno, non solo non se ne spaventò, ma se ne compiacque, e favorì l'elezione a vicepresidente del loro decano, Andrea Costa.

## CAPITOLO QUINTO

# IL REGIME

Le elezioni del 1904, che tolsero 13 collegi alla cosiddetta Estrema nel suo complesso (radicali, repubblicani e socialisti), furono un insuccesso anche per l'opposizione conservatrice di destra, che ci perse una quarantina di seggi, mentre i ministeriali salivano di altrettanti.

Diciamo «ministeriali» perché ormai il termine «liberali» non aveva più alcun senso. Un vero e proprio partito liberale non c'era mai stato, nemmeno ai tempi di Cavour, perché l'aggettivo era considerato incompatibile col sostantivo. Ora sotto questa etichetta rientravano tutti coloro che, genericamente, accettavano lo Stato risorgimentale e le sue istituzioni, a cominciare dalla monarchia. Liberale si era professato Depretis, ma anche Crispi, come ora insieme si professavano Giolitti, Sonnino, e Pelloux. Non c'era un partito col suo «vertice», col suo programma, con le sue sedi, con le sue iscrizioni e tessere, come usa oggi. C'erano soltanto, in tutte le città e paesi, dei notabili che agivano da «grandi elettori», cioè da collettori di voti per il candidato locale in grado di fornire le migliori garanzie di ripagare il favore. E la prima di queste garanzie era di far parte della maggioranza che disponeva del potere. Ecco perché le opposizioni, in Italia, hanno sempre avuto la vita dura: non «pagano».

Questo sistema non lo aveva inventato Giolitti. Giolitti

lo trovò. E l'accusa che gli si può muovere è di aver badato più a servirsene che a riformarlo. Servirsene non era facile perché esso aveva, per dirla coi medici, le sue controindicazioni. Il fatto di basarsi soltanto su rapporti e transazioni di carattere personale rendeva le maggioranze facili, ma aleatorie. Non essendo vincolato da nessuna pregiudiziale ideologica, ma soltanto dagl'impegni presi coi notabili che gli avevano procacciato il voto delle loro clientele, l'eletto poteva cambiare cavallo con la massima facilità revocando il suo appoggio a Depretis per darlo a Zanardelli o viceversa. Quando Crispi bandì le elezioni del '90, le urne gli diedero una maggioranza di quattrocento deputati, quale non aveva mai avuto nemmeno Cavour. Tre mesi dopo si ritrovò in minoranza e costretto alle dimissioni.

Da queste esperienze, sia pure vissute sulla pelle degli altri, Giolitti aveva tratto la sua lezione. Sapeva benissimo che, col potere in mano, la vittoria gli sarebbe stata facile. Il difficile era darle una certa stabilità, cioè porre su basi più solide il rapporto coi suoi sostenitori. Durante la campagna, e anche dopo, egli dichiarò che le elezioni si vincono soltanto su princìpi ideologici chiari. Ma questo fa parte delle ipocrisie obbligatorie della politica. Chiari, Giolitti aveva i programmi di governo. All'ideologia era refrattario, come lo era stato Depretis. Le vittorie elettorali che gli consentirono di governare per dieci anni l'Italia egli le ottenne solo grazie a una sapiente scelta di uomini e a una impeccabile tessitura d'interessi, puliti o sporchi che fossero. Ecco perché, per tutto il tempo in cui stette al potere, egli lo esercitò dal suo tavolo di Ministro degl'Interni. Aveva bisogno dei prefetti per tenere in pugno non solo l'ordine pubblico, ma anche la base elettorale. Il vero pilastro del regime furono loro che non godettero mai tanta potenza come sotto Giolitti, padrone esigentissimo, ma che sapeva compensare il merito.

Il merito consisteva nel dosaggio dei favori da dispensare ai notabili e alle loro clientele in modo che l'eletto ne fosse costantemente condizionato. Nel Nord, dove il potere non era un'industria, era più difficile mercanteggiarlo trattandolo come un «dividendo» o titolo azionario. Ma nel Mezzogiorno, dove l'unica industria era – da sempre – il potere, l'operazione risultava relativamente agevole. Infatti fu soprattutto il Mezzogiorno a fornire quel paio di centinaia di deputati su cui Giolitti basò la propria stabile maggioranza, e che appunto per questo vennero chiamati i suoi «ascari».

Ecco perché la vittoria del 1904 risultò decisiva: non per la consistenza numerica della sua piattaforma, ma per il diverso rapporto ch'egli stabilì con essa. Nemmeno il suo maestro Depretis era mai riuscito a legarsela in maniera così stretta. Per assicurarsene la fedeltà, Giolitti non badava di certo ai mezzi. Lo stesso Re disse molti anni dopo che nel reclutamento dei suoi ascari Giolitti dava la preferenza, per poterli meglio ricattare, ai mariuoli, di cui teneva aggiornatissimi i dossier. Non stentiamo a crederlo.

Giolitti non governò ininterrottamente l'Italia fino alla guerra mondiale. Era troppo accorto per regalare questo argomento a coloro che lo accusavano di «dittatura parlamentare»: la stessa accusa ch'era stata lanciata contro Cavour e Depretis. Per due volte passò la mano, ora all'amico, ora al nemico, ma sempre restando padrone della maggioranza, e quindi l'arbitro della situazione. Non è quindi improprio parlare del suo decennio come di un vero e proprio «regime», di cui val la pena fissare i principali caratteri.

I risultati non si possono discutere. Sotto il segno di Giolitti l'Italia uscì definitivamente dal lungo periodo di recessione che l'aveva afflitta, fece un grosso balzo avanti sulla via dell'industrializzazione, pareggiò il bilancio, riportò il suo primo successo militare – la conquista della Libia –, diede inizio a una legislazione sociale, e attuò la più audace di tutte le riforme: il suffragio universale.

Molti storici gli contestano il merito di questi successi, dicendo ch'egli ebbe soltanto la fortuna di arrivare al potere nel momento in cui l'economia italiana entrava in fase di espansione per motivi indipendenti dalla politica, e ch'egli non fece che raccoglierne i frutti. Ma l'obiezione non è molto persuasiva. Se la grandezza di un uomo politico consiste nel sapersi adeguare ai tempi e nel trarne il miglior partito, non c'è dubbio che Giolitti si dimostrò l'uomo più adatto a cogliere quella favorevole congiuntura e ad assicurarne al Paese i maggiori benefici. Altri gli rimprovera di essere stato soltanto un uomo di potere e di non aver mai mirato ad altro che a conquistarlo o a mantenerlo con oblique manovre e giuochi di corridoio. Ma anche questa tesi alla luce dei fatti non regge, o per lo meno va interpretata in altro modo.

Che Giolitti fosse uomo di potere, non c'è dubbio. Ne aveva l'ambizione, la smania, la brama, come del resto tutti gli uomini politici. Ma di oblique manovre neanche le cronache a lui più avverse recano traccia. Egli era convinto – e lo diceva – che del potere non bisogna andare in cerca, ma aspettare che venga a cercarci. Naturalmente egli sapeva creare le condizioni perché questo avvenisse, e avvenisse nei momenti in cui gli faceva comodo, ma senza mai ricorrere a quei subdoli intrallazzi che si chiamano «arti parlamentari». Come dice Ansaldo, i famosi divani della cosiddetta «sala dei passi perduti» a Montecitorio non furono mai logorati dai suoi pantaloni.

Ma, pur amandolo spasmodicamente, non è vero ch'egli facesse del potere il suo unico e supremo traguardo. Certo, evitava di giuocarlo su cause perdute, anche quando era convinto della loro bontà. Per questo, quando era stato Ministro delle Finanze con Crispi, si era rifiutato di procedere alla riforma del sistema bancario, pur sapendo quanto ce n'era bisogno, perché capiva di non aver abbastanza forza per debellare gl'interessi che ne sarebbero stati lesi (e la pagò con lo scandalo della Banca Romana). E per questo anche si era dissociato da Zanardelli sul problema del divorzio. Insomma egli ebbe sempre un senso molto preciso di ciò che si poteva e di ciò che non si poteva fare; e a ciò che non si poteva fare rinunciava, anche se lo considerava necessario e sacrosanto. «Gli uomini politici» disse una volta «non debbono fare i precursori.» Ma ciò non esclude ch'egli avesse anche un disegno politico, di cui considerava il potere un semplice strumento. Questo disegno è molto chiaro e si può riassumere così: integrare le masse popolari nelle strutture dello Stato liberale che fin lì le aveva escluse.

Anche su questo punto ci sono delle contestazioni. Alcuni storici dicono che fu soltanto una manovra per allargare la sua maggioranza e quindi rafforzare il proprio potere. Ma l'ipotesi non quadra coi fatti. Giolitti affermò questa esigenza anche nei momenti in cui non gli faceva buon giuoco, e le rimase sempre fedele. A rileggere i suoi discorsi di solito prosaici ed opachi, si nota chiaramente che solo quando toccano questo punto cambiano registro e acquistano un certo pathos. Il suo amore per gli umili non era un'astuzia elettorale: se ne trova traccia anche nei suoi atteggiamenti privati. Quando il senatore Arrivabene, grande latifondista padano, telegrafò al ministero per protestare contro uno sciopero che obbligava lui, Senatore del Regno, «a condurre l'aratro abbandonato dai contadini col beneplacito del governo», Giolitti gli fece rispondere: «La esorto a continuare, così potrà rendersi conto della fatica che fanno i suoi mezzadri e pagarli meglio». Insomma, di un certo populismo egli si sarà anche servito per i suoi scopi di potere. Ma questo non ne inficia la sincerità, che del resto ha una sua spiegazione – ci sembra – abbastanza plausibile e degna di essere un po' meglio approfondita.

Quando nel '92 fu per la prima volta incaricato di formare il governo, Giolitti venne violentemente attaccato come un «intruso». Voleva dire che, a differenza di tutti i suoi predecessori, egli non aveva benemerenze risorgimentali, ed era vero. Fin allora il potere era stato monopolio dei «reduci», e Giolitti non lo era di nulla. Di tutti i notabili della sua generazione, era l'unico che non avesse partecipato a nessuna impresa né regia, né garibaldina. E quando, come tutti i Piemontesi di leva, era stato chiamato alle armi, se n'era fatto esentare adducendo la sua condizione di figlio unico di madre vedova. Del Risorgimento, egli accettava lealmente il retaggio morale e ideale, ma non aveva legami sentimentali con esso e non ne condivideva l'amore geloso ed esclusivo di coloro che lo avevano fatto. Il vero motivo per cui lo Stato liberale aveva così avaramente «aperto» alle classi popolari era questo: la concezione corporativa che i suoi artefici ne avevano sempre avuto. Non avendo contribuito a costruirlo, le masse popolari, secondo loro, non avevano diritto d'ingresso al tempio e dovevano contentarsi di far da coro ai suoi riti. Sia pure inconfessato, questo era l'atteggiamento non soltanto della destra, ma anche della sinistra.

Ma non lo era di Giolitti, che alla corporazione non apparteneva. Entrato giovanissimo nell'amministrazione e conoscitore profondo della sua «macchina», egli era, sì, un uomo dello Stato, ma di un altro Stato: quello subalpino, cui restava attaccato anche per tradizione familiare. D'italiano, aveva poco. Per modi, linguaggio, abiti e abitudini, egli era, come i suoi zii Plochiù, un *commis* del vecchio Regno sabaudo, con le sue virtù e i suoi limiti. Di qui la sua allergia alla mitologia del Risorgimento e alla retorica delle sue «sante memorie», ma anche alla sua concezione di monopolio di casta. Per lui lo Stato doveva essere di tutti perché lui non era dei pochi che, dopo averlo fatto, intendevano mantenerne l'esclusiva. Ecco il motivo per cui costoro lo sentivano come un intruso. Ed ecco perché fu proprio questo intruso il primo uomo politico italiano ad avvertire il bisogno d'integrare le masse nello Stato, chiamandole a condividerne la responsabilità.

Questo programma, che oggi è accettato anche dai conservatori, a quei tempi era da precursore, sebbene Giolitti usasse ripetere che coi precursori gli uomini politici non hanno né debbono avere parentela. E questo toglie ogni validità all'accusa che gli si muove di non aver fatto, nella sua azione di governo, che ordinaria amministrazione. La sua arte, diceva Vitelleschi, consiste non nel risolvere i grandi problemi ideologici, ma nel rimpicciolirli per ricondurli alle sue modeste dimensioni; e la sua antiretorica non era che la sordità ai grandi aneliti del Paese cui rimase sempre estraneo anche per la pochezza della sua cultura.

Qui c'è del vero e del falso strettamente mescolati. Di cultura, Giolitti ne aveva poca. A parte la quotidiana pagina di Vangelo che sua figlia gli attribuisce, egli non leggeva che le «pratiche» di ufficio e d'altro non sentì mai il bisogno. Una volta, uscendo da una visita al suo arcinemico Sonnino, a chi gli domandava cosa pensava di lui, rispose scotendo la testa: «Troppi libri, troppi libri...». E un giorno telegrafò al prefetto di Napoli per avere ragguagli di «un certo Michetti» cui gli avevano proposto di conferire il laticlavio, cioè la nomina a Senatore.

Ma non bisogna confondere la sostanza con lo «stile». Quello che allora veniva chiamato – con sprezzante accento – «l'empirismo» di Giolitti, e che oggi si chiamerebbe «qualunquismo», era soltanto la concretezza di cui egli soleva rivestire tutti i problemi, e che non escludeva affatto la loro profondità. Soleri dice ch'egli governò l'Italia da premier inglese. E infatti degli uomini politici inglesi egli ebbe lo spirito pratico, refrattario a qualsiasi astrazione e più ancora ai condimenti retorici. A Cavallotti, che gli rimproverava l'aridità oratoria, rispose: «È vero. Ma quando ho finito di dire ciò che devo dire, mi è impossibile di continuare a parlare».

L'unica critica che va a bersaglio è quella del malcostume su cui il giolittismo si fondò. Giolitti non fece nulla per eliminare il clientelismo che ammorbava la vita politica italiana col suo codazzo di corruzione, intimidazioni e ricatti. Anzi, se ne servì. A chi gliene faceva accusa, egli rispondeva che «un sarto, quando taglia un abito per un gobbo, deve far la gobba anche all'abito». Ma non senza ragione Salvemini osservò che coi gobbi aveva dovuto vedersela anche Cavour, il quale però di gobbi ne aveva lasciati meno di quanti ne aveva trovati, mentre Giolitti ne lasciò di più.

È vero, e questo resta il punto nero di Giolitti. Egli aveva negli uomini e nella possibilità di migliorarli quella totale sfiducia che caratterizza i veri conservatori. Perché Giolitti non era nella sostanza che un conservatore abbastanza intelligente per capire che per conservare un sistema bisogna cointeressarvi tutti, o almeno le maggioranze. Egli fece molto per cambiare la società italiana. Ma per modificare il suo costume niente, persuaso com'era che niente ci fosse da fare. Non credeva nei suoi simili, e lo dimostrano anche i suoi rapporti privati. A sentire sua figlia, era un marito e un padre tenero. Ma lo era soltanto dentro le mura di casa. Fuori, era soltanto corretto, ma non fu mai amico di nessuno, e forse nemmeno nemico. Quando Cavallotti, al tempo della Banca Romana, dopo avergli dato di corruttore e di ladro, gli gridò: «Non vi darò mai più la mano!», Giolitti rispose: «Oh, me la darete ancora! Me la darete!». E qualche anno dopo, non solo Cavallotti gliela diede, ma diventò la sua lancia spezzata nella lotta contro Crispi. Non rese mai irreparabile nessuna inimicizia, come non rese mai intima nessuna amicizia. Era impenetrabile. «I suoi occhi piccoli e grigi» dice Ansaldo «leggono sul viso degli uomini gl'interessi che li muovono, meglio ancora che gl'ideali.»

Giolitti fu rispettosissimo del parlamento, ma più sul piano formale che su quello sostanziale. In realtà non gli lasciò mai svolgere altra funzione che quella di avallare e tradurre in leggi le iniziative del governo. Non si vede del resto come avrebbe potuto essere altrimenti, visto il rapporto di personale dipendenza che legava gli «ascari». Uno di costoro, chiedendogli istruzioni sul modo di votare, gli scriveva: «Per me, soldato fedele alla consegna, basterà un cenno soltanto del mio Capo per intenderne l'animo ed essere buon braccio di esecuzione». La disponibilità degl'Italiani alla dittatura non è che la loro vocazione al servilismo. Non sempre il cenno del Capo era di votare in favore delle leggi ch'egli stesso proponeva. Qualche volta chiedeva che gli votassero contro e lo costringessero alle dimissioni. Naturalmente il momento e il pretesto li sceglieva lui.

Anche se non è vero – e non lo è – che la sua fu soltanto amministrazione, non c'è dubbio che l'amministrazione per lui contò molto e non fu mai così efficiente come sotto di lui. La burocrazia ne ricevette un'impronta indelebile, e «giolittiano» si chiamò, anche dopo di lui, un certo tipo di funzionario che s'identificava con la sua funzione, l'esercitava con zelo e più tardi ne difese le prerogative anche dagli arbitri del fascismo. Soprattutto, Giolitti fu un grande allevatore di prefetti, che furono il vero puntello del suo potere. Erano dei veri e propri governatori che, quando riuscivano, finivano regolarmente Senatori o Ministri; ma quando non si mostravano all'altezza dei loro vastissimi compiti venivano spietatamente eliminati. «L'avverto che se avvengono nuovamente simili fatti, la sua carriera finirà in modo poco decoroso», «Lei ebbe un ordine, lo eseguisca, altrimenti in giornata La esonero dalle Sue funzioni» si legge nei suoi telegrammi. Rientrando dopo alcuni anni dall'Inghilterra, il giornalista Borsa, che pure per Giolitti non aveva tenerezza, osservava che nell'Italia giolittiana aveva trovato «più compostezza, più correttezza, più dignità».

Salvatorelli ha definito il regime giolittiano «un neotrasformismo», e c'è del vero. Egli non mirò mai a costituire un partito dai connotati ideologici definiti, un po' perché il suo amore della concretezza lo rendeva estraneo alle astrazioni dottrinarie, un po' perché a un manovratore delle sue risorse conveniva molto di più la fluidità dei vari schieramenti. Come Depretis, egli variava le proprie maggioranze secondo la natura dei problemi che intendeva affrontare. Ma in questo giuoco si rivelò più abile del suo stesso maestro, sia perché della maggioranza rimase sempre padrone anche quando, abbandonato momentaneamente il potere, sedeva alla Camera come semplice deputato; sia perché egli operava in una situazione molto più complessa. Depretis aveva dovuto vedersela con parlamentari che rappresentavano in tutto cinque o seicentomila elettori, e quindi erano poco condizionati dal pubblico controllo. Giolitti fin dapprincipio ebbe a che fare con un elettorato quadruplicato, e dopo il suffragio universale da lui stesso introdotto, con le masse. Eppure i fili del giuoco, fino alla prima guerra mondiale, non gli sfuggirono mai di mano.

È opinione diffusa che il più grande appoggio Giolitti lo trovò nel Re, di cui sarebbe stato il beniamino e fiduciario. «Giolitti ha tutte le fortune,» si diceva «compresa quella di avere un Re giolittiano.» Ma alla luce dei fatti e dei documenti, il rapporto fra i due uomini risulta meno caloroso e rettilineo di quanto allora si credesse.

Un po' per gusti personali, ma forse anche per considerazioni di opportunità, Vittorio Emanuele aveva dato al Quirinale un tono molto borghese. Le cariche furono mantenute, ma una vera e propria Corte non esistette più, e con essa sparirono i fasti e le feste dell'epoca umbertina. La grande e solenne villa reale di Monza fu chiusa, e poco dopo fu chiuso per le stesse ragioni anche Racconigi. Per le vacanze a Vittorio Emanuele bastavano il palazzotto di Sant'Anna di Valdieri e San Rossore, ch'era la sua residenza preferita anche perché la più appartata. Alla fine anche il Quirinale gli venne a noia e preferì ritirarsi in una casa di periferia, villa Ada, comprata apposta ai margini della campagna, dove rimase fino al 1943. Al Quirinale ci andava solo come un impiegato in ufficio, e con lo stesso scrupolo dell'orario. Non voleva che i bambini crescessero in mezzo a tutto quel lusso. Perché ora c'erano anche loro. Una piccola operazione al collo dell'utero aveva dissipato i timori sulla sterilità della Regina, che ora snocciolava figlioli uno sull'altro: prima Jolanda, poi Mafalda, e alla fine, nel 1904, il sospirato erede, Umberto.

Quando salì sul trono, Vittorio Emanuele conosceva appena Giolitti, che non aveva a Corte nessuna aderenza. Il suo vecchio amico e protettore Urbanino Rattazzi non era nelle grazie del nuovo Re forse perché aveva goduto quelle del padre, ed era stato allontanato. Quando Zanardelli cadde, Giolitti ricevette dunque l'incarico di formare il nuovo governo non su «raccomandazione» di qualche consigliere (Vittorio Emanuele non ne ebbe mai nessuno, fino ad Acquarone), ma per considerazioni esclusivamente politiche, e cioè perché garantiva la continuazione di una «linea» che il Re considerava la più adatta ai tempi e ch'egli stesso aveva avallato rinunziando, dopo l'assassinio di suo padre, a leggi eccezionali e impegnandosi nella difesa delle libertà democratiche. Per questo aveva preferito Giolitti a Sonnino.

Su molte cose i due uomini non potevano che andare d'accordo. Entrambi detestavano la retorica, le pose, le cerimonie, la «rappresentanza», entrambi amavano la vita semplice e ritirata, entrambi badavano al sodo, entrambi erano allergici alle astrazioni, entrambi tenevano alla puntualità, alla precisione e all'esattezza, entrambi nutrivano una sostanziale sfiducia negli uomini, entrambi erano convinti che sotto gl'ideali non si celassero che degl'interessi, e per di più fra loro parlavano in dialetto. Ma c'era anche un'altra cosa che li univa: la mancanza di calore umano. I loro rapporti rimasero sempre quelli da Re a Primo Ministro, che escludevano qualsiasi «amicizia». Giolitti andava in udienza al Quirinale due volte la settimana, il giovedì e la domenica, recando in una cartella i documenti per la firma. Ma l'ultimo loro incontro si svolse esattamente come il primo. Dopo quattordici anni di collaborazione, nessuna confidenza era nata fra loro. Tanti anni dopo, quando Giolitti era in agonia, Vittorio Emanuele non andò a trovarlo, si limitò a chiedere, anzi a far chiedere notizie, e le sue condoglianze furono freddissime. Più tardi, parlando di lui con Ciano, ne lodò l'abilità manovriera come se fosse stata la sua unica qualità. E al generale Gatti disse di aver conosciuto, durante il suo Regno, un solo vero uomo di Stato: il marchese di San Giuliano.

Secondo Ansaldo, il Re non amò Giolitti perché si sentiva schiacciato da lui e in posizione di debitore. Effettivamente, mai come sotto Giolitti la monarchia raccolse le simpatie popolari. Il Re poteva andare fra i minatori e fra gli scaricatori del porto di Genova ricevendone, invece che revolverate, applausi. Lo applaudivano le folle repubblicane di Emilia e Romagna per le quali egli era «il Sovrano di Estrema Sinistra». Perfino Enrico Ferri gli rese omaggio. E può anche darsi che il fatto di dover tutto questo a Giolitti ferisse il suo carattere stizzoso e i suoi complessi d'inferiorità.

Ma non è che un'ipotesi. Di accertato, c'è solo che Giolitti trovò in Vittorio Emanuele un sovrano consenziente con la sua azione di governo finché egli fu padrone della situazione politica e questa rimase in clima di normalità. Nell'emergenza, non trovò in lui nessun aiuto. Se per qualcuno il Re ebbe un debole, o almeno un'intimorita ammirazione, non fu per Giolitti, ma per Mussolini.

CAPITOLO SESTO

# IL SUFFRAGIO UNIVERSALE

Quattro mesi dopo la schiacciante vittoria riportata nell'elezioni del novembre 1904, Giolitti si dimise per ragioni di salute. Naturalmente tutti dissero – o pensarono – che la salute era soltanto una scusa, ma avevano torto. Giolitti soffriva effettivamente di un forte esaurimento nervoso. Ma, avendo la specialità di fare tutto al momento giusto, bisogna riconoscere che faceva al momento giusto anche gli esaurimenti. Il suo governo si reggeva su una maggioranza larga e, quel che più conta, abbastanza stabile, o comunque meno instabile del solito. Ma si trovava di fronte ad alcuni problemi che, comunque fossero stati risolti, minacciavano d'incrinarla.

Il più spinoso era quello delle ferrovie. La battaglia sulla loro gestione, se cioè questa dovesse essere assunta dallo Stato o affidata a compagnie private, era di vecchia data e presentava uno schieramento che, visto con gli occhi di oggi, ha del paradossale. La destra, di solito impegnata sulle soluzioni privatistiche, voleva in maggioranza la gestione statale; la sinistra, di solito sostenitrice dell'intervento statale, voleva la soluzione privatistica. E fu questa che aveva finito col prevalere grazie a Depretis, che riuscì a far affidare per vent'anni l'esercizio a delle società, che ne avrebbero ripartito i profitti con lo Stato. Ora i vent'anni scadevano, bisognava decidere se rinnovare o revocare la concessione e, date le dimensioni degl'interessi in giuoco, la lotta si annunciava a sangue.

Ma un problema ancora più arduo era quello dei ferrovieri che rappresentavano, insieme ai tipografi, la categoria di salariati politicamente più matura e agguerrita. Nel 1902, per prevenirne lo sciopero, Zanardelli le aveva fatto larghe concessioni, alcune delle quali erano però rimaste sulla carta. Ora i ferrovieri ne reclamavano l'applicazione minacciando un altro sciopero. Giolitti, che dal diritto di sciopero escludeva i servizi pubblici, preparò un disegno di legge che, revocando le concessioni e affidando l'esercizio delle ferrovie allo Stato, faceva anche di esse un servizio pubblico, e come tale non scioperabile. Ma si rese conto che questa battaglia gli avrebbe alienato tutte le simpatie dell'Estrema. E fu allora che il suo esaurimento nervoso si aggravò al punto da costringerlo al ritiro. Egli non lasciò tuttavia un posto vuoto. Prima di abbandonarlo, lo aveva già riempito con un uomo di sua stretta fiducia, Alessandro Fortis, col quale ebbe inizio la serie delle cosiddette «luogotenenze di Giolitti». Il quale se ne tornò a Cavour a curare i propri malanni in attesa che i treni ricominciassero a correre in orario.

Fortis era un tipico notabile romagnolo di lungo e contraddittorio corso ideologico. Aveva debuttato come repubblicano intransigente, era andato in galera per complotto rivoluzionario con gli anarchici, poi era stato conquistato da Crispi, era finito Ministro di Pelloux, e ora militava sotto la bandiera di Giolitti. Come «trasformista», era fra i più qualificati. Ma questa pecca era abbondantemente compensata dai suoi doni di simpatia umana e da una grande esperienza parlamentare.

I ferrovieri che avevano salutato con giubilo la fine del «governo liberticida» di Giolitti, trovarono in lui un osso ancora più duro. Egli non cedette nemmeno quando essi scesero in sciopero, e dopo quattro giorni ebbe partita vinta. La paralisi dei trasporti aveva a tal punto spaventato i sostenitori della gestione privata delle ferrovie che la statalizzazione venne rapidamente approvata in modo da porre quel servizio al riparo di simili incidenti. Ma gravi contrasti sorsero sull'indennizzo alle società che lo avevano gestito. Accusato di averle troppo favorite, Fortis si trovò in difficoltà, e invano Giolitti, che per il momento non intendeva tornare al potere, cercò d'indurre i suoi «ascari» a sostenerlo. Al principio del 1906, la maggioranza abbandonò il governo, che diede le dimissioni. E siccome Giolitti, ch'era l'unico in grado di ricomporla, non ne considerava maturo il momento, la mano passò al suo avversario Sonnino.

Per un pezzo, Sonnino si era atteggiato a erede di Crispi. Ma ultimamente aveva ripudiato le pregiudiziali autoritarie, cercando di differenziarsi da Giolitti sul piano del cosiddetto «impegno» ideologico e morale. Al trasformismo del suo avversario e delle sue composite falangi, egli opponeva il rigore di un pugno di «incorruttibili» che si dicevano refrattari a qualsiasi compromesso. Non si trattava soltanto di calcolo politico. Forse ereditato dalla madre inglese, in Sonnino c'era un fondo puritano che sotto alcuni aspetti lo rendeva un po' parente di Ricasoli; e il suo sdegno contro i metodi giolittiani dell'intrigo e del mercanteggiamento era sincero. Aveva una solida preparazione, e non affrontava un problema senz'averlo scrupolosamente sviscerato. Ma severo, nerovestito e di difficile approccio, aveva stoffa più di predicatore che di uomo politico, e di simpatie non ne attirava. Secondo Sforza, che lo detestava, ogni mattina egli ringraziava piamente Dio di averlo fatto diverso da tutti gli altri uomini, cosa che gli altri uomini non sono disposti a perdonare.

Con loro grande stupore, Giolitti ordinò ai suoi di appoggiare Sonnino. Ma non si trattava di generosità. Privo di una maggioranza, Sonnino chiamò nel suo ministero i radicali che così si trovarono a convivere con gli arcinemici della destra, e chiese l'appoggio dei socialisti e l'ottenne grazie a Ferri, il quale glielo diede in odio a Turati, irremovibilmente giolittiano. E questa ibrida combinazione piaceva a Giolitti per due motivi: prima di tutto per la sua precarietà, eppoi perché toglieva al suo rivale l'aureola di «uomo di princìpi» dimostrando che anche lui, quando gli faceva comodo, «trasformava», e più di quanto Giolitti avesse mai fatto.

Il suo calcolo si rivelò esatto. Sonnino usò il suo banco presidenziale come un pulpito, e la sua fu una continua predica moraleggiante che in quel parlamento eletto coi metodi di Giolitti trovava l'uditorio meno congeniale. Certi disordini in Puglia e uno sciopero a Torino provocarono alcuni morti, di cui Turati immediatamente approfittò per costringere il suo partito a ritirare l'appoggio al governo. Sonnino cercò di conservare quello dei radicali proibendo alla polizia d'intervenire. L'opinione moderata si ribellò, e in Padania si costituirono delle squadre di «volontari dell'ordine», che furono il prodromo di quelle che quindici anni dopo marciarono su Roma. In queste condizioni non restava a Sonnino che la solita estrema carta dello scioglimento della Camera. Lo propose al Re, ma questi lo rifiutò dicendo – giustamente – che la Camera aveva appena un anno e mezzo di vita e una maggioranza l'aveva espressa.

Naturalmente si trattava della maggioranza di Giolitti, che proprio in quel momento guariva dei suoi malanni nervosi.

Per formare il suo terzo ministero, egli non cercò appoggi nell'Estrema un po' perché non ne aveva bisogno, un po' perché aveva capito che costava molto più di quanto rendesse. I parlamentari socialisti erano alla mercé della loro base massimalista, qualsiasi accordo con essi bastava un piccolo sciopero a farlo naufragare, e i radicali finivano sempre per fare blocco con loro. Preferì circondarsi di uomini di provata fedeltà e di riconosciuta competenza, ma fra di essi volle due cattolici: il solito Tittoni agli Esteri e Gianturco ai Lavori pubblici. E alla testa di questa compagine governò il Paese per altri tre anni e mezzo, che furono tra i più produttivi in tutti i campi.

La riforma più audace e di maggiori conseguenze fu la conversione del debito pubblico. Esso ammontava a circa otto miliardi di lire, che per quei tempi era una cifra da capogiro, e rendeva il cinque per cento: cioè tanto ne ricavava come interesse chi investiva i suoi risparmi in titoli di Stato. Il che significava, per lo Stato, un esborso annuo di quattrocento milioni, considerato sproporzionato alle possibilità del nostro bilancio. Per ridurlo, non c'erano che due modi: quello ipocrita e disonesto di svalutare la moneta inflazionandola, cioè pagando un cinque per cento che come capacità di acquisto ne valeva molto meno, o ridurre scopertamente il tasso d'interesse, col pericolo che i risparmiatori, non trovandone più conveniente l'investimento, corressero a convertire i loro titoli mettendo in condizioni di insolvibilità un Tesoro che a otto miliardi non poteva far fronte.

Già Zanardelli aveva optato per la seconda soluzione, e Sonnino l'aveva avviata col suo Ministro del Tesoro, Luzzatti. Sebbene ora questi fosse fuori del governo, Giolitti lo incaricò di portare avanti l'operazione. Un consorzio internazionale di Banche mise quattrocento milioni a disposizione del nostro Stato per fare fronte a un eventuale crollo dei titoli italiani nelle Borse estere. Ma il crollo non ci fu, come all'interno non ci fu la corsa al rimborso. Giustamente Luzzatti dichiarò alla Camera che l'eroe di quell'operazione era il contribuente italiano, il quale si era lasciato decurtare la rendita dei suoi titoli dal cinque al tre e mezzo per cento con alto spirito patriottico. Noi crediamo che il patriottismo c'entrasse poco. Timido e renitente al rischio, questo risparmiatore seguitava a preferire una rendita decurtata, ma sicura, a quella azzardosa dei titoli industriali. Comunque, il successo dimostrava quanto fosse in quegli anni cresciuto il credito dello Stato italiano, sia all'interno che all'estero. I risultati non si fecero attendere. L'anno dopo, il bilancio si chiuse in avanzo, e la lira cominciò a fare «aggio» sull'oro, cioè a valere più del suo corrispettivo in metallo.

Delle aumentate disponibilità, il governo si avvalse non solo per portare avanti le più urgenti infrastrutture come la rete stradale, quella ferroviaria e l'ammodernamento della marina mercantile, ma anche per soddisfare gl'interessi clientelari di quella che Salvemini chiamava «la mafia giolittiana». L'accusa era fondata. Giolitti pensava al Paese, ma pensava anche al potere, cioè pensava che senza il potere non avrebbe potuto pensare nemmeno al Paese: un Paese in cui i voti si compravano non con le idee, ma coi favori.

Lo slancio dell'economia e il crescente benessere che ne derivava attutivano la tensione sociale, e lo si vedeva dalle vicende interne del partito socialista, in cui il massimalismo perdeva inesorabilmente terreno e Turati riprendeva il sopravvento su Ferri. Anche la CGL, o Confederazione Generale del Lavoro, che si era costituita a Torino nel 1906, si sottrasse all'influenza dei sindacalisti rivoluzionari e si accordò con la direzione del partito e col suo gruppo parlamentare, che aveva sempre accusato di «corruzione borghese». Quando in alcune città del Nord scoppiò uno sciopero di protesta contro la repressione poliziesca, la CGL impedì che si trasformasse in sciopero generale.

Fu sull'onda di questi successi che, scadendo i termini della legislatura, Giolitti bandì nel 1909 le nuove elezioni. E qui si vide quanto la politica di distensione sociale e l'appoggio dato al cauto riformismo giolittiano avesse giovato all'Estrema. I repubblicani conservarono i loro ventiquattro seggi, ma i socialisti ne guadagnarono una dozzina, e quasi altrettanti i radicali. Un'altra importante novità fu la sempre più massiccia partecipazione dei cattolici alle spalle del *non expedit*, formalmente ancora in vigore. Come al solito, i loro ventun eletti andarono alla Camera come «cattolici deputati» e non come «deputati cattolici». Ma non era che un puntiglio formale.

Quando Giolitti si ripresentò alla Camera poteva contare su una maggioranza di ben trecentocinquanta voti, mentre la pattuglia di Sonnino si era assottigliata a una quarantina. L'Estrema lo attaccò sull'unico punto su cui lo poteva attaccare: i metodi elettorali, proprio allora denunciati da Salvemini in un libello violento: *Il Ministro della mala vita*. Giolitti si difese con la solita consumata abilità. «In Italia,» disse «da quando si fanno elezioni generali, è sempre successo che i candidati respinti non vogliano essere stati respinti dalla volontà degli elettori, ma dalle violenze del governo.» Mentiva, ma i trecentocinquanta eletti grazie alle violenze, o per meglio dire ai maneggi del governo, lo applaudirono calorosamente.

Poi d'improvviso, come aveva fatto dopo le vittoriose elezioni di cinque anni prima, si dimise.

Lo scoglio che stavolta gli si parava davanti era la marina mercantile. Lo Stato aveva fatto un grosso sforzo per incrementarla e per sviluppare i trasporti. Fra le società che li gestivano ce n'era una, la Società Generale di Navigazione che, grazie ai finanziamenti della Banca Commerciale, aveva assunto una posizione di netto predominio e intendeva farlo valere avanzando, per i suoi servizi, pesanti richieste di sovvenzioni. Giolitti faceva resistenza, convinto di poter spuntare condizioni più vantaggiose con altre società. Ma, com'era avvenuto per le ferrovie, il problema toccava tali e tanti interessi che sollevò un vespaio in parlamento e sulla stampa. Ognuno accusava l'avversario di essere un «prezzolato» e le reciproche accuse salirono talmente di tono che parvero tornati i tempi della Banca Romana. Giolitti, che quei tempi li ricordava più e meglio degli altri, preferì trarsi fuori dalla mischia. Ma per cadere si fabbricò un pretesto politicamente più redditizio.

Di punto in bianco, presentò un disegno di legge che prevedeva un'imposta progressiva sui redditi e sulle successioni. Sapeva benissimo che la maggioranza l'avrebbe respinto, ma proprio per questo l'aveva presentato. «Vedete?» disse. «È bastato che proponessi qualche tassa sui ricchi perché la maggioranza si ribelli.» Così passò per una vittima dell'ingiustizia sociale, si guadagnò il plauso dell'Estrema e se ne prenotò l'appoggio per l'inevitabile ritorno.

Ancora una volta, ordinò ai suoi ascari di sostenere la successione di Sonnino, che infatti fu incaricato di formare il nuovo governo. Non solo perché privo di seguito com'era, egli non poteva reggersi che sulla maggioranza giolittiana che lo teneva praticamente prigioniero; ma anche perché a Giolitti conveniva che su quello scottante problema si bruciasse lui, come difatti avvenne. Sonnino si presentò alla Camera con un voluminoso fardello di disegni di legge minuziosamente studiati com'era suo costume, e i giolittiani gli dettero il voto. Ma a un certo punto dovette affrontare lo scoglio che Giolitti aveva sapientemente evitato e, comprendendo di non poterlo superare, chiese al Re lo scioglimento della Camera come aveva fatto la volta precedente. Ma come la volta precedente, il Re glielo negò, non lasciandogli altra alternativa che le dimissioni e il nomignolo di «Presidente dei cento giorni», quanti erano durati entrambi i suoi ministeri.

Perdurando l'ostacolo, Giolitti declinò la successione, ma suggerì il nome di chi poteva assumerla: Luigi Luzzatti. E fu la sua seconda «luogotenenza». Luzzatti era l'opposto di Sonnino: estroverso ed estemporaneo, impulsivo, arguto, pieno di calore umano, godeva non soltanto in Italia, ma in tutta Europa, larghe simpatie e profonda stima come economista. Non per nulla Giolitti aveva affidato a lui il compito di costituire quel consorzio internazionale di Banche che gli aveva consentito l'operazione del debito pubblico. Ma nell'azione politica difettava di quel «ragionevole e opportuno maneggio degli uomini» che Giolitti considerava la condizione del successo.

La grande competenza in materia finanziaria e più ancora l'esaurimento dei motivi polemici che per un anno avevano invelenito il problema delle convenzioni marittime gli permisero di condurlo a una soluzione di compromesso che per lo meno consentiva di prendere respiro. E il governo ne approfittò per varare altre due riforme di grosso impegno. La prima fu quella dell'istruzione, preparata dal ministro radicale Credaro su un progetto, come al solito coscienziosamente approfondito, di Sonnino. La vecchia legge affidava la gestione della scuola elementare ai Comuni che specialmente nel Sud si erano dimostrati incapaci di esercitarla, e questo era uno dei motivi fondamentali del perdurante analfabetismo di quelle zone. La legge Credaro la trasferiva allo Stato, rendendo obbligatoria la frequenza fino ai dodici anni di età, invece che fino a nove, com'era prima. Il progetto fu violentemente avversato dai cattolici, da sempre ostili alla scuola di Stato che toglieva spazio a quelle loro. Ma Giolitti la fece sostenere dai suoi in piena concordanza con l'Estrema. E la legge passò, anche se in pratica poi si rivelò meno efficace di quanto i suoi fautori avessero sperato.

Poi fu la volta della riforma elettorale, tradizionale campo di battaglia fra progressisti e conservatori. Malgrado gli sforzi dei primi, i cittadini in grado di esercitare il diritto di voto non arrivavano a tre milioni. Attribuendolo a tutti coloro che sapevano leggere e scrivere, e rendendolo obbligatorio, il progetto Luzzatti lo estendeva a quattro milioni e mezzo di persone. Pur approvandola, Giolitti avvertì il suo luogotenente della pericolosità della proposta. Ma Luzzatti volle fare di testa sua, convinto di ricreare la maggioranza che si era formata per la legge Credaro. Viceversa questa si spappolò. E ciò che più dovette stupire il candido Luzzatti fu che i consensi venissero da destra e gli attacchi da sinistra.

L'obbligatorietà del voto piaceva ai conservatori come arma per sottrarre al loro assenteismo le masse rurali, quasi tutte reazionarie; ma metteva in grave imbarazzo l'Estrema che, non potendo respingere una riforma così democratica, ma nello stesso tempo temendo di venire sommersa dall'ondata sanfedista delle campagne, combatté il progetto in nome del suffragio universale. Nella lotta che si accese violenta, la maggioranza giolittiana si divise, e fece appello al «padrone» perché tornasse «a mettere ordine tra le file». Lo stesso Luzzatti, sentendosi ormai condannato, gli rivolse questo voto «ardente e schietto». E Giolitti, fedele al suo principio che «il potere non lo si cerca, lo si aspetta», accolse la supplica e tornò a Roma. Immediatamente i radicali si ritirarono dal governo provocando la crisi. E il Re affidò a Giolitti l'incarico di formare – nel marzo del 1911 – il suo quarto ministero.

Faceva parte della tattica di Giolitti lasciare ad altri il compito di accendere le battaglie, aspettare che le contrapposte posizioni polemiche vi si consumassero, e riprenderle in proprio a ceneri raffreddate. Così fece anche stavolta, includendo nel programma del suo governo la riforma elettorale che aveva provocato la caduta di quello precedente, ed anzi ampliandola notevolmente. Luzzatti voleva estendere il diritto di voto a quattro milioni e mezzo di cittadini, Giolitti a otto e mezzo. Era quasi il suffragio universale, in nome del quale la proposta Luzzatti era stata combattuta e respinta dall'Estrema, cui ora quest'arma cadeva di mano.

Fu un colpo a sorpresa perché fino a non molto tempo prima Giolitti aveva definito l'estensione del voto «l'apoteosi dell'ignoranza», e da destra lo accusarono di cinico opportunismo per quella repentina inversione di tendenza. Ma Giolitti si era cautelato a sinistra includendo nel suo ministero ben tre radicali e invitandovi i socialisti. Fra costoro, lo scandalo fu grande quando si seppe che il loro maggiore esponente parlamentare, Bissolati, era andato in udienza dal Re. Il reprobo se ne scusò dicendo che c'era andato senz'abito di cerimonia e col cappello a cencio – particolari liturgici che in casa socialista hanno sempre rivestito grandissima importanza –, ma capì che accettando l'incarico si sarebbe isolato dal partito, come Turati saggiamente gli diceva, e rifiutò.

Gli argomenti dell'opposizione furono fiacchi, e si ridussero a questo: che grazie a quella riforma sarebbero andati alle urne tre milioni di analfabeti. Ma Giolitti rispose che questi analfabeti dovevano aver compiuto trent'anni e fatto il servizio militare, cioè avevano avuto dall'esperienza delle lezioni più istruttive di quelle che si ricavano dai libri. Il fatto è che i conservatori, a cominciare da Sonnino, ormai si vergognavano di apparire tali, e le loro obiezioni rimasero marginali. A cogliere il fondo del problema e la posta che vi era in giuoco fu uno solo, proprio Bissolati, il quale predisse che quella riforma, distruggendo il monopolio elettorale della *élite*, distruggeva l'Italia dei notabili, e quindi anche il giolittismo che su di essa era fondato.

Era vero. Le masse che quella riforma chiamava alle urne non si potevano manipolare come le piccole clientele su cui il sistema giolittiano si basava. E questo era talmente evidente che c'è da chiedersi come fece Giolitti a non vederlo. Noi crediamo che lo abbia visto benissimo; ma che, vedendone anche l'inevitabilità, preferisse essere lui a compiere l'operazione in modo da assicurarsene, agli occhi dei beneficiari, il merito. Non è, si capisce, che un'ipotesi. Ma, di tutte, ci sembra la più plausibile. La riforma comunque passò a larga maggioranza. E Giolitti ne approfittò per presentarne un'altra, meno rivoluzionaria, ma non meno scabrosa per la forza degl'interessi che toccava: quella delle società di assicurazione sulla vita.

Ce n'erano una cinquantina, di cui quasi una metà a capitale straniero che immediatamente reagirono al progetto governativo di farne un monopolio statale per devolverne gli utili a una Cassa Nazionale di Previdenza per l'invalidità e la vecchiaia degli operai. Ma sarebbe ingiusto dire che gli oppositori agirono per fare gl'interessi delle società private e ai loro stipendi. Fra di essi c'erano degli uomini al di sopra di ogni sospetto come Salandra ed Einaudi che si batterono in nome di ben altro, cioè dei princìpi, e fu proprio questo che conferì al dibattito una nobiltà inconsueta. Quando Giolitti gli disse che «fare gl'interessi dello Stato è più liberale che fare quello di pochi capitalisti», Salandra gli rispose: «Prego l'on. Giolitti di spiegare le sue ultime parole dalle quali potrebbe risultare che noi difendiamo i capitalisti dallo Stato». E dopo aver ricevuto piena soddisfazione, evocò i pericoli del capitalismo di Stato con tali argomenti che Giolitti si arrese alla loro fondatezza e accettò alcuni emendamenti, ma non senza alla fine ricordare che ogni qual volta aveva tentato di ridimensionare lo strapotere degl'interessi privati, «ho ottenuto soltanto il collocamento a riposo»: il che gli valse gli osanna dei socialisti e, sia pure decurtata da qualche compromesso, la vittoria finale. Perché questo opaco *travet*, allergico alla retorica, aveva le sue demagogìe.

Ma, oltre a queste due iniziative, ormai tradotte in realtà, Giolitti ne maturava nel suo animo una più grossa, di cui non aveva mai fatto parola con nessuno, nemmeno coi suoi più fidati collaboratori: la conquista della «quarta sponda», cioè della Libia e della Tripolitania.

L'EUROPA NEL 1914

CAPITOLO SETTIMO

# «TRIPOLI BEL SUOL D'AMORE»

Giolitti aveva, alla politica estera, la stessa scarsa vocazione del suo maestro Depretis, il quale diceva che bisognava farne il meno possibile. Borghese di provincia, non aveva viaggiato, non parlava le lingue, non conosceva i problemi internazionali. E per di più non voleva entrare in concorrenza col Re, che sulla politica estera si riservava l'ultima parola e non rinunciava a farla pesare. Secondo l'ambasciatore inglese Rodd, il vero Ministro degli Esteri era lui, e questa opinione era condivisa anche dall'imperatore di Germania Guglielmo II che ne diffidava considerandolo antitriplicista.

In realtà Vittorio Emanuele antitriplicista non era. Lo era solo un certo ambiente di Corte che faceva capo al clan montenegrino, il quale a sua volta faceva capo allo Zar, naturalmente antitedesco. Ma il Re non era uomo da cedere a siffatte interferenze, e nemmeno alle proprie antipatie. I diplomatici stranieri che avevano a che fare con lui restavano colpiti dalla sua perfetta conoscenza delle situazioni e dall'acutezza e spregiudicatezza con cui le valutava. E questo era il punto su cui andava perfettamente d'accordo con Giolitti, a sua volta convinto che la politica in generale e quella estera in particolare andassero sottratte a ogni elemento emotivo. Giolitti aveva avuto seri dissapori con Zanardelli che lo aveva accusato di triplicismo perché, come Ministro degl'Interni, aveva represso le manifestazioni irredentiste. Ma il triplicismo non c'entrava. Il fatto è che Zanardelli, uomo del Risorgimento ed ex combattente delle dieci giornate di Brescia, «era» diceva l'ambasciatore francese Barrère «incapace di rinunciare al piacere di offendere l'Austria»; mentre Giolitti, che di quei trascorsi non ne aveva, pensava semplicemente che la politica estera non fosse cosa da risolversi con le dimostrazioni di piazza.

Questo tuttavia non gli aveva impedito di secondare la tendenza all'ammorbidimento dei rapporti con la Francia, che Crispi aveva portato al limite di rottura, accentuando il carattere difensivo della Triplice. Questa tendenza era suggerita dallo stesso mutamento della situazione internazionale. All'alleanza con l'Austria e la Germania, l'Italia era stata costretta dal minaccioso atteggiamento francese dopo l'annessione di Roma. Sembrava che la Francia volesse ripristinare lo Stato pontificio. E all'Italia, per sfuggire a questo pericolo e sottrarsi all'isolamento, non restava che l'intesa con Berlino e Vienna. Altri dissapori con Parigi erano sopravvenuti per la politica africana di Crispi, cui la Francia sottraeva gli spazi con l'annessione della Tunisia. Ma poi, archiviata la questione di Roma per l'evoluzione della vicina Repubblica in senso sempre più laico e anticlericale e spentesi ad Adua le caldane colonialiste italiane, i rapporti fra Italia e Francia erano entrati in fase distensiva.

Ad accelerare e accentuare questo processo aveva contribuito soprattutto un uomo: l'ambasciatore francese Barrère che, venuto a Roma nel 1898, era riuscito a conquistarla grazie alla sua abilità, alla sua tenacia e al suo fascino personale. Anch'egli maestro, come Giolitti, di «maneggio degli uomini», fece presto a orientarsi fra i protagonisti della politica italiana, a impadronirsi dei loro segreti e a legarseli con tutti i mezzi, leciti e illeciti. La sua Ambasciata diventò il più vivace centro mondano e culturale di Roma, regolarmente visitato e illuminato dalle personalità più in vista di Parigi, che Barrère mobilitava e strumentalizzava per i suoi disegni.

I suoi più grandi alleati italiani furono Visconti-Venosta e Luzzatti che, anche quando non facevano parte del governo, vi facevano pesare il proprio indiscusso prestigio di esperti negoziatori. Grazie a loro, egli condusse in porto un trattato commerciale che non solo poneva fine alla lunga e rovinosa guerra doganale fra i due Paesi, inaugurata da Crispi, ma apriva anche la strada a nuovi rapporti politici. La reazione dei triplicisti, forti soprattutto nell'ambiente militare, era stata violenta, ma vana. Lo stesso Pelloux favorì il nuovo corso, che si accentuò con la scomparsa di Umberto e col ritiro dalla scena di Margherita, triplicisti convinti.

La stessa scelta dell'irredentista antiaustriaco Zanardelli come capo del governo era abbastanza indicativa delle intenzioni di Vittorio Emanuele, e più ancora lo fu la nomina, imposta da lui, di Prinetti come Ministro degli Esteri. Prinetti era un industriale milanese di tendenza clerico-moderata che aveva fieramente avversato la politica coloniale di Crispi. Molti lo accusavano d'incoerenza perché dopo aver combattuto Zanardelli, ora accettava di collaborare con lui. In realtà egli collaborava col Re che lo aveva chiamato a quel posto non perché ve lo considerava qualificato, ma anzi proprio per il motivo opposto. Gran galantuomo e pieno di buone intenzioni, ma emotivo, imprevedibile e piuttosto avventato, Prinetti sapeva poco di diplomazia e non ne possedeva le astuzie. Ma appunto per questo il Re contava di farne un suo docile strumento. È difficile sapere se il piano di sviluppare l'intesa con la Francia pur restando nell'ambito della Triplice fu suggerita da Prinetti al Re o dal Re a Prinetti. Ma la seconda ipotesi ci sembra la più plausibile. Comunque, il nuovo corso fu proprio questo.

Prinetti trovò la strada spianata da un accordo segretamente concluso fra Visconti-Venosta e Barrère, con cui l'Italia lasciava mano libera alla Francia in Marocco, e la Francia la lasciava all'Italia in Tripolitania e Cirenaica. La spartizione di queste «zone d'influenza» era, in quel periodo di frenesia coloniale, il motivo dei più gravi contrasti fra le Nazioni, e quello che più aveva avvelenato i rapporti fra Roma e Parigi. L'accordo non era in contrasto con gl'impegni della Triplice. Ma Vienna e Berlino sapevano benissimo che nella Triplice l'Italia era entrata per non trovarsi sola di fronte a una Francia nemica e che, cessata questa condizione, sulla fedeltà dell'Italia c'era da far poco assegnamento. «L'Italia dovrà scegliere molto presto fra il matrimonio e il concubinaggio» disse il cancelliere tedesco von Bülow a sua suocera, ch'era la vedova di Minghetti. E poco dopo, per rassicurare il suo parlamento in cui si erano levate proteste contro il doppio giuoco italiano, dichiarò riprendendo la parabola coniugale che «un marito non deve dare in smanie se per una volta sua moglie fa un giro di valzer con un altro cavaliere». E da allora la «politica del giro di valzer» entrò nel linguaggio europeo come sigla di quella italiana.

Quando si dovette provvedere al rinnovo della Triplice – che scadeva nel 1907 –, Prinetti giuocò al rialzo chiedendo che all'alleanza venisse attribuito un carattere esclusivamente difensivo, che vi venisse incluso un riconoscimento dei diritti italiani su Tripoli e vi venissero aggiunti degli accordi commerciali più favorevoli alle nostre esportazioni. «In diplomazia, ognuno ha diritto al tradimento; ma al premio per il tradimento, no» commentò Bülow respingendo le richieste.

Prinetti si dichiarò «dolorosamente sorpreso» di questo rifiuto, forse nella sua ingenuità lo era davvero, e pochi giorni dopo se ne rivalse abbozzando con Barrère un nuovo accordo col quale la Francia riconosceva ancora più esplicitamente i diritti dell'Italia sulla Tripolitania, e l'Italia s'impegnava a non partecipare a una guerra contro la Francia, anche se fosse stata questa a dichiararla, purché forzatavi da qualche provocazione.

Qualche storico ha poi sostenuto che questa clausola non era in contraddizione con gl'impegni che ci legavano ai vecchi alleati. E forse dal punto di vista formale è così. Ma che ne ledesse lo spirito, lo dimostra lo scrupolo con cui gl'Italiani tennero il segreto su questa clausola e il falso a cui ricorsero antedatandola in modo da nascondere il fatto ch'essa era stata firmata due giorni dopo il rinnovo della Triplice. Sebbene anch'essi vi si fossero impegnati, i Francesi il segreto lo tennero solo a mezzo, perché poco dopo ne informarono i Russi e gl'Inglesi. Tuttavia il testo nella sua interezza fu reso pubblico solo nel 1920.

Barrère aveva fatto molto bene i suoi calcoli. Ciò che gl'importava non era tanto il disimpegno militare dell'Italia, di cui conosceva bene la debolezza; ma il fatto ch'essa, sentendosi ormai sicura sulle Alpi e nel Mediterraneo, avrebbe sempre più concentrato la propria attenzione sull'Adriatico e sulle province tuttora irredente di Trento e Trieste. «L'Italia» scrisse al suo Ministro degli Esteri, Delcassé «ha ormai imboccato una strada che la condurrà fatalmente alla rottura con l'Austria.» E la rottura con l'Austria era anche la rottura con la Germania.

I fatti si affrettarono a dimostrare quanto avesse ragione. Morto Prinetti, Giolitti, d'accordo col Re, lo sostituì con Tittoni che, venendo dalla carriera di prefetto, era anche lui piuttosto digiuno di diplomazia. Barrère ne fu allarmato perché lo considerava più triplicista e meno malleabile del suo predecessore. Tittoni tentò infatti di ricucire i rapporti coi vecchi alleati, tuttora ignari dell'accordo Prinetti-Barrère. Ma non poté nulla contro una pubblica opinione che in ogni gesto dell'Austria vedeva una provocazione. Come tale fu interpretato il rifiuto d'istituire una università italiana a Trieste e più ancora l'attiva politica balcanica di Vienna. La nostra diplomazia mirava ad attrarre nella nostra sfera d'influenza l'Albania e il Montenegro, dove – scriveva l'inglese Durham – «se l'Austria costruiva un ospedale, l'Italia rispondeva con un ospizio per i vecchi, se l'una giuocava la carta di un ambulatorio, l'altra quella di un asilo infantile, e così via, senza badare ai costi». Condivisa e probabilmente fomentata dallo stesso Re, questa politica invadente e ciacciona infastidiva non soltanto gli Austriaci, ma anche l'Imperatore di Germania, il quale un giorno constatò, fra divertito e irritato, che Vittorio Emanuele, con la sua solita pignoleria, era capace di «citare il nome di tutti i capi-briganti albanesi».

Fu in questo clima che nel 1905 scoppiò la crisi marocchina, duro collaudo per l'ambigua posizione italiana. Col suo amore per i gesti spavaldi e teatrali, il *Kaiser* Guglielmo sbarcò a Tangeri e in termini provocatori affermò l'interesse della Germania alle sorti del Marocco e il suo diritto d'intervenirvi. Era una sfida alla Francia, di cui il Marocco era considerato zona d'influenza, e condusse a un passo da un conflitto che avrebbe posto di fronte le due coalizioni: quella austro-tedesca e la cosiddetta *Entente*, o Intesa franco-inglese che negli ultimi tempi si era delineata in contrappeso alla prima. La catastrofe fu evitata con la convocazione, ai primi del 1906, di una conferenza internazionale ad Algesiras che dirimesse la controversia.

Per rappresentarvi l'Italia, su suggerimento di Barrère, fu richiamato in servizio Visconti-Venosta che ormai veleggiava verso l'ottantina, ma era l'unico negoziatore in grado, per la sua abilità ed esperienza, di giuocare una partita che si annunziava difficilissima. Si trattava di scegliere, come aveva detto Bülow, fra il matrimonio e il concubinaggio. Schierandosi con la Francia, l'Italia avrebbe contravvenuto agl'impegni della Triplice; schierandosi con la Germania, avrebbe contravvenuto all'accordo segreto di Prinetti e perso il beneplacito francese a eventuali iniziative in Tripolitania. Visconti-Venosta accettò l'incarico, ma a condizione che gli venisse data carta bianca. Non si fidava del governo, ora che Giolitti aveva passato la mano a Sonnino, e Tittoni a San Giuliano, considerati tedescofili.

Egli si atteggiò subito a mediatore fra le opposte forze, e fu uno dei principali ispiratori del compromesso che regolava lo *status* del Marocco nei confronti delle grandi potenze. Ma giuocò le sue carte in modo che nessuno capì se l'Italia faceva parte della Triplice o dell'Intesa. Fu anche grazie a questo suo atteggiamento che la Germania uscì diplomaticamente sconfitta. E il *Kaiser*, esasperato, disse all'ambasciatore austriaco che non vedeva l'ora di farcela pagare con una buona «spedizione punitiva». Egli non voleva nemmeno rinnovare l'alleanza che stava di nuovo per scadere. Furono gli Austriaci che ne vollero l'Italia ancora partecipe. E Tittoni, tornato al governo con Giolitti, quasi se ne scusò dicendo che quell'alleanza andava avanti solo perché nessuno dei soci voleva scomodarsi a mandarla in protesto.

Due anni dopo, a questa crisi ne seguì un'altra. Nel 1908 l'Austria, con un colpo a sorpresa, ma molto ben preparato, si annesse la Bosnia in aperta violazione del Trattato di Berlino del 1878 che le proibiva ingrandimenti nei Balcani, se non previ accordi e dietro compensazioni alle altre potenze interessate, ch'erano soprattutto l'Italia e la Russia. A Roma la reazione fu violenta, ma più che contro l'Austria si appuntò contro Tittoni, e non senza motivo. Questi, come il suo collega russo Isvolskij, era stato informato. Ma sembra che con molta leggerezza avesse dato il suo consenso dicendo che la cosa avrebbe fatto soltanto «un po' di chiasso», e che anche questo si sarebbe calmato se l'Austria avesse rinunciato ai suoi presidi militari nel Sangiaccato (che con l'annessione della Bosnia diventavano del tutto superflui) e al controllo delle acque territoriali montenegrine. Quanto a Isvolskij, fu tacitato con la promessa di un accordo sugli Stretti, di cui poi non si fece nulla.

Tittoni cercò di placare la tempesta chiedendo all'Austria la concessione della sospirata università italiana a Trieste, ma non ottenne nemmeno quella, e gli attacchi contro di lui raddoppiarono d'intensità. Il più efficace fu quello di Fortis perché veniva da un triplicista convinto. Egli chiese se valeva la pena perpetuare una situazione diplomatica per cui l'unica minaccia di guerra che pesava sull'Italia veniva da una potenza alleata. Il suo discorso fu salutato da vere e proprie ovazioni, e lo stesso Giolitti andò a stringergli la mano lasciando solo, sul banco del governo, Tittoni.

Questi tentò la rivalsa combinando con l'ambasciatore russo un accordo contro l'Austria da sanzionare con una visita dello Zar in Italia. Ma siccome la trattativa si trascinava con difficoltà, ne intavolò un'altra con gli stessi Austriaci, che la mandarono subito in porto. Essi rinunziavano a rioccupare militarmente il Sangiaccato e a stipulare accordi con altre potenze in merito ai Balcani purché anche l'Italia s'impegnasse ad astenersene.

L'accordo non era stato ancora firmato che da Pietroburgo giunse la notizia che lo Zar aveva accettato l'invito. La visita non si svolse a Roma perché i servizi di sicurezza paventavano gli attentati anarchici, ma a Racconigi, dove l'ospite si presentò insieme a Isvolskij, che aveva già in tasca la bozza dell'accordo contro l'Austria proposto da Tittoni. Questi, che poco prima si era impegnato con gli austriaci a non trattare per i Balcani con altre potenze, si trovò a mal partito. Ma Isvolskij lo trasse d'imbarazzo mostrandogli l'accordo segreto che l'Austria aveva a sua volta stipulato anche con la Russia per escludere altre Potenze, e quindi anche l'Italia, dal giuoco balcanico. Così, in quel minuetto di reciproci tradimenti, Tittoni poté tranquillamente inserire la sua «figura». E quando di lì a pochi giorni il ministro austriaco Aerenthal gli chiese di cosa aveva parlato con Isvolskij, Tittoni rispose: «Oh, un semplice scambio di vedute...», e confermò l'accordo con cui i due contraenti s'impegnavano a non fare ciò che entrambi avevano già fatto.

A questo punto erano le cose, quando Giolitti tornò al potere. Anche se il segreto di Stato aveva coperto i dissapori con Vienna e Berlino, la pubblica coscienza avvertiva che la Triplice era ormai un cadavere, di cui chiedeva con impazienza la sepoltura. Il Paese era in preda a nuove suggestioni che mettevano in crisi tutto lo schieramento politico, e delle quali il grande interprete era un poeta che nell'arte di far coincidere la propria ispirazione con quella popolare fino al punto di sembrarne il suggeritore, non aveva rivali. D'Annunzio, che sulla fine del secolo aveva violentemente avversato le imprese coloniali, chiamato i caduti di Dogali «quattrocento bruti morti brutalmente» e militato, sia pure da avventizio, nelle file pacifiste del socialismo, ora si era convertito alla guerra, la chiamava «risvegliatrice dei deboli» e diceva che solo essa poteva riscattare l'Italia dalla sua miserabile condizione di «museo e affittacamere dell'Europa spendereccia».

Sulla sua scia marciava la pattuglia dei futuristi di Marinetti, che riempivano l'Italia dei loro manifesti, delle loro poesie, delle loro mostre d'arte, dei loro schiamazzanti raduni in cui si esaltava la modernità e il movimento, si contrapponeva la bellezza «viva» della velocità a quella «morta» dell'immobile arte tradizionale, e s'inneggiava alla violenza e alla guerra, «sola igiene del mondo».

D'Annunzio, oltre che grande poeta, era anche grande istrione, e Marinetti una testa un po' debole. Ma la loro voce trovava eco anche in uomini di sicuro talento artistico come Boccioni, Soffici e Carrà, e di alto livello culturale come Papini, Prezzolini e Corradini. Costui fondò nel 1903 una rivista, «Il Regno», che traspose questi aneliti sul piano concreto del dibattito politico scendendo in guerra contro «l'Italietta» e gettando il seme di quell'ideologia nazionalista, che sette anni dopo doveva tramutarsi in partito.

All'origine di questa ventata c'erano anzitutto dei motivi psicologici. Le umiliazioni di Custoza, Lissa e Adua avevano creato nel Paese un complesso d'inferiorità che come sempre capita si traduceva in atteggiamenti di aggressiva spavalderia. A dare a questi elementi emotivi una parvenza di pensiero era stato uno scrittore romagnolo geniale e introverso, ricco d'intuizioni e privo di autocritica: Alfredo Oriani. Nei suoi libri, frutto di un interminabile monologo senza contradditori, egli sosteneva la tesi che l'Italia era, per così dire, condannata a vivere al di sopra delle sue forze perché solo nella «grandezza» essa poteva risolvere le molte contraddizioni fra le quali era nata e cresciuta. Appassionato fautore di Crispi e della sua politica coloniale, Oriani era rimasto del tutto inascoltato ed era morto nel 1909 quasi da sconosciuto. Ma ora molti si accorgevano che nessuno aveva meglio di lui interpretato e storicamente motivato le frustrazioni di un Paese che, formatosi nel culto dell'eroismo predicato da Mazzini, non aveva poi collezionato che umilianti disfatte, e il cui nazionalismo nasceva dunque anzitutto dal «revanscismo», cioè dalla smania della rivalsa.

Forse da solo questo movimento non sarebbe bastato a decollare se non avesse ricevuto dall'estero forti propellenti. Anche se politicamente l'Italia aveva ormai una sua individualità nazionale, culturalmente e ideologicamente restava una «dipendenza» dei Paesi più maturi e progrediti. Le influenze che subiva erano contrastanti. Nel campo filosofico prevaleva, grazie a Croce e a Gentile, quella della Germania col suo idealismo. Nel campo letterario prevalevano quelle francesi. Ma era il momento in cui tutto il mondo era travolto dalla ventata imperialista, che trovava i suoi bardi nei grandi esaltatori della razza bianca: Gobineau in Francia, Chamberlain e Kipling in Inghilterra, i pangermanisti a Berlino col *Kaiser* in testa, Theodore Roosevelt in America.

Il nazionalismo italiano non era che un riflesso di questo vasto rivolgimento, naturalmente ridotto sulle misure di un Paese sottosviluppato e abituato a tradurre tutto in retorica: operazione a cui il nazionalismo si presta meglio di qualsiasi altro credo. Ma esso non ebbe dalla sua soltanto l'amore degl'Italiani alle grandi parole e ai motti sonanti di cui D'Annunzio e i dannunziani lo rivestivano.

Trovò anche il concreto appoggio di molti ambienti economici. La rivoluzione industriale creava un problema di esportazioni, e quindi di conquista di mercati, che a sua volta esigeva una politica di espansione. Furono questi interessi che diedero ai nazionalisti i mezzi per fondare i loro giornali, propagandare le loro idee, e finalmente per costituire nel 1910 un loro partito.

Esso non fece molte reclute, e rimase piuttosto una *élite* intellettuale. Ma influenzò in maniera decisiva tutte le altre forze politiche, comprese quelle di sinistra, anzi specialmente quelle di sinistra. L'attrazione più forte la esercitò infatti sui sindacalisti. E non deve meravigliare perché in comune con essi aveva il culto della violenza predicato da Sorel e l'odio per le ideologie evoluzioniste, riformiste e pacifiste che avevano predominato sulla fine del secolo. Quando Corradini applicò il vocabolario socialista alla Nazione parlando di una «Italia proletaria» in lotta contro le plutocrazie occidentali, e lanciò l'idea di un «imperialismo operaio» da contrapporre a quello capitalistico, riscosse in campo sindacalista vasti consensi e pose le premesse di un pasticcio ideologico in cui Mussolini avrebbe di lì a poco guazzato. Gli effetti furono folgoranti. L'idea di trasformare l'orda degli emigranti italiani in un esercito di soldati colonizzatori mise in crisi tutti i partiti di sinistra, compresi i socialisti. Perfino il mite Pascoli, che da studente era andato in prigione per difendere gli anarchici, se n'entusiasmò. «È ora di riprendere l'opera eroica di riconquistare l'Italia all'Italia» scrisse. La psicosi guerriera aveva contagiato anche lui.

Il punto che restava da chiarire era contro chi la guerra si doveva fare. Gli stessi nazionalisti erano divisi. Corradini e tutti quelli ch'erano cresciuti nel culto di Crispi erano triplicisti convinti, consideravano Trento e Trieste delle mète di secondaria importanza, parlavano dell'Adriatico come di uno «stagno», e il nemico lo vedevano nella Francia che sbarrava la strada del Mediterraneo all'unica grande avventura che valesse la pena di correre: quella coloniale. Solo in Africa, essi pensavano, si potevano collocare i milioni d'Italiani che seguitavano, povera e indifesa merce umana, a prendere la via delle Americhe. E solo lì si poteva costruire un impero. Altri, sentimentalmente legati all'irredentismo, guardavano all'Adriatico come al *Mare nostrum*, e all'Istria e alla Dalmazia come al basamento di una *leadership* italiana nei Balcani, da strappare naturalmente all'Austria.

A decidere, fu l'evoluzione della politica di Vienna. Fino al '60, questa aveva sempre riservato ai suoi sudditi italiani un trattamento di privilegio almeno nei confronti di quelli slavi. Ma dopo la perdita del Lombardo-Veneto le cose erano cambiate: un po' perché la popolazione italiana dell'Impero si era ridotta a meno di un milione, un po' perché questa ora si sentiva attratta dallo Stato nazionale che si era formato nella Penisola. Gli slavi, oltre a essere molto più numerosi, erano anche molto più fidati, perché non avevano altro polo di attrazione che la Serbia, troppo piccola, debole ed arcaica per esercitarne. Nel Trentino l'irredentismo si mascherava sotto la bandiera socialista di Cesare Battisti. Ma aveva poca forza perché la convivenza fra Italiani e Tedeschi era abbastanza pacifica, e infatti il partito di gran lunga più forte era l'Unione popolare di De Gasperi, che praticamente riduceva le sue rivendicazioni a un'autonomia amministrativa. Ma in Istria e Dalmazia la situazione delle comunità italiane si faceva sempre più drammatica per l'incalzare delle masse slave e per la politica discriminatoria che le autorità governative praticavano in loro favore.

Fu appunto dopo un viaggio in quelle terre che Corradini si convertì all'irredentismo e ne fece il motivo ispiratore del suo partito. Egli rimase impressionato dalle vestigia romane e veneziane delle città costiere, parlò dei loro abitanti come di «sentinelle avanzate dell'italianità nel folto della popolazione slava», e non ne denunziò il genocidio solo perché la parola non era ancora entrata nell'uso. Ma disse che quelle province avevano un'anima italiana, di cui l'Austria stava perpetrando il massacro.

C'era, nei suoi appassionati appelli, un miscuglio di vero e di falso. In realtà, da Trieste in giù, gl'Italiani erano sempre stati una piccola minoranza. Ma era la minoranza che contava. Il contadino slavo, quando emigrava in città, per conquistare i galloni di «borghese», imparava la lingua italiana, soggiaceva al fascino della cultura italiana, e ne diventava il più zelante assertore. Da loro era venuto Oberdan, che in realtà si chiamava Oberdank, come più tardi sarebbero venuti gli Slataper e gli Stuparich. Era attraverso quest'opera di assorbimento e d'integrazione che gl'Italiani avevano conservato le loro posizioni di potere. Ma ora rischiavano di perderle grazie alla politica del *divide et impera* inaugurata dall'Austria che aizzava gli Slavi non più a fondersi con gl'Italiani, di cui più non si fidava, ma a combatterli. Gl'incidenti si susseguivano creando un vero e proprio conflitto razziale, che in Italia portava fascine all'irredentismo e ne toglieva al triplicismo. Per i nazionalisti non c'era più scelta.

A questo punto erano le cose, quando Giolitti tornò al potere. Si è sempre detto che nella sua freddezza di burocrate privo di fantasia egli fosse incapace di comprendere e interpretare gli umori del Paese. Ma i fatti parlano un diverso linguaggio. Egli non era di certo un guerrafondaio, non aveva mai condiviso l'avventurismo di Crispi.

Ma capiva che il Paese voleva uscire dall'inerzia e che non gli avrebbe mai perdonato di averne perso l'occasione, se si fosse presentata.

Come al solito, egli si occupava poco di politica estera, dove aveva confermato il Ministro del governo precedente, San Giuliano. Ex sindaco e deputato di Catania, poi ambasciatore a Parigi e a Londra, il marchese San Giuliano era uomo di molte doti e che sapeva farle brillare. I nazionalisti lo consideravano dei loro perché era stato amico e sostenitore di Crispi, loro idolo. E per la stessa ragione era ben visto anche a Berlino e a Vienna, dove era ritenuto un triplicista convinto. Lo era infatti, ma senza la passionalità del suo conterraneo. Da buon aristocratico di tradizione borbonica, egli era convinto che l'autoritaria e militaresca Germania fosse più «sana» ed efficiente della Francia e dell'Inghilterra democratiche e riteneva che un crollo dell'Austria sarebbe stato una catastrofe per tutta l'Europa, compresa l'Italia. Ma era anche un diplomatico di razza, il più abile che l'Italia avesse avuto dopo Visconti-Venosta.

Egli cercò di normalizzare i rapporti con gli alleati della Triplice, ma le poche concessioni che ottenne non bastarono a placare la febbre irredentista che ormai faceva tutt'uno con quella nazionalista. E fu allora che Giolitti dovette persuadersi della necessità di offrire uno sfogo alla smania d'azione da cui il Paese era pervaso.

Le circostanze gli vennero in aiuto. Nel luglio del 1911, cioè a dire quattro mesi dopo il suo ritorno al potere, il *Kaiser* ne fece un'altra delle sue mandando un incrociatore nel porto di Agadir in risposta all'occupazione militare che i Francesi avevano iniziato in Marocco. La tensione che ne derivò condusse ancora una volta l'Europa sull'orlo di una guerra, ma intanto faceva anche scattare la condizione prevista nell'accordo Prinetti-Barrère per l'occupazione italiana della Tripolitania. Il dilemma era angoscioso. Se la guerra fosse scoppiata, l'Italia, intraprendendo quell'azione, vi sarebbe stata coinvolta. Non solo. Ma lo sbarco in Tripolitania comportava la guerra alla Turchia, di cui quella terra era un protettorato. E questo poteva provocare l'insurrezione di tutti i Paesi balcanici che della Turchia ancora subivano il giogo, con effetti imprevedibili sui rapporti fra Austria e Russia, che da un secolo si contendevano l'eredità di quel decadente Impero.

In Tripolitania, da quando ci eravamo accordati con la Francia, l'Italia aveva iniziato una certa penetrazione economica, che ora però era arrivata a un punto morto per il boicottaggio delle autorità turche e stava per essere soppiantata dalla più agguerrita e potente finanza tedesca. Per di più l'Inghilterra aveva occupato Sollum, e correva voce che intendesse estendere i suoi presidi verso Ovest, cioè verso la Cirenaica. In caso d'inerzia, c'era insomma il pericolo che l'Italia si vedesse sottratto l'unico lembo d'Africa su cui poteva ancora piantare bandiera.

Ma forse, più ancora di questi motivi d'ordine internazionale, influirono su Giolitti quelli d'ordine interno. La crisi d'Agadir aveva improvvisamente dirottato l'attenzione dei nazionalisti dall'Adriatico al Mediterraneo, e la Tripolitania era venuta di moda. «Laggiù possono vivere milioni di uomini» scriveva Corradini prendendo un grosso abbaglio, e Bevione di rincalzo asseriva che, senza di essa, «noi soffocheremo». Ma anche le altre forze politiche subivano il soprassalto colonialista. Per l'azione erano non solo i liberal-conservatori di Sonnino e Luzzatti, ma anche i cattolici. Per l'azione furono Chiesa e Barzilai, che ruppero il fronte pacifista repubblicano uscendo del partito. Per l'azione furono alcuni radicali.

Per l'azione furono i socialisti Bonomi e Bissolati, e perfino il tonitruante campione del massimalismo, Ferri. E per l'azione furono gran parte dei sindacalisti, capeggiati da Labriola e Olivetti. Come si vede, la tesi della «grande proletaria» e dell'«imperialismo operaio» aveva fatto larga e profonda breccia nella sinistra italiana. A rifiutarla con veemenza fu solo colui che di lì a poco doveva diventarne il grande araldo: il giovane giornalista e agitatore Benito Mussolini.

Una volta sicuro del fronte interno, Giolitti prese in mano l'operazione e la condusse con fredda e calcolata risolutezza. Prima ancora che sopravvenisse la definitiva schiarita tra Francia e Germania, egli aveva già avviato i preparativi militari. Il Capo di Stato Maggiore chiedeva ventimila uomini. Giolitti gliene fece assegnare il doppio. E alla fine di settembre, senza nemmeno convocare il parlamento né avvertire gli alleati, inviò al governo di Costantinopoli un *ultimatum* che non lasciava scampo.

Molti si chiedono cosa spinse Giolitti a giuocare una carta così rischiosa senza assicurarsi almeno una possibilità di ritirata. Secondo qualcuno egli fu rimorchiato da una campagna di stampa che, da lui stesso orchestrata, era andata oltre i suoi disegni e gli aveva preso la mano. Secondo altri, egli cedette a un ricatto del Banco di Roma, che, avendo in Tripolitania molti interessi, minacciava di lasciarli ai Tedeschi se il governo non si decideva ad agire. Ma quei famosi interessi ammontavano a un milione di lire – cifra, anche per quei tempi, piuttosto modesta –, e i giornalisti che avevano condotto la campagna di stampa erano uomini devotissimi a Giolitti.

Non c'è quindi motivo di dubitare della spiegazione ch'egli stesso fornì in sede di memorie col suo solito dimesso linguaggio. Ci sono dei momenti, egli dice, in cui un popolo deve scegliere anche a costo dei rischi più gravi, e questa è la situazione in cui l'Italia si trovò nel 1911. O esercitava i suoi diritti, o vi rinunziava per sempre. Non fu dunque l'entusiasmo a dettare quella decisione, ma «un'assoluta necessità di ordine nazionale, se non si voleva andare incontro a guai gravissimi a breve scadenza». Tutto però lascia credere che per «guai» egli non intendesse tanto l'istallazione a Tripoli di una potenza straniera, quanto la crisi di frustrazione e di scoraggiamento che ne sarebbe derivata al Paese. Refrattario all'epica, quest'uomo arido sentiva però che il Paese ne aveva bisogno. E fu certamente per questo che fin dapprincipio escluse una conquista «diplomatica». Più che la Libia, voleva la guerra, o meglio qualcosa che desse finalmente agl'Italiani l'impressione di farne una e di vincerla.

Aveva calcolato bene perché infatti gli entusiasmi furono unanimi e sproporzionati alla modestia dell'impresa. Ne furono travolti persino degli alti prelati che benedissero la rivincita della Croce sulla Mezzaluna. D'Annunzio sciolse il suo inno alla «gesta d'oltremare», i braccianti meridionali posero assedio alle questure chiedendo passaporti per la Tripolitania, e Giustino Fortunato, pur definendo l'avventura «infruttifera e perigliosa», disse che andava benedetta perché dava agl'Italiani «la coscienza di essere italiani». Lo sciopero generale di protesta bandito per impegno di firma dalla Confederazione del Lavoro, fallì. Solo in Romagna ci fu un tentativo di bloccare le tradotte militari svellendo i binari. A inscenarlo furono il socialista Mussolini e il repubblicano Nenni, che finirono in prigione. Un altro socialista, De Felice, ch'era stato l'eroe dei sanguinosi «Fasci» siciliani, chiese l'onore di essere imbarcato fra i primi, e da Tripoli mandò al suo giornale una corrispondenza in cui diceva che «il deserto è tutta terra coltivabilissima». La «grande proletaria», come Pascoli chiamava l'Italia, cantava in coro: «Tripoli, bel suol d'amore!».

Per mantenere il Paese a questa temperatura, la stampa dovette mettercela tutta perché gli avvenimenti vi si prestavano poco. Il primo sbarco compiuto a Tripoli il 5 ottobre andò bene perché i Turchi credettero che quei millecinquecento marinai fossero molti di più e preferirono ritirarsi nell'interno. Ma pochi giorni dopo lanciarono un attacco, e la posizione italiana si fece critica perché gl'indigeni l'assalirono anche dall'interno. Era oltretutto una dolorosa sorpresa perché gl'Italiani, presentatisi come «liberatori», erano convinti che gli Arabi avrebbero solidarizzato con loro. La selvaggia rappresaglia contro il «tradimento» spinse anche i beduini del deserto a raccogliersi sotto la bandiera del comandante turco, un giovane colonnello di nome Enver Bey, che subito rivelò formidabili doti di guerrigliero.

Il nostro corpo di spedizione era cresciuto a cinquantamila uomini ben armati ed equipaggiati. Ma i comandi non avevano carte topografiche, erano nuovi a quell'ambiente insidioso in cui la superiorità numerica contava poco, e soprattutto erano ossessionati dal ricordo di Adua. Ciò li rendeva restii ad allontanarsi dalla costa dove potevano contare sull'artiglieria delle navi, sicché l'occupazione si riduceva a una serie di sparpagliati capisaldi riforniti dal mare e senza collegamenti fra loro. Solo in dicembre il presidio di Tripoli si spinse fino ad Ain Zara, a 17 chilometri nell'interno, dove Enver s'era accampato; ma non riuscì a catturarlo. In Cirenaica l'occupazione si limitò a Bengasi e a pochi altri centri costieri. L'interno era completamente in mano ai Senussi, il potente ordine religioso musulmano legato ad Enver. Era chiaro che, per venire a capo di quella ostinata resistenza, bisognava colpire la Turchia in un punto più vulnerabile.

Ma per questo occorreva l'assenso delle altre potenze. Lo sbarco era stato accettato dai governi perché la Libia era ormai considerata zona d'influenza italiana, e anzi l'Austria l'aveva visto con favore come un diversivo dell'irredentismo. Ma la pubblica opinione europea reagiva negativamente, sottolineava l'incapacità di cui il nostro esercito dava prova, e simpatizzava per la Turchia, la cui sopravvivenza faceva comodo a tutti. La stessa Francia, che sulla Libia ci aveva dato mano libera come contropartita della sua iniziativa in Marocco, ora che aveva realizzato il suo piano, ostacolava quello nostro, facendo passare attraverso la Tunisia armi per Enver. Un carico venne sequestrato in mare dalla nostra flotta, e ne nacque un grosso incidente diplomatico che per poco non mandò all'aria tutto il lavoro svolto da Barrère per il riavvicinamento dei due Paesi. Il contraccolpo fu una rinascita di simpatie fra Italia e Germania, che nella circostanza si rivelò preziosa. In un incontro a Venezia con Vittorio Emanuele, il *Kaiser* si lasciò strappare il consenso a un'azione della nostra flotta contro la Turchia, purché fuori dei suoi possedimenti europei. Per vincere la riluttanza degli Austriaci e persuaderli che il Dodecaneso non era in Europa, ma in Asia, San Giuliano dovette superare se stesso, ma alla fine ci riuscì.

In aprile (del '12) una squadra italiana al comando dell'ammiraglio Millo forzò non soltanto lo stretto dei Dardanelli, ma anche la mano del governo che non ve l'aveva affatto autorizzata. La Marina voleva anch'essa la sua fetta di gloria, pur di procurarsela contravvenne agli ordini, occupò ben tredici isole del Dodecaneso invece delle tre ch'erano state concordate con gli Alleati, e subito dopo, sempre di propria iniziativa, tornò di nuovo nei Dardanelli a bombardare i forti e a farsene bombardare.

Governi e opinione pubblica d'Europa condannarono queste disinvolte iniziative, ma il Paese ne tripudiò. Per la prima volta l'Italia «faceva da sé», senza l'aiuto e senza chiedere il permesso a nessuno «schiaffeggiando le adunche Cancellerie» come scriveva il sindacalista Olivetti, e poneva le basi di un suo *Drang nach Osten*, cioè di una sua marcia verso l'Est, che si annunciava ricca di prospettive. L'azione navale e l'occupazione delle isole dell'Egeo avevano infatti appiccato il fuoco ai Balcani. Serbia, Montenegro, Bulgaria e Grecia stavano costituendo una Lega per la definitiva cacciata dei Turchi dall'Europa, naturalmente guardavano all'Italia come allo Stato-guida di questa crociata, e ciò riempiva d'orgoglio e di baldanza i nazionalisti, quali ormai erano tutti gl'Italiani.

L'unico che, pur secondandoli, non partecipava a questi entusiasmi era Giolitti. Anche se l'occupazione della Libia aveva fatto dei passi avanti, l'incapacità dei comandi era risultata evidente e lo aveva profondamente deluso. «Centomila uomini e trenta Generali che non riescono a venire a capo di un tenente-colonnello» lo avevano sentito mormorare. Per nascondere questa verità e non turbare la festa, faceva manipolare i bollettini di guerra maggiorando gli episodi e presentando come battaglie anche le scaramucce. Ma da questo momento data la sua disistima delle forze armate, che fu uno dei motivi del suo neutralismo di fronte alla guerra mondiale.

Altra cosa che lo preoccupava era il dissesto economico. Egli diceva agl'Italiani che la spedizione era costata mezzo miliardo, mentre la spesa ascendeva al doppio riportando in passivo un bilancio che da parecchi anni era in pareggio, e qualche volta addirittura in attivo. E infine il deterioramento della situazione internazionale. Nessuno era grato all'Italia di aver scatenato, mettendo in crisi la Turchia, il ciclone nei Balcani, i rapporti con la Francia erano rimasti tesi, e a Vienna l'imperatore Francesco Giuseppe aveva dovuto intervenire di persona per fermare la mano al Capo di Stato Maggiore Conrad che voleva una spedizione punitiva contro l'Italia, ora ch'era impegnata in Africa, per metterla in ginocchio «prima che avesse il tempo di perpetrare altri tradimenti».

Per uscire da quella situazione irta di pericoli senza turbare l'euforia del Paese, Giolitti e San Giuliano avevano già da tempo dato incarico d'iniziare trattative con la Turchia a un abile mercante che, come console onorario della Serbia a Venezia, godeva di passaporto diplomatico e quindi poteva recarsi a Costantinopoli: Giuseppe Volpi. La scelta non poteva essere più felice perché Volpi faceva onore al suo nome. Tuttavia l'avvìo del negoziato fu difficile: abbandonando la Tripolitania, i Turchi temevano di perdere il loro prestigio sugli altri Paesi arabi, che rappresentavano la più grossa fetta del loro Impero. Giolitti invece aveva furia perché non voleva trovarsi coinvolto nella guerra balcanica che ormai stava per scoppiare. I due alleati della Triplice che nutrivano lo stesso timore gli porsero aiuto esortando la Turchia a cedere. Ma ci vollero ancora due *ultimatum*, una minaccia di sbarco a Smirne e l'inizio delle ostilità da parte della Lega balcanica per piegare la resistenza di Costantinopoli.

L'accordo fu siglato a Ouchy nell'ottobre (del '12). I termini erano moderati. Dietro un modesto indennizzo, la Turchia riconosceva la sovranità italiana su Tripolitania e Cirenaica, su cui conservava solo un'autorità religiosa. E l'Italia s'impegnava ad abbandonare le isole del Dodecaneso appena la Turchia ne avesse riconosciuto l'autonomia.

I nazionalisti insorsero contro questo accordo trovandolo lesivo dell'onore nazionale e diminutivo di una vittoria ch'era stata presentata come quella delle «legioni romane» e aveva mobilitato tutta la retorica nazionale: «Guardate in alto: vi sono le aquile!» aveva gridato Pascoli, che poi era il meno retorico di tutti. Ma stavolta non riuscirono a trascinare l'opinione pubblica, in maggioranza soddisfatta dei risultati. Malgrado le fanfare propagandistiche la verità aveva cominciato a filtrare: le grandi vittorie non c'erano state, e l'occupazione si annunciava lenta e difficile anche perché, «volpe del deserto» avanti lettera, Enver Bey non aveva riconosciuto la sconfitta, e anche dopo la partenza dei suoi scarni manipoli turchi insisteva nella sua guerriglia alla testa degli Arabi. L'avanzata delle nostre truppe nell'interno era continuamente minacciata dalle sue imboscate. Negli avamposti si conduceva una vita da assediati. E una commissione di studio guidata da Franchetti aveva appurato che, salvo qualche limitatissima zona costiera, quella immensa distesa di sabbie non si sarebbe prestata alla colonizzazione nemmeno se fosse stata interamente pacificata.

Quest'ultima scoperta avrebbe potuto provocare un'ondata di delusione se l'impresa libica avesse avuto la motivazione di quelle degli altri Stati coloniali: conquista di mercati e impiego di capitali. Non la provocò perché l'Italia era andata in Libia per tutt'altre ragioni: superare il «complesso» di Adua, ritrovando un po' di fiducia in se stessa. E questo compito, la Libia lo aveva assolto. Lo riconobbe perfino Salvemini, che pure aveva violentemente avversato l'impresa. Era, disse, un'operazione in pura perdita, ma che aveva servito a darci «il sentimento di possedere capacità di organizzazione, d'azione, di disciplina, meno scarse di quel che ci attribuivamo». Per questo anche gl'Italiani più pratici e positivi accettavano senza troppo infastidirsene i fiumi di retorica che quella modesta avventura aveva scatenato e applaudivano Pascoli quando affermava che «nessun'altra Nazione, delle più ricche, delle più grandi, è mai riuscita a compiere un simile sforzo». Sapevano che non era vero, ma sapevano anche che quello sforzo gl'Italiani lo avevano compiuto per acquistare questa certezza, più necessaria del pane. A esaltarlo infatti non erano soltanto i rétori. Labriola diceva che quella «impresa donchisciottesca» era «degna d'una razza che volle mettere ognora un elemento di poesia nella prosa quotidiana dell'esistenza», e il suo collega Olivetti la considerava «degna della tradizione di Cesare Borgia e di Machiavelli».

Di questo implicito elogio, Giolitti dovette sorridere. Ma è altrettanto certo ch'egli aveva saputo interpretare il Paese e il suo bisogno di «poesia» molto meglio di coloro che lo accusavano di aridità e di mancanza d'immaginazione.

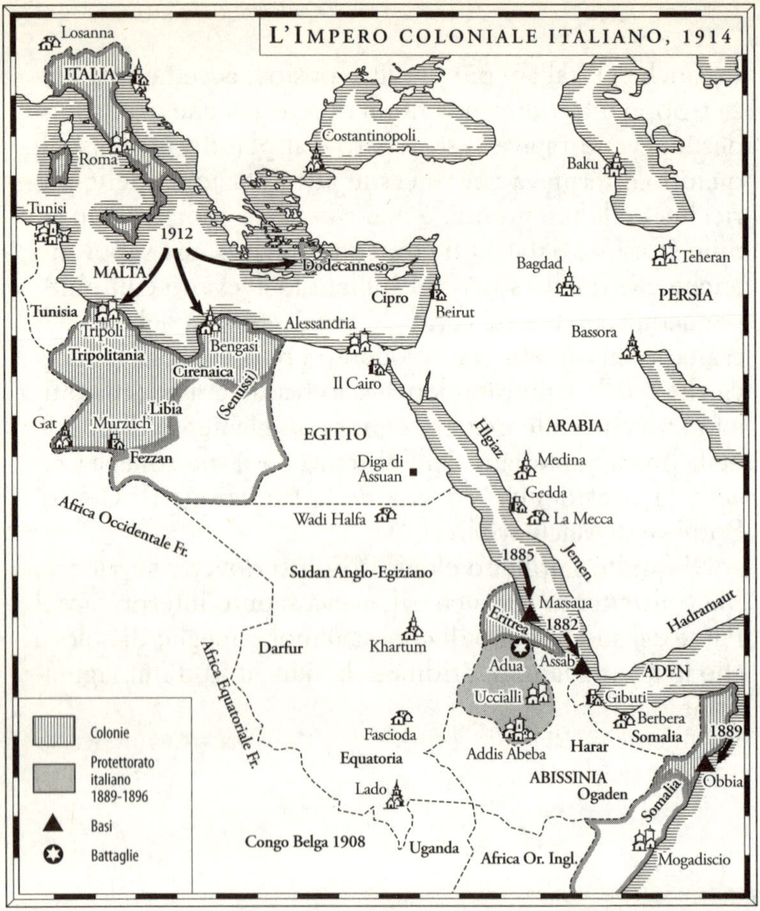

L'Impero coloniale italiano, 1914
Losanna
ITALIA
Roma
Tunisi
1912
MALTA
Tunisia
Tripoli
Tripolitania
Bengasi
Cirenaica
(Senussi)
Libia
Gat
Murzuch
Fezzan
Costantinopoli
Dodecanneso
Cipro
Beirut
Alessandria
Il Cairo
EGITTO
Diga di Assuan
Baku
Bagdad
Teheran
PERSIA
Bassora
ARABIA
Hlgiaz
Medina
Gedda
La Mecca
Wadi Halfa
Africa Occidentale Fr.
Sudan Anglo-Egiziano
1885
Jemen
Massaua
Eritrea
1882
Hadramaut
Darfur
Khartum
Adua
Assab
ADEN
Africa Equatoriale Fr.
Uccialli
Gibuti
Berbera
Somalia
1889
Fasciods
Addis Abeba
Harar
Equatoria
ABISSINIA
Obbia
Lado
Ogaden
Somalia
Congo Belga 1908
Uganda
Africa Or. Ingl.
Mogadiscio
Colonie
Protettorato italiano 1889-1896
Basi
Battaglie

CAPITOLO OTTAVO

# IL CREPUSCOLO DEGLI DEI

Per la prima volta dacché esercitava il potere, durante tutta la guerra Giolitti aveva dedicato più tempo ai rapporti dei diplomatici e dei militari che a quelli dei prefetti. Tutto aveva voluto vedere e decidere di persona. E il Re, per ringraziarlo del modo in cui aveva diretto l'impresa, aveva intenzione – stando a una testimonianza di Soleri – di offrirgli il titolo di Duca. Ma Giolitti si affrettò a fargli sapere che non lo gradiva, e aveva ragione: quel titolo era incompatibile col suo stile di grande borghese, cui si addiceva molto di più quello di Cavaliere. L'uomo era all'apice della sua carriera e l'opposizione talmente a corto di argomenti che nei tre mesi successivi alla ratifica della pace egli poté varare i due progetti di legge su cui l'anno prima si era scatenata la più violenta battaglia: quello per il suffragio universale e quello per la nazionalizzazione delle assicurazioni. Sembrava ormai che la sua posizione fosse inattaccabile. E invece proprio allora cominciava a deteriorarsi.

Il primo motivo era di ordine fisiologico. Giolitti era praticamente al potere da dieci anni, e non c'è regime democratico che tolleri preminenze così prolungate. Ma la causa determinante era la trasformazione di una classe di «notabili» che volgeva al tramonto sotto l'incalzare di forze elettorali non più governabili come «clientele». A maneggiare quattro o cinquecentomila voti, i prefetti bastavano. A maneggiarne otto milioni ci volevano dei demiurghi, e Giolitti non lo era. Gliene mancava l'oratoria, l'immaginazione, la demagogia. L'impresa di Libia aveva dimostrato che non era privo di «orecchio» e che sul vento ci sapeva stare anche lui. Ma sempre da grande e freddo burocrate, allergico alle grandi suggestioni della piazza e restìo ad alimentarle.

Ad aprire le ostilità, o meglio a infittirle perché non le avevano mai cessate, furono i nazionalisti. Lungi dall'essergli grati della Libia, gli rimproveravano di non aver sentito e di non aver fatto sentire agl'Italiani la «poesia» dell'impresa, di non aver saputo suscitare intorno a essa uno «spirito di Crociata», di averla condotta con una prudenza che rasentava la codardia fino a deplorare il protagonista dell'unico esaltante episodio di quella campagna: l'ammiraglio Millo, forzatore dei Dardanelli. Alla fine del '12 essi tennero un congresso, che doveva rivelarsi decisivo per i successivi sviluppi della politica nazionale. Ripudiarono le pregiudiziali democratiche dicendo che la libertà era un'istanza secondaria rispetto a quella della potenza, e si pronunciarono per il protezionismo, l'autarchia e le leggi antisciopero.

Numericamente, i nazionalisti non erano forti: un esercito di Generali senza truppa. Ma la loro propaganda disponeva di potenti mezzi e giornali autorevoli grazie agl'interessi di cui era portavoce. L'industria, e specialmente quella pesante, aveva bisogno di tre cose: di tenersi al riparo dalla concorrenza straniera con le tariffe doganali battute in breccia dalla campagna liberista di Pantaleoni, di Einaudi e del «Corriere della Sera» di Albertini; di contenere i salari sui livelli più bassi; e di ottenere larghe «commesse» da parte dello Stato per i suoi armamenti. Il programma dei nazionalisti rispondeva appunto a queste esigenze.

Ma sarebbe errato credere che la loro forza di pressione dipendesse solo da questo. Essi esercitavano un notevole fascino ideologico sulla gioventù universitaria un po' esaltata dall'impresa di Libia, ma soprattutto in rivolta – per quella specie di «pendolarismo generazionale» che fa parte della fisiologia di ogni società – contro i miti del positivismo evoluzionista, del pacifismo e del riformismo in cui si erano formati i loro padri. A questo «putridume» essi contrapponevano l'etica dell'eroismo cantata da D'Annunzio e la «filosofia dell'azione» predicata da Marinetti. Era il loro modo di sentirsi «moderni» e «rivoluzionari».

Ma il richiamo nazionalista si esercitava anche in altre direzioni. Se i giovani erano attratti dai suoi aspetti eversivi e iconoclasti, i cattolici lo erano da quelli autoritari. «Il cattolicesimo è autorità e dominazione» proclamava Papini che da poco vi si era convertito. E un giovane giornalista allievo di Oriani, Missiroli, gettava il ponte fra le due concezioni scrivendo: «Il nazionalismo dovrà essere cattolico se vorrà davvero risalire alla tradizione italiana». Così, sotto la sua pressione, anche le forze cattoliche si spaccavano: mentre l'elemento conservatore e tradizionalista veniva sempre più attratto da questa nuova destra che lanciava contro i princìpi democratici e liberali un anatema non dissimile da quello del *Sillabo* di Pio IX, l'ala democratico-cristiana di don Sturzo e compagni si sentiva vieppiù sospinta verso le posizioni della sinistra socialista.

Anche questa aveva subìto un profondo trauma, di cui diede la misura il congresso del partito che si tenne a Reggio Emilia nel 1912. Il gruppo riformista e legalitario di Turati, che tre anni prima aveva trionfato dei massimalisti alla Ferri, vi si presentò diviso dalla guerra di Libia, per la quale alcuni suoi uomini avevano parteggiato. A drammatizzare il contrasto e renderlo esplosivo fu l'attentato al Re compiuto dall'anarchico D'Alba. Il colpo andò a vuoto, la Camera decise una visita in massa al Quirinale per manifestare al Re la sua solidarietà, e a prendervi parte furono anche tre deputati socialisti: Bissolati, Bonomi e Cabrini.

La reazione della «base» fu violenta e coinvolse tutto il «vertice» riformista cui i tre reprobi appartenevano. A farsene interprete e portavoce fu il giovane romagnolo che col repubblicano Nenni era finito in prigione per i tentativi di sabotaggio alle tradotte militari: Mussolini. Egli era vicino a quei sindacalisti rivoluzionari sui quali la «filosofia dell'azione» aveva fatto molta presa, e fra i quali l'impresa di Libia aveva trovato caldi sostenitori. Che Mussolini, dato il suo temperamento, non fosse di questi, si può spiegare in un modo solo: con l'opportunismo tattico. Le indebolite trincee riformiste si potevano battere solo da posizioni massimaliste risolutamente antiborghesi e antilegalitarie. Fu quanto egli fece denunciando in termini violenti il «cretinismo parlamentare» e chiedendo l'espulsione dei tre «lacché di casa Savoia» e dei loro complici. Turati si oppose dicendo che il partito non poteva permettersi il lusso di una condanna che si sarebbe fatalmente tramutata in una scissione. Ma quando s'accorse che la maggioranza era per il suo avversario, anche lui si schierò dalla sua parte per non trovarsi estromesso dalla direzione. Era convinto che Mussolini fosse un altro Ferri da lasciar consumare nella sua istrionesca demagogìa, e qui sbagliava di grosso: Mussolini era *anche*, ma non *soltanto* un istrione.

Espulsi dal partito, Bissolati, Bonomi, Cabrini e Podrecca ne fondarono un altro che si chiamò «socialista indipendente» e corrispondeva pressappoco a quello social-democratico attuale. Essi erano convinti che tutti i riformisti li avrebbero seguiti, ma furono delusi: i più, a cominciare naturalmente da Turati, rimasero sotto la vecchia bandiera, nella speranza di poterla riconquistare. Più fortuna Bissolati ebbe con la Confederazione Generale del Lavoro, con la quale aveva già preso accordi. Il segretario generale Rigola dichiarò che i tempi di Marx in cui gli operai non avevano da perdere che le loro catene erano tramontati, e che ora essi avevano invece qualcosa da conservare. L'organizzazione non aderì al nuovo partito, ma rifiutò ogni impegno con quello vecchio, e lasciò i suoi aderenti liberi di scegliere fra l'uno e l'altro.

Il fatto è che i sindacalisti avevano intuito con molta più chiarezza dei politici il pericolo Mussolini. Questi, oltre a un posto nella direzione del partito, aveva avuto come premio della sua vittoria al congresso la direzione dell'«Avanti!», di cui ora si serviva non per difendere le tesi socialiste, ma per strappare la base ai suoi dirigenti politici e sindacali avviandola «all'uso della violenza liberatrice». Era il matrimonio fra il socialismo di Sorel, che i sindacalisti rivoluzionari avevano sempre preferito a quello di Marx, e la «filosofia dell'azione» dei nazionalisti e dei futuristi. Questo matrimonio si sarebbe consumato di lì a due anni con la campagna per l'intervento nella prima guerra mondiale. Ma quale richiamo fin d'allora esercitasse lo dimostrò l'adesione del più appassionato, esaltato ed efficace organizzatore di scioperi e incantatore di piazze, Filippo Corridoni. Questo Mirabeau di periferia prestò valido aiuto a Mussolini in una campagna incendiaria, che mise a soqquadro l'Italia e specialmente Milano, fin allora roccaforte del riformismo. Rigola si vide scappar di mano gli scioperi proclamati dall'«Avanti!», e Turati dovette assistere impotente alla vittoria elettorale del vecchio anarchico Cipriani, sostenuto da Mussolini, sul più autorevole e prestigioso candidato del partito, Treves.

Giolitti affrontò la crisi, che investiva tutte le forze tradizionali su cui il suo regime si basava, indicendo per l'autunno del '13 le elezioni. Non poteva evitarle perché la legislatura stava per scadere e perché il suffragio universale, da poco introdotto, esigeva il suo collaudo. Ma, da quel freddo realista che era, non poteva neanche sottovalutare i pericoli a cui andava incontro. E lo dimostrò la manovra con cui cercò di allargare la propria piattaforma.

Con una sinistra sempre più in preda ai suoi umori eversivi, il tentativo non poteva essere fatto che in direzione dei cattolici. Alle tacite intese con loro, Giolitti aveva una certa mano. Nelle elezioni del 1904 il Vaticano gli era già venuto spontaneamente in aiuto revocando sotto banco il *non expedit*, cioè autorizzando i fedeli al voto per fronteggiare l'offensiva socialista. E l'intesa si era approfondita nelle elezioni del 1909 che avevano visto l'ingresso alla Camera dei «cattolici deputati». Giolitti non era inviso alla Chiesa, contro cui non aveva mai assunto gli atteggiamenti punitivi e provocatori di un Crispi o di uno Zanardelli. Egli sosteneva che Chiesa e Stato erano «due parallele» che non dovevano interferire l'una nell'altra, ch'era una versione in termini pedestri del principio di Cavour «libera Chiesa in libero Stato». Ma, come aveva sempre difeso lo Stato dalle interferenze della Chiesa, così aveva sempre tenuto la Chiesa al riparo dalle usurpazioni dello Stato, e verso di essa aveva sempre ostentato il più grande rispetto. Fra i grandi notabili della sua generazione, egli era, come abbiamo detto, uno dei pochissimi che non appartenevano alla massoneria. E questo aveva la sua importanza nel momento in cui la massoneria era al centro di una furiosa polemica.

Essa non era infatti soltanto la custode delle ideologie cui si erano abbeverati gli uomini del post-Risorgimento: il culto positivista della Scienza contrapposta alla Fede, il Libero Pensiero, l'evoluzionismo darwiniano, il pacifismo umanitario. Era anche la roccaforte e il punto d'incontro di quei grandi e medi borghesi che, avendo fatto l'Italia, volevano conservare – dice giustamente Valeri – «qualche forma di segreta distinzione dalla plebe e dalla gente comune». Questo snobismo di casta, che nella diffusione delle logge aveva contato almeno quanto il richiamo delle idee, in pratica si traduceva naturalmente in complicità. Che la massoneria fosse soltanto una mafia, non è vero. Ma non è vero nemmeno che fosse soltanto una Chiesa. Il reciproco aiuto era la difesa del comune interesse. E questo interesse si sentiva ora gravemente minacciato dal suffragio universale.

Nelle sue logge militavano molti dei più alti esponenti della politica, della cultura, dell'Università, della Magistratura, dell'Amministrazione, dell'Esercito, dell'Industria, della Finanza, delle professioni liberali: Carducci, Villari, Zanardelli, Nicotera, San Giuliano erano massoni. Ma appunto per questo non vi figuravano i socialisti che anzi, avvertendone il carattere classista, denunziavano la massoneria con parole di fuoco, così come la denunziavano i nazionalisti in odio al «putridume» del suo bagaglio ideologico (il termine *demopluto* eccetera non era stato ancora coniato, ma era già nell'aria).

Da queste due sponde partiva ora un concentrico attacco alla massoneria, cui si univano anche uomini come Croce, Einaudi, Pareto, Verga. E questa polemica, di cui naturalmente i cattolici si compiacevano molto, facilitò la manovra di Giolitti per accaparrarsi il loro aiuto. Ciò che al Vaticano stava particolarmente a cuore era di smontare il blocco che aveva portato in Campidoglio il massone Nathan, il miglior sindaco che Roma abbia mai avuto, ma che non perdeva occasione d'indispettire il Papa con manifestazioni anticlericali. E solo una compatta partecipazione dei cattolici alle urne poteva riuscirvi.

Non si è mai saputo con certezza come si svolse l'operazione che, ben s'intende, doveva restare segretissima. Giolitti negò sempre di avervi partecipato, e infatti d'impronte digitali non ve ne lasciò. Fu probabilmente senza le sue credenziali, ma certamente non senza il suo beneplacito che qualche esponente liberale prese contatto coi cattolici. Questi avevano una «unione elettorale» di cui era presidente un Conte marchigiano, Gentiloni, politico abile, ma vanesio e chiacchierone. Egli s'impegnò a mobilitare il voto cattolico in favore dei candidati liberali dovunque questi fossero minacciati dalla estrema sinistra; e i liberali s'impegnarono a difendere la parificazione delle scuole confessionali a quelle dello Stato, a ripristinare in queste ultime l'istruzione religiosa, a respingere l'introduzione del divorzio, e – pare – a combattere la massoneria.

Ma il segreto non tenne. A violarlo fu lo stesso Gentiloni in una intervista al «Giornale d'Italia» in cui, oltre ai termini del patto, egli fornì la lista dei duecento e più deputati liberali che lo avevano sottoscritto. Il giornale la pubblicò indicando quali di essi erano massoni, e lo erano quasi tutti. La denuncia fece l'effetto di una bomba e fornì solidi argomenti a coloro che accusavano Giolitti di «arti corruttrici» e di «cinico opportunismo». Giolitti protestò la sua estraneità alla manovra, che poi ribadì anche in sede di *Memorie*, e lo stesso Gentiloni in una successiva intervista dichiarò che il governo e il Vaticano non c'entravano: l'accordo era stato raggiunto coi singoli interessati.

Ma l'argomento non persuase, e la tensione elettorale contribuì alla violenza della campagna. Gli attacchi più micidiali a quello che veniva definito un «ibrido connubio fra malavita e sacrestia» furono condotti dal «Corriere della Sera» di Albertini, depositario della tradizione laica risorgimentale e legatissimo a Sonnino, e da un giovane professore pugliese, Gaetano Salvemini, che, dopo aver militato nella pattuglia della «Voce» di Prezzolini, aveva fondato una rivista in proprio, «L'Unità», che voleva essere l'organo di un rinnovamento democratico della vita italiana.

Ideologicamente, Salvemini non aveva fissa dimora, e non riusciva a trovarla per la sua refrattarietà a qualsiasi compromesso. La sua inquietudine riecheggiava quella della plebe meridionale da cui proveniva, e forse risentiva anche dei triboli e dei dolori da cui l'uomo era reduce. Nel terremoto di Messina aveva perso tutta la famiglia, moglie e figli. Ma queste sventure non lo avevano né demoralizzato né inasprito. Era un combattente irriducibile, ma generoso, sorretto da una profonda forza morale, e di grandi risorse polemiche. Egli incarnava in Giolitti tutti i mali di cui l'Italia soffriva: l'allergia ai princìpi ideali e morali, i metodi corruttori, il sopruso ammantato di perbenismo democratico. E così lo aveva dipinto nel famoso libello *Il Ministro della malavita*. Come temperamento, ricordava Cavallotti, ma senza il suo chisciottismo e col corredo di una superiore cultura e intelligenza. Non credeva nei partiti, ma credeva negli uomini, e chiamava a raccolta quelli di buona volontà, quale che fosse la loro estrazione ideologica, contro «i miserabili egoismi particolaristici» sui quali il giolittismo si reggeva.

Giolitti reagì al concentrico attacco di destra e di sinistra coi soliti sistemi. Ma se era ricorso al patto Gentiloni – o aveva lasciato che i suoi vi ricorressero –, era perché si era accorto che i prefetti e la manipolazione delle clientele non bastavano più a governare otto milioni di voti, anche se alle urne poi ne andarono soltanto quattro. Il coacervo di partiti genericamente liberali su cui si sosteneva il regime conservò la maggioranza, ma perse una settantina di seggi a favore dei socialisti che raddoppiarono, dei radicali che passarono da 45 a 73, e dei nazionalisti che ne conquistarono 6.

Gentiloni aggravò le difficoltà di Giolitti dichiarando in un'altra intervista che, dei 310 deputati liberali, 228 erano stati eletti grazie all'appoggio dei cattolici, e ricordando loro gl'impegni che avevano preso. Lo stesso «Osservatore Romano», organo del Vaticano, deplorò «l'inesplicabile leggerezza» del Conte chiacchierone e fanfarone. Ma gli oppositori ne approfittarono subito per riprendere la battaglia in parlamento. Giolitti fece includere nel discorso della Corona che inaugurava la nuova legislatura una ferma e risoluta dichiarazione d'indipendenza dalla Chiesa, e ottenne ancora la fiducia della Camera con 260 voti di maggioranza. Ma Arturo Labriola gli gridò: «Ella, onorevole Giolitti, ha incarnato una situazione storica, ma ha finito le sue funzioni, e pertanto può prepararsi a fare le valige... Vi è da una parte un'Italia rivoluzionaria nazionalista, e dall'altra un'Italia rivoluzionaria socialista, ma non vi è più un'Italia giolittiana».

Come sempre da noi, questi due rivoluzionarismi erano più di parole che di fatti; ma di rumore e confusione ne facevano molta. I socialisti entravano in aula cantando l'*Inno dei lavoratori* e accoglievano Giolitti, cui dovevano gran parte dei loro successi, al grido stupido e disonesto di «Banca Romana!». I radicali, che Giolitti aveva incluso nella maggioranza per conservare, come oggi si direbbe, «un'apertura a sinistra», si trovavano in grave imbarazzo, e quando nel marzo si riunirono a congresso decisero di ritirarsi dal governo.

Sul piano aritmetico, Giolitti poteva fare benissimo a meno di essi. Ma la loro defezione lo avrebbe costretto ad abbandonare quella formula di «centro-sinistra» nella quale aveva sempre creduto e seguitava a credere. Perciò nel marzo del '14 preferì dare le dimissioni anche lui, convinto di poter tornare quando voleva. Come scriveva Gramsci, egli aveva sostituito all'alleanza fra borghesi e operai socialisti un'alleanza fra borghesi e cattolici che rappresentavano le masse contadine dell'Italia settentrionale e centrale. Ma anche di questa nuova combinazione credeva di restare l'insostituibile régolo.

Quando, dopo un fallito tentativo di Sonnino, l'incarico di formare il nuovo governo fu affidato a Salandra, Giolitti gli diede la sua benedizione, anzi lo aiutò a comporre il ministero persuadendo San Giuliano, che voleva andarsene, a restare al suo posto, tanto era sicuro che si trattasse di un'altra «luogotenenza». E forse i suoi conti sarebbero ancora una volta tornati, se il Paese avesse dovuto farli solo con se stesso.

A mandarli a monte fu la tempesta che stava per scatenarsi sull'Europa.

CAPITOLO NONO

# SARAJEVO

Se Salvemini incarnava lo spirito protestatario e la sete giustizialista delle plebi meridionali, Salandra incarnava lo spirito autoritario e conservatore della borghesia terriera. Proveniva da una famiglia di notabili pugliesi con parecchia roba al sole, e alla politica era approdato dalla cattedra universitaria, di cui conservava molti caratteri: una notevole cultura e finezza intellettuale, ma anche un compassato distacco che rasentava la freddezza. Prima di affrontare un problema, lo studiava minuziosamente, e nessuno sapeva prospettarlo con più chiarezza di lui. In questo era molto simile a Sonnino, della cui pattuglia infatti aveva fatto parte fino alla guerra libica, quando si era trasferito sulla sponda di Giolitti. Ma appunto come Sonnino, anche lui era privo di quel «sesto senso», fatto di fiuto, d'intuito e di tempismo, che contraddistingue i veri politici, e di cui il suo predecessore traboccava.

Il suo governo aveva appena ottenuto la fiducia della Camera che fu messo a dura prova dalla piazza. Nella primavera del '14, Mussolini uscì trionfatore dal congresso socialista di Ancona, dove aveva reclamato e imposto l'espulsione dei massoni dal partito. Era una misura grave perché tagliava i ponti con le altre due forze della Estrema, i radicali e i repubblicani, che alla massoneria e a tutto il suo corredo ideologico erano legati a doppio filo. Ma proprio questo Mussolini voleva per strappare definitivamente il partito dalle mani di Turati e dei riformisti spingendolo sulle posizioni più intransigenti.

A fine giugno una dimostrazione antimilitarista nelle Marche, orchestrata dagli anarchici, provocò duri interventi della polizia che lasciarono tre morti sul selciato. Dalle colonne dell'«Avanti!» Mussolini bollò con parole di fuoco «l'assassinio premeditato» e chiamò Salandra «il nuovo Pelloux». Sotto il suo pungolo le masse scesero in piazza, disarmarono le truppe, occuparono i municipi, v'innalzarono la bandiera con la falce e martello, e diedero inizio a quella famosa «settimana rossa» che Mussolini definì, con pigmalionico compiacimento, «la più grande rivolta popolare che abbia scosso la Terza Italia».

Giudicando col senno del poi, aveva ragione di compiacersene: quello sconvolgimento seminò uno sgomento profondo e durevole sull'opinione pubblica italiana predisponendola al fascismo. Ma gli effetti immediati non furono quelli ch'egli sperava. La Confederazione del Lavoro, che per non farsi scavalcare dagli estremisti aveva avallato lo sciopero, dopo due giorni lo revocò, Treves qualificò «teppisti» coloro che credevano di agire in nome di un preteso «diritto divino della piazza», e Turati richiamò il partito alle sue responsabilità. Il vero bersaglio di questo processo era naturalmente Mussolini, che ne uscì indebolito. E fu forse allora che, accorgendosi di non poterla conquistare, egli si preparò a disertare la bandiera socialista.

Fu in mezzo a queste convulsioni che il 28 giugno una notizia folgorò l'Italia e l'Europa. In visita a Sarajevo, capitale della Bosnia, il principe ereditario d'Austria Francesco Ferdinando e sua moglie erano caduti sotto le revolverate di alcuni studenti slavi irredentisti. Era in un certo senso un ghigno del destino. Nel composito Impero asburgico, Francesco Ferdinando era considerato il campione degli Slavi e li favoriva in tutti i modi ritenendoli più docili degli Ungheresi e più fidati degl'Italiani. Ed ecco che proprio degli Slavi era rimasto vittima. Ma non c'era tempo per simili riflessioni. Addossando la colpa dell'attentato alla Serbia, Vienna le aveva inviato un *ultimatum*. Le capitali d'Europa erano a soqquadro, e alcuni eserciti avevano già ricevuto l'ordine di mobilitazione.

In tutto questo, l'Italia aveva la sua parte di responsabilità, sia pure involontaria. La guerra di Libia era stata, per le piccole Nazioni balcaniche, il segnale della rivolta alla Turchia che per secoli le aveva dominate e ancora conservava su di esse molte ipoteche. A scendere per primo in campo era stato il Montenegro sulla fine del '12. A esso si erano subito affiancati la Serbia, la Bulgaria e la Grecia, che avevano avuto facilmente ragione delle scarse e demoralizzate guarnigioni turche. Ma, una volta scacciato dalla penisola il vecchio padrone, sorse il problema dell'assetto da darle, e non era facile risolverlo, dato il contrasto degl'interessi che vi erano in giuoco.

Per qualche tempo, quelli dell'Italia e dell'Austria sembrarono combaciare. Né l'una né l'altra volevano che la Serbia s'ingrandisse, l'Austria perché temeva che, rafforzandosi, essa esercitasse una maggiore attrazione sugli altri Slavi dell'Impero; l'Italia perché non voleva che, fagocitando il Montenegro, essa si affacciasse sull'Adriatico. Perciò Vienna e Roma concordarono la creazione di una Albania indipendente. Anzi, fu proprio per la concomitanza di questo interesse, che l'Italia rinnovò con venti mesi di anticipo il trattato della Triplice, protraendone la validità per altri quattordici anni, cioè fino al 1926.

Questo avveniva quando il governo era ancora saldamente nelle mani di Giolitti e la politica estera in quelle di San Giuliano. Fra i due uomini non c'era un'assoluta concordanza di vedute. In fondo al suo cuore, San Giuliano era sempre rimasto un triplicista convinto; Giolitti lo era per motivi di opportunità in quanto temeva, sganciandosi dalla Triplice, di restare alla mercé della Francia; ma lo era solo per questo e con molte diffidenze anche nei confronti di Austria e Germania. E della sua medesima opinione era il Re, che sulla politica estera faceva tuttora pesare la sua parola.

Nel maggio del '13 era scoppiata una prima crisi. Serbi e Montenegrini, che avevano accettato a malincuore la creazione dell'Albania, la invasero, e l'Austria minacciò una spedizione punitiva per cacciarli. Nel timore che Vienna poi si accaparrasse quella terra, San Giuliano voleva che l'Italia partecipasse alla spedizione, ma Giolitti bocciò il progetto che ci avrebbe legato mani e piedi all'Austria. E tutto si risolse con una pressione diplomatica delle due potenze che indusse gl'invasori a ritirarsi.

Due mesi dopo, nuova crisi. La Bulgaria, che tuttora faceva parte della Lega balcanica trionfatrice dei Turchi, attaccò di sorpresa i suoi ex alleati Serbi e Greci. Costoro, sostenuti dai Romeni e dagli stessi Turchi, passarono alla controffensiva. E così ebbe origine la seconda guerra balcanica. Di nuovo l'Austria minacciò una spedizione punitiva in aiuto della Bulgaria, e comunicò a Roma che, se fosse stata attaccata a propria volta dalla Russia – che invece proteggeva la Serbia –, l'Italia sarebbe stata tenuta a scendere in campo al suo fianco. Immediatamente Giolitti telegrafò a San Giuliano, il quale si trovava in Germania, di ricordare a Bülow che la Triplice comportava l'impegno di sostenere militarmente l'alleato, se questo era attaccato, non se attaccava, come

I BALCANI (1911)
SERBIA
ROMANIA
BULGARIA
MONTE-NEGRO
IMPERO OTTOMANO
MACEDONIA
GRECIA
IMPERO OTTOMANO
Mar Adriatico
Mar Egeo
Mar Nero
Sarajevo
Niš
Silistra
Varna
Novi Pazar
Cettigne
Diakovo
Sofia
Burgas
Pristina
Kjustendil
Plovdiv
Scutari
Kumanovo
Kurk Kilise
Debar
Üsküb (Skopje)
Adrianopoli (Edirne)
Lüleburgaz
Manastir (Bitola)
Ocrida
Durazzo
Serres
Kavala
Dedeağaç (Alexandrupoli)
Costantinopoli
Gallipoli
Salonnico
Giannina
Larissa
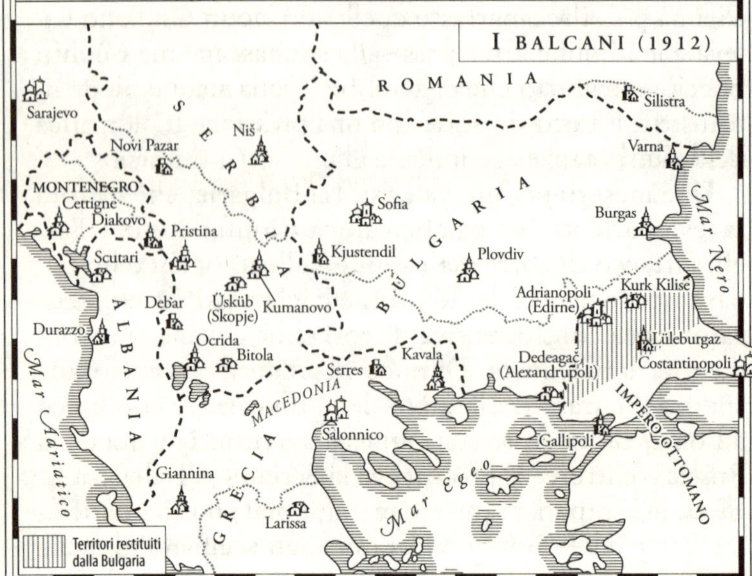
I BALCANI (1912)
ROMANIA
SERBIA
BULGARIA
MONTENEGRO
ALBANIA
MACEDONIA
GRECIA
IMPERO OTTOMANO
Mar Adriatico
Mar Egeo
Mar Nero
Sarajevo
Niš
Silistra
Varna
Novi Pazar
Cettigne
Diakovo
Sofia
Burgas
Pristina
Kjustendil
Plovdiv
Scutari
Kumanovo
Kurk Kilise
Debar
Üsküb (Skopje)
Adrianopoli (Edirne)
Lüleburgaz
Bitola
Ocrida
Durazzo
Serres
Kavala
Dedeagač (Alexandrupoli)
Costantinopoli
Gallipoli
Salonnico
Giannina
Larissa
Territori restituiti dalla Bulgaria

l'Austria si proponeva di fare; e stavolta i Tedeschi gli dettero ragione.

Non ci fu tempo per ulteriori diatribe perché, aggredita su tutti i fronti, la Bulgaria dovette chiedere la pace. Ma l'incidente aveva convinto anche San Giuliano dei rischi che si correva restando legati a una politica aggressiva e avventurosa come quella dell'Austria nei Balcani. E forse la rottura avrebbe potuto avvenire qui, se non fosse insorta la questione del Dodecaneso.

Come il lettore ricorderà, l'Italia si era impegnata a restituire quelle isole ai Turchi, appena costoro ne avessero riconosciuto l'autonomia amministrativa. Ma i Greci, imbaldanziti dalle loro due vittorie, le reclamavano per sé, e con pieno fondamento perché la loro popolazione è greca. I Turchi, che ci preferivano l'Italia, non ne sollecitarono la restituzione. Così il problema rimase in sospeso. Ma Francia e Inghilterra insistevano per una soluzione favorevole alla Grecia. E questo contribuiva a trattenere l'Italia nell'ambito della Triplice.

Ma l'ambiguità della nostra politica estera era dovuta anche a conflitti interni di potere. Mentre la diplomazia mirava ad allentare i vincoli dell'Alleanza, l'Esercito badava a stringerli sotto l'impulso del Capo di Stato Maggiore, Pollio. Grande ammiratore della Germania, egli redigeva coi colleghi tedeschi dei piani di operazione, convinto che in caso di guerra l'Italia avesse già scelto la sua parte. Nessuno lo aveva messo al corrente dell'accordo Prinetti-Barrère. E la cosa più sorprendente è che non gliene avesse parlato nemmeno il Re, che pure i capi delle forze armate li nominava di persona, scegliendoli fra i suoi fiduciari.

Nella primavera del '14, una nuova situazione stava maturando. L'Albania, che dapprincipio era stata un punto di convergenza fra Italia e Austria, ugualmente interessate a sbarrare il passo dell'Adriatico alla Serbia, era ora diventata un pomo di discordia. Per eliminarlo, si era deciso di neutralizzare il nuovo Stato mettendolo sotto controllo internazionale, erigendolo in Regno, e affidandone la Corona a un Principe tedesco, Guglielmo di Wied. Questi era appena salito sul trono che una congiura lo costrinse a fuggire e a rifugiarsi su una nave italiana. La responsabilità del golpe fu attribuita al Ministro dell'Interno, Essad Pascià, che scampò in Italia dove fu accolto come un eroe. Questo fece credere all'Austria e alla Germania ch'egli avesse agito su nostra istigazione. A far le spese di questi sospetti furono gl'Italiani delle province irredente, sottoposti a misure sempre più discriminatorie che in Italia provocavano violente reazioni in piazza e in parlamento. «Non v'è forse una sola questione nella quale gl'interessi dell'Italia non siano, o non si credano, in contraddizione con quelli dell'Austria» si rammaricava San Giuliano.

Ma anche lui ormai aveva dovuto arrendersi a questa realtà, e da alcuni mesi infatti stava lavorando per un ravvicinamento all'altra Triplice: quella anglo-franco-russa. Ricevendo a Roma il capo del governo greco Venizelos, gli assicurò che l'Italia era fermamente decisa a ritirarsi dal Dodecaneso. E questo fece cadere il principale ostacolo al rovesciamento del fronte. In aprile San Giuliano s'incontrò ad Abbazia col collega austriaco Berchtold. Il comunicato sui colloqui parlava della solita «identità di vedute». In realtà i due avevano concordato su una cosa sola: nell'escludere dai colloqui i temi scabrosi. Pochi giorni dopo a Trieste scoppiarono gravi tafferugli fra Sloveni e Italiani, ma solo su questi ultimi la polizia si accanì. «Sono i frutti di Abbazia?» chiese alla Camera il deputato nazionalista Federzoni, mentre gli studenti di Roma e di Napoli assalivano l'ambasciata e il consolato austriaci.

Fu in questo clima che rintronarono le revolverate di Sarajevo.

«Io non avevo che propositi modesti, ed ecco che mi tocca entrare nella storia» scrisse Salandra a Sonnino. Ma non lasciamoci ingannare dal tono di lamento: di entrare nella storia, era felicissimo. Di crisi, in quegli ultimi anni, l'Europa ne aveva già attraversate parecchie. Ma stavolta i rapporti degli ambasciatori non lasciavano molte speranze in qualche soluzione di compromesso. Dopo aver dovuto abbandonare le province tedesche alla Prussia e quelle italiane al Piemonte, l'Austria non voleva lasciarsi spogliare anche di quelle slave dalla Serbia, che gliele teneva continuamente in subbuglio, e aveva deciso di farla finita. Ma la Russia mobilitava contro l'Austria, la Germania contro la Russia, e la Francia contro la Germania. In realtà la Serbia era soltanto il pretesto di un più vasto conflitto d'interessi economici, politici, ideologici, che in ogni caso sarebbe scoppiato. Ma di questo complesso problema, a noi interessa solo l'angolatura italiana.

Le sue intenzioni aggressive, Vienna le aveva rivelate con franchezza solo a Berlino che vi aveva dato il suo assenso («La gaia guerra!» aveva detto il *Kaiser* Guglielmo che la desiderava ardentemente). Con l'Italia aveva taciuto, nel timore che questa reagisse come l'anno prima, quando Giolitti le aveva ricordato che l'alleanza aveva un significato difensivo, non offensivo. Ma Salandra ignorava questo precedente, di cui San Giuliano si guardò dall'informarlo. Anche lui considerava Salandra un presidente di passaggio da tenere più a bada che al corrente. «In genere» gli scriveva «io ritengo che convenga parlare il meno possibile di politica estera in Consiglio dei Ministri.»

Più tardi Albertini definì ironicamente quella di San Giuliano una «superdiplomazia», e gli stranieri ci videro e continuano a vederci un saggio di machiavellica doppiezza. Ma a ricostruirla sui documenti e le memorie, essa appare il frutto non di astuti calcoli, ma solo d'indecisione e paura. Mentre Vienna e Berlino apprestavano i loro piani di guerra, San Giuliano consigliò ai Serbi di cedere, e ai Tedeschi di trattenere gli Austriaci, ma con costoro non cercò una spiegazione, anzi la evitò accuratamente. Una spiegazione non poteva concludersi che con una rottura, ch'egli voleva evitare per due motivi: prima di tutto perché questa avrebbe suscitato l'ira vendicatrice di una Germania che egli dava per sicura vincente, eppoi perché avrebbe precluso all'Italia quei «compensi» che il trattato della Triplice prevedeva nel caso in cui l'Austria si fosse annessa altri territori nei Balcani. Egli ricordava con spavento la tempesta che aveva travolto il suo collega Corti quando era tornato dal Congresso di Berlino con le «mani nette», cioè senza averci guadagnato nulla.

La mattina del 24 luglio egli ricevette la notizia che la sera prima l'Austria aveva consegnato alla Serbia un *ultimatum* che praticamente ne esigeva la resa a discrezione, e quindi rendeva inevitabile la guerra. Da una sua lettera a Salandra, risulta ch'egli si rallegrò del fatto che gli alleati avessero per primi contravvenuto agl'impegni tenendolo all'oscuro delle loro decisioni. Questo, diceva, ci esenta dal precipitare le nostre. «Bisogna lasciare in tutti, all'estero e all'interno, l'incertezza sulla nostra attitudine», e perciò raccomandava di «parlare poco e star lontani da Roma il più possibile». Egli stesso ne dava l'esempio standosene rifugiato a Fiuggi per curarvi la sua gotta che tutti ritenevano una malattia «diplomatica», e di cui invece stava per morire. E di lì dettava dispacci, direttive, comunicati, smentite che, quanto a incertezza, ne seminavano a piene mani.

Nel giro di una settimana l'incendio si estese a tutta Europa. Il 1° agosto la Germania dichiarò guerra alla Russia, e il 3 alla Francia, accanto alla quale si schierò l'Inghilterra. Il 2 Salandra e San Giuliano annunciarono la loro decisione: l'Italia sarebbe rimasta neutrale.

## CAPITOLO DECIMO

# LA NEUTRALITÀ

La prima reazione del Paese fu un respiro di sollievo. Vi fecero eccezione solo alcuni conservatori che avrebbero voluto l'intervento accanto agli alleati della Triplice nei quali vedevano il puntello dell'ordine e dell'autorità. Fra costoro c'erano i due ambasciatori a Berlino e a Vienna, Bollati e Avarna, e Sonnino. Ma quest'ultimo non tardò molto a rendersi conto del proprio errore.

A parte queste voci isolate, il coro fu di consenso. Tutta l'opinione moderata applaudì. Applaudirono i socialisti, pregiudizialmente ostili a qualsiasi guerra. Applaudirono i cattolici, e il Papa non poté smentirli, sebbene sentimentalmente fosse schierato dalla parte dell'Austria e in privato dicesse che trovava «interamente giusto» l'attacco alla Serbia. Applaudirono i nazionalisti che, dopo aver tanto parlato di «guerra igiene del mondo», applaudire non avrebbero voluto, ma vi erano costretti dagl'irredentisti, liberati dall'incubo di combattere al fianco degli oppressori di Trento e Trieste. E applaudì Giolitti, che in quel momento si trovava a Parigi, ma teneva una fitta corrispondenza con San Giuliano.

I più avvertiti tuttavia comprendevano che la neutralità non era una soluzione, ma soltanto un ripiego. E proprio il giorno in cui l'annunciava, lo riconobbe lo stesso Salandra dicendo confidenzialmente che la vittoria degl'Imperi Centrali, cioè dell'Austria e della Germania, avrebbe fatto dell'Italia una loro vassalla. S'illudeva perché la sorte che Vienna e Berlino ci riservavano era molto peggiore. Come si rileva dai carteggi fra le due capitali, il «tradimento» italiano vi aveva suscitato un'ondata di furore, che non era soltanto di natura moralistica. La nostra neutralità aveva avuto, sull'andamento delle operazioni, un effetto che, anche se non fu decisivo – come ritengono certi storici nostrani –, vi aveva esercitato notevole influenza. Grazie a essa, la Francia aveva potuto sguarnire la frontiera alpina e concentrare tutte le sue forze sulla Marna, dove i Tedeschi avevano operato il loro tentativo di sfondamento a sorpresa. Il piano era fallito, la guerra di movimento si avviava a diventare guerra di posizione, e perciò Vienna e Berlino annacquarono le loro rimostranze per non provocare guai peggiori. Sulla carta, la Triplice era ancora in vigore e, se non un ostacolo, rappresentava almeno una rémora allo slittamento dell'Italia in campo avversario. Alla fine d'agosto, l'Austria riconobbe legittima l'interpretazione italiana del trattato, cioè la neutralità, e accettò di discutere la questione dei «compensi».

San Giuliano non mostrò premura d'intavolare negoziati. Le potenze dell'Intesa – come si chiamava l'alleanza anglo-franco-russa –, e soprattutto la Russia, facevano offerte molto più sostanziose per trascinarci nel loro campo: promettevano Trento, Trieste, l'Albania. San Giuliano lesinava le risposte col contagocce. Per il momento, più che a guadagnar terre, mirava a guadagnare tempo. Sul fronte francese, sia pure faticosamente, i Tedeschi stavano avanzando, e la situazione era ancora incerta. Ma soprattutto bisognava rimediare alle gravi lacune della nostra preparazione militare. Del milione e trecentomila uomini che lo Stato Maggiore riteneva indispensabile per la difesa delle nostre frontiere, non ne avevamo sotto le armi che quattrocentomila. E Salandra, dopo aver dichiarato alla Camera ch'eravamo in grado di equipaggiarne tre volte tanti, scoprì che i magazzini, svuotati dalla guerra di Libia, non erano stati riforniti. Se l'Austria – scrisse più tardi Cadorna – ci avesse attaccato, ci saremmo trovati alla sua mercé.

San Giuliano tranquillizzò il Generale scrivendogli alla fine di agosto che l'Italia non sarebbe entrata nel conflitto senza un novantanove per cento di probabilità di vittoria perché una campagna come quella del 1866 avrebbe significato la fine della monarchia, e ribadì ufficialmente la neutralità. Ma ai primi di settembre l'avanzata tedesca in Francia fu definitivamente bloccata, mentre sul fronte russo gli Austriaci cominciavano a ripiegare. Salandra dice di aver avuto da quel momento «la visione chiara della via che si doveva seguire». Ma lo dice nelle *Memorie* scritte parecchi anni dopo. Lì per lì, a giudicarne dai documenti, egli rimase immerso nei suoi «angosciosi dubbi», e accolse con sollievo un rapporto di Cadorna che consigliava di rimandare ogni decisione a primavera per mancanza di uniformi pesanti che consentissero di affrontare l'inverno. Tuttavia, siccome circolava la voce di una pace separata fra Austria e Russia, San Giuliano riprese segretissime trattative col ministro inglese Grey in vista di un intervento «ove le condizioni militari lo permettano», e per dimostrare agl'Italiani che lo permettevano chiese che la flotta anglo-francese penetrasse in Adriatico, operasse uno sbarco a Trieste e v'indicesse un plebiscito in favore dell'Italia.

Naturalmente, la proposta fu declinata.

Il «via» alla campagna per l'intervento a fianco dell'Intesa lo dettero coloro che vi erano i più interessati, cioè gl'irredentisti, e particolarmente quelli del Trentino, della Venezia Giulia e della Dalmazia, che si rifugiarono in Italia per venirvi a fare propaganda. Il più prestigioso era Cesare Battisti, che a Trento aveva diretto un combattivo giornale socialista e la cui voce suscitava una profonda eco negli ambienti democratici e repubblicani. Per lui furono subito Bissolati, Bonomi, e tutto il gruppo radicale che faceva capo al «Secolo». In questo ambiente intriso di spirito volontaristico si costituì una Legione al comando di Peppino Garibaldi, nipote dell'Eroe, che già in dicembre schierò i suoi quattromila uomini sul fronte francese delle Argonne per difendere la patria dei Lumi e dei Diritti dell'Uomo.

Fu la spinta degl'irredenti a trascinare i nazionalisti che volevano l'intervento per l'intervento, e infatti fino all'ultimo erano stati incerti sulla scelta del campo. «Marciare, non marcire» era il motto di Marinetti, che aveva optato per la Francia perché con la cultura francese il futurismo aveva saldi legami. Ma in questo senso era orientato anche Giuriati, il presidente nazionalista dell'Associazione «Trento e Trieste», sotto cui si raccoglievano i profughi dell'Istria e della Dalmazia, sebbene poco inclini agl'ideali democratici perché esacerbati dal conflitto con gli Slavi, e animati da uno spirito punitivo verso di essi.

Ma per quanto attivi e vociferosi, questi gruppi non avrebbero potuto nulla contro la maggioranza neutralista, se questa non si fosse incrinata proprio in quello che avrebbe dovuto essere il suo punto di maggior resistenza: i socialisti. Il partito era compatto sul rifiuto dell'intervento. Ma fra i dirigenti sindacali era sopravvenuta una rottura. Filippo Corridoni, l'eroe della «settimana rossa», era passato a bandiere spiegate nel campo degl'irredentisti, seguito da Michele Bianchi, Edmondo Rossoni, Alceste De Ambris e Giuseppe Giulietti: tutti uomini dotati di notevoli capacità organizzative e con largo seguito nelle masse. Questa conversione non era un voltafaccia, ma piuttosto un ritorno alle origini. Essi erano gli eredi delle Società operaie di Mazzini, e al socialismo erano approdati non per la via di Marx, ma per quella di Sorel, l'apostolo della violenza «levatrice della storia» ch'era una stretta parente della «guerra, igiene del mondo».

Questa parentela, un uomo la capì meglio di chiunque altro e la strumentalizzò da maestro: Mussolini. Al momento di Sarajevo e subito dopo egli era stato risolutamente neutralista. Così risolutamente da dare un sapore aggressivo perfino al pacifismo. Ma sullo scorcio dell'estate il suo atteggiamento cambiò: dalla difesa della neutralità pura e semplice, passò a quella della neutralità «attiva e operante», una formula che anticipava vagamente quella della «cobelligeranza» del 1939. E quando il partito, che da un pezzo ne aspettava l'occasione, lo deplorò, egli si dimise dalla direzione dell'«Avanti!» per fondare un altro giornale, «Il Popolo d'Italia», e farne il più attivo organo dell'interventismo.

Più tardi si disse che lo fece perché comprato dall'oro francese. Ma l'accusa è infondata. Per il tramite di Filippo Naldi, direttore del «Resto del Carlino», egli ricevette l'aiuto finanziario di alcuni gruppi industriali italiani interessati non soltanto alla guerra ma anche a uno scisma fra i socialisti. Ma a suggerirgli quella convenzione furono il temperamento e il fiuto politico. Come Corridoni e gli altri sindacalisti deviazionisti, anche lui veniva ideologicamente da Sorel e capiva che la guerra stava per sprigionare quelle forze rivoluzionarie che più facevano al caso suo. Quando venne sconfessato e scacciato dal partito, Prezzolini ed altri collaboratori della «Voce» gli telegrafarono: «Partito socialista ti espelle, Italia ti accoglie». In realtà con quella scelta egli fondava un nuovo partito, che si chiamò «Fascio autonomo di azione rivoluzionaria», voleva essere una specie di nazionalismo di sinistra, e si scelse come motto quello di Blanqui: «Chi ha ferro, ha pane». Al dilemma da lui stesso avanzato sull'«Avanti!»: «O pace, o rivoluzione», egli sostituì sul «Popolo d'Italia» quello di: «O guerra, o rivoluzione». Ma in realtà egli voleva l'una perché la considerava prònuba dell'altra.

Via via che l'incubo di una vittoria austro-tedesca dileguava, in Italia la causa interventista guadagnava terreno, anche perché poteva contare su uno schieramento di giornali sproporzionato al numero dei suoi sostenitori. A Roma la caldeggiavano il «Giornale d'Italia», «La Tribuna», «L'Idea nazionale»; a Milano l'appoggiavano «Il Secolo» e il «Corriere della Sera». L'unico autorevole organo neutralista era «La Stampa» di Torino, e si capisce perché: il suo direttore Frassati era legato a Giolitti.

Giolitti aveva evitato di pronunciarsi pubblicamente, ma proprio questo riserbo dimostrava la sua renitenza agli entusiasmi bellicisti. Egli ammirava la Germania, la riteneva capace di riprendere in qualsiasi momento l'offensiva, ma soprattutto aveva tratto dalla guerra di Libia un'opinione catastrofica dei nostri comandi militari ed era convinto che il Paese non fosse in grado di affrontare una prova così severa. Come al momento dell'*ultimatum* austriaco alla Serbia aveva raccomandato a San Giuliano di attenersi all'interpretazione difensiva della Triplice, così ora gli raccomandava di resistere alle seduzioni dell'Intesa. Se un giorno, diceva, dovremo deciderci, «bisogna trovare modo d'intervenire per testamento», cioè quando l'Austria fosse ormai spacciata. E sebbene queste cose le dicesse soltanto in privato, la pubblica opinione le riseppe o le indovinò, e tutti i neutralisti, che seguitavano a essere la schiacciante maggioranza, ricominciarono a guardare a lui come al salvatore della Patria.

A metà ottobre San Giuliano morì. E Salandra, dopo averne ricoperto per qualche tempo l'interinato, chiamò al suo posto Sonnino. Sonnino era stato fra i pochi che avevano caldeggiato l'intervento a fianco degl'Imperi Centrali. E sebbene non avesse tardato a ricredersi, restava tuttavia sentimentalmente legato alla Triplice, o per meglio dire combattuto fra l'ammirazione per la Germania e quella per l'Inghilterra. Sugli orientamenti del governo egli esercitò un peso molto importante, dato il complesso reverenziale che Salandra nutriva nei suoi confronti; o meglio avrebbe potuto esercitarlo, se ne avesse avuto uno di suo. Ma per il momento si limitava a raccomandare di «scoprirci il più tardi possibile» in attesa che qualche suggerimento maturasse dagli eventi. Anche lui come Salandra tendeva a escludere pubblici dibattiti sulla politica estera, convinto che questa fosse monopolio di iniziati da regolare in camera chiusa e sotto copertura del più assoluto segreto. Infatti i due uomini non ne misero a parte nessuno, salvo il Re. Il loro piano era di completare entro l'inverno la preparazione militare seguitando a trattare con entrambe le parti. Ma il silenzio a molti sembrò inazione e provocò critiche feroci.

I più inquieti erano i giolittiani, i quali avevano sperato che alle spalle di Salandra ci fosse, in veste di suggeritore e pronto a prenderne il posto, il loro vecchio capo. Invece nel rimaneggiamento del governo provocato dalla morte di San Giuliano, erano stati esclusi gli uomini di Giolitti e questi non faceva, dal suo ritiro di Cavour, che qualche rara comparsa a Roma. Ci venne ai primi di dicembre, e parlò alla Camera, ma non per attaccare il governo, sibbene per elogiarne la linea neutralista. Non è vero, disse, ch'essa sia in contrasto con gl'impegni della Triplice. La stessa Austria ne aveva riconosciuto la correttezza fin dal 1913, quando lui l'aveva ammonita che, in caso di aggressione alla Serbia, non poteva contare sulla solidarietà italiana.

La Camera rimase sorpresa dalla rivelazione, e lo fu ancora di più quando s'avvide che questa era tale anche per Salandra. Ma Giolitti l'aveva fatta appunto per dimostrare che il vero inventore della neutralità era lui e che il suo successore non faceva che ricalcare le sue orme senza nemmeno saperlo. Stizzito, Salandra lo fece attaccare sui suoi giornali per aver rivelato in pubblico, e senza l'assenso del governo, dei «segreti d'ufficio». Ma Giolitti fece rispondere che aveva preferito dare un dispiacere all'Austria piuttosto che lasciare sul suo Paese l'ombra del tradimento. E ordinò ai suoi di votare in favore del governo.

Pochi giorni dopo egli incontrò il principe Bülow, che la Germania aveva mandato ambasciatore a Roma per farvi da contrappeso all'infaticabile Barrère. Bülow, che aveva sposato la figlia di Minghetti, era una vecchia conoscenza di Giolitti. Questi riassunse i colloqui con lui in una lettera al suo amico Peano, che di lì a poco fu pubblicata – naturalmente col consenso dell'autore – sulla «Tribuna» di Olindo Malagodi. «Credo» diceva fra l'altro «molto nelle attuali condizioni d'Europa potersi ottenere senza guerra.» Prudenzialmente, Malagodi cambiò il «molto» in «parecchio». Ma la parola suscitò ugualmente forte impressione e rianimò le polemiche sull'intervento. Giolitti se ne tenne, come al solito, in disparte sebbene ormai fosse riconosciuto come il capo morale della corrente neutralista. A differenza degl'interventisti, egli era convinto che, anche se l'Italia fosse scesa in guerra, questa sarebbe durata ancora per anni. E non voleva assumere il potere nel momento in cui il Paese stava per forzarlo a questa decisione. Perciò ribadì ai suoi l'ordine di votare per il governo e se ne tornò a Cavour.

Sonnino e Salandra non erano rimasti con le mani in mano. In ottobre avevano fatto operare uno sbarco in Albania rimasta, dopo la partenza del Principe di Wied, in balìa dei suoi vicini e delle proprie ribelli tribù. Nessuna delle grandi potenze protestò. Protestò solo il Capo di Stato Maggiore, Cadorna, che in previsione dell'intervento non voleva distrarre truppe su altri fronti. E intanto Bülow, che della situazione aveva una percezione esatta, non si stancava di avvertire il suo governo e quello austriaco che, per garantirne la neutralità, bisognava cedere all'Italia il Trentino fino al Brennero e la riva destra dell'Isonzo, esclusa Trieste. Berchtold finì per convincersene e presentò la proposta all'Imperatore che, per tutta risposta, lo silurò. L'attaccamento di Francesco Giuseppe al Sud-Tirolo non era soltanto sentimentale. Egli pensava che, cedendo a quelle italiane, avrebbe incoraggiato le rivendicazioni romene, serbe, polacche, cecoslovacche fino allo smembramento dell'Impero. E non sbagliava i suoi conti.

Quando Burian, successore di Berchtold, riprese le trattative, si sentì dire da Sonnino che nemmeno il Trentino bastava, l'Italia voleva anche Trieste. «A chi mi punta addosso la pistola» rispose «sono pronto a dare il portafoglio, ma a patto che la pistola sia carica.» Spregiatore degl'Italiani, era convinto ch'essi non avrebbero mai osato scendere in guerra. Ma non voleva prendersi la responsabilità di rompere anche perché la Germania non glielo consentiva. E perciò fece delle controfferte evasive che denunziavano il chiaro proposito di guadagnar tempo in attesa della grande offensiva di primavera sui Carpazi che, secondo i suoi calcoli, avrebbe messo in ginocchio la Russia, e l'Austria in condizione di rintuzzare il ricatto italiano.

Fu allora che Sonnino ordinò all'ambasciatore a Londra, Imperiali, d'intavolare un concreto negoziato con gli Alleati, raccomandandogli di condurlo non solo nella massima segretezza, ma anche «senza fretta». È difficile dire se in quel momento egli mirasse a concludere l'alleanza con l'Intesa o soltanto a «coprirsi» nei suoi confronti. Ma tutto lascia credere che anche lui e Salandra mirassero, come Burian, a guadagnar tempo, in attesa che gli avvenimenti militari dicessero con più chiarezza chi era il vincitore, di cui conveniva correre in aiuto.

Né l'uno né l'altro avevano fatto i conti con gli elementi emotivi che, più forti e contro ogni calcolo politico, spingevano il Paese all'intervento.

CAPITOLO UNDICESIMO

# IL VATE

Di questi elementi emotivi, il grande suscitatore e interprete fu Gabriele d'Annunzio.

Per dare alla propria origine un sapore mitologico, egli diceva di discendere da un'antica dinastia di anacoreti della Majella, domatori di aquile e di lupi, e di essere nato in alto mare su una galea. La verità naturalmente è molto più pedestre. Suo padre era un modesto mercante di Pescara, e il suo vero nome era Rapagnetta. Assunse quello di suo cognato D'Annunzio come presentendo i destini di suo figlio, a cui in realtà non poteva fare miglior regalo.

Gabriele fu mandato al Cicognini di Prato, uno dei più rinomati collegi italiani, ma si mostrò meritevole dei sacrifici cui la famiglia dovette sobbarcarsi per mantenervelo. Fu un allievo brillantissimo specie nelle materie letterarie, tanto che a sedici anni conobbe la gloria grazie a una raccolta di poesie, *Primo vere*. A quei tempi la poesia era monopolio dei professori, e a dettarvi legge erano Carducci e i carducciani, che per rilasciarne il passaporto non chiedevano ispirazione e originalità, ma un ben nutrito bagaglio retorico-umanistico sapientemente filtrato attraverso i modelli greci e latini, come del resto voleva la tradizione aulica e accademica italiana. Il giovane debuttante pagò pedaggio a tutte le convenzioni mostrandosi zelante discepolo di Ovidio e di Properzio e mobilitando sul loro esempio tutti gli Dei dell'Olimpo, ma con una spiccata preferenza per Venere. Fu questo che gli valse l'incondizionato elogio della critica. La quale forse non gliene avrebbe prodigati tanti se, sotto la perfetta imitazione degli schemi scolastici, avesse percepito il genuino lirismo che vi faceva capolino, e che costituiva la vera «promessa» del debuttante.

Sull'onda di quel precoce successo, D'Annunzio piombò a Roma deciso a conquistarla. Per i circoli giornalistici e letterari aveva già il biglietto d'ingresso, e infatti vi fu subito fraternamente accolto. Ma la sua ambizione era di espugnare quelli mondani che si mostrarono molto più renitenti. Piccolo di statura e privo di attrattive fisiche, oberato dei modi e dell'accento del provinciale abruzzese, e piuttosto a corto di mezzi, egli non aveva nulla per farsi largo nel chiuso ed esclusivo mondo dei palazzi romani, se non il talento e la penna, cioè dei valori che in quel mondo non avevano quotazione. L'aristocrazia nera, cui il borghesuccio pescarese imprestava costumi e gusti rinascimentali, era in realtà sorda a ogni stimolo intellettuale, e come la Chiesa, da cui derivava i suoi titoli e i suoi feudi, considerava la cultura un'arma del diavolo. Salvo rare eccezioni, i suoi esponenti si occupavano soltanto di caccia e di cavalli, non parlavano altra lingua che il dialetto romanesco, e la loro *grandeur* – quando c'era – era quella del bovaro, sia pure di gran razza.

Nelle cronache mondane che prese a pubblicare sui giornali, D'Annunzio descrisse questi orgogliosi e rozzi Principi come dei raffinati sibariti maestri di eleganza non si sa se per sedurli o perché così seguitava a vederli nella sua fervida immaginazione di piccolo snob provinciale. L'adulazione non fece in loro nessuna breccia, ma ne fece nelle loro mogli e figlie. Quelle di loro che sapevano leggere – e che forse non erano la maggioranza – cominciarono a provare una certa curiosità, mescolata a gratitudine, per quel forbito ritrattista che, senza averle mai viste, imprestava loro colli di cigno, mani di fata, viti di vespa e battute da Madame de Staël. Se il ritratto era sbagliato, il calcolo si rivelò azzeccato. Felici di riconoscersi nelle raffinate gentildonne dai nomi altisonanti e dai gusti perversi di cui l'immaginoso reporter popolava le sue cronache con gran scialo di termini esotici e sofisticati (fu il primo a parlare di *flirt* e di *five 'o clock tea*), esse se le presero a modello. E così cominciò lo strano e inusitato fenomeno di uno scrittore che, invece di dare un'immagine della società, diede alla società l'immagine propria e la costrinse a rassomigliarle.

Il primo palazzo che si arrese al giovine *parvenu* fu quello di un Principe romano che non era né Principe né romano. Il suo titolare era un Francese, Hardouin, che in ricompensa dei servigi prestati prima del '70 come ufficiale nel piccolo esercito mercenario del Papa, era stato da questi autorizzato a sposare la Duchessa di Gallese, e ad assumerne il nome e il titolo. Rimasto vedovo, aveva preso una seconda moglie, che gli aveva dato una figlia, Maria: una giovinetta romantica, che aveva un debole per la poesia e i poeti.

È difficile stabilire se D'Annunzio s'innamorò di lei o del suo blasone, ma è accertato ch'essa s'innamorò perdutamente di lui. Il Duca, che come tutti i falsi nobili teneva al suo rango più di quelli veri, e per la ragazza sognava un matrimonio con qualche Ruspoli o Colonna, minacciò perfino di rinchiuderla in convento. Ma Maria fu irremovibile. Disertate dal padre e da tutta l'aristocrazia, quelle nozze furono considerate uno scandalo, ma appunto per questo costituirono uno dei grandi avvenimenti della Roma degli anni ottanta. Esse resero popolare D'Annunzio anche negli ambienti che più gli si mostravano allergici e fecero di lui il primo scrittore veramente «mondano» che l'Italia abbia avuto. Egli non venne ammesso nel salotto intellettuale della regina Margherita, ma lo costrinse a occuparsi spesso, e sia pure in tono di riprovazione, delle sue gesta.

Il matrimonio con Maria fu felice per tre anni, poi si sfasciò, o meglio andò lentamente alla deriva, perché una vera rottura non ci fu. Diseredata dal padre, la povera donna rimase coi tre figli che D'Annunzio le aveva dato e ai quali dovette provvedere da sola. Egli non poteva badarvi, occupato com'era a perfezionare, nella vita e nei libri, il suo personaggio.

Di questo personaggio, il compito di ritracciare l'evoluzione spetta alla critica letteraria con cui non vogliamo entrare in concorrenza. Ma, dati gli sconvolgenti effetti ch'esso ebbe sulla società italiana, occorre dirne l'essenziale. La sua prima incarnazione fu Andrea Sperelli, il protagonista del *Piacere*, il romanzo che fece di D'Annunzio lo scrittore più letto d'Italia. Sperelli è un gentiluomo di alto lignaggio, oberato di titoli e di stemmi, intriso di arte e di cultura, che fa del piacere la sua legge e trascorre la vita a raffinarlo e distillarlo con filtri e riti sempre più complicati. Questo eroe-esteta non era affatto nuovo nella letteratura europea: a fornirne il modello erano i maestri del «decadentismo» come Baudelaire e Walter Pater, dai quali certamente D'Annunzio lo derivò, e che facevano del Bello l'unica vera religione dell'uomo. Ma D'Annunzio non si contentò di descriverlo. Volle «diventarlo», fondando così, più che una scuola, una vera e propria dinastia letteraria che non fu soltanto italiana, e che arriva, a dispetto delle profonde differenze stilistiche, fino a Hemingway e a Malraux: quella degli scrittori che interpretano la vita come un «romanzo» e, prendendone a pretesto i grandi avvenimenti, cercano di «viverlo» da protagonisti.

Come Andrea Sperelli, D'Annunzio fece dell'alcova il suo regno, non badò ai mezzi per attrarvi le grandi dame e irretirvele, diventò il cliente più difficile (e più moroso) dei sarti di Roma, si circondò di oggetti rari e preziosi o ch'egli riteneva tali (perché di arte non capiva nulla, e i «pataccari» fecero sempre con lui i loro migliori affari).

Insomma non trascurò niente per ergersi ad arbitro di eleganza. E lo fosse o non lo fosse, come tale fu considerato da una certa «gioventù dorata», che nello stile di Andrea Sperelli cominciò a parlare, a vestire, a corteggiare le donne – le quali non chiedevano di meglio – e purtroppo anche a scrivere.

Tutti i protagonisti dei suoi romanzi e racconti del primo periodo non sono che le diverse sfaccettature di questo stesso personaggio via via arricchito di sempre nuovi elementi: la violenza, la perversione, l'incesto, che seminavano scandalo nel timorato pubblico italiano maggiorando il successo dell'autore. Ma il Claudio Cantelmo delle *Vergini delle rocce* e il Corrado Brando di *Più che l'amore* dirazzano alquanto dalla famiglia degli eroi-esteti che li avevano preceduti. Essi non attingono i loro titoli di superiorità alla raffinatezza del gusto e della cultura, ma alla loro vocazione di uomini di potere e di comando, ereditata col sangue da una lunga dinastia di antenati belluini. Per loro la donna non è la sacerdotessa della voluttà, ma il riposo del guerriero. Non la seducono; la violentano in base al diritto del più forte riducendola a puro strumento della preservazione di una razza: la razza dell'Eroe Latino.

Anche Claudio Cantelmo non è che un figlio spurio di D'Annunzio. Il suo vero padre spirituale era il filosofo tedesco Federigo Nietzsche che proprio in quegli anni aveva elaborato la teoria della superiorità della sua razza incarnata in un biondo Zarathustra, l'uomo, anzi il Superuomo d'azione, il demiurgo esentato da ogni legge civile e da ogni scrupolo morale. Che D'Annunzio avesse realmente letto le opere di Nietzsche, allora poco note e – credo – non ancora tradotte in italiano, non ne siamo sicuri, ma ha poca importanza. Queste idee erano nell'aria della cultura occidentale, largamente dominata dalle teorie darwiniane della evoluzione, per cui era legge di natura che in tutte le specie animali, compreso l'uomo, il più forte sopravvivesse a spese del più debole distruggendolo. Nietzsche le aveva volte a gloria del suo atletico Sigfrido rivendicandone l'esclusiva al suo ceppo germanico, che effettivamente sulla fine dell'Ottocento affermava i suoi primati in tutti i campi. D'Annunzio prese pari pari questo «biondo superbo animale sempre in cerca di preda» e lo tradusse in edizione mediterranea con alcune variazioni: da biondo lo fece bruno, invece di Sigfrido gli diede per progenitori Ulisse e Achille, e più che ai muscoli ne attribuì la forza all'intelligenza e alla cultura, anche per conservargli qualche carattere che lo facesse riconoscere della famiglia sua e di Andrea Sperelli.

Da vero artista quale D'Annunzio certamente era, sia pure mescolato al ciarlatano, egli aveva intuito i tempi e li preveniva, sempre per la sua vocazione a diventarne protagonista. Era il momento in cui l'Italia ripudiava la sua politica del «piede di casa» per lanciarsi, sotto il pungolo di Crispi, nella grande avventura coloniale. Aveva bisogno di credere in se stessa, nella propria missione, nel proprio primato. E D'Annunzio, per fornirgliene i motivi, andò a cercarli in Grecia sul panfilo del suo amico Edoardo Scarfoglio. «È tempo» scrisse al suo traduttore francese Hérelle «di tornare al sano pregiudizio che fece la grandezza di Atene e di Roma: credere che tutti gli altri popoli sono barbari.»

In uno dei poemi, *Maia*, che poi dovevano comporre il gran libro delle *Laudi*, la sua *summa* poetica, egli descrive la partenza da Brindisi, ch'era stato il punto d'imbarco per la Grecia di tutti gl'intellettuali romani, la lunga navigazione sul mare di Ulisse, l'approdo in Leucadia, il promontorio da cui gli amanti delusi usavano, sull'esempio di Saffo, annegarsi in mare, eppoi le bianche processioni dei sacerdoti orfici coronati di rose, e le gare degli atleti nell'arena e le fontane di Castalia che ubriacavano i passanti con la musica del loro sciacquio, e l'incontro con Telemaco e Alcibiade, Pindaro e Pericle, Penelope e Afrodite.

Hérelle, che lo aveva accompagnato, quando lesse quelle pagine straripanti d'immagini e di aggettivi, ebbe una crisi di rabbia. Da bravo e diligente professore di filologia, egli aveva tenuto un diario di quel viaggio, dal quale risulta che il pànfilo non partì da Brindisi, ma da Gallipoli; che durante tutta la traversata il poeta del mare, che diceva di essere nato su una galea, non fece che lamentarsi del mal di mare, si rifiutò di rileggere l'*Iliade* e l'*Odissea*, come aveva promesso al suo traduttore, preferendo parlare con Scarfoglio della Roma attuale, delle sue Duchesse e avventuriere, oppure starsene nudo a prendere il sole (D'Annunzio fu forse il primo Italiano a praticare il culto della «tintarella»). Non chiese mai nemmeno il nome delle città che avvistavano sulle coste. Arrivato ad Atene, non volle più muoversene, sempre per paura del mal di mare. Trovò la città disgustosa, e l'unica cosa di cui s'interessò furono i bordelli. Solo davanti all'Hermes di Prassitele rimase in contemplazione, ma dalla sua bocca non uscì che questo commento: «Ah, se si potesse dirne qualcosa di nuovo!», perché questo era in realtà il vero scopo del suo viaggio. Egli non cercava qualcosa da vedere, ma soltanto da descrivere, e lo fece da par suo, reinventando tutto, e in uno stile ch'era esattamente la negazione di quel sobrio e composto ideale di bellezza classica, cui egli diceva di volersi ispirare. Di queste interminabili *Laudi*, ch'egli compose col dichiarato proposito di farne la sua *Divina Commedia*, solo *Alcione* riluce di autentica poesia. Il resto somiglia piuttosto a un barocco Baedeker, in cui l'effetto è affidato soltanto alla magìa evocativa dei nomi e alla sonorità degli aggettivi: un esercizio a freddo, da grande virtuoso del verso quale D'Annunzio certamente era, ma che su un pubblico provinciale e accademico come il nostro era destinato a sortire sicuri effetti.

Fu nel periodo di gestazione del poema ch'egli fece il suo debutto politico.

Per molti, fu una sorpresa perché D'Annunzio aveva sempre ostentato per la politica il più profondo disprezzo. Questo era un atteggiamento comune a quasi tutti gl'intellettuali di allora, compreso il grande maestro della poesia civile, Carducci. Ma mentre il disprezzo di Carducci si appuntava contro gli uomini, non contro le istituzioni, delle quali anzi egli restava l'appassionato bardo, D'Annunzio vi coinvolgeva anche queste, senza nessun rispetto nemmeno per la tradizione risorgimentale di cui esse costituivano l'anima e il retaggio. A queste tradizioni D'Annunzio era poco legato: un po' perché in Abruzzo esse avevano scarse radici, ma più ancora perché al suo ideale aristocratico il Rinascimento era più congeniale del Risorgimento, cui si convertì solo più tardi e grazie a una laboriosa trasfigurazione poetica. Considerava la democrazia il trionfo della mediocrità, chiamava «cloaca» il parlamento, insomma forniva il più autorevole contributo al diffondersi di quel «qualunquismo» che fu il vero concime del fascismo. Ma in questa disprezzata politica egli non entrò per fare politica. C'entrò, come scrisse al suo editore Treves, per dimostrare a tutti ch'era capace di fare anche quella, e di primeggiarvi impartendone lezioni ai professionisti.

Pose la sua candidatura al collegio di Ortona, dove poteva contare su numerose relazioni di parentela e di amicizia, ed è probabile che si presentasse come uomo di destra solo perché il suo avversario, Altobelli, si presentava come uomo di sinistra. In che conto tenesse queste etichette ideologiche lo dimostrarono i suoi discorsi, in cui di programma politico non c'era traccia. Egli non parlò che dei vincoli di sangue che lo legavano alla sua terra, e degli struggenti ricordi e delle poetiche immagini che questa gli suggeriva, e di Roma, e di Virgilio, e di Esiodo. A un elettore che gli chiedeva cosa avrebbe fatto e dove si sarebbe collocato in parlamento, rispose che avrebbe certamente scelto un seggio al di là sia dell'estrema destra che dell'estrema sinistra. E ciononostante vinse perché tutti stavano a sentire non *cosa* diceva, ma *come* lo diceva, e in questo rivelò autentiche doti d'incantatore.

Ma nel dibattito parlamentare, dove bisognava affrontare i problemi sul piano concreto, queste doti gli furono di così scarso aiuto che per due volte sole egli si alzò a parlare in mezzo a un generale disinteresse condito d'ironia. Fu forse per questo che un giorno, durante un acceso dibattito, egli abbandonò il suo scranno di destra e, attraversata teatralmente tutta l'aula, andò a sedersi a sinistra fra i socialisti dicendo: «Vado dalla morte alla vita». Non aveva altro modo per attirare l'attenzione su di sé, e ci riuscì. Ne aveva anche azzeccato il momento: al governo c'era Pelloux che con le sue misure repressive stava portando acqua all'opposizione, come si vide quando questa lo mise in minoranza costringendo il Re a bandire nuove elezioni.

Con la sua nuova etichetta socialista, che aveva fatto gran scalpore in tutta Italia, D'Annunzio ripropose la sua candidatura, ma dovette per decenza cambiare collegio, e stavolta optò per Firenze, dove si era frattanto accasato. Fu una scelta infelice. Per avversario stavolta aveva Cambray-Digny, uomo di levatura ben diversa da quella di Altobelli, e come elettorato un pubblico molto meno sensibile di quello abruzzese alle belle immagini e alla musica delle parole. Invano D'Annunzio cercò di sedurlo parlandogli di Dante, di Leonardo e di Michelangelo. Per quanto socialisti, i bottegai fiorentini volevano sapere quando avrebbe pagato i debiti che frattanto egli aveva a piene mani contratto nei loro negozi, mentre gli operai e gli artigiani gli chiedevano quali misure fiscali si proponeva di applicare contro i ricchi e in aiuto dei poveri. E siccome a questi problemi il poeta si mostrava del tutto sordo, lo trombarono sonoramente.

Così finì la carriera parlamentare di D'Annunzio: due discorsi alla Camera e un duello contro il giornalista Bernabei ne costituivano tutto l'attivo. Ma essa sortì due effetti che dovevano rivelarsi d'importanza nazionale. Primo, acuì nell'uomo, mescolandola a un'oscura smania di rivincita, l'ostilità verso le istituzioni democratiche. Secondo, lo rese cosciente della magìa ch'egli esercitava sulla folla, e che da quel momento diventò per lui una specie di droga. Probabilmente fu per mantenere un diretto contatto col pubblico ch'egli mise da parte poesia e romanzo per dedicarsi soprattutto al teatro.

In teatro si era già cimentato, con poco successo. Ma ora poteva contare su una interprete d'eccezione: Eleonora Duse. L'incontro fra i due era scritto nelle stelle perché la Duse era dannunziana prima ancora di conoscere D'Annunzio. Diva in ogni suo gesto e parola, mandava in rovina gl'impresari che la scritturavano perché bastava una variazione di clima o la vista di un cielo fuligginoso per impedirle di recitare; ed era così immedesimata nel suo personaggio che si rifiutava ai rapporti di amicizia con gli attori che nei suoi drammi interpretavano la parte del cattivo. Quando fece *La signora delle camelie*, diede ad Armando un bacio così insistito e penetrante che perfino il pubblico francese ne rimase scandalizzato. Per D'Annunzio, prima d'incontrarlo, aveva manifestato la più viva antipatia. Ma appena egli le propose di diventare la sua eroina, essa lasciò tutto, impegni, scritture, e perfino la sua casa di Venezia per venire ad abitare a Settignano sui colli fiorentini, dove egli aveva affittato una villa dei marchesi Capponi, la Capponcina. Anche lei ne affittò una a pochi passi, che con somma irreverenza egli battezzò La Porziuncola, come la cappella di S. Francesco d'Assisi. Insieme, essi formarono la coppia più «chiacchierata» d'Europa. Si disse che la loro poetica ispirazione era attinta a misteriosi filtri distillati al chiar di luna dentro il teschio di una vergine, e che quando andavano al mare egli vi s'immergeva nudo in groppa al cavallo, mentre lei lo aspettava sulla spiaggia avvolta in un peplo purpureo che poi serviva di coltre ai loro amplessi.

In realtà, pur associandola alle sue dannunzianate, D'Annunzio badava ai propri affari. Diede alla Duse *Il sogno di un mattino di primavera*, ma le negò *La città morta*, ch'essa smaniava d'interpretare, perché questo dramma lo aveva promesso all'altra grande diva del tempo, la francese Sarah Bernhardt. Fu forse per questo che la Duse, la quale aveva sempre evitato il confronto diretto con la grande rivale, decise di portare *Il sogno* a Parigi, dove la sfida fece accorrere tutto lo snobismo intellettuale d'Europa.

Non fu un fiasco solo perché i nomi dell'autore e della interprete non lo consentivano. Ma la critica non poté fare a meno di rilevare l'artificiosità dell'intreccio, la prolissità dell'azione e soprattutto la declamatoria verbosità dei monologhi. «Un esperimento italiano» lo definirono per risparmiarsi parole più crude, e la Bernhardt ne gongolò. Ma non andò bene nemmeno a lei. Malgrado la sua straordinaria bravura, «questa *Città morta* è una città da morire» scrissero i critici, e avevano ragione. D'Annunzio era un pessimo drammaturgo. Tutti i suoi personaggi parlano come D'Annunzio, e fanno della parola non il mezzo, ma il fine, cesellandola, affastellandola di aggettivi preziosi e carichi di effetti che si esauriscono nella loro sonorità.

Non sappiamo quanto l'insuccesso abbia contribuito a provocare la fine dell'«amore del secolo», o almeno ad affrettarla. Probabilmente egli non era mai stato innamorato. La Duse non era bella e aveva sei anni più di lui. Visto che sulla scena non gli serviva molto, egli la fece eroina di un romanzo, *Il fuoco*: il romanzo del loro amore. Preannunciato con grande anticipo e strepito pubblicitario, esso era spasmodicamente atteso, e almeno sul piano scandalistico non deluse. La Duse era riconoscibilissima nelle vesti di una dama veneziana ormai al tramonto – un tramonto descritto nei minimi dettagli fisici – perdutamente innamorata di un uomo vent'anni più giovane di lei. Il successo del libro fu pari all'indignazione che gli fece da concime, come l'autore doveva aver calcolato. Si disse che per prevenirne la pubblicazione, la Duse aveva comprato il manoscritto col ricavato di tutti i suoi gioielli e che D'Annunzio, dopo aver intascato la cospicua somma, lo aveva dato ugualmente alle stampe. Si disse che aveva dovuto riscriverlo perché lei lo aveva bruciato. Ma non era vero nulla. Umilmente, essa aveva soltanto chiesto al suo Poeta il permesso di stargli vicino mentre componeva il capolavoro. E, dopo averlo letto, si dichiarò più orgogliosa di avergliene fornito l'ispirazione che offesa per il modo in cui essa stessa era stata rappresentata. Per la prima volta si vide quanto lo scandalo giovi alla gloria letteraria. Tradotto in tutte le lingue, quel brutto romanzo fece di D'Annunzio un autore di fama non più nazionale, ma internazionale. Ch'era poi l'unica cosa che gli stesse a cuore.

Per nulla smontato dai fiaschi teatrali, insisté a sfornare drammi su drammi, quasi sempre andando a cercarne i pretesti in quelle epoche storiche di transizione in cui le civiltà si decompongono e l'elemento barbarico riprende con tutta la sua forza belluina il sopravvento sull'ordine sociale non più in grado di frenarlo. Egli prediligeva naturalmente questi periodi perché i più congeniali al suo Superuomo, che poi è sempre lui, D'Annunzio, sia pure rivestito di panni sempre diversi. Per raggiungere i suoi effetti, non badava a mezzi. Alla «prima» della *Francesca da Rimini*, a Roma, poco mancò che lo linciassero perché volle rappresentare dal vero la scena di un bombardamento, e una catapulta demolì una parete sprigionando un gas inventato da un suo amico chimico che quasi asfissiò gli spettatori inferociti. Ma queste bizzarrìe contribuivano alla creazione del personaggio D'Annunzio quanto i suoi innegabili doni poetici, e forse di più.

Nonostante la prova del *Fuoco* – è il caso di dirlo –, la Duse era sempre inebriata di lui, e dilapidava i suoi risparmi per rappresentarne le opere all'estero davanti a platee semivuote. Il poeta la ricompensò affidando a Emma Gramatica la parte di protagonista ne *La figlia di Iorio*, sua unica opera teatralmente valida. La Duse se ne ammalò di dolore, ma resistette anche a quell'affronto. La crisi nei loro rapporti sopravvenne per altri motivi. Un giorno che il poeta era assente, essa chiamò alla Capponcina un suo amico e gli ordinò di appiccarvi l'incendio: nella camera da letto di Gabriele, aveva trovato due forcine d'oro che non appartenevano al suo armamentario. «Il tempio è profanato,» disse «solo il fuoco può purificarlo.» E ci volle del bello e del buono per impedirle il falò.

Quelle due forcine erano cadute dalle chiome di Alessandra Di Rudinì, ch'era entrata nella vita di D'Annunzio con la violenza dell'uragano. Capricciosa, appassionata di cavalli e con le mani bucate, essa diede un forte contributo alla montagna di debiti su cui D'Annunzio già si teneva penosamente in bilico. Nella vita privata egli era rimasto Andrea Sperelli, e aveva fatto della Capponcina il deposito di tutto ciò che considerava suprema raffinatezza. La villa grondava di oggetti, come la sua prosa di aggettivi. Damaschi, velluti, cuscini, tabacchiere, vasi, piatti, bronzi, busti, reliquie, miniature, frammenti: c'era tutto, e quasi tutto falso, ma lui lo aveva pagato come autentico perché di arte e antiquariato non capiva nulla. E così, per mettere insieme quel pacchiano bric-à-brac da rigattiere di provincia, era sprofondato in un pozzo di cambiali, cui ora Alessandra aggiungeva le sue. Essi ebbero venti servitori, cinque cavalli, trenta cani e duecento piccioni. Su questi sfondi da palazzo orientale il Poeta si aggirava stivalato e in giacca rossa, circondato da levrieri, oppure componeva in piedi reggendo la penna senz'appoggiare il gomito al tavolo secondo un metodo di scrittura che diceva di aver imparato da un maestro giapponese. Si rifiutava di riguardare i conti che il segretario gli presentava e che denunziavano un passivo (per quei tempi!) di oltre un milione perché, come Balzac, era convinto di possedere un talento commerciale che gli avrebbe consentito di riparare a tutto, e infatti ci si provò tentando una speculazione su un'acqua minerale che naturalmente finì in un disastro. Era talmente sprovveduto in fatto di contabilità che rifiutava anche gli assegni dei suoi editori perché non li considerava denaro, e voleva essere pagato in biglietti, che poi nascondeva fra le pagine dei libri, spesso dimenticandoveli, perché non si fidava delle banche.

Fu in questo periodo ch'egli non solo diede il meglio della sua produzione letteraria, ma anche impose il proprio «personaggio» come modello di stile e di vita. Le donne assumevano gli atteggiamenti e le pose dell'eroine di D'Annunzio, parlavano come loro infiorando i loro discorsi di parole arcaiche e arcane e di gesti melodrammatici, decoravano le loro case come scene di D'Annunzio, e costringevano i loro uomini a fare altrettanto. I suoi vestiti facevano moda. I suoi motti trovavano immediatamente un coro pronto a riecheggiarli. Il Duca d'Aosta, non riuscendo a imitare altro di lui, ne imitava la calligrafia. Dopo la rappresentazione de *La nave*, il pubblico eccitato sciamò per le strade di Roma urlando come i protagonisti del dramma: «Arremba! Arremba!» e «Arma la prora e salpa verso il mondo!» con gran sconcerto della polizia che non sapeva di che sedizione si trattasse.

Quello di D'Annunzio insomma era molto più che un successo letterario. Come mai a nessun artista fin allora era riuscito, egli incideva non soltanto sul gusto della sua epoca, ma sul costume e la mentalità. Fu lui a ubriacare gl'Italiani dando una specie di giustificazione storica e razziale alla pretesa di un primato politico, convertendoli al culto dell'eroismo e della violenza irrazionale, e così spianando la strada al Demiurgo, cioè alla dittatura. Tutti i fermenti anarchici e antisociali di cui l'Italia gorgogliava trovarono in lui il grande catalizzatore e ne ricevettero un'aulica consacrazione. Perfino la cronaca nera si vestì dei suoi panni. L'avventuriera russa Maria Tarnowska compì i suoi delitti in perfetto stile dannunziano e i suoi patroni la difesero con argomentazioni dannunziane.

La sua qualifica di Superuomo era ormai così accreditata che l'indignazione fu grande quando si seppe che il tribunale aveva ordinato il sequestro della Capponcina e la vendita di tutti i suoi mobili all'asta. La stampa, e specialmente quella di parte nazionalista che ormai riconosceva in D'Annunzio il proprio araldo, insorse attaccando violentemente il governo che consentiva quel «sacrilegio» e ricordandogli che il papa Paolo III, quando la polizia voleva arrestare Benvenuto Cellini per i suoi debiti, aveva risposto: «Gli artisti come Cellini non sono tenuti al rispetto delle leggi, e tanto meno a quello dei conti». Ma il governo in quel momento era Giolitti che con Paolo III non aveva niente in comune. Ugo Ojetti, che assistette all'asta, ricevette l'impressione di trovarsi alla svendita del palazzo di un ricco prelato. Ogni poco il battitore annunciava: «Vergine seduta!... Vergine col Bambino!... Sant'Antonio fondo oro!...». D'Annunzio non era affatto religioso. Ma era molto superstizioso. Si era riempita la casa di Santi perché li considerava portafortuna, e specialmente di Onofrio, molto popolare in Abruzzo, ne aveva una dozzina.

Il poeta parlò del «saccheggio» come di una bassa vendetta dei mediocri contro il grande artista che aveva avuto il torto di fare della Bellezza la sua suprema regola di vita, ma non se ne mostrò molto turbato. A quei tempi, per debiti si finiva in galera. Ma lui non correva questo rischio perché già da vari mesi era riparato in Francia. Aveva bisogno, scrisse, di aria, di spazio, di un Paese nuovo, di nuove esperienze, anche se dolorose come l'esilio. Ma era un esilio per modo di dire. In Francia egli era noto quasi quanto in Italia. E Parigi lo accolse spalancandogli tutte le porte, anche perché Barrère, da Roma, raccomandava al suo governo di usargli tutti i riguardi.

Nessuna città poteva riuscirgli più congeniale. Parigi è sempre stata maestra nell'arte di valorizzare i personaggi che si prestano ad arricchire la sua galleria, incastonandoli, fornendogli un palcoscenico di risonanza internazionale e mettendo a loro disposizione tutti gli strumenti pubblicitari, dai più massicci ai più raffinati.

D'Annunzio aveva tutti i numeri per approfittarne. Come già a Roma, egli non cercò di far nido negli ambienti letterari, ma puntò subito su quelli mondani ricorrendo alle sole armi con cui si può conquistarli: lo snobismo, le stravaganze e l'alcova. Per sottolineare la propria condizione di esule perseguitato, prese prima lo pseudonimo di Guy d'Ardres e poi quello di Gérard d'Agaune, che col nome vero avevano in comune le iniziali. Poi si scelse come amanti alcune fra le «mattatrici» più in vista di quel mondo cosmopolita, da Isadora Duncan a Ida Rubinstein alla Principessa de Goloubeff, che non era principessa, ma che lo diventò perché D'Annunzio la considerava tale. Che non gli avesse resistito la società romana, si può anche spiegarlo col provincialismo. Ma il fatto che non gli resistesse nemmeno Parigi dà la misura delle sue arti di seduttore. Anche qui tutte le donne che avvicinavano D'Annunzio diventavano dannunziane e collaboravano con entusiasmo al suo mito.

Il debutto sulle scene parigine lo fece col *Martirio di San Sebastiano* composto per la Rubinstein con la collaborazione musicale di Debussy, e fu uno dei grandi avvenimenti della stagione teatrale, reso ancora più clamoroso dalle vibrate proteste dell'Arcivescovo, offeso dalla trasposizione di un Santo nelle vesti di una ballerina ebrea. E D'Annunzio, che non si lasciava mai scappare un'occasione di scandalo, rispose che la signora Rubinstein era asessuale, anzi andrògina con gran divertimento di tutta Parigi, meno l'interessata.

Sulle ali di quel successo, compose ancora *Le chèvrefeuille* e *La Pisanelle, ou La mort parfumée*. E ancora una volta si ripeté il fenomeno per cui il pubblico faceva ressa a teatro non per ascoltare un dramma, ma per ascoltare D'Annunzio: tanto che Fortuny lanciò l'idea d'inscenare all'aperto un grande spettacolo dannunziano in Campo di Marte o sulla Piazza degl'Invalidi con 700 attori, 120 orchestrali e 5000 posti a sedere. Anche la Francia tradizionalista e conservatrice era ai piedi di D'Annunzio, in cui riconosceva il bardo del «Rinascimento latino», e Maurras scriveva di lui: «Niente di buono è mai venuto al mondo che non rechi un segno di mano italiana».

Naturalmente l'eco di questi trionfi rianimava in Italia il culto di D'Annunzio. Luigi Albertini, il prestigioso direttore del «Corriere della Sera», stava sistemando i debiti del poeta e aveva avanzato la proposta di offrirgli la cattedra universitaria di Bologna, che prima era stata di Carducci e poi di Pascoli. «L'onore è grande, ma l'amore alla mia libertà è ancora più grande» rispose dantescamente D'Annunzio. In realtà egli non aveva intenzione di lasciare Parigi proprio nel momento in cui vi mieteva i più grandi successi.

Questo però non gl'impediva di seguire le cose italiane e di farvi pesare la sua presenza. Era l'anno della spedizione di Tripoli. Egli ne trasse ispirazione per quelle *Canzoni delle gesta d'oltremare* che, pubblicate dal «Corriere», suscitarono sfrenati entusiasmi, trasformando nella coscienza popolare quell'impresa giolittiana in un'impresa dannunziana. Il conte Sforza racconta che, dopo la pubblicazione di quei versi, i rapporti e gli ordini del giorno dei Generali impegnati nel deserto, di solito alquanto pedestri e talvolta anche sgrammaticati, s'infiorarono di voli lirici e assunsero le solenni cadenze di proclami napoleonici. Imbaldanzito, il poeta non si contentò di esaltare i successi – in realtà assai modesti – delle nostre armi, ma si scagliò anche contro Giolitti accusandolo di fare dell'eroismo italiano un oggetto di bassi mercati coi suoi alleati di Vienna e di Berlino. Il giornale censurò i passaggi più scabrosi, ma la stampa francese li riprodusse con gran risalto. Quando l'editore Treves raccolse in volume le *Canzoni*, D'Annunzio esigette che venissero riprodotte integralmente. L'idea che la censura «profani la poesia che io dedico alla mia Patria» lo rendeva esultante. Ma Treves, che esultava un po' meno alla prospettiva di un sequestro, stampò solo pochissime copie per non rimetterci troppi quattrini. Le altre le mise in vendita solo dopo che la censura vi ebbe apportato i suoi tagli. Questi si ridussero in tutto a quattordici versi, che tuttavia bastarono a far di D'Annunzio una vittima e gli permisero d'iscrivere al loro posto le lapidarie parole: «Questa canzone della Patria delusa fu mutilata da mano poliziesca per ordine del cavalier Giovanni Giolitti, capo del governo italiano». La guerra, fra i due, era dichiarata.

Quando scoppiò quella europea, Barrère da Roma raccomandò al suo governo di guadagnare a tutti i costi D'Annunzio alla causa dell'intervento italiano. Qualcuno ha insinuato che i «costi» furono alti, ma si tratta di malignità: D'Annunzio lo si catturava meglio giuocando sulla sua vanità che sulla sua cupidigia. Lo condussero in pompa magna a visitare il fronte, ed egli diede conto di questo «battesimo del fuoco» con inni alla «sorella latina» e al «lavacro di sangue». Davanti alla cattedrale di Reims che bruciava sotto il bombardamento tedesco, andò in estasi e gridò al miracolo suscitando l'indignazione del Vescovo. «Vi assicuro» ribatté placido il poeta «che tra le fiamme la cattedrale raggiunge la sua perfezione.» Poi aggiunse in mezzo al generale sbigottimento: «Esse la purgheranno degli orribili affreschi che decorano il suo interno».

Da allora il poeta della voluttà non scrisse più che di eroismo e di olocausto. Dopo l'ode in francese alla *Resurrezione latina*, che «Le Figaro» pubblicò a tutta pagina, egli inondò l'Italia di poetici appelli: *Alla Nazione*, *Ai cittadini*, *Ai combattenti*, *Al Re*, che diventarono il vangelo della gioventù interventista. Da Milano lo invitarono a tornare per assistere alla «prima» della sua *Fedra*, che stava per essere rappresentata alla Scala. Rispose che preferiva aspettare un'occasione più significativa, ed è probabile che già ne avesse studiato sul calendario la scadenza: il 5 maggio sarebbe stato il cinquantacinquesimo anniversario della partenza dei Mille per Marsala. Quale migliore occasione per indire a Quarto un'oceanica adunata cui presentarsi come un redivivo Garibaldi?

CAPITOLO DODICESIMO

# L'INTERVENTO

Mentre D'Annunzio a Parigi faceva la propria politica, il governo stentava a scegliere la sua. Nel dare al nostro ambasciatore a Londra, Imperiali, l'ordine d'intavolare negoziati coi rappresentanti dell'Intesa, Salandra e Sonnino non erano affatto decisi a concluderli. Come abbiamo detto, volevano guadagnar tempo lasciando la porta aperta, o almeno socchiusa, a un accordo con l'Austria. E anche per questo avanzarono, in cambio dell'intervento, pretese piuttosto pesanti: il Trentino fino al Brennero, cioè col Sud-Tirolo etnicamente tedesco; Trieste con le Alpi Giulie tutta l'Istria e quasi tutta la Dalmazia, il che voleva dire quasi un milione di Slavi; Valona col suo dell'entroterra albanese; il Dodecaneso, che fin allora Francia e Inghilterra ci avevano contestato; e un trattamento da grande potenza coloniale nel caso di successive spartizioni in Africa e in Medio Oriente a spese della Germania.

Convinto che l'intervento italiano avrebbe provocato anche quello di Romania e Grecia, il Ministro degli Esteri inglese, Grey, caldeggiò le richieste, e anche i Francesi le accettarono. Ma le rifiutarono i Russi, imbaldanziti da alcuni recenti successi e smaniosi di assurgere a protettori di tutte le popolazioni slave d'Europa. La loro opposizione rallentò le trattative inducendo Sonnino a riprenderle con l'Austria. Ma quando Vienna si disse disposta a trattare la cessione del Trentino, Sonnino avanzò nuove pretese: Gorizia, l'autonomia di Trieste, alcune isole della Dalmazia, e mano libera in Albania. Era un vero e proprio «mercato», e Dio sa quanto sarebbe andato avanti, se da Londra non fosse giunta notizia che gli Alleati accettavano le nostre proposte. Battuti in Galizia, i Russi non erano più in grado di opporvisi. Così si giunse al famoso Patto di Londra.

Il protocollo fu firmato il 26 aprile (del '15, naturalmente) pressappoco sulle basi proposte dall'Italia che s'impegnava a dichiarare la guerra entro un mese, cioè entro la fine di maggio. Sonnino, che aveva la passione quasi maniacale della segretezza, la esigette anche per questo patto, e per conto suo la osservò scrupolosamente mettendone al corrente solo il Re e Salandra. I nostri nuovi alleati gli suggerirono d'informarne almeno i Serbi che, avendo iniziato la guerra per creare con la Croazia e la Slovenia – per ora province austriache – una Nazione slava (la futura Jugoslavia), erano i più interessati alla sorte dell'Istria e della Dalmazia, anch'esse province territorialmente ed etnicamente slave. Ma Sonnino rifiutò, e fu un grosso errore, perché era facile prevedere che, tacendo lui, avrebbero parlato i Russi. I Serbi non nascosero la loro amarezza per essere stati tagliati fuori non solo dall'Adriatico – su cui non gli venivano lasciati che pochi e cattivi sbocchi –, ma anche dai negoziati. E fu questo ad avvelenare i rapporti fra le due Nazioni, che ne rimasero per sempre guasti.

Il fatto è che Sonnino aveva, sulla situazione, delle opinioni molto personali. Egli non aveva chiesto nessuna assistenza economica all'Italia – salvo uno striminzito prestito di cinquanta milioni di sterline – perché era convinto che la guerra non sarebbe durata più di qualche mese. L'intervento italiano avrebbe indotto il nemico a chiedere una pace di compromesso, che gli Alleati avrebbero accettato perché militarmente, secondo lui, la Germania non era battibile, e l'Impero austro-ungarico andava preservato per far da cuscinetto fra noi e la futura Jugoslavia. L'unico problema restava quindi l'Adriatico, di cui il Patto ci garantiva l'assoluto controllo: ed ecco perché egli non aveva insistito per Fiume. Questa previsione di una guerra rapida e limitata lo aveva indotto a trascurare anche altri problemi come quello dei compensi in Medio Oriente e in Africa. In caso di spartizione dell'Impero turco, il Patto prevedeva l'assegnazione all'Italia di una «parte equa» in Anatolia. E quanto al patrimonio coloniale tedesco, all'Italia non era riconosciuto altro diritto che a un ritocco di frontiere nelle colonie sue. Ma Sonnino era convinto che le colonie tedesche sarebbero rimaste tedesche e che comunque non valesse la pena giuocarci su di esse l'accordo con la Germania, con cui contava di ripristinare l'amicizia, anzi di non romperla nemmeno.

Egli era fierissimo dell'accordo raggiunto, lo considerava un «capolavoro», e sempre per amore della segretezza, si rifiutò di comunicarne la conclusione ai Romeni, che si erano impegnati a ricalcare la loro condotta su quella italiana. Più tardi Cadorna scrisse che, se essi avessero aperto un fronte contemporaneamente al nostro, per l'esercito austriaco non ci sarebbe stato scampo. Forse questa era un'esagerazione. Ma sta di fatto che, in spregio ai patti, la Romania fu presa di contropiede e non poté sincronizzare la propria azione con quella italiana.

Il Paese era in preda alla *suspense*. Nessuno sapeva cosa stesse per accadere, ma tutti sentivano che qualcosa sarebbe accaduto, e la polemica divampava più violenta che mai sulla stampa e nelle piazze. Gl'interventisti avevano guadagnato terreno, ma il neutralismo poteva contare su due blocchi abbastanza compatti.

Uno era quello socialista. Specie fra i giovani, alcuni se n'erano staccati per seguire Mussolini e i sindacalisti, o per far fronte comune coi radicali: fra questi, col sindaco Caldara alla testa, tutta la giunta comunale di Milano, la città che d'interventismo più fremeva. Ma la cosiddetta base era massicciamente all'unisono coi dirigenti del partito, fedeli alla pregiudiziale pacifista. Gli attivisti scesero a più riprese nelle strade, vi lasciarono anche alcuni morti in scontri con gli avversari e con la polizia, e non smisero mai di minacciare l'insurrezione se il governo avesse deciso la guerra alle loro spalle. Invano una delegazione di «compagni» francesi venne a tentare di convertirli. Risposero – e non senza ragione – che l'operaio francese era stato aggredito, quello italiano sarebbe stato aggressore.

Più divisi erano i cattolici. L'elemento conservatore era per la pace prima di tutto perché vedeva nella cattolica Austria una garanzia di ordine, eppoi perché prendeva il la dal Vaticano. Pio X era morto nell'agosto dell'anno prima, cioè pochi giorni dopo lo scoppio della guerra, e l'emergenza aveva messo il Conclave di fronte a una difficile scelta. Infatti c'erano volute quindici «fumate nere» prima che si formasse una maggioranza in favore del cardinale Della Chiesa, Arcivescovo di Bologna, che salì al Soglio come Benedetto XV.

A differenza del suo predecessore, veniva da una grande famiglia, e la sua carriera si era fatta non nella cura di anime, ma nella diplomazia. Era dunque un Papa «politico», come del resto il momento richiedeva. E politico era anche il Segretario di Stato ch'egli nominò: il cardinale

Gasparri, destinato a restare in carica quasi vent'anni e a negoziare con Mussolini i Patti lateranensi che condussero alla creazione dello Stato vaticano. Entrambi graditi all'Austria, essi accarezzavano un grande disegno: ospitare a Roma la futura conferenza della pace facendone assegnare la presidenza al Papa, che così avrebbe riaffermato la sua posizione di alto Pastore del gregge cristiano, nonché di vero sovrano della Città Eterna. Sonnino, che di questo progetto doveva aver avuto qualche sentore, lo aveva già prevenuto facendo includere nel Patto di Londra una clausola che escludeva qualsiasi intervento del Vaticano nella conferenza. Ma Papa e Segretario, che il Patto non lo conoscevano, seguitavano a sperare, e anche per questo lavoravano contro l'intervento: la conferenza, l'Italia avrebbe potuto ospitarla solo se fosse rimasta neutrale. «Stiamo facendo tutto il possibile perché l'interesse dell'Austria è anche il nostro» disse un giorno Gasparri a Bülow. E non mentiva. Aveva perfino esercitato pressioni sul bigotto Cadorna perché desse parere sfavorevole all'intervento.

Neutralista, sia pure per tutt'altri motivi, era anche l'altra estrema della falange cattolica: quella di sinistra capeggiata da Miglioli, l'organizzatore delle «leghe bianche» che, in fatto di rivendicazioni e scioperi, facevano concorrenza a quelle rosse e tenevano in subbuglio le campagne. Ma l'elemento intermedio, che poi costituiva la maggioranza, era incerto e diviso anche per complessi motivi psicologici. Nei confronti dello Stato nazionale, molti cattolici covavano una specie di «complesso» per la mancata partecipazione alla sua creazione risorgimentale, e ora volevano riguadagnare il terreno perduto rincarando sul patriottismo. Per di più, usciti finalmente dal ghetto cui il Vaticano li aveva condannati col *non expedit*, non volevano più tornarci appartandosi dagli slanci ed entusiasmi del Paese, anche se li consideravano fallaci. Questo spinse i Meda e molti altri ad assumere un atteggiamento possibilista di neutralità condizionata al soddisfacimento degl'interessi nazionali: pronti cioè ad abbandonarla se il Paese si fosse pronunciato per l'intervento.

Ma il Paese non si pronunciava perché la maggioranza era, come al solito, «silenziosa». Sostanzialmente neutralista, essa non aveva però il coraggio di opporsi agl'interventisti che, sempre più baldanzosi e vociferosi, spadroneggiavano nelle piazze, godevano l'appoggio dei giornali più potenti, facevano paura a tutti accusandoli di aver paura, e insomma esercitavano un terrorismo ideologico cui nessuno, o quasi nessuno, aveva la forza di ribellarsi. Essi parlavano dei pacifisti come oggi si parla dei «qualunquisti»: gente ottusa, terra terra, di corte vedute, con cui specialmente gl'intellettuali non volevano confondersi. Quella di neutralista era diventata una professione difficile.

Fu in questo ribollìo di passioni che D'Annunzio tornò in Italia per commemorare a Quarto la spedizione dei Mille. Sembrava ch'egli avesse combinato il proprio rientro con l'aiuto di qualche veggente. Quando aveva accolto l'invito di tenere la sua orazione, egli non poteva certo sapere che proprio il giorno prima – 4 maggio – l'Italia si sarebbe ufficialmente ritirata dalla Triplice – passo decisivo verso l'intervento –, dopo esser rimasta per otto giorni, cioè dal 26 aprile, quando aveva firmato il Patto di Londra, alleata contemporaneamente dei due blocchi in guerra. L'annuncio non era stato ancora dato, ma era nell'aria ed esaltava l'entusiasmo degl'interventisti, che ora correvano incontro al loro Vate per preparargli una «oceanica adunata».

Il Re e Salandra si erano impegnati a intervenire alla cerimonia. Ma quando ebbero visto il testo dell'orazione, preferirono restarsene a Roma scusandosene con motivi di «servizio». E D'Annunzio vi fece un'ironica allusione rivolgendosi «al Re assente, ma presente». Dopodiché, con voce lenta e gesti ispirati, cominciò a scandire il suo sonante appello all'enorme folla che si accalcava intorno al palco. «Voi volete un'Italia più grande non per acquisto, ma per conquisto, non a misura, ma a prezzo di sangue e di gloria... O beati quelli che più danno perché più potranno dare, più potranno ardere... Beati i giovani affamati e assetati di gloria, perché saranno saziati...» Parlava senza leggere, ma purtroppo leggevano gli ascoltatori, perché il «Corriere», venendo meno ai patti, aveva pubblicato l'allocuzione di cui il Poeta gli aveva mandato il testo. Ma ciò non ne sminuì gli effetti. Le ovazioni salirono al cielo, il Poeta ci prese gusto, e da quel giorno si abbandonò a una vera e propria orgia oratoria, che oltre tutto dettò il modello a uno stile tribunizio destinato nel nostro Paese alle più grandi fortune: il dialogo con la folla ridotta a coro: «Udite, udite: la Patria è in pericolo, la Patria è in punto di perdimento. Intendete? Avete inteso?». La folla: «Sììì...». Il Poeta: «Questo vuole il mestatore di Dronero!...». E la folla: «A morte!...». Col suo infallibile fiuto, egli aveva subito intuito il bersaglio contro cui incanalare e scaricare le passioni della piazza.

Giolitti aveva continuato a non fare nulla contro il governo, che di nulla lo aveva messo al corrente. Anzi, aveva dato ordine ai suoi di sostenerlo, ignorando gli appelli dei socialisti che, dopo averlo costantemente combattuto, ora ne invocavano il ritorno. Ma con la lettera a Peano egli aveva assunto il patronato morale della causa neutralista che ormai, agli occhi di tutti, s'identificava in lui. Questo però aveva anche degli effetti negativi: tingendosi di antigiolittismo, l'interventismo fece breccia in molti ambienti per indole e per interesse avversi all'avventura, ma ancora di più al «Ministro della malavita». Sicché, confondendosi con quello di: «Abbasso Giolitti!», il grido di: «Abbasso l'Austria!» diventò ancora più tonante.

Dopo il ritiro dalla Triplice, cominciò un'affannosa corsa sul tempo. Mancavano ancora tre settimane alla scadenza del termine entro il quale l'Italia doveva entrare in guerra. Ma soltanto il Re, Salandra e Sonnino lo sapevano. Passati alla controffensiva, gli eserciti austro-tedeschi avevano sfondato il fronte russo e ora avanzavano in Galizia. Per guadagnare il tempo necessario a condurre a termine l'operazione, Berlino ingiunse a Vienna di acconsentire alle richieste italiane. E Bülow ne informò Giolitti nella speranza che accorresse a Roma e, forte delle concessioni austriache che praticamente toglievano ogni motivazione all'intervento, rovesciasse Salandra.

Il 9 Giolitti si decise finalmente a tornare nella capitale. E subito a casa lo raggiunse il fido Carcano, Ministro del Tesoro. Come questi poi riferì a Salandra – e Salandra trascrisse nel suo *Diario* –, quando seppe che il Patto di Londra era stato firmato e che il Re lo aveva personalmente avallato con un telegramma di compiacimento ai nuovi alleati, Giolitti perse l'abituale calma, picchiò i pugni sul tavolo, e si abbandonò alle più fosche previsioni. A sua volta Salandra ne informò il Re, che convocò Giolitti per l'indomani.

Di questo decisivo colloquio, esistono due versioni che pressappoco coincidono: quella, come al solito scarna fino alla reticenza, che Giolitti affidò alle *Memorie*, e quella riferita dal Re a Salandra, e da questi trascritta nel suo solito *Diario*. Giolitti ribadì la sua opinione che il Paese era in maggioranza contrario alla guerra, che le forze armate non erano in grado di affrontarla, e che pertanto il Patto di Londra andava revocato. Il Re rispose che non poteva farlo perché col suo telegramma vi si era personalmente impegnato; ma che, se questo esigevano gl'interessi del Paese, era pronto ad abdicare in favore del cugino Duca d'Aosta. Giolitti ribatté che non c'era bisogno di ricorrere a quell'estremo passo: bastava che la Camera, riconfermandogli la fiducia, desse mandato al governo di revocare il Patto e di riprendere le trattative con l'Austria, ormai pronta a concedere tutto, o quasi tutto. Comunque, escluse un proprio ritorno al potere perché, disse, gl'interventisti lo avrebbero tacciato di «austriacante» e la stessa Austria, sapendolo contrario alla guerra, gli avrebbe concesso meno che al governo in carica.

Subito dopo, ebbe un lungo incontro con Salandra, cui ribadì ciò che aveva detto al Re, ma in termini più brutali. La vittoria in Galizia, disse, dimostrava che la forza militare austro-tedesca era ancora intatta e che quindi la guerra sarebbe stata più lunga e dura di quanto il nostro esercito potesse sopportare. «Ho sempre dovuto falsificare i bollettini degli scontri in Libia» disse «per non dimostrare che si vinceva solo quando si era in dieci contro uno.» C'era da aspettarsi «un milione di Tedeschi contro di noi, l'occupazione di Verona, la ritirata dietro il Po, la rivoluzione nel Paese». E alla fine ribadì la sua idea: un voto della Camera che, confermando la neutralità, desse mandato al governo di riprendere i negoziati con l'Austria, «liberandolo» così dagl'impegni presi a Londra. Non c'era bisogno di crisi, disse, perché la Camera ignorava questi impegni, e quindi il governo poteva restare in carica.

Salandra si disse d'accordo sul voto della Camera, ma

insisté sulla necessità delle dimissioni. E qui non sapremo mai se il suo proposito di ritiro fosse sincero o non facesse parte di una manovra già concordata col Re, come il seguito degli avvenimenti lascia sospettare. Si sa soltanto che, uscendo da quel colloquio, Giolitti disse a Malagodi che a volere la guerra era soltanto Sonnino, Salandra gli era parso veramente intenzionato a evitarla, e che perciò avrebbe continuato a sostenerlo. Ma anche qui non sapremo mai fino a che punto anche lui fosse sincero. In quel momento Giolitti non voleva il potere. Sapeva che, anche se avesse vinto la battaglia alla Camera, l'avrebbe persa nelle piazze, ormai in completa balìa della minoranza interventista. «Voi» scriveva la Kuliscioff a Turati «attribuite le dimostrazioni a istigazioni dei fidi di Salandra-Sonnino. Ma se dovessi giudicare da Milano, nessun governo, anche con la massima profusione di agenti provocatori, potrebbe mettere in piedi manifestazioni di questa portata.»

L'11 mattina «La Stampa» pubblicava, insieme alle notizie della trionfale avanzata austro-tedesca in Galizia e dei falliti tentativi di sbarco inglesi nei Dardanelli, le ultime allettanti offerte austriache. Naturalmente a fornirne il testo era stato Giolitti d'accordo con Bülow e col plenipotenziario di Vienna, Macchio. I neutralisti se ne sentirono incoraggiati e rialzarono la testa quanto bastava per mettere in crisi il governo.

Il 12 ci fu un lungo e laborioso Consiglio dei Ministri. Come se solo allora ci si rendesse conto che per portare il Paese in guerra ci voleva una Camera che la votasse, fu deciso di sondarne gli umori, prima della sua riapertura fissata al giorno 20. Fu un convulso intrecciarsi d'incontri e di colloqui, al termine dei quali risultò che una maggioranza c'era, e larga: ma per la neutralità. Alcuni Ministri consigliarono a Salandra di affrontare ugualmente la battaglia. Ma Salandra se ne schermì dicendo che la sua sconfitta sarebbe stata anche la sconfitta del Re per via del famoso telegramma. E preferì rassegnare subito le dimissioni.

Proprio quella sera, quando la notizia non era ancora trapelata, il Vate arringava la folla dell'Urbe. «Nella Roma vostra si tenta di strangolare la Patria con un capestro prussiano maneggiato da quel vecchio boia labbrone [Giolitti], le cui calcagna di fuggiasco sanno la via di Berlino... Il vostro sangue grida, la vostra ribellione rugge... Col bastone e col ceffone, con la pedata e col pugno si misurano i manutengoli, i mezzani, i leccapiatti e i leccazampe dell'ex cancelliere tedesco [Bülow]. Codesto servidorame di bassa mano teme i colpi, ha paura delle busse, ha spavento del castigo corporale. Io ve li raccomando, vorrei poter dire: io ve li consegno. I più maneschi di voi saranno della città e della salute pubblica benemeritissimi.» Era l'appello alle «squadre», che infatti si formarono per prendere d'assalto l'abitazione di Giolitti. La polizia dovette circondarla di cavalli di frisia e disporvi dei picchetti armati per proteggere l'incolumità del vecchio statista. L'indomani trecento deputati vi si recarono per lasciarvi il loro biglietto da visita. Il gesto di solidarietà non andava tanto all'uomo, quanto all'istituzione che questi incarnava. La rivolta della piazza contro Giolitti, era in realtà una rivolta contro il parlamento.

Le dimissioni del governo avevano creato un pauroso vuoto di potere. Invano i prefetti chiedevano istruzioni: Salandra non ne aveva lasciate. Il Paese era completamente al buio degli avvenimenti che incalzavano, e soltanto dal «Corriere della Sera» apprese di non essere più alleato degli Austro-tedeschi. Allora le squadre scesero per la strada e se ne impadronirono. Lo sciopero generale bandito dai socialisti riuscì solo a Torino, dove ci furono morti e feriti. Ma D'Annunzio a Roma, Mussolini e Corridoni a Milano avevano in pugno la città: la «maggioranza silenziosa» gliel'aveva completamente abbandonata.

Fu in questa emergenza che il Re si assunse una responsabilità che doveva rivelarsi decisiva non solo per l'intervento, ma per le sorti della stessa democrazia.

Quindici anni di Regno avevano fatto di lui un uomo assai diverso da quello che, dopo l'uccisione di Umberto, aveva rifiutato le leggi speciali e confermato la propria fiducia nell'istituto parlamentare. Aveva conservato le sue abitudini di Re borghese, tenendosi sempre più appartato dalla vita pubblica, e questo riserbo aveva molto contribuito ad accreditare la sua fama di perfetto sovrano costituzionale. Ma si trattava più di apparenza che di sostanza. In realtà egli aveva sempre interferito nelle cose di Stato molto più del padre. Lo aveva fatto con più accortezza e discrezione. Ma specialmente in politica estera, la sua presenza era stata assidua. E ancora di più lo era diventata dal momento in cui era scoppiata la guerra.

A chi andassero le sue simpatie fu subito chiaro, almeno ai pochissimi che avevano con lui qualche dimestichezza. La parola dimestichezza è mal posta perché egli non ne concedeva a nessuno. Tuttavia è opinione abbastanza concorde che Vittorio Emanuele non fu mai un triplicista convinto e che accettava quell'alleanza solo come un necessario gravame, da cui però non vedeva il momento di liberarsi. Qualcuno dice che su questo atteggiamento giuocava la personale antipatia per il *Kaiser* che, secondo il suo grossolano stile, gl'impartiva consigli sul tono di ordini, non gli lesinava corbellature per il suo fisico meschinello e, per umiliarlo ancora di più, gli si presentava sempre con accompagnamento d'imponenti ussari.

Può darsi che ci sia qualcosa di vero. Effettivamente Vittorio Emanuele aveva il «complesso» del suo rachitismo, tanto che una volta aveva sgarbatamente ripreso il generale Pollio perché questi fissava con insistenza le sue gambe corte e malferme. Chiuso, schivo e frugale, egli non poteva di certo amare quell'Imperatore impettito e impennacchiato, che pretendeva sempre occupare il centro della scena e farvi da padrone. Quanto a Francesco Giuseppe, a dividerlo da lui non era il Risorgimento e un desiderio di rivincita sulle disfatte che ci aveva inflitto a Novara e a Custoza, ma piuttosto – dicono – l'affronto che questi gli aveva fatto ricambiando non a Roma, per non offendere il Papa, ma a Venezia la visita che Vittorio Emanuele gli aveva reso a Vienna.

Non esageriamo tuttavia l'importanza di questi fattori. Vittorio Emanuele non era triplicista per il semplice motivo ch'era un vero Savoia, e da vero Savoia, abituato a barcamenarsi fra potenze più grosse e rapaci, vedeva in ogni alleanza un fastidioso impegno contratto per motivi di necessità, e da tradire appena se ne presentasse l'occasione. Questa era stata, né altra poteva essere, la politica con cui la sua dinastia aveva per secoli conservato il trono, e lui se la portava nel sangue. Pur restando nella Triplice, egli aveva avallato le iniziative di Prinetti per il riavvicinamento alla Francia; ed era stato quasi sotto sua dettatura che Tittoni aveva stilato a Racconigi il patto segreto con lo Zar. Insomma, era stato il vero ispiratore della politica del «giro di valzer».

Il 28 giugno del 1914, egli annota sul suo diario: «Sarajevo!». Come rileva il suo biografo Bertoldi, tutto il suo commento all'episodio che sta per precipitare l'Europa nella più spaventosa di tutte le guerre è in quell'esclamativo d'incerta decifrazione. Ma quando Francesco Giuseppe gli telegrafò che «d'accordo con la Germania sono deciso a difendere i diritti della Triplice Alleanza e ho ordinato la mobilitazione delle mie forze di terra e di mare» come dire che, una volta presa da lui e dal *Kaiser* quella risoluzione, a Vittorio Emanuele non restava che accodarsi, questi non pose tempo in mezzo a rispondere che «l'Italia osserverà verso i suoi alleati un'attitudine cordialmente amichevole, rispondente al trattato della Triplice Alleanza, ai suoi sinceri sentimenti e ai grandi interessi che deve tutelare». Ed erano parole sue, non del Ministro degli Esteri, che in quel momento era San Giuliano e che certamente avrebbe aggiunto almeno i saluti.

Dicono che in quel momento il Re non aveva il completo dominio di se stesso perché in preda a una grave crisi. Sulla natura e le cause di questo male corsero poi le più svariate voci, fra cui quella di una profonda delusione coniugale dovuta alle infedeltà della Regina. Ma si tratta certamente di un malevolo pettegolezzo. Elena, che ora aveva passato la quarantina e messo al mondo cinque figli, era sempre stata un'eccellente moglie, anzi un'eccellente massaia, e non aveva mai dato a divedere di aver grilli per la testa. La relazione che le imprestavano con l'ammiraglio Bonaldi, precettore del principe Umberto, non è suffragata da nessun elemento, e non ha dalla sua nemmeno la verisimiglianza. Quella di cui il Re soffriva era soltanto una di quelle depressioni psichiche cui qualsiasi mortale può andare soggetto. Lo dimostra il fatto che a curarlo fu chiamato il prof. Mingazzini, specialista di nervi, e non risulta che si sia trattato di cosa grave. Era smagrito e invecchiato perché aveva perso il sonno e l'appetito, e si era fatto più misantropo e sospettoso di sempre. Ma seguitava a occuparsi molto assiduamente delle cose di Stato, le vedeva con assoluta lucidità, e tutti i suoi gesti obbedivano a un ben calcolato disegno. Non ci sono elementi per dire che fin dapprincipio egli manovrò per l'intervento. Ma ce ne sono abbastanza per ritenere che fin dapprincipio egli se ne prospettasse l'eventualità. Comunque, è un fatto che tutta l'azione diplomatica di Salandra e Sonnino fu punto per punto avallata, se non suggerita, da lui, fino al Patto di Londra, di cui si era assunto la responsabilità col famoso telegramma.

Cosa disse a Salandra quando questi gli presentò le dimissioni, rimase tra lui e Salandra. La versione ufficiale è che si consultarono sulla scelta del successore meglio qualificato a disdire gl'impegni di Londra e a riprendere i negoziati con l'Austria, come la Camera dimostrava di volere; e che, visto il rifiuto di Giolitti, convennero d'interpellare Carcano o Marcora. Ma non ci sembra molto credibile. Che il Re volesse a tutt'i costi la guerra, possiamo anche dubitarne. Ma non possiamo dubitare che ormai vedesse, sulla parola data agli Alleati, in giuoco il suo trono. E sebbene continuamente ripetesse che al trono non ci teneva, anzi non avrebbe voluto nemmeno accettarlo («Volevo parlarne a mio padre, ma lui morì in quel modo e fui costretto a venire» aveva detto quattro giorni prima a Salandra), i fatti poi dimostrarono che vi era ostinatamente attaccato.

Comunque, la scelta dei personaggi da interpellare si rivelò indovinatissima. Sia Carcano che Marcora declinarono l'incarico senza nemmeno discuterne le condizioni. Fu convocato Boselli, il decano della Camera, ma declinò anche lui. Il parlamento non voleva l'intervento, ma non riusciva a esprimere un uomo disposto ad assumersi la responsabilità di rifiutarlo. E proprio su questo il Re doveva aver contato. Nei quattro giorni in cui le consultazioni si erano susseguite, la febbre interventista era salita a quaranta. «Appiccate il fuoco! Siate gl'incendiari intrepidi della grande Patria!» gridava D'Annunzio agli studenti, che naturalmente non se lo lasciarono dire due volte. A un diplomatico tedesco, Roma apparve «una città in preda al terrore». E fu questo terrore che permise al Re di respingere le dimissioni di Salandra e di richiamarlo al governo, dando con ciò il via all'intervento.

Ancora oggi si discute sulla costituzionalità del gesto. Formalmente, esso era irreprensibile. Alla Camera pacifista il Re aveva chiesto un governo che facesse fronte all'emergenza, e la Camera non gliel'aveva dato. Ma sostanzialmente quello del Re fu un colpo di Stato. Egli sapeva che il parlamento era ostile alla guerra. Eppure, condusse le cose in modo da renderla irrevocabile. Nel conflitto drammaticamente apertosi fra la piazza e le Istituzioni, egli fu per la piazza contro le Istituzioni. E questa scelta era destinata a ripetersi anche in altra occasione.

Ormai scontata, la corsa alla guerra assunse un ritmo incalzante. Alla notizia del ritorno al potere di Salandra, l'entusiasmo toccò il delirio. Dal balcone del Campidoglio, D'Annunzio librò sulla testa della folla la spada di Nino Bixio e teatralmente la baciò gridando: «L'onore della Patria è salvo. L'Italia è liberata. Le nostre armi sono nelle nostre mani. Non temiamo il nostro destino, ma gli andiamo incontro cantando... Ben questo coraggio, ben questo impeto, ben questo vigore sono le vere virtù della nostra razza. Tutto il resto è infezione straniera propagata in Italia dall'abbietta giolitterìa...».

Il 18 Bülow compì ancora un disperato tentativo per guadagnare qualche giorno di tempo trasmettendo a Sonnino nuove controfferte austriache e mobilitando il Papa per caldeggiarle. Ma anche se avesse voluto, Sonnino non avrebbe più potuto prenderle in considerazione. Il 20 la Camera si riunì, e Salandra chiese i pieni poteri. Sebbene tutti sapessero che questi pieni poteri erano in realtà il potere di dichiarare la guerra, solo Turati si alzò a fare opposizione. I 300 giolittiani tacquero, e al momento del voto si schierarono col governo dandogli una maggioranza di 407 contro 74. Era l'abdicazionc alla volontà della piazza, che a sua volta aveva abdicato alla volontà di una minoranza, come del resto in Italia era sempre successo.

Giolitti non fu presente alla discussione: aveva preferito tornarsene in Piemonte. A Malagodi, che lo vide poco prima della partenza, parve sereno. «Ormai il fosso è saltato,» disse «e non dubito che il Paese e l'Esercito faranno il loro dovere.» Ma al nome di Salandra, un lampo d'ira gli passò negli occhi. Nel marzo, disse, gli aveva assicurato che a voler la guerra era soltanto Sonnino, ma che lui lo avrebbe disarmato. Per questo egli aveva spinto i suoi a sostenere il governo. «È stato tutto un inganno» concluse. Ma qui non era sincero, forse nemmeno con se stesso. È certo ch'egli aveva ignorato i negoziati di Londra, ma è altrettanto certo che aveva fatto ben poco per sapere cosa succedeva dietro le quinte. L'impressione che si ricava dai memoriali e dalle testimonianze di tutti coloro ch'ebbero qualche parte in quella emergenza è che Giolitti ebbe fin dapprincipio una visione molto chiara della situazione, ma non la risolutezza per affrontarla. Forse sperava che si risolvesse da sé, prima di precipitare. Comunque, avendo rinunziato a dar battaglia sbancando il governo nel marzo, come molti gli chiedevano, la tesi dell'inganno gli serviva a meraviglia per giustificarsene. D'allora in poi, sul piano politico, egli si astenne dal creare imbarazzi a Salandra. Ma in privato, non ebbe per lui che parole di disprezzo, fino a qualificarlo «mascalzone», un termine che non aveva usato nemmeno per Crispi.

Arrivò a Cavour quasi contemporaneamente al bando di mobilitazione generale. Il 23 ci fu l'*ultimatum* a Vienna, e il 24 la dichiarazione di guerra, ma all'Austria sola, sebbene il Patto c'impegnasse a dichiararla anche alla Germania. Era l'ultima «trovata» di Sonnino, tuttora convinto che l'Italia dovesse combattere una guerra esclusivamente *sua*, limitata nello spazio e nel tempo sul tipo di quelle balcaniche. Un altro errore che avremmo pagato caro.

Il Paese non ebbe il tempo di riflettere sul modo in cui si era lanciato nell'avventura, o per meglio dire vi si era fatto trascinare. Ma almeno un uomo ci fu, che mostrò di coglierne tutto il significato e ne trasse lezione per il futuro: Mussolini. «Il parlamento» scrisse «è il bubbone pestifero che avvelena il sangue della Nazione. Occorre estirparlo.» Una tesi sovversiva, ma a cui lo stesso parlamento aveva prestato validi argomenti.

# PARTE SECONDA

## CAPITOLO TREDICESIMO

# «IL PIAVE MORMORAVA»

Gl'Italiani, che avevano dato al mondo l'impressione di esitare e tergiversare in attesa del momento più favorevole, finirono per entrare in guerra nel momento più sfavorevole, quando l'iniziativa era tornata in mano agli Austro-tedeschi.

Questi erano scesi in campo con un piano ben preciso, già elaborato parecchi anni prima dal Capo di Stato Maggiore tedesco, von Schlieffen. Esso prevedeva una guerra su due fronti, quello russo e quello francese, ma partendo dal presupposto che ai Russi, per ammassare le loro truppe sarebbero occorsi almeno due mesi. Questo consentiva di concentrare tutto lo sforzo contro i Francesi per liquidarli in poche settimane. Poiché essi disponevano di una eccellente linea fortificata, bisognava aggirarla dal Nord, cioè dalla parte del Belgio occupandolo di sorpresa. Questo Paese era neutrale, e la sua neutralità era stata garantita anche dai Tedeschi. Ma il cancelliere Bethmann-Hollweg disse che questa garanzia non era che un *chiffon de papier*, un pezzo di carta.

Schlieffen era ormai morto, ma il suo piano fu applicato alla lettera dal successore von Moltke Jr. Egli contrastò poco l'offensiva dei Francesi sulle Argonne e verso l'Alsazia, ma scaraventò il grosso delle sue armate sul Belgio, per poi farle convergere a Sud e prendere il nemico alle spalle. Ma l'imprevista resistenza dei Belgi e il loro sabotaggio di strade e ponti diedero il tempo ai Francesi di far accorrere altre forze e di bloccare l'avanzata nemica sulla Marna. La battaglia che qui si svolse nella prima metà di settembre fu insieme la più sanguinosa e la più decisiva di tutta la guerra. Mezzo milione di morti rimasero sul terreno. Ma i Tedeschi furono inchiodati e dovettero rinunciare a entrambi gli obiettivi che si erano proposti: la conquista di Parigi e l'accerchiamento delle armate avversarie dislocate fra Argonne e Alsazia. Von Moltke fu silurato, la guerra di movimento si trasformò in guerra di trincea, e anche il piano Schlieffen diventò un *chiffon de papier*: non avendo potuto liquidare nel tempo previsto il fronte occidentale, ora i Tedeschi non potevano concentrare tutti i loro sforzi su quello orientale.

Qui i Russi, per la loro inefficienza logistica, erano effettivamente in grave ritardo, ma la loro superiorità numerica era già tale che avevano potuto riportare qualche successo sulle deboli forze tedesche comandate da Prittwitz. Questi chiese di potersi ritirare dietro la Vistola, e come risposta ricevette il collocamento a riposo. Al suo posto venne nominato un ufficiale quasi settantenne, che sei anni prima aveva lasciato l'Esercito per limiti di età e solo per la guerra vi era stato richiamato: von Hindenburg. Aveva fatto carriera più in caserma che sui campi di battaglia, e per talenti strategici non aveva mai brillato. Ma al suo seguito aveva un giovane Capo di Stato Maggiore che invece ne traboccava: von Ludendorff. Questi comprese subito che i punti deboli del nemico erano la lentezza dei movimenti e la mancanza di collegamenti. E seppe sfruttarli al meglio.

I Russi erano avanzati su due ali. Quella più a Nord la comandava il generale Rennenkampf, quella più a Sud

LE BATTAGLIE DELL'ISONZO
Plezzo
Sonzia
Isonzo
M. Iavorce 1545
M. Liping 1867
Picco di Montemaggiore 1615
Saga
I M P E R O
M. Nero 2245
Creda
Caporetto
Torre
M. Merzli 1360
M. Cucco di Lucio 1243
Lucio
M. Vodil 1044
M. Mataiur 1643
Tolmino
Tarcento
Drenchia
Pulfero
Volzana
S. Pietro al Natisone
II ARMATA ITALIANA
Isonzo
Auzza
Cividale del Friuli
Canale
Altopiano della Bainsizza
Udine
Natisone
A U S T R O
Plava
S. Martino
Isonzo
Buttrio
S. Floriano
Cormons
XXII Div. italiana
Gorizia
XXI Div. italiana
Farra
Palmanova
Gradisca
U N G A R I C O
Sagrado
III ARMATA ITALIANA
Opacchiasella
Dosso Faiti
XIX Div. italiana
Ronchi
Carso
Monfalcone
S. Giovanni
Duino
Sistiana
XIV Div. italiana
XIII Div. italiana
Confine italo-austriaco del 1915
Direttrici delle operazioni iniziali e posizioni raggiunte il 5-VI-1915
Posizioni raggiunte dopo la 1ª batt.
Posizioni raggiunte dopo la 2ª batt.
Posizioni raggiunte dopo la 3ª, 4ª, 5ª batt.
Posizioni raggiunte dopo la 6ª batt.
Posizioni raggiunte dopo la 7ª, 8ª, 9ª batt.
Posizioni raggiunte dopo la 10ª batt.
Posizioni raggiunte dopo la 11ª batt.

Samsonov, divisi non soltanto dalla immensa palude dei Laghi Masuri, ma anche da una animosità che ricordava quella fra La Marmora e Cialdini nella campagna del '66, che ci aveva condotto a Custoza. Giuocando d'audacia, Ludendorff sguarnì il fronte Nord trasferendone tutte le forze su quello Sud. La battaglia prese il nome dalle colline di Tannenberg, intorno a cui si svolse. Con un attacco a sorpresa, i Tedeschi circondarono l'armata avversaria e la distrussero. Centomila prigionieri e un ricco bottino di artiglieria caddero nelle loro mani, Samsonov si uccise, e Hindenburg diventò di colpo l'Eroe della Germania.

A questo punto entrò in scena l'Inghilterra. Potenza quasi esclusivamente marinara, non aveva un vero e proprio esercito, e solo con molta difficoltà era riuscita a raggranellare e schierare sul fronte francese centomila uomini. Essa riteneva che il suo compito fosse soprattutto quello di bloccare con la sua flotta il nemico, e in questa azione aveva già riportato notevoli successi. Ma gli alleati chiesero un maggiore impegno, e su questo nacque a Londra un conflitto fra «occidentalisti» e «orientalisti». I primi pensavano che la guerra si potesse combatterla e vincerla soltanto in Francia, e quindi sollecitavano l'approntamento di altri corpi di spedizione. I secondi ritenevano che il compito dell'Inghilterra fosse quello di colpire i cosiddetti «puntelli» della Germania, cioè i suoi alleati periferici, fra i quali ora si era schierata la Turchia. Questa tesi piaceva soprattutto all'animoso e immaginoso Ministro della Marina, il giovane Winston Churchill, che riuscì a imporre il suo piano: l'apertura di un fronte balcanico con uno sbarco a Gallipoli, che avrebbe costretto l'Austria a concentrarvi tutte le sue forze isolando la Germania.

Mentre si preparava questa spedizione, i Russi attaccavano il fronte austriaco per porgere aiuto alla Serbia e cercare la rivincita di Tannenberg. Essi riportarono notevoli successi in Galizia, ma poi dovettero fermarsi un po' per la solita inefficienza logistica, un po' per l'inverno che bloccò le operazioni su tutti i fronti. Durante la pausa affiorò, da una parte e dall'altra, la delusione. La «fresca e gaia guerra» cui i giovani erano corsi incontro con tanto entusiasmo rivelava un volto assai diverso. Essa aveva già divorato oltre un milione di uomini, e ogni speranza di rapida e brillante soluzione era svanita. Il giorno di Natale, sul fronte delle Fiandre, soldati francesi e tedeschi uscirono dalle rispettive trincee, si scambiarono sigarette e improvvisarono una partita di calcio. L'episodio non ebbe seguito, ma era un segno.

Con la primavera (del '15), le offensive ripresero. Gli Austro-tedeschi contrattaccarono i Russi in Galizia costringendoli a una rovinosa ritirata e così isolando la Serbia, che da quel momento fu alla loro mercé. Gl'Inglesi tentarono lo sbarco a Gallipoli convinti di trovarvi scarsa resistenza, e invece furono inchiodati fra mare e roccia da un giovane Generale turco che in seguito doveva far molto parlare di sé: Kemal Ataturk. La minaccia che pesava su di loro tratteneva Greci e Romeni dall'intervento a fianco dell'Intesa, mentre spingeva i Bulgari dall'altra parte. E per di più il campo alleato rivelava un grave lacuna: il coordinamento strategico. Ogni esercito faceva la *sua* guerra senza neanche mettere al corrente gli altri dei propri piani.

Fu in questa precaria situazione che l'Italia scese in campo.

Secondo l'ultimo bollettino di guerra, che tre anni e mezzo più tardi consacrò la vittoria italiana, le nostre forze sarebbero state numericamente inferiori a quelle nemiche. Questo è falso. All'inizio delle ostilità, noi avevamo in linea quattrocentomila uomini, gli Austriaci centomila. E anche se dopo qualche mese il rapporto cambiò, questo rimase sempre all'incirca di 2 a 1. Ma l'inferiorità di armamento era evidente. L'artiglieria scarseggiava, non curava i collegamenti con le fanterie che finivano spesso per fare le spese dei suoi imprecisi tiri, e parecchi pezzi scoppiarono fra le mani degl'inservienti che difettavano di esperienza. Di mitragliatrici, che si stavano rivelando l'arma più efficace, ce n'erano due per reggimento, mentre gli Austriaci ne avevano due per battaglione, che poco dopo diventarono otto. I nostri fanti ignoravano le bombe a mano; e quando a metà estate ne giunsero le prime cassette, per imparare a lanciarle ci rimisero parecchi morti e mutilati. Mancavano i fucili perché le nostre acciaierie non ne producevano che duemilacinquecento al mese, tanto che si dovettero rimettere in circolazione i Wetterli di quarant'anni prima, e le reclute vennero addestrate col bastone. Molti ufficiali furono costretti a comprare la rivoltella di tasca propria; e parecchi, non riuscendo a trovarne, parteciparono disarmati ai primi combattimenti. Mancavano gli elmetti, e solo dopo parecchi mesi ne vennero distribuiti due per plotone, che recavano la sigla R.F. perché ce li aveva mandati la Francia.

Non tutta la responsabilità di questo stato d'impreparazione ricadeva sui Comandi militari. Con la loro manìa della segretezza, Salandra e Sonnino non avevano informato delle proprie intenzioni nemmeno lo Stato Maggiore, che fu messo al corrente degl'impegni presi a Londra solo il 5 maggio, neanche tre settimane prima dell'intervento. Fin allora aveva avuto tutte le ragioni di dubitarne perché il governo aveva seguitato ostinatamente a negare gli stanziamenti richiesti dal Ministro della Guerra, generale Porro, che alla fine per protesta si era dimesso.

Era una sfasatura che si ripeteva puntualmente. In un Paese sprovvisto di spirito e di tradizioni militari, era logico che anche la classe politica ne fosse digiuna, e questo aggravava il divorzio fra i due ambienti. In tutti i governi che si erano fin allora succeduti, il Generale e l'Ammiraglio di turno, sempre designati dal Re, tiravano a sottolineare la loro indipendenza come se le vicende politiche non li riguardassero. Questo disinteresse condito di disprezzo era reciprocato dai politici, i quali consideravano le Forze Armate «il ricettacolo dei figli di famiglia più stupidi, dei quali non si sa cosa fare», come diceva Giolitti. Nemmeno l'impresa di Libia, che lì per lì aveva acceso tanti entusiasmi, era riuscita a fondere Nazione ed Esercito. De Bono racconta che nei «Circoli Ufficiali» d'anteguerra era quasi obbligo ignorare o fingere d'ignorare il nome del Presidente del Consiglio in carica, e per converso il deputato Marazzi scrive che nel mondo politico la mancanza di nozioni militari era considerata un vanto.

Con questa reciproca stima, politici e militari erano scesi in guerra, ma senza punto stabilire a chi ne spettasse la direzione. Formalmente, questa veniva assunta dal Re, come voleva la Costituzione. Ma Vittorio Emanuele, a differenza di suo nonno e di suo bisnonno che avevano sempre smaniato di esercitarla di persona, era abbastanza intelligente per capire di non esservi qualificato. Due giorni dopo l'inizio delle operazioni, cioè il 26, egli partì per il fronte affidando la Luogotenenza del Regno a suo zio Tommaso di Savoia. Ma non si stabilì a Udine, sede del quartier generale. Si accasò in un paesetto dei dintorni, Torreano di Martignacco, con un piccolo seguito di ufficiali e gentiluomini. E nella parte di «Re soldato» dimostrò subito di trovarsi a suo perfetto agio. Dormiva su una branda, la mattina si alzava all'alba e, seguito da qualche aiutante, partiva in macchina a visitare le linee, armato sempre di macchina fotografica. Questa vita all'aperto si rivelò, per la sua salute, una cura molto più efficace di quelle prescrittegli da Mingazzini. Vi ritrovò di colpo sonno e appetito, e perfino una certa allegria. Ogni sera, quando tornava da quelle ispezioni, un ufficiale di Stato Maggiore veniva a ragguagliarlo sulla situazione. Egli ascoltava, prendeva appunti, faceva delle osservazioni marginali sulla base di ciò che aveva visto durante la giornata, ma senza mai interferire sulle decisioni del comando supremo.

Questo era interamente nelle mani del Capo di Stato Maggiore, Luigi Cadorna, cui era riconosciuta la qualifica di «Generalissimo». Cadorna era figlio del Generale che nel '70 aveva comandato la spedizione su Roma, e padre di un altro futuro Generale che nel '43 doveva assumere la direzione militare delle forze partigiane. Discendeva da una nobile famiglia piemontese di tradizione soldatesca, ed era uno dei pochi ufficiali che non appartenevano alla massoneria, anzi era devotissimo alla Chiesa cui aveva dato due figlie monache. Per quanto rapida e brillante, la sua carriera era stata più quella di un grande burocrate che di un grande stratega perché sul campo di battaglia non aveva mai avuto occasione di cimentarsi: i gradi se li era guadagnati in caserma e negli uffici. Giolitti, che degli uomini aveva un gran fiuto, lo disistimava. E quando nel 1908 si era aperta la successione alla carica di Capo di Stato Maggiore, disse al Re: «Conosco Cadorna. Ma appunto perché lo conosco, gli preferisco Pollio che non conosco».

Pollio fu prescelto: non per il consiglio di Giolitti cui il

Re, in fatto di cose militari, non concedeva nessun credito, ma perché Cadorna pose delle condizioni in cui è tutto il carattere dell'uomo: che il Re conservasse, in caso di guerra, tutte le apparenze del comando, ma solo quelle: il comando effettivo doveva essere suo, senza limitazioni né condizioni. Di qualità morali infatti non mancava, anzi ne aveva forse in eccesso. Il concetto sacerdotale del dovere lo rendeva inflessibile anche con se stesso, e talvolta perfino inumano. La sua tenacia sconfinava nell'ostinazione, e il suo orrore dell'esibizionismo diventava spesso scontrosità. Chiuso e taciturno, immune da camorre e favoritismi, ai suoi sottoposti non chiedeva collaborazione, ma solo obbedienza. Quando nel '14 Pollio morì, egli fu di nuovo interpellato, e pose le stesse condizioni di sei anni prima. Stavolta il Re dovette arrendersi anche perché l'*Annuario* non gli lasciava scelta. E così, mentre tutti gli eserciti europei scendevano in guerra, Cadorna si trovò capo supremo di quello italiano che navigava già oltre la sessantina.

In che modo si proponesse di agire, lo espose nella «circolare» che diramò ai Comandi poco prima dell'intervento e che rappresenta la *summa* del suo pensiero strategico: *Attacco frontale e ammaestramento tattico*, di cui anni dopo un autorevole critico militare, Valori, scrisse: «È terrorizzante pensare ch'esso abbia servito sul serio di base alle operazioni offensive di un esercito in una guerra moderna». Quando Cadorna lo stilò, le grandi battaglie della Marna e di Tannenberg avevano già dimostrato alcune cose: per esempio l'importanza dei rapidi spostamenti negli attacchi a sorpresa, e quella del cosiddetto «ordine sparso» per non offrire alle mitraglie il facile bersaglio di una truppa ammassata. Per lui, il modulo dell'attacco era sempre quello: fuoco concentrato su fortificazioni e reticolati avversari, poi irruzione di reparti affiancati nei valichi così aperti. Neanche quando l'esperienza ebbe dimostrato che le nostre scarse e approssimative artiglierie i valichi non li aprivano e che «i poveri fanti italiani» scrisse Malaparte «andavano a stendere le loro carcasse sugl'intatti reticolati come cenci ad asciugare», Cadorna cambiò idea. Non poteva cambiarla perché non ne aveva altre. Egli concepiva la guerra come una gigantesca operazione d'assedio da portare avanti, uomo contro uomo, trincea contro trincea, a «chi più la dura, la vince». E di questa operazione, non intendeva dividere le responsabilità con nessuno. Fin dal primo giorno egli fece del quartier generale di Udine un feudo privato, una specie di Stato nello Stato, completamente indipendente da quello di Roma. Fin dal primo giorno si rifiutò di partecipare a consigli di guerra e perfino di fornire informazioni. L'unico punto su cui si trovava d'accordo coi «chiacchieroni» di Roma era che la guerra sarebbe stata breve e relativamente facile. Il risultato di questo errore di calcolo fu che «nessuno governò la guerra», come più tardi disse il generale Di Giorgio. Potere politico e potere militare s'ignorarono a vicenda. E quando gli avvenimenti li costrinsero a trovare fra loro un'intesa, fu un seguito di crisi che misero a repentaglio sia l'uno che l'altro.

Di tutto questo naturalmente i soldati erano all'oscuro. I primi ad attraversare il confine all'alba del 24 maggio erano stati i fanti del II Corpo d'Armata, che disponeva di una sola autovettura: quella del Comandante. Sommariamente armati ed equipaggiati, portavano in testa un chepì di lana floscio, il quale assumeva pieghe così poco marziali che il generale Cigliana ordinò di requisire tutto il cartone disponibile nella zona per farne dei riempitivi che dessero un po' di forma a quei berretti: ecco di cosa si preoccupavano i nostri alti Comandi.

Eppure, contagiato dai giovani ufficiali di complemento, quasi tutti interventisti, l'entusiasmo aveva guadagnato anche la truppa. Digiuni – da secoli – di esperienza di guerra, questi coscritti se la immaginavano come l'avevano sempre rappresentata le oleografie risorgimentali e le tavole del pittore Beltrame sulla «Domenica del Corriere». Infatti molti reparti varcarono il fiume e affrontarono il primo fuoco nemico al suono delle fanfare, sventolando bandiere e riempiendosi le giberne di bossoli raccattati per terra da riportare a casa come cimeli. Il colonnello Riveri, per comandare l'assalto agli avamposti del Basson, indossò l'alta uniforme con sciarpa azzurra, spalline d'oro e guanti bianchi. Il suo collega Negrotto guidò un battaglione di bersaglieri agitando sulle loro teste un cartello con alcuni versi latini dell'*Eneide* e tenendo infilato sulla punta della sciabola il cappello piumato. Crivellato da una scarica, spirò invocando: «Champagne!... Champagne!...» come certamente avrebbe fatto Andrea Sperelli.

Il vero volto della guerra i nostri fanti cominciarono a capirlo solo quando incontrarono i reticolati. Chiesero ai Comandi le forbici per tagliarli, ma i Comandi risposero che l'Esercito italiano non le aveva in dotazione.

CAPITOLO QUATTORDICESIMO

# L'ISONZO

Tre settimane dopo l'inizio delle ostilità, Cadorna scrisse a Salandra che la guerra sarebbe durata almeno fino all'anno dopo e che perciò bisognava provvedere a equipaggiare la truppa per l'inverno e a fabbricare armi e munizioni.

Per Salandra, fu una doccia fredda. Poco tempo prima, al suo Ministro delle Finanze, Nitti, che gli chiedeva se i magazzini erano in grado di rifornire le linee fino a primavera, aveva risposto: «Il tuo pessimismo è veramente inesauribile. Credi che la guerra possa durare fin allora?». Nel Patto di Londra né lui né Sonnino si erano curati d'inserire qualche clausola che ci garantisse prestiti e rifornimenti. E l'offerta dell'industriale Pincherle di una fornitura di cappotti e sacchi a pelo per i soldati era stata respinta.

L'atteggiamento di Salandra era il riflesso di uno stato d'animo generale. Sbolliti gli entusiasmi del «maggio radioso» e partiti per il fronte coloro che li avevano accesi, il Paese era caduto in un'apatia che rivelava tutti i limiti dell'interventismo. Questi limiti, i prefetti li avevano segnalati nei loro rapporti già nel periodo della fremente vigilia. Non lasciatevi fuorviare, essi dicevano pressappoco, dalla rumorosità delle dimostrazioni. La massa contadina è compattamente ostile alla guerra, e anche quella urbana lo è in maggioranza.

È molto probabile che se fin dai primi giorni l'esercito avesse riportato brillanti successi, l'entusiasmo avrebbe trovato nuova linfa. Ma gli aridi bollettini di Cadorna lasciavano capire che le cose si presentavano in maniera assai diversa da come erano state prospettate. E nella delusione affiorava il vero volto del Paese. Perfino a Roma, ch'era stata insieme a Milano la città più vibrante di ardori bellicisti, la gente mostrava un totale disinteresse. Un ufficiale francese che vi si trovava di passaggio, scrisse: «Gl'Italiani non sembrano avere come noi il senso di una guerra a fondo per l'indipendenza e la vita della nazione. Pare che pensino piuttosto a una specie di Libia più in grande».

Era vero. La pubblica opinione credeva che quella guerra fosse una delle solite, da appaltare agli specialisti, cioè all'esercito professionale. Non si rendeva conto che si trattava invece di una guerra di masse che coinvolgeva tutti, civili e militari. E non poteva rendersene conto perché, come dice giustamente Melograni, l'Italia non era una «società di massa» come gli altri Paesi occidentali, o lo stava appena diventando. Negli anni di Giolitti la partecipazione alla vita pubblica era aumentata, e lo dimostravano i censimenti elettorali. Dai due milioni di votanti del 1909, si era passati agli oltre cinque del '13. Ma questa partecipazione si limitava appunto al voto. Una volta dàtolo, il cittadino credeva di aver assolto tutti i suoi doveri. Non solo i partiti, ma anche le organizzazioni sindacali stentavano a far reclute: la stessa Confederazione Generale del Lavoro non aveva in tutta Italia che 250.000 iscritti.

Contro questa allergia del cittadino a ogni intervento nella vita pubblica, la classe politica non solo non faceva nulla, ma anzi la secondava. A parte le rivalità personali, i liberali del tipo di Salandra e di Sonnino erano sempre stati contro Giolitti proprio perché Giolitti aveva cercato di mettere in movimento le masse popolari anche a costo di agevolare i socialisti che ne sarebbero stati i più sicuri beneficiari. Come tutti i moderati, essi appartenevano a quella categoria di notabili che avevano sempre basato il loro potere sull'esclusione delle masse. Non ne avevano sollecitato l'aiuto nemmeno durante le lotte per l'indipendenza, anzi avevano fatto di tutto per scoraggiarlo, ed è per questo che il Risorgimento era rimasto un fatto di piccole minoranze che poi se n'erano tramandate, quasi di padre in figlio, il culto e i benefici.

L'inghippo in cui erano caduti Salandra, Sonnino e tutte le forze conservatrici che stavano dietro di loro era questo: che, credendola breve e relativamente facile, essi avevano voluto la guerra *anche* per battere Giolitti e la sua politica di «apertura» alle masse. E ora invece si trovavano alle prese con una guerra che, esigendo una mobilitazione di masse, le chiamava automaticamente nel giuoco e le faceva protagoniste. Essi tuttavia non si arresero a questa fatalità. E anche se avessero voluto, non avrebbero potuto: vi ripugnava la loro concezione politica, la loro educazione, la loro mentalità paternalistica. Non erano uomini da poter affrontare e padroneggiare uno sconvolgimento sociale: Salandra, in vita sua, non aveva mai tenuto un comizio perché aveva orrore della folla, e Sonnino la disprezzava. Essi seguitavano a pensare che l'Italia dovesse condurre una guerra limitata nel tempo e nello spazio, che impegnasse l'Esercito, ma non coinvolgesse la Nazione. Esitavano perfino a compromettere, per le spese ch'essa richiedeva, il bilancio. E ora che Cadorna li richiamava alla realtà, se ne sentivano sgomenti.

Dopo l'attraversamento del confine, i reparti si erano fermati per dar tempo ai rincalzi di raggiungere la linea, ma forse anche per consentire a Cadorna di raccogliere le idee, che non apparivano molto chiare. Sullo slancio della prima avanzata, i nostri avevano occupato alcune posizioni strategiche di notevole importanza, che gli Austriaci avevano lasciato sguarnite, come quelle del Sasso di Stria in Cadore e del Merzly sull'Isonzo. Il Comando ordinò di evacuarle. Quando si accorse dell'errore commesso e tentò di ripararlo, era troppo tardi: fino all'ultimo giorno di guerra le nostre fanterie tentarono invano di riconquistare quelle due cime, e per tre anni e mezzo seguitarono a tappezzarne di cadaveri le petraie.

Cadorna impiegò tutto il mese di giugno a ordinare il suo schieramento facendo affluire nuove forze, ma anche gli Austriaci non stettero con le mani in mano. Sicché, quando l'operazione fu terminata da una parte e dall'altra, il rapporto non era più di 4 a 1, ma di 35 divisioni contro 20 superiormente armate e appoggiate da potenti fortificazioni. Il Generalissimo dovette rendersene conto e rivedere i suoi piani. Nel timore che i comandanti alleati interferissero nel comando suo, egli non aveva fatto nulla per stabilire dei rapporti con loro: e questo era uno dei pochi punti su cui andava perfettamente d'accordo col governo, e specialmente con Sonnino, sempre fedele al suo concetto di una guerra soltanto italiana. Ora invece chiese che fossero stabiliti contatti per concertare un'azione sincronizzata. Ma poi cambiò nuovamente idea e, senza nemmeno aspettare la risposta, decise di agire per conto suo.

Tutti i critici militari concordano sul fatto che il fronte italiano era oggettivamente dei più difficili. Per settecento chilometri si stendeva dai massicci dolomitici alla foce dell'Isonzo con una serie di salienti e rientranti che esponevano qualsiasi avanzata al pericolo di un contrattacco sui fianchi. Considerandola proibitiva, egli non prese mai in considerazione un'offensiva sulle vallate trentine. Fin da principio fu convinto che l'unica azione possibile era quella sull'Isonzo in direzione di Gorizia. E fu qui che ai primi di luglio lanciò le sue fanterie.

In quel momento il morale della truppa era ancora eccellente. Essa partì all'attacco con grande slancio, ma senza un adeguato sostegno di artiglierie. Dei duecento pezzi di lunga gittata, venti scoppiarono nelle mani degl'inservienti, e il tiro si rivelò impreciso e approssimativo. I fanti trovarono sulla loro strada dei reticolati intatti, contro i quali non c'era slancio che tenesse. Dopo una settimana d'inutili e sanguinosi assalti, Cadorna dovette ordinare l'alt. Ma la sua rassegnazione non durò che pochi giorni. Il 18 diede il via alla seconda offensiva, e stavolta v'insisté per tre settimane, senza pause.

Nessuno saprà mai il perché di tanta ostinazione. La prima offensiva, è probabile che Cadorna la decidesse per presentarsi con un successo in tasca al convegno dei comandi interalleati, che proprio in luglio doveva riunirsi a Chantilly. Ma questo ormai si era svolto, quando egli lanciò la seconda, e dopo una pausa troppo breve per consentire una migliore preparazione. A quanto pare, egli attribuiva la responsabilità dell'insuccesso al Comandante della IV Armata, Nava, ed era convinto di potervi rimediare. Secondo altri, egli era semplicemente incapace di riconoscere un proprio sbaglio, e voleva dimostrare che non lo aveva commesso. Ma forse è più fondata l'ipotesi di Bencivenga: e cioè che, per quanto chiuso nel suo monacale isolamento e sordo ad altre voci che non fossero quelle «di dentro», egli sentiva salire il malcontento della truppa e la delusione del Paese, cui bisognava offrire a tutt'i costi qualcosa. E questo qualcosa si chiamava Gorizia, che rimase sempre la sua ossessione.

Per oltre due settimane le fanterie seguitarono ad ammucchiare morti sui reticolati austriaci in cui le artiglierie non riuscivano a far breccia, e le forbici per tagliarli non erano ancora arrivate. «Una guerra da pazzi» scriveva nel suo *Diario* il generale Caviglia. Il 3 agosto anche Cadorna se ne rese conto e diede l'ordine di sospendere il massacro: i guadagni fatti si contavano in centinaia di metri, pagati con diecine di migliaia di cadaveri. Il Generalissimo provvide subito a scaricarsene la responsabilità silurando un centinaio di ufficiali superiori e scrivendo a Salandra che non avrebbe più ripreso l'offensiva fin quando il governo non gliene avesse fornito i mezzi: il che sottintendeva che fin allora aveva fallito perché questi mezzi non gli erano stati dati. Egli tuttavia fu l'unico a non dubitare della bontà della sua tattica. «È una guerra» scrisse in una lettera alla famiglia «dove l'effetto di qualunque genialità è scomparso perché l'attuazione di qualunque idea geniale si basa sulla rapidità di manovra, e questa s'infrange contro ogni buon sistema di trincee e reticolati.» Di lì a poco Caporetto gli avrebbe dimostrato che questo non era vero. Ma egli ne era incrollabilmente sicuro, e su questa certezza seguitò a basare i suoi piani.

Per due mesi e mezzo non prese più iniziative. E per il morale della truppa e del Paese l'inazione si dimostrò quasi più deleteria dello smacco. Oramai era chiaro che bisognava prepararsi ad affrontare l'inverno, e il governo decise misure urgenti per provvedere il necessario equipaggiamento. In questo intervallo sopravvennero alcuni fatti nuovi, che resero ancora più difficili i nostri rapporti con gli Alleati. A Chantilly, la conferenza militare aveva deciso un'offensiva su tutti i fronti per alleggerire la pressione che gli Austro-tedeschi stavano esercitando sui Russi. Ma i Serbi non si mossero. Ciò consentì agli Austriaci di spostare parecchi reparti da quel fronte all'Isonzo, e questo era certamente uno dei motivi del nostro insuccesso. In realtà i Serbi non potevano muoversi perché avevano già perduto una metà del loro esercito e quanto gli restava bastava appena a prevenire un attacco della Bulgaria che sempre più scivolava verso il campo nemico. Ma Cadorna giunse a sospettare che tra Serbia e Austria ci fosse un patto segreto ai nostri danni. E il sospetto prese consistenza quando i Serbi occuparono con un colpo di mano Tirana, mentre i Montenegrini s'impadronivano di Scutari.

Questo creò uno dei soliti pasticci balcanici, di cui sarebbe troppo complicato ricostruire le fila. Ci limiteremo a farlo solo dal punto di vista italiano. Sonnino, a Londra, aveva strappato agli Alleati il riconoscimento di un diritto italiano su Valona che, secondo lui, sottintendeva una «zona d'influenza» su tutta l'Albania. Egli vide dunque nell'occupazione di Tirana una violazione degl'impegni e, riecheggiando i sospetti di Cadorna, dichiarò che «se la Serbia fosse alleata dell'Austria, non avrebbe agito diversamente da come ha fatto». Gli Alleati intervennero per fermare la Serbia e decisero di aprire un fronte nei Balcani per scoraggiare l'intervento della Bulgaria nel campo austro-tedesco e facilitare quello di Grecia e Romania nel campo alleato. Gli Austro-tedeschi prevennero la mossa con un attacco fulmineo alla Serbia che trascinò la Bulgaria dalla loro parte. Incalzato da tutte le parti, all'esercito serbo non restò altro scampo che una drammatica anabasi verso l'Adriatico.

È probabile che questi avvenimenti provocassero in Cadorna un ripensamento. Egli ora comprendeva appieno l'importanza di un coordinamento coi comandi alleati. Sicché quando questi in ottobre gli chiesero di rimettere in moto il suo fronte per alleggerire la pressione nemica sui Serbi, egli aderì e si disse pronto anche a contribuire con un sostanzioso contingente alla spedizione nei Balcani.

Il 18 ottobre diede il via alla terza offensiva sull'Isonzo buttandoci dentro tutti i rinforzi che frattanto aveva ammassato. Fu un altro carnaio che si concluse con un'avanzata di poche centinaia di metri, ma che non scoraggiò il Generalissimo dal lanciarne subito dopo una quarta, che si svolse sotto la pioggia e nel fango e non sortì miglior risultato. Gl'Italiani erano riusciti a piantar bandiera sulle prime pendici del terribile Carso, ma c'erano rimasti inchiodati; e in un punto avevano varcato il fiume, a Plava, ma la testa di ponte che vi avevano stabilito era «insaccata» nello schieramento nemico. Questi modesti guadagni erano costati, da luglio a dicembre, oltre 60.000 morti e 170.000 feriti. E non era tutto. La promiscuità della trincea aveva provocato un'epidemia di tifo e di colera che aveva già mietuto 5000 vittime.

Cadorna diceva che i successi delle battaglie non si misuravano sui palmi di terra conquistati, ma dal «logoramento» dell'avversario. Ma il suo prestigio era scosso. «Non è uno stratega, non è un tattico: non è uomo di quella genialità che gli fu attribuita» scriveva il ministro Martini. E Ugo Ojetti che, fungendo da ufficiale addetto allo Stato Maggiore, era in grado di riecheggiarne gli umori: «Tutti i Generali» scriveva alla moglie «sono contro Cadorna e più ancora contro Porro [il vicecapo di Stato Maggiore] che non si vedono mai, coi quali non riescono mai a parlare: mancano di lanciabombe, di buoni tubi, di telefoni ecc. Non s'è a tempo imparato niente dai dieci mesi di guerra altrui. E nessuno osa parlare».

Nessuno osava parlare perché Cadorna esonerava implacabilmente dal comando chiunque avanzava critiche al suo operato. In tutto il corso della guerra, 800 ufficiali superiori subirono questa sorte, fra cui 217 Generali. Ma naturalmente costoro se ne vendicavano inviando rapporti agli uomini politici. Anche sul tavolo di Giolitti, nella sua casa di Cavour, ce n'era uno che diceva: «I Generali, in presenza d'una guerra nuova a cui non erano preparati, sono sfiduciati, non hanno più sicurezza di sé, sia per la spada di Damocle che pende ogni giorno sul loro capo, sia perché si va travolgendoli a dozzine nel baratro, sia perché loro si richiede ciò che non è possibile dare. Loro si ordina di vincere, e loro si danno truppe sgretolate dalle fatiche, dal gelo, dalla morte».

Anche a Roma ci si cominciò a chiedere se la fiducia in Cadorna era ben riposta e se si poteva consentirgli di seguitare a governare la guerra come un suo feudo privato. Un primo scontro con lui ci fu in dicembre quando Sonnino decise l'invio di un corpo di occupazione a Durazzo per stabilire un'ipoteca sull'Albania da far valere al momento della pace, e Cadorna si oppose. Fra i due uomini, ugualmente ostinati e spigolosi, si svolse una scena tempestosa. Alla fine si dovette costituire per quella spedizione una Brigata apposta e metterla ai diretti ordini del Ministro della Guerra, generale Zupelli, cui Cadorna non la perdonò mai più.

I fatti dettero ragione a lui. La flotta italiana compì un'impresa di tutto rispetto, almeno sul piano logistico, portando in salvo dall'Albania, come gli Alleati ci avevano raccomandato di fare, i resti dell'esercito serbo incalzati da quello austriaco: quasi duecentomila soldati e oltre centomila civili. Ma i fanti sbarcati a Durazzo non riuscirono a tenere le posizioni e dovettero reimbarcarsi lasciando solo una guarnigione a Valona, protetta da un forte campo trincerato.

Il fiasco dei suoi oppositori rese Cadorna ancora più tracotante nei confronti del governo e del mondo politico in generale. Gli lesinava perfino le informazioni sull'andamento delle operazioni. Zupelli aveva già inviato a Salandra un memoriale riservato per segnalargli quello che secondo lui era l'errore fondamentale di Cadorna: disperdere le forze su vasti archi di fronte invece di concentrarle nel punto in cui intendeva operare. Salandra e gli altri suoi colleghi non capivano nulla di cose militari. Ma nel Consiglio dei Ministri del 26 gennaio (del '16, ovviamente), Martini appiccò il fuoco alle polveri con questa dichiarazione: «Noi volevamo Gorizia e non l'abbiamo presa. Ora ci si dice che bisogna star fermi per tre mesi a cagione della neve ecc. A primavera ricominceremo a fare quello che abbiamo fatto fin qui. Ed io desidero che mi si spieghi perché otterremo al fiorir delle rose ciò che non abbiamo ottenuto al passo dei tordi». Zupelli prese la palla al balzo per ripetere ciò che aveva già detto confidenzialmente a Salandra. E Sonnino propose l'istituzione di un Consiglio di Difesa composto di Ministri e di Generali per sindacare l'operato di Cadorna e ridurne il potere. Rispose Salandra: «La nomina di questo Consiglio potrebbe indurre Cadorna a dare le dimissioni. Prima di correre questo rischio, indicatemi il successore». Ma tutti tacquero.

Tuttavia Salandra non si sentì d'ignorare il pronunciamento dei colleghi, e in una lunga lettera ne informò il Re. Cosa questi rispondesse lo ignoriamo. Comunque, ai primi di febbraio Zupelli si prese l'incarico di parlare con Cadorna per convincerlo ad accettare. Neanche di questo colloquio si sa nulla. Però si sa che Cadorna, specie dopo l'affare dell'Albania, detestava Zupelli e, nonostante la carica di Ministro della Guerra, lo trattava arrogantemente da superiore a subordinato; mentre Zupelli che, alle spalle di Cadorna, gli muoveva tante critiche, in sua presenza si comportava come un timido scolaretto. Egli tornò da Udine dicendo che il Generalissimo non si era affatto sdegnato per la proposta; si era solo riservato di studiarla. E il risultato di questo studio fu che di lì a pochi giorni egli inviò un *ultimatum* a Salandra: o via lui, o via Zupelli. Su richiesta di Salandra, dovette intervenire il Re per spiegare al corrucciato Generalissimo che il licenziamento di Zupelli avrebbe comportato le dimissioni di tutto il governo, che non poteva subire un simile affronto.

Cadorna finse di cedere, ma non si rassegnò. Convocò Ojetti, e sia pure con parole evasive gli chiese di montare una campagna di stampa in proprio favore e contro il suo avversario. Ojetti ne fu lusingato, ma anche sorpreso. Cadorna detestava i giornalisti, e dapprincipio non aveva nemmeno voluto ammetterli in zona di guerra. Solo dopo molte insistenze ne accettò un numero limitatissimo e sottoposto a una censura così severa che le loro corrispondenze non erano che parafrasi dei bollettini ufficiali. Ancora oggi, per farci un'idea della guerra, bisogna ricorrere non ai giornali, ma alle lettere che i corrispondenti inviavano confidenzialmente ai loro direttori, e che questi non potevano pubblicare. Cadorna credeva con questo di proteggere il segreto militare. Proteggeva soltanto l'ignoranza del Paese sulle cose di guerra e ne secondava il disinteresse.

Ma ora che gli faceva comodo per difendersi dalle critiche che lo investivano da tutte le parti, sciolse alla stampa la museruola a patto ch'essa sciogliesse inni a lui. Ojetti ci s'impegnò a fondo, «ma» confidò in una lettera alla moglie «talvolta mi assalgono dei dubbi». Special-

1. Achille Beltrame, *L'assassinio di Umberto I*, disegno per la «Domenica del Corriere», 1900.

Il XX secolo si apriva per il Regno d'Italia con l'assassinio di Umberto I di Savoia a Monza, il 29 luglio 1900 per mano dell'anarchico Gaetano Bresci. Giunto dagli Stati Uniti, Bresci intendeva colpire il simbolo vivente della reazione in Italia e, in secondo luogo, vendicare le vittime della sanguinosa repressione dei moti popolari del 1898, culminati nel massacro di maggio a Milano ordinato dal generale Bava Beccaris, episodio per il quale Umberto aveva insignito l'ufficiale dell'Ordine militare di Savoia. I funerali di Stato «si svolsero il 9 agosto, secondo il solito cerimoniale. Apriva il corteo il generale Avogadro recando la spada del Re che gli era morto fra le braccia. Poi, su un affusto di cannone tirato da sei cavalli, veniva il feretro su cui posavano l'elmo piumato del defunto, una bandiera di combattimento, una sola corona [...]. Poi, dopo la banda coi tamburi velati di nero, il nuovo Re [...]. Nonostante fosse un giovedì e un caldo torrido, due fitte ali di folla si assiepavano lungo il percorso». Quanto a Bresci, processato e condannato all'ergastolo, il 22 maggio 1901 fu trovato impiccato nella sua cella del carcere di Porto Santo Stefano.

2. *Giuseppe Zanardelli a Salsomaggiore*, fotografia.

Nato a Brescia nel 1826, Zanardelli iniziò l'ascesa in ambito politico all'indomani della caduta della Destra storica con la nomina da parte di Depretis a capo del dicastero dei Lavori pubblici. Da questo momento assolse più di una volta a incarichi ministeriali di primo piano (degli Interni e per due volte di Grazia e Giustizia, esperienza quest'ultima che lo vide redigere il nuovo Codice penale) e ricoprì tra il 1892 e il 1894 la presidenza della Camera. La sua inflessibile opposizione alle procedure repressive e autoritarie, che contraddistinsero spesso e volentieri i governi italiani di fine Ottocento, gli procurarono ben presto numerose simpatie nell'area dei progressisti e dei democratici nonché l'inattesa nomina da parte di Vittorio Emanuele III a capo dell'esecutivo nel 1901. Alleato in un primo tempo di Giolitti, suo Ministro degli Interni, in seguito se ne allontanò perché «sebbene personalmente amici e pur militando nello stesso schieramento, i due uomini erano tuttavia divisi da un fondamentale contrasto, di cui lo stesso Giolitti fornì [...] la chiave. Le idee di Zanardelli, egli dice, erano "spassionatamente democratiche, però della democrazia borghese del suo tempo, che non comprendeva e avversava il socialismo". E questo spiega anche il conflitto che a poco a poco maturò fra loro».

3. Achille Beltrame, *La battaglia navale del 27 maggio nello stretto di Corea terminata con la sconfitta della flotta russa*, copertina per la «Domenica del Corriere», 11 giugno 1905.

Il conflitto russo-giapponese, scaturito dalla rivalità tra l'espansionismo della Russia zarista verso il Pacifico e i propositi di conquista della nascente potenza giapponese sulla Manciuria e sulla Corea, si risolse definitivamente il 27 maggio 1905 con lo scontro navale nello stretto di Tsushima. La flotta russa, partita dal porto di Libava nel Baltico il 14 ottobre, si separò in due squadre (l'una compì il periplo dell'Africa, l'altra solcò invece il Mediterraneo e passò per Suez) per ricongiungersi a Madagascar e da qui diresse verso il Vietnam, dove fu rafforzata da una terza squadra navale, quindi partì alla volta di Vladivostok per contribuire alla liberazione di Port Arthur dal blocco attuato dai Giapponesi ed entrò in contatto con la flotta giapponese. Durante la battaglia iniziata la mattina del 27 maggio le navi russe subirono il fuoco micidiale dei Giapponesi e così per tutta la durata della giornata fino a sera. L'esito fu un disastro per i Russi con ventidue navi da guerra affondate e sei catturate, mentre solo tre raggiunsero la meta; per parte giapponese, tre sole unità vennero affondate. Il successo conseguito dal Giappone ebbe un'enorme ripercussione, dato che per la prima volta una potenza europea subiva una sconfitta di tali proporzioni (a quella navale si aggiungeva quella terrestre), che contribuì alla definitiva ascesa del Giappone quale principale potenza asiatica.

4. *Carica dei cosacchi*, 22 gennaio 1905.

La sconfitta subita nel conflitto con il Giappone portò allo scoppio della prima rivoluzione russa. A San Pietroburgo una folla si raccolse davanti al Palazzo d'Inverno per presentare una petizione allo zar Nicola II; per tutta risposta intervenne l'esercito e ne seguì una carneficina con un migliaio di morti e centinaia di feriti. Alla «domenica di sangue» fecero seguito numerosi scioperi in tutto il Paese, accompagnati dalla richiesta avanzata a viva voce anche da parte degli ambienti borghesi di dare spazio alle istituzioni liberali e di porre fine al sistema autocratico. Nel contempo bolscevichi e menscevichi, che diedero vita a congressi in tutta Europa, non si trovarono d'accordo nel pianificare un'azione comune contro il governo, che davanti all'ampiezza della protesta accordò il 19 agosto la costituzione di un parlamento (*duma*). La concessione tuttavia non accontentò gli scioperanti e i contestatori, per cui Nicola II si vide costretto a promulgare il «Manifesto del 30 ottobre», con cui riconosceva libertà di stampa, d'associazione, di riunione e di coscienza, mentre la *duma* assumeva il carattere di assemblea eletta. Lo slancio rivoluzionario andò tuttavia affievolendosi verso la fine del 1905, e la repressione nel sangue dello sciopero generale di Mosca permise al governo zarista di procedere rapidamente alla revoca di alcune libertà e riprendere il controllo del Paese.

5. Leopoldo Metlicovitz, *Manifesto per l'Esposizione Internazionale di Milano del 1906*, litografia, 1906.

Il 1906 rappresentò per Milano un anno importante: la città ospitò all'Arena i numerosi padiglioni dell'Esposizione Internazionale, che enfatizzava due tematiche: la fratellanza tra i popoli e l'apertura del traforo del Sempione, che contribuiva a unire ancor di più il capoluogo lombardo all'Europa. Gli imponenti lavori di scavo della galleria furono attuati sul versante elvetico e su quello italiano e richiesero numerosi accorgimenti per facilitare il lavoro degli operai, dall'uso di una particolare perforatrice meccanica posta su un carrello per scorrere rapidamente lungo i binari all'installazione di potenti ventilatori per raffreddare la temperatura all'interno del tunnel. Nell'aprile 1906 il traforo, lungo 19,7 km, venne inaugurato e due mesi più tardi vi furono impiegati per la prima volta dei locomotori a trazione elettrica che assicuravano il collegamento ferroviario tra Briga e Domodossola; prima di giungere a Briga e dopo Domodossola i convogli viaggiavano invece a vapore.

6. Mario Nunes Vais, *X Congresso del Partito Socialista*, fotografia, 1908, Firenze.

Durante i lavori del Congresso socialista tenutosi a Firenze si consumò «la resa dei conti» tra le diverse anime del partito. L'avvento al governo di Zanardelli e soprattutto di Giolitti vide la maggioranza del partito appoggiare il nuovo corso, ma questa scelta comportò una profonda frattura tra il gruppo riformista cappeggiato da Filippo Turati (riconoscibile nell'immagine in seconda fila con Anna Kuliscioff), Leonida Bissolati e Claudio Treves, e quello rivoluzionario di Enrico Ferri e Arturo Labriola. Il controllo che i due gruppi ebbero sul partito conobbe alterne vicende: se i congressi del 1900 e del 1902 videro imporsi i riformisti, la momentanea crisi dell'esperienza giolittiana rilanciò i massimalisti in quello del 1904, mentre nel 1908 il timone tornò saldamente nelle mani dei riformisti. Un successo di Turati «ma anche di Giolitti, che ora poteva dimostrare ai suoi avversari conservatori quanto fondata fosse la sua fiducia nella maturazione democratica delle classi lavoratrici».

7. *Guerra di Libia*, fotografia, XX secolo.

L'avventura libica fu promossa da Giolitti per ragioni d'ordine internazionale e interno. Nel primo caso, rispondeva all'esigenza di non lasciar cadere la Libia in mano ad altre potenze europee, soprattutto alla luce delle tensioni verificatesi tra Francia e Germania sulla questione marocchina. Nel secondo caso, Giolitti teneva conto di un insieme di circostanze: soddisfare gli interessi della finanza vaticana attraverso il Banco di Roma, le pressioni dell'industria pesante e dei nazionalisti. La campagna di Libia riscosse l'appoggio tanto degli ambienti cattolici quanto di quelli socialisti, per cui «una volta sicuro del fronte interno, Giolitti prese in mano l'operazione e la condusse con fredda e calcolata risolutezza [...]. E alla fine di settembre [1910], senza nemmeno convocare il parlamento né avvertire gli alleati, inviò al governo di Costantinopoli un *ultimatum* che non lasciava scampo». Nel suo intento Giolitti «più che la Libia, voleva la guerra, o meglio qualcosa che desse finalmente agl'Italiani l'impressione di farne una e di vincerla», ma l'impresa si rivelò più difficile del previsto, e alla fine si limitò essenzialmente a un controllo delle località costiere, comportò alte perdite in vite umane e contribuì ad aumentare in modo considerevole il disavanzo dello Stato.

8. *Assassinio dell'Arciduca d'Austria e della Duchessa a Sarajevo*, copertina per la «Domenica del Corriere», 12 luglio 1914.

Sarajevo, 28 giugno 1914, ore 11.30 circa: si è appena consumato un attentato mortale contro l'arciduca d'Austria Francesco Ferdinando e sua moglie a opera di un giovane studente serbo, Gavrilo Princip; l'Europa, nel volgere di qualche settimana, si ritrova dilaniata da un conflitto dalla portata distruttiva fino ad allora sconosciuta. Sarajevo non fu la causa della prima guerra mondiale, semmai fu la scintilla che fece esplodere le polveri già pronte da diversi anni. A ben vedere, dall'inizio del Novecento circostanze favorevoli allo scontro tra le potenze europee ve ne erano state ma furono bloccate dall'azione diplomatica; dopo Sarajevo invece la sola voce in capitolo fu quella delle armi: l'Austria considerò l'episodio come il *casus belli* per liberarsi finalmente della Serbia, la Germania colse l'occasione per misurarsi con l'Intesa, la Russia intervenne per difendere i fratelli slavi dei Balcani, la Francia per riprendere l'Alsazia e la Lorena e cercare finalmente soddisfazione per la sconfitta patita nel 1870-1871. In secondo luogo, Sarajevo rappresentò il tramonto di ogni piano per riformare la struttura dell'Impero asburgico da una duplice a una triplice monarchia, dove gli Slavi fossero sullo stesso piano dell'elemento tedesco e di quello ungherese; l'attentato assumeva quindi il carattere di «un ghigno del destino. Nel composito Impero asburgico, Francesco Ferdinando era considerato il campione degli Slavi e li favoriva in tutti i modi ritenendoli più docili degli Ungheresi e più fidati degl'Italiani. Ed ecco che proprio degli Slavi era rimasto vittima».

9. *Papa Benedetto XV*, fotografia, 1914.

Benedetto XV, al secolo il genovese Giacomo Della Chiesa, eletto al soglio pontificio quando la prima guerra mondiale era da poco scoppiata, si impegnò con risolutezza a porre fine al conflitto con l'enciclica *Ad beatissimi* del 1° novembre 1914, che non ottenne però l'attenzione delle cancellerie europee. I suoi successivi sforzi diplomatici per addivenire alla pace fallirono, oltre a essere condannati dalle potenze dell'Intesa, per le quali il Pontefice sembrava appoggiare gli Imperi Centrali. La nota del 1° agosto 1917, con cui Benedetto XV condannava senza appello «l'inutile strage» in atto sui fronti di guerra e proponeva un ritorno alla situazione antecedente al conflitto, fu respinta tanto dall'Intesa quanto dalle potenze centrali, entrambe decise a raggiungere i propri scopi. Nonostante tutto, comunque, «in mano alla propaganda pacifista quella "inutile strage" diventò una solenne condanna morale della guerra e l'invito a un vero e proprio "sciopero militare". Infatti il commento più entusiastico venne non dall'"Osservatore Romano", ma dall'"Avanti!"».

10. *Pezzo d'artiglieria tirato dai soldati italiani durante la seconda battaglia dell'Isonzo*, fotografia.

Con l'ingresso in guerra l'Italia si trovava a combattere lungo un «fronte [...] oggettivamente dei più difficili. Per settecento chilometri si stendeva dai massicci dolomitici alla foce dell'Isonzo con una serie di salienti e rientranti che esponevano qualsiasi avanzata al pericolo di un contrattacco sui fianchi. [Cadorna] fu convinto che l'unica azione possibile era quella sull'Isonzo». In questo settore furono di conseguenza lanciate tra la fine di giugno e l'inizio di dicembre 1915 ben quattro sanguinose offensive, senza che però si arrivasse a qualche risultato positivo: gli assalti dei fanti si infrangevano sistematicamente davanti ai solidi reticolati austriaci in cui la carente e approssimativa artiglieria italiana non riusciva ad aprire alcun varco decisivo. L'arrivo, a dicembre, ai piedi del Carso era alla fine «costato [...] oltre 60.000 morti e 170.000 feriti», cui si aggiunsero i danni provocati nelle trincee dal tifo e dal colera.

11. *Ritirata di Caporetto*, fotografia, novembre 1917.

Il 24 ottobre 1917 gli Austriaci, supportati da truppe tedesche, riuscirono a penetrare facilmente dietro le linee italiane a Caporetto: la nuova tattica consisteva per l'appunto nella «concentrazione delle forze d'attacco su un limitatissimo settore dello schieramento nemico, e infiltrazione nella falla di reparti, che [...] dovevano penetrare nelle retrovie avversarie e prenderne a tergo le posizioni». Quando Cadorna riuscì a capire quello che era successo, tra il 26 e il 27 ottobre, il danno era ormai ingente: dall'ampia falla apertasi a Caporetto gli Austriaci facevano entrare le divisioni che si spinsero in profondità costringendo gli Italiani a un ripiegamento che in pratica divenne rotta fin alle sponde del Piave. Mai come in questa circostanza a Roma lo spettro della disfatta parve concretizzarsi: Udine era caduta, Venezia direttamente minacciata, migliaia e migliaia di fanti sbandati e senza comandi. Il Paese, dopo un primo momento di forte sconcerto, fu scosso da una «benefica reazione che diede al governo la forza di affrontare l'emergenza con insolita energia», e gli stessi socialisti Turati e Treves in un frangente così delicato, lanciarono esortazioni alla resistenza.

12. *Ritratto del generale Diaz*, fotografia, novembre 1917.

L'immediata conseguenza della rotta di Caporetto fu la reazione dei comandi franco-inglesi, che chiesero formalmente al governo Orlando l'immediato allontanamento di Cadorna e la nomina di un nuovo generale in capo. La scelta cadde su Armando Diaz, che «quasi nessuno [...] conosceva [...]. Piccolo di statura, occhialuto, con un aspetto più da professore che da soldato, e oberato da un forte accento napoletano che non contribui[va] di certo alla marzialità, [...] aveva fatto la sua carriera nello Stato Maggiore». Assunto il comando Diaz fissò lungo il Piave e il Monte Grappa la linea del fronte, che poté essere rafforzata grazie agli aiuti concessi dagli alleati. Dopo aver resistito il 4 dicembre 1917 a una veemente offensiva austriaca, il generale procedette a riorganizzare l'armata e rafforzare il dispositivo militare con il quale l'anno seguente avrebbe vinto la guerra.

13. *Lenin in Piazza Rossa*, fotografia, 25 maggio 1917.

Il crollo dello zarismo tra il 23 e il 27 febbraio 1917 fu dovuto ad azione congiunta di operai contadini e soldati, che diedero vita a un consiglio di delegati (*soviet*). La reazione della borghesia russa fu lenta per l'inattesa piega che aveva preso la vasta protesta antizarista e per una debolezza intrinseca; a ogni modo la *duma* il 27 febbraio si decise a costituire un governo provvisorio tra cui spiccava il social-rivoluzionario Kerenskij, elemento di congiunzione con il *soviet* di cui era membro. La libertà d'azione di cui il governo provvisorio poté usufruire nei mesi seguenti dipese dalla convinzione maturata in seno alle forze socialiste che non fosse ancora giunto il momento per abbattere il potere della borghesia, e che anzi nel maggio 1917 sollecitarono i membri del *soviet* a far parte del secondo governo provvisorio. Il rientro però di Lenin dall'esilio svizzero, agevolato dai Tedeschi, modificò i rapporti di forza. I bolscevichi esortarono la popolazione russa a porre fine all'esecutivo in carica e a far in modo che il *soviet* detenesse il controllo, mentre Lenin stesso proclamava alle folle la rivoluzione sociale radicalizzando la protesta con la diffusione delle «Tesi d'Aprile», con le quali chiedeva la pace immediata, la riforma agraria e l'assegnazione agli operai del controllo della produzione industriale.

14. *Carlo I d'Austria*, fotografia, 1918.

Carlo I successe al vecchio imperatore Francesco Giuseppe, di cui era il pronipote, nel novembre 1916, e fu l'ultimo sovrano a cingere la corona dell'Impero asutro-ungarico. Con il protrarsi del conflitto, nel marzo 1917, incalzato dall'opposizione e dalla carenza di sussistenze per la popolazione civile nonché preoccupato di preservare l'integrità della monarchia, Carlo I prese contatti con le potenze dell'Intesa, ma non l'Italia, per giungere a una pace separata: «le proposte austriache erano: evacuazione del Belgio, restituzione dell'Alsazia-Lorena alla Francia, Costantinopoli alla Russia [...]. Carlo era di manica larga, ma a spese della Germania e della Turchia. L'Austria-Ungheria doveva restare intatta, e quindi per gl'Italiani non c'erano neanche le briciole». E la proposta parve in un primo tempo soddisfare i Francesi e gli Inglesi; la reazione di Sonnino, che ricordò gli impegni presi a Londra nel 1915, li spinse a rinunciare a ogni trattativa che non chiamasse in causa anche il Regno d'Italia. Alla fine del conflitto Carlo I abdicò e si ritirò in Svizzera, da dove per due volte nel 1921 tentò invano di riprendere il potere in Ungheria.

15. Johansen John Christen (1876-1964), *Firma del trattato di Versailles*, 1919, National Portrait Gallery Smithsonian Institution, Washington DC.

Il 18 gennaio 1919 si aprì a Parigi sotto la presidenza di Clemenceau la Conferenza di pace, che portò sei mesi più tardi al Trattato di Versailles con la Germania. A quest'ultima fu imposta una pesante pace che comportava la considerevole riduzione dell'esercito e della marina; la smilitarizzazione dell'area renana; la perdita delle colonie; la perdita di importanti territori in Europa a vantaggio della Francia e di un nuovo Stato, la Polonia; il pagamento di pesanti risarcimenti per i danni di guerra. I gravosi termini del trattato furono dettati soprattutto da parte dei Francesi, intenzionati a smantellare la potenza tedesca così da non dover temere future aggressioni o minacce. Alla luce del Trattato di Versailles e di quelli successivi, stipulati tra il settembre 1919 e l'agosto 1920 (trattati di Saint-Germain tra l'Italia e l'Austria, del Trianon tra gli Alleati e l'Ungheria, di Neuilly tra gli Alleati e la Bulgaria e di Sèvres tra gli Alleati e la Turchia, la fisionomia dell'Europa aveva subito una profonda modifica: la dissoluzione degli Imperi centrali aveva portato alla costituzione nei Balcani e a Oriente di nuovi Stati, e altrettanto si era verificato in Medio Oriente in seguito alla fine dell'Impero ottomano. In questa nuova realtà il presidente americano Wilson riuscì a imporre la creazione della Società delle Nazioni (28 aprile 1919), un'organizzazione mondiale deputata, almeno nelle intenzioni del suo patrocinatore, a risolvere attraverso la mediazione, e non più le armi, i contrasti tra le nazioni.

16. *D'Annunzio a Fiume*, fotografia, maggio 1920.

La nascita, lungo le sponde dell'Adriatico, della Jugoslavia pose al Regno d'Italia non pochi problemi che emersero durante i lavori del Congresso di pace. In particolare, Wilson rifiutava di riconoscere in toto i termini del trattato di Londra mentre avanzava la ferma pretesa del rispetto delle nazionalità non italiane, per cui «dando prova di un certo realismo in contrasto con la sua nomèa di visionario, egli riconosceva un diritto dell'Italia al Brennero come sua "frontiera naturale". Ma non ammetteva che oltre un milione di Slavi venissero trasferiti "come un gregge" dentro i confini italiani». La prova di forza apertasi sulla «questione adriatica» (possesso della Dalmazia e di Fiume) tra Orlando e Sonnino da una parte e Wilson dall'altra arrise a quest'ultimo, e i due statisti italiani lasciarono in segno di protesta Parigi. Nel Regno frattanto D'Annunzio e un pugno di nazionalisti tra i più accesi il 12 settembre 1919 marciarono con l'appoggio di truppe regolari ribelli su Fiume, rivendicata dagli Italiani perché popolata principalmente da Italiani, ne proclamarono l'unione a Roma e vi instaurarono un governo retto dal Poeta. D'Annunzio vi rimase fino alla fine del 1920 e ridusse la città «a suo palcoscenico». Fiume «viveva in stato di perpetua eccitazione con comizi e adunate a getto continuo, e le strade gremite di gente vestita nelle più svariate e spettacolari fogge, come a un ballo in costume».

mente i giornali nazionalisti, dei quali Cadorna era sempre rimasto l'idolo, esaltarono il suo operato dicendo ch'esso non aveva dato tutti i frutti solo perché a Roma c'erano delle forze che sabotavano le sue iniziative. Il colpo era diretto a Zupelli, di cui venivano sottolineate le responsabilità nel fiasco di Durazzo. La campagna contro di lui fu tale che alla fine il Ministro preferì dimettersi, e al suo posto fu nominato un fiduciario di Cadorna, il generale Morrone, che forniva assoluta garanzia di secondare le iniziative del Generalissimo «con poco ingegno, ma con molto impegno».

Cadorna aveva vinto la prova di forza. Ancora una volta il governo di Roma cedeva a quello di Udine.

CAPITOLO QUINDICESIMO

# SUL FRONTE E DIETRO IL FRONTE

> Nessuno deve ignorare che in faccia al nemico una sola via è aperta a tutti: la via dell'onore quella che porta alla vittoria o alla morte sulle linee avversarie. Ognuno deve sapere che chi tenti ignominiosamente di arrendersi o di retrocedere, sarà raggiunto, prima che s'infami, dalla giustizia sommaria del piombo delle linee retrostanti o da quello dei carabinieri incaricati di vigilare alle spalle delle truppe, sempre quando non sia stato freddato prima da quello dell'ufficiale. Anche per chi, vigliaccamente arrendendosi, riuscisse a cader vivo nelle mani del nemico, seguirà immediato il processo in contumacia e la pena di morte avrà esecuzione a guerra finita.

È una circolare di Cadorna, che di retorico aveva soltanto l'accento. Questo era il concetto che il Generalissimo aveva del dovere, e questi erano i metodi ch'egli applicava contro chi lo evadeva. Egli non dubitò mai che questo fosse il senso della disciplina militare e che per vincere la paura dei soldati quando andavano all'assalto non ci fosse che un mezzo: mettergli alle calcagna dei carabinieri che gli facessero ancora più paura del nemico.

I primi inquietanti segni d'insubordinazione e diserzione si erano avuti alla vigilia della terza battaglia dell'Isonzo. I comandanti che cercarono di minimizzare questi episodi e di giustificarli vennero immediatamente destituiti, mentre fu encomiato il generale Tassoni il quale aveva risposto, a chi gli segnalava la stanchezza della truppa, che la truppa non contava: essa era quale la facevano gli ufficiali che alla stanchezza non avevano diritto. «Parole da vero comandante» disse Cadorna. Pochi giorni dopo il Generalissimo propose a Salandra di appesantire le già pesantissime norme del codice militare. E, non avendolo ottenuto, dispose che i comandi inoltrassero le domande di grazia al sovrano solo in casi eccezionali.

Le misure erano assolutamente sproporzionate alla crisi che l'esercito stava attraversando. Una crisi c'era, ma più di adattamento che di smarrimento. Come scrisse più tardi Omodeo, che visse questo dramma, quella che moriva nell'animo dei fanti non era la guerra, ma la guerra garibaldina, cioè l'immagine stereotipata ch'essi se n'erano fatta nel «maggio radioso». E a ucciderla non fu il tributo di sangue ch'essi le stavano pagando, ma la vita di trincea coi suoi disagi, le sue privazioni, e soprattutto la sua inazione. Infatti a risentirne di più furono proprio gl'interventisti che, sia detto a loro onore, erano quasi tutti intervenuti, anche quando avevano i capelli bianchi come Bissolati, che si arruolò a cinquantott'anni e si guadagnò da sergente tre medaglie al valore. Accorrendo ai distretti, essi avevano chiesto di formare dei battaglioni volontari d'assalto, ma la proposta fu respinta. Anzi, i comandi ricevettero istruzione di disperdere il più possibile i volontari e di tenerli sotto stretta sorveglianza perché molti di essi risultavano repubblicani e sovversivi. Mussolini, partito anche lui per il fronte, non fu ammesso al corso allievi ufficiali, e gli stessi «irredenti» che, come Cesare Battisti, disertavano sfidando la morte l'esercito austriaco per arruolarsi in quello nostro, venivano guardati con sospetto e tenuti il più possibile lontani dal fronte.

Ancora più sgraditi erano gli uomini politici. «È meglio che i parlamentari serbino la loro eloquenza al Paese» disse il generale Porro all'on. Gasparotto che chiedeva una destinazione in linea. E quando Federzoni e Corradini che, come esponenti nazionalisti, avrebbero dovuto essere persone grate all'Esercito, chiesero di fare un giornaletto per i soldati, si sentirono rispondere che i soldati non avevano bisogno di propaganda.

Tutto questo rispondeva al concetto cadorniano della disciplina militare. Cadorna concepiva il soldato come un robot, cui bisognava chiedere non l'entusiasmo, ma l'obbedienza. E forse anche per questo rimase sempre fedele alla strategia dell'attacco frontale e della guerra di logoramento, la più congeniale a questa sua pedagogia. Spentosi sui reticolati, l'entusiasmo non poteva di certo riaccendersi nella vita di trincea con la sua monotonia e la sua inerzia. Quello che gli uomini vi subivano era un processo di spersonalizzazione, ch'era proprio l'obiettivo cui Cadorna più o meno consapevolmente mirava. «A distruggerci non è la morte, ma la noia» scriveva un sottotenente alla famiglia. Ma una noia talmente condita di pidocchi, di fame, di freddo che – scrisse lo psicologo Ferrari a conclusione di un attento studio – «l'annuncio di prepararsi per l'assalto è accolto quasi sempre con gioia». Forse questa era un'esagerazione, o comunque una generalizzazione. Ma sta di fatto che nello spazio di pochi mesi il soldato italiano dovette adeguarsi a una realtà cui era totalmente impreparato e che provocò in lui drammatici scompensi.

In un certo senso, come osservarono concordemente Marpicati e Gemelli, la truppa ne risentì meno degli ufficiali. I semplici uomini che la componevano, in grande maggioranza contadini, erano partiti per la guerra senza

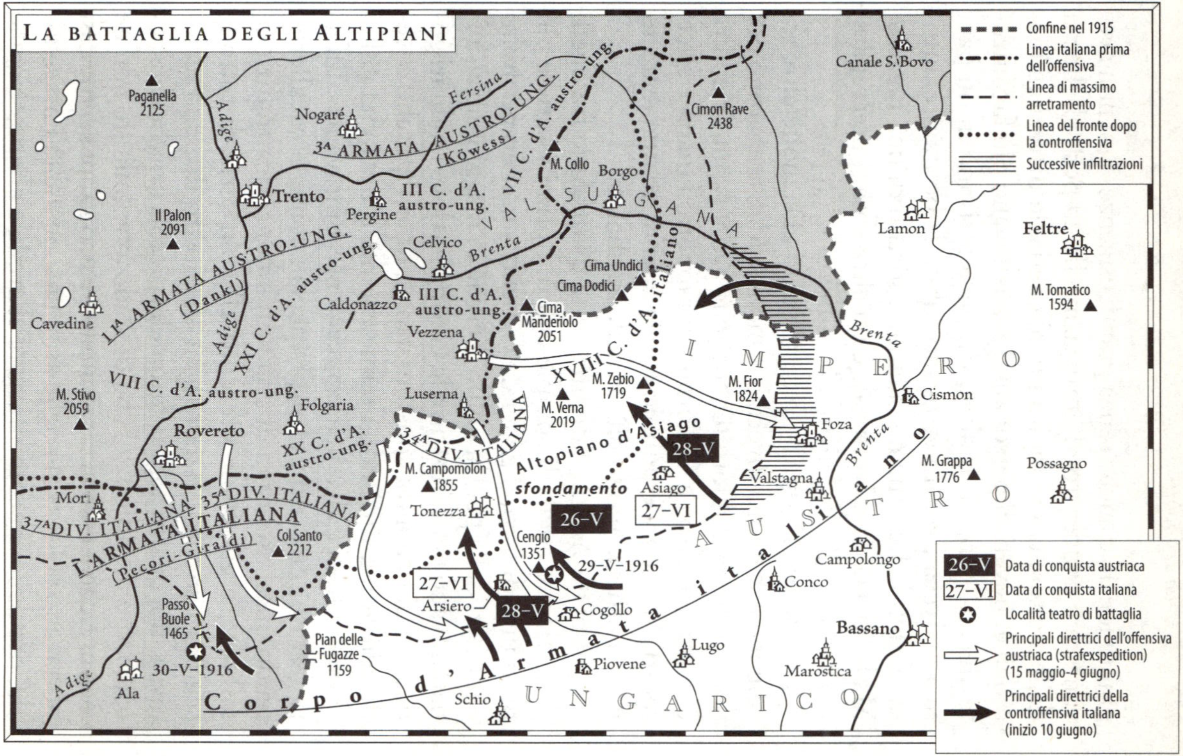
LA BATTAGLIA DEGLI ALTIPIANI
Confine nel 1915
Linea italiana prima dell'offensiva
Linea di massimo arretramento
Linea del fronte dopo la controffensiva
Successive infiltrazioni
26–V Data di conquista austriaca
27–VI Data di conquista italiana
Località teatro di battaglia
Principali direttrici dell'offensiva austriaca (strafexspedition) (15 maggio-4 giugno)
Principali direttrici della controffensiva italiana (inizio 10 giugno)
Paganella 2125
Nogaré
Trento
Adige
Fersina
3A ARMATA AUSTRO-UNG. (Köwess)
VII C. d'A. austro-ung.
III C. d'A. austro-ung.
Pergine
M. Collo
Borgo
VAL SUGANA
Cimon Rave 2438
Canale S. Bovo
Lamon
Feltre
M. Tomatico 1594
Il Palon 2091
1A ARMATA AUSTRO-UNG. (Dankl)
XXI C. d'A. austro-ung.
Celvico
Brenta
Caldonazzo
III C. d'A. austro-ung.
Cima Undici
Cima Dodici
Cima Manderiolo 2051
C. d'A. italiano
Cavedine
Vezzena
XVIII
M. Zebio 1719
M. Verna 2019
M. Fior 1824
IMPERO AUSTRO UNGARICO
Cismon
M. Stivo 2059
VIII C. d'A. austro-ung.
Folgaria
Luserna
Foza
Altopiano d'Asiago
28–V
Brenta
Rovereto
XX C. d'A. austro-ung.
34A DIV. ITALIANA
M. Campomolon 1855
sfondamento
Asiago
27–VI
Valstagna
M. Grappa 1776
Possagno
Mori
35A DIV. ITALIANA
37A DIV. ITALIANA
I ARMATA ITALIANA (Pecori-Giraldi)
Col Santo 2212
Tonezza
26–V
Cengio 1351
29–V–1916
Campolongo
Conco
27–VI
Arsiero
28–V
Cogollo
Passo Buole 1465
30–V–1916
Pian delle Fugazze 1159
Lugo
Bassano
Piovene
Marostica
Adige
Ala
Schio
Corpo d'Armata italiano

grandi ideali, e anche senza grandi esigenze. Essi non avevano mai concepito «l'entusiasmo lirico per la bellezza dell'assalto», erano molto più allenati alle privazioni materiali e, poveri di personalità, si adattavano più facilmente alla sua perdita. Inoltre, «appena arrivano in un paese,» scriveva Rossato «trovano subito la bontà premurosa, la timida fraternità, l'osteria, il sorriso di una ragazza. Ma l'ufficiale, no. L'ufficiale è un'altra cosa. Può crepare, ma nessuno gli dice niente. Nemmeno se crepa».

Questo è vero fino a un certo punto. Da molte altre testimonianze risulta invece che molti soldati creparono per non far crepare il loro tenente che aveva saputo stabilire con essi, in barba a Cadorna, un rapporto umano e affettuoso. Ma non c'è dubbio che la crisi di adattamento fu per gli ufficiali molto più difficile e tribolata.

Qui però bisogna fare una netta distinzione fra quelli di carriera e quelli di complemento. I primi – scrisse più tardi uno di loro, il generale Capello – non erano molto entusiasti della guerra un po' perché in maggioranza simpatizzavano per l'Austria e la Germania dove i militari godevano di ben altra considerazione, un po' perché ci vedevano «una incomoda minaccia alla quieta vita cui si erano abituati e alla quale unicamente aspiravano». Infatti, tranne certe armi e corpi speciali come la cavalleria, feudo quasi esclusivo di una nobiltà di antica tradizione militare, e gli alpini, cresciuti alla più seria di tutte le scuole di guerra – la montagna –, il nostro Esercito reclutava i suoi quadri soprattutto nella piccola borghesia, specialmente meridionale, che di tradizione militare non ne aveva, e che a esso avviava molto spesso i suoi scarti. Essi portavano nel servizio delle armi una mentalità impiegatizia, puntigliosamente attaccata al grado e al «posto», che le Accademie, lungi dal correggere, esaltavano. Gl'insegnanti, scelti solo in base alla loro rigidità disciplinare e al rispetto delle forme e dei rituali, tenevano gli allievi a digiuno di qualsiasi cultura che non fosse quella del «regolamento di disciplina» e del «manuale di tattica», facendo di essi, a propria immagine e somiglianza, dei burocrati di caserma, timidissimi di fronte alle responsabilità, e quindi privi di qualsiasi iniziativa.

Fin dai primi giorni di guerra essi fecero quadrato intorno ai loro privilegi e prerogative accaparrandosi i posti dei Comandi superiori, meno rischiosi e più promettenti per la «carriera». Questo fece sì che la trincea diventasse appannaggio quasi esclusivo di piccoli subalterni appena reduci dai banchi universitari e sbalzati in linea dopo tre mesi di tirocinio. Più tardi il figlio di Cadorna, riecheggiando probabilmente le idee del padre, scrisse che questi bravi «goliardi» avevano ben poco a che fare coi loro colleghi tedeschi a cui bastava una divisa per diventare ufficiali, tanto erano «nati per comandare». Ed è vero. Ma altrettale, e forse più profonda, era la differenza che passava fra gli ufficiali effettivi dei due eserciti. La differenza fra un sottotenente di complemento italiano e un sottotenente tedesco non era più grande di quella che passava fra un Cadorna e un Ludendorff. Per quanto privi di tradizione e di mentalità militare, come del resto era logico in un popolo che non ne aveva mai avute, quei «goliardi», venendo dalla vita civile, sapevano parlare ai soldati e capirli molto meglio dei professionisti, chiusi nei loro formalismi gerarchici. Molti eroici episodi furono dovuti all'ascendente che questi piccoli subalterni, digiuni di strategia e di balistica, ma carichi di umanità, esercitavano sui loro uomini. L'esercitavano con l'esempio, lanciandosi per primi all'assalto. E questo è il motivo per cui, di tutti gli eserciti combattenti, quello italiano ebbe di gran lunga la più alta percentuale di ufficiali caduti. Una intera generazione ne fu dimezzata. Ed era l'*élite* intellettuale del Paese.

Il freddo era calato su truppe che non avevano nemmeno le mantelline per ripararsene. Al posto degl'indumenti, il comando aveva mandato ai soldati una serie di consigli: allentare le fasce per favorire la circolazione del sangue nelle gambe, spalmarsi i piedi di sego per prevenire il congelamento ecc. Sebbene il Paese ne fosse poco informato perché la censura imbavagliava la stampa, qualcosa di questa situazione trapelò, e diede il via a varie iniziative civiche di soccorso. Fu questa anzi la prima autentica manifestazione di solidarietà della popolazione al suo Esercito. Allo slancio dei cittadini non corrispose l'efficienza dei servizi. In una lettera alla moglie, Cesare Battisti la pregava di non mandargli pacchi perché questi si arrestavano a quota mille: oltre, dove ce n'era più bisogno, non arrivavano.

Ma nell'adattamento alle difficoltà materiali, il fante diede una brillante prova di stoicismo e d'inventiva. Imparò subito a scavare ripari, a costruire camminamenti e a trarre il massimo profitto dal minimo di cui disponeva. Tutto sommato, il suo morale reggeva, anche se il puntello non lo trovava né nel patriottismo, né in altri motivi ideologici, ma solo nelle ancestrali virtù, tipicamente contadine, della pazienza e della rassegnazione. A deteriorarlo fu soprattutto la misura che avrebbe dovuto tonificarlo: la «licenza».

Fin allora, i comandi non ne avevano rilasciate che per circostanze straordinarie e gravissime, e una severa censura postale aveva reso radi e reticenti anche i contatti espistolari fra i soldati e le loro famiglie. La pausa invernale consigliò di concedere dei permessi che, nelle intenzioni dello Stato Maggiore, dovevano servire a ritemprare lo spirito dei fanti. Costoro, dopo viaggi di giorni e giorni nelle lente e disagiate «tradotte», si aspettavano di essere accolti come eroi da un Paese orgoglioso delle loro prodezze e conscio dei loro sacrifici. Invece, finita la festicciola in famiglia, non trovavano che indifferenza. «È cresciuto il lusso» scriveva il prete-soldato Lorenzini «è aumentata la smania dei divertimenti. Dovunque gente che si affanna a godere e a divertirsi, dando prova di non darsi alcun pensiero per chi conduce una vita di patimenti inenarrabili.» «Ho visto» rincarava De Vita «tanti di quei giovani godersela nei teatri e nei caffè che mi veniva voglia di prenderli a pugni e di odiarli più degli Austriaci.»

Questo stato d'animo, che si ritrova in tutti i diari ed epistolari del tempo, era comune anche ai soldati degli altri eserciti: francese, tedesco ecc.: fa parte della fisiologia della guerra. Ma in Italia era esasperato e patologico per vari motivi. Anzitutto perché il Paese era effettivamente all'oscuro della realtà della guerra, che tutti si sforzavano di occultare: il potere militare per ottusità, quello civile per calcolo. Cadorna, che dopo Caporetto avrebbe accusato il Paese di aver inquinato col suo «disfattismo» il morale del fante, in quel momento temeva che fosse il fante a inquinare, col racconto delle sue miserie, il morale del Paese. Tant'è vero che, all'atto di concedergli la licenza, il comando gli praticava un energico «lavaggio del cervello» impegnandolo a non rivelare nulla, non soltanto del suo armamento, dislocazione ecc., ma anche delle sue condizioni di vita. «Ho dovuto dolorosamente constatare» diceva il Generalissimo in una sua circolare «che vi sono molti pusillanimi e incoscienti i quali, recandosi in licenza, anziché diffondere la fiducia, come vorrebbe il loro onore di soldati e il loro più sacro dovere verso la Patria...» E niente dimostra la sua lontananza dal soldato quanto questo continuo stambureggiare di parole maiuscole – Patria, Dovere, Onore – che nella coscienza del soldato non suscitavano nessuna eco. Arrivò perfino a proibirgli, a mezzo dei carabinieri, l'ingresso nei caffè o la passeggiata con la ragazza al braccio.

Un altro incoraggiamento alla spensieratezza e al facile ottimismo lo dava il potere civile per le ragioni che abbiamo già detto. Salandra e compagni seguitavano a sperare in una guerra limitata, e limitata alla trincea, che non provocasse traumi psicologici né sconquassi sociali. Il Paese, secondo loro, non doveva essere turbato. E trattandosi dell'Italia, il Paese non chiedeva di meglio. Di austerità non c'era ombra. I consumi di guerra provocavano facili guadagni, che a loro volta provocavano un allentamento dei costumi. Secondo Omodeo, uomo di trincea, questo era perfettamente logico e fisiologico. Il senso del pericolo, egli dice, esalta «l'egoismo primordiale della vita». Ma in Italia l'egoismo non ha bisogno di esaltazione: ne trova già abbastanza di suo nella totale mancanza di civismo e di solidarietà nazionale, di cui i «pescecani» – come si chiamavano i profittatori della speculazione – rappresentavano la più sfacciata incarnazione.

Certamente più marcato che negli altri Paesi, questo scatenamento d'istinti godereccì doveva per forza offendere un soldato che, privo di tradizioni militari, considerava il servizio di guerra una specie di prestazione straordinaria, qualificante a speciali diritti: primo fra tutti quello di essere ammirato e compianto. Indossando la divisa, egli già acquistava la mentalità del «reduce», cioè del creditore nei confronti di una società che invece lo riaccoglieva con distratta indifferenza. Nel suo sdegno e ribellione c'era anche una buona dose di quel «vittimismo», in cui di lì a poco il fascismo avrebbe trovato uno dei suoi maggiori fertilizzanti, e che intanto approfondiva la rottura fra Esercito e Paese.

Insomma, da quell'intermezzo che avrebbe dovuto ritemprarlo, il fante tornava in trincea con l'animo gonfio di amarezza e di rabbia. Egli divideva l'umanità in quattro categorie: i «fessi», che combattevano in trincea; i «fissi», che si tenevano al riparo nei comandi superiori lontani dalle linee; gl'«Italiani», che poltrivano nelle retrovie; e gl'«Italianissimi», ch'erano rimasti a casa. Questi ultimi si chiamavano genericamente «imboscati», e furono il bersaglio preferito dei cantautori di trincea: «Da Cividale a Udine / Ci stanno gl'imboscati / Hanno gambali lucidi / Capelli profumati» eccetera. Nel suo malumore, il fante non rifletteva che per fare la guerra il Paese doveva produrre e che la produzione richiedeva braccia.

Le braccia erano quelle degli operai, che infatti erano stati in gran parte esentati. L'industria non avrebbe avuto di che sostituirli, specie quelli specializzati, che costituivano una esigua minoranza. Così alla frattura fra Esercito e Paese si aggiungeva quella fra il soldato-contadino e l'operaio-imboscato. «La guerra la fanno col loro sangue i contadini» diceva alla Camera l'on. Ferri. In un Paese come il nostro, poverissimo di manodopera qualificata, non poteva essere altrimenti. Ma il governo ci mise del suo per appesantire la discriminazione. Mentre la paga media dell'operaio era di circa 7 lire al giorno, il soldo del contadino alle armi era di 90 centesimi.

Furono tutti questi fattori a provocare i primi episodi d'insubordinazione. Nel dicembre un reggimento di calabresi si ammutinò ed ebbe un conflitto coi carabinieri.

Due soldati rimasero uccisi, e altri due vennero fucilati dopo un sommario processo. Sull'efficacia dei metodi repressivi, Cadorna aveva la stessa opinione di Trotzki, secondo il quale un buon comando «deve sempre porre i soldati alla scelta tra la morte probabile sul fronte e quella inevitabile dietro il fronte». Perciò aveva impartito istruzioni severissime ai tribunali militari. Ma questi sulle prime riluttarono ad adeguarvisi. Quando a Sacile un battaglione di alpini si ribellò agli ufficiali e sabotò le linee telefoniche, ci furono parecchie condanne, ma nessuna a morte. Il Generalissimo deplorò questa mitezza ed esigette che nei casi in cui era difficile appurare le responsabilità si procedesse alla «decimazione», cioè alla fucilazione di un uomo su dieci, estratto a sorte. Rimasto dapprincipio sulla carta, l'inumano provvedimento trovò due anni dopo una spietata applicazione.

A un certo punto tuttavia Cadorna dovette rendersi conto che non poteva considerare e trattare il soldato come un semplice robot, e nello stesso tempo appellarsi continuamente al suo senso del dovere e dell'onore che presupponevano un cuore, un'anima, un cervello. Perciò decise di offrirgli qualche conforto spirituale, ma intonato al proprio stile austero e bigotto. Non svaghi né divaghi, come in tutti gli altri eserciti che a ridosso della prima linea organizzavano spettacoli e divertimenti. Anzi, egli giunse perfino a proibire ai soldati di cantare e suonare «per rispetto ai morti». Ma ricordandosi che alle armi c'erano circa venticinquemila preti in qualità di coscritti, decise di reclutare fra loro un corpo di cappellani militari. In tutti gli altri eserciti esistevano già, e subito dopo l'intervento il Vaticano aveva nominato un «Vescovo al campo». Fu appunto costui, monsignor Bartolomasi, che col grado di Generale organizzò un corpo di duemilaquattrocento cappellani, che svolsero un'opera preziosa e meritoria, e non soltanto sul piano spirituale.

A furia di stare coi soldati, questi religiosi avevano finito per diventarlo anch'essi, e talvolta esemplarmente. Sul Sabotino, la bandiera del 33° Reggimento fu salvata da uno di loro, mentre un altro si guadagnò la medaglia d'argento sul Piave lanciandosi per primo all'assalto. Si chiamava don Giovanni Minzoni, e pochi anni dopo fu trucidato dai fascisti. Questo atteggiamento aumentò la loro «presa» sui soldati che, per la loro mentalità di contadini, erano già per conto loro devoti. Ma operò anche in senso inverso, convertendo i cappellani al culto di quei valori patriottici e nazionali cui essi erano rimasti fin allora refrattari. Quando il Papa prese solennemente la parola condannando la guerra come una «inutile strage», la grande maggioranza di loro non protestò, ma nemmeno si adeguò. Essi seguitarono a predicare l'amor di patria e la bellezza del sacrificio, e non c'è dubbio che la loro propaganda fu l'unica veramente «sentita» dalla truppa, così come le «case del soldato» istituite da don Minozzi nelle retrovie furono l'unica efficace iniziativa assistenziale.

Ma tutto questo non bastò naturalmente a sanare le gravi fratture che aveva provocato la guerra, o per meglio dire la concezione che della guerra avevano i capi politici e militari, e i criteri con cui seguitavano a governarla. Nella speranza di «limitarla», non la si era ancora dichiarata alla Germania, nonostante l'accertata presenza di reparti tedeschi sul nostro fronte, e tuttora si cercava di evitare quella mobilitazione di masse che sola avrebbe consentito di saldare il fronte con l'interno facendo del Paese e del suo Esercito un'unica cosa, come la situazione richiedeva. Non solo. Ma ormai il contrasto fra potere civile e potere militare era diventato insanabile. Dopo il fiasco di Durazzo e il siluramento di Zupelli, Cadorna era convinto di aver imposto la sua legge, e si rifiutò perfino d'informare il governo dei suoi piani.

Quali fossero questi piani non si sa, perché il nemico non gli dette il tempo di attuarli.

## CAPITOLO SEDICESIMO

# LA CADUTA DI SALANDRA

Il Cadorna austriaco era quel generale Conrad von Hötzendorf che fin dal 1906, quando l'Italia era tuttora membro della Triplice, aveva progettato contro di essa una *Strafexpedition*, una spedizione punitiva, che ne prevenisse i tradimenti. Tale era il suo odio per il nostro Paese, e così estroverso e rumoroso, che alla fine avevano dovuto allontanarlo dalla carica. Ma quando l'Italia era scesa in guerra, gliel'avevano restituita. E da allora egli non aveva fatto che insistere presso i Tedeschi per un'azione combinata dei due eserciti sul fronte italiano in modo da liquidarlo in pochi giorni. I Tedeschi non lo avevano ascoltato un po' perché con l'Italia non erano in guerra e preferivano mantenere con essa un simulacro di pace, un po' perché non volevano distrarre forze dal fronte francese ch'essi consideravano quello decisivo. Nella primavera del '16 Conrad tornò alla carica, ma inutilmente. I Tedeschi ripresero la loro offensiva in Francia con la grande battaglia di Verdun che si risolse in una paurosa emorragia per entrambi i contendenti. Ma non per questo il Generale austriaco rinunziò ai suoi piani, convinto di poterli realizzare da solo.

Cadorna non s'aspettava l'attacco, e soprattutto non se l'aspettava nel punto in cui fu sferrato. Egli non aveva mai preso in considerazione il fronte trentino. Anzi, proprio in quel momento lo aveva messo in crisi silurando il comandante dell'Armata che lo presidiava, Brusati. Secondo qualcuno, prese questa misura perché aveva avuto sentore di ciò che si preparava, e riteneva Brusati incapace di farvi fronte. Secondo altri, lo destituì proprio perché riteneva che in quel settore non potesse succedere nulla e che le voci di un'offensiva fossero state propalate ad arte dal nemico per indurlo a distrarre forze dall'Isonzo. Fatto sta che si limitò a mandarci solo pochi rinforzi di reclute appena affluite dai distretti, che non ebbero nemmeno il tempo di acclimatarsi con la vita di trincea.

Il 15 maggio, quando l'Italia si apprestava a celebrare il primo anniversario dell'intervento, il Trentino prese fuoco, e non in senso soltanto figurato. Come quella nostra, l'artiglieria austriaca ignorava la tecnica del bombardamento a tappeto, che i Tedeschi invece praticavano da tempo. Stavolta furono ben duemila i pezzi che d'improvviso si misero a rovesciare i loro obici sulle linee italiane. Era la prima volta che i nostri si trovavano, specie su quel fronte, sotto un simile inferno, ed è probabile che alla devastazione materiale si aggiungesse anche un trauma psicologico. L'attacco delle fanterie nemiche si sviluppò su un arco di cinquanta chilometri. Le ali tennero. Ma il centro cedette. E nella breccia gli Austriaci dilagarono fino agli ultimi contrafforti alpini che danno sulla piana veneta. Vicenza era a trenta chilometri, e tutto il dispositivo dell'Isonzo rischiava di essere aggirato alle spalle.

Anche Cadorna si trovò tra due fuochi. La notizia del disastro, giunta a Roma, vi provocò un sollevamento contro di lui. Atterrito non tanto dalla precarietà della situazione militare quanto dal pericolo che un crollo del fronte risvegliasse il Paese alla realtà provocandovi inquietudini che si era sempre cercato di sopire, Salandra convocò un Consiglio dei Ministri in cui il problema della sostituzione del Generalissimo tornò prepotentemente sul tavolo. Tuttavia, sebbene la tentazione di far di lui il capro espiatorio fosse grande, tutti convennero che non era il momento di aprire una crisi di comando, e ci si contentò di una soluzione di compromesso: la convocazione di un Consiglio di Guerra cui, oltre a Cadorna e a Porro, dovevano partecipare i Comandi di Armata, il Presidente del Consiglio e cinque Ministri.

Stavolta il Generalissimo non chiese nemmeno di «studiare» la proposta. La rifiutò seccamente, dicendosi pronto soltanto a incontrarsi a Udine col Presidente e coi suoi cinque colleghi per fornire loro le informazioni che gli richiedessero. Ancora una volta il governo di Roma si trovò alla scelta: o inchinarsi a quello di Udine, o provocare le dimissioni di Cadorna. E ancora una volta ricorse al compromesso: mandò a Udine l'uomo di Cadorna, Morrone, che ne tornò con una cartella dattiloscritta, la cui lettura – dice Barzilai – provocò nei Ministri «una vera insurrezione». Sonnino disse: «O lui, o noi», e la maggioranza fu per «noi». Salandra fu incaricato di esporre al Re il pensiero del governo, ma al momento della sua partenza, avendo Martini chiesto ai colleghi se questo pensiero doveva considerarsi «una deliberazione» o «un opinamento», si sentì rispondere: «Un opinamento». I propositi bellicosi erano già sbolliti.

A Salandra, il Re non mosse obiezioni. Ma disse che la responsabilità di destituire il Generalissimo doveva prendersela il governo: ch'era una risposta formalmente corretta, ma in perfetta antitesi con la prassi seguita sin allora, che lasciava al Re la scelta del Capo di Stato Maggiore. Non risulta però che Salandra gli muovesse questa obiezione. Tornato a Roma, cercò soltanto d'insabbiare la questione e, quando i colleghi lo misero alle strette, disse che, da quel che gli era parso di capire, il Re non gradiva il cambio della guardia e lui stesso preferiva aggiornarlo in attesa di un accordo sul nome del successore. Con un respiro di sollievo, il Consiglio approvò all'unanimità l'opinamento e si limitò a chiedere a Cadorna se effettivamente egli aveva in animo di arretrare tutto il fronte, come la cartellina recapitata da Morrone lasciava intendere. Ma Cadorna non rispose.

Di fronte alla sua tracotanza la Camera però fu molto meno remissiva del governo. Non solo i giolittiani, che su Cadorna condividevano l'opinione del loro patrono, ma anche gl'interventisti, che di lui avevano sempre fatto il loro idolo, furono concordi che il suo potere andasse per lo meno ridimensionato. Di fresco reduci dalla trincea, i deputati Chiesa e Labriola formularono severissime critiche sull'operato del comando, e Bissolati, che in trincea si era guadagnato due medaglie d'argento, propose l'istituzione di una speciale commissione parlamentare per tenere sotto controllo il potere militare.

È molto probabile che i giolittiani, provocando la crisi del comando, intendessero provocare quella di Salandra e che gl'interventisti fossero mossi da un certo spirito di rivalsa per il trattamento che avevano ricevuto: anche quelli che si erano arruolati volontari si erano visti rifiutare il posto in prima linea perché Cadorna li riteneva (e lo aveva scritto in una circolare) elementi disgregatori e pessimi soldati: il che era falso.

Comunque, quando ai primi di giugno la Camera si riunì, il destino di Salandra era segnato. Invitato a dare chiarimenti sulla situazione militare, disse che il crollo del fronte trentino era dovuto all'imprevidenza dei comandi, cioè in parole povere agli errori di Cadorna. Questo gli scatenò addosso la furia dei nazionalisti che, per quanto ora più critici nei confronti del Generalissimo, si sentivano tuttavia impegnati a difenderlo. La discussione assunse toni drammatici, e Salandra si vide attaccato anche sul piano personale: il Presidente dell'intervento, gli dissero, invece di mandare alla guerra i suoi tre figli, li aveva imboscati. Ferito nel suo orgoglio, e forse ormai stanco e rassegnato, Salandra si difese male, e il parlamento gli negò la fiducia con 197 «no» contro 158 «sì». I giolittiani avevano saldato i conti col traditore.

La scelta del successore fu, come al solito, il frutto di un compromesso. L'emergenza richiedeva la formazione di un governo di concordia nazionale che, come tutte le concordie, era destinato a covare nel suo seno tutte le discordie. Paolo Boselli, che fu chiamato a presiederlo, possedeva tutti i requisiti, meno quelli che occorrono per guidare un Paese in guerra. Deputato ligure da parecchie legislature, era stato varie volte Ministro con Crispi, Pelloux e Sonnino, ma nessuno se n'era accorto. Alla lontana, ricordava un po' Saracco. Passava per un esperto di questioni economiche, e moralmente era un personaggio di tutto rispetto. Ma politicamente era scolorito, e per di più aveva quasi ottant'anni. Ma proprio perché privo di precisi connotati, lo si ritenne il più adatto a barcamenarsi in una coalizione che conciliasse le più varie tendenze, e infatti egli le volle rappresentate tutte, a eccezione dei socialisti. Tuttavia le figure di maggior spicco rimasero le solite: Sonnino agli Esteri, Orlando agl'Interni, Nitti alle Finanze. Di nuovo, ci fu solo il socialista riformista Bissolati che, sebbene senza portafoglio, ebbe l'incarico più delicato: quello dei collegamenti col comando supremo, che in pratica significava il controllo su di esso. Ma proprio su questo si riaccese, più acuto che mai, il conflitto fra i due poteri.

Nell'emergenza, Cadorna aveva dato il meglio di sé come coraggio, nervi saldi, sangue freddo e capacità organizzativa. Resistendo alla tentazione di arretrare tutto il fronte fino al Piave, come in un primo momento aveva pensato di fare, aveva gettato nella battaglia tutte le riserve che aveva sotto mano, e in pochi giorni era riuscito a concentrare dieci divisioni nel punto nevralgico. Qualcuno dice che gli Austriaci non furono fermati da queste contromisure, ma dalla mancanza di rincalzi con cui alimentare l'offensiva. Ma queste son polemiche che si accendono dopo ogni battaglia, quando si tratta di stabilire fino a che punto la forza dell'uno è stata la debolezza dell'altro. È un fatto che, dopo il primo sfondamento sul centro del nostro fronte, l'avanzata austriaca perse gradatamente il suo slancio; e il 3 giugno si arenò definitivamente. Quando il parlamento mise Salandra in crisi, Cadorna aveva già superato la sua, e le nostre truppe stavano rapidamente riconquistando tutto il terreno perduto.

Il Generalissimo, che non si era piegato al governo nemmeno nel momento della disfatta, era più che mai risoluto a respingerne le intromissioni nel suo operato. La nomina di Boselli non gli dispiacque perché lo riteneva ancora più debole di Salandra, come infatti era. Accolse garbatamente il nuovo Presidente che andò a rendergli visita a Udine. Ma del colloquio diede questa versione in una lettera alla famiglia: «Mi schiacciò di elogi fino alla nausea, fino a dirmi che dopo la vittoria mi avrebbe condotto lui stesso in Campidoglio. Risposi che aspiravo solo a finir bene la guerra e ad eclissarmi poi. Non ci mancherebbe altro che la parodia di Scipione e di Mario! Ma in Italia, pur di fare della rettorica, son capaci di tutto!».

Con Bissolati invece non salvò nemmeno le apparenze. Non aveva potuto opporsi alla sua nomina a Ministro, ma ne considerava le mansioni come un'offesa alla propria persona. E quando Bissolati gli disse che il governo e il parlamento esigevano un'inchiesta sull'episodio della *Strafexpedition*, perse le staffe, scrisse a Boselli che non riconosceva a Bissolati nessun potere perché le relazioni fra Roma e Udine erano esclusiva prerogativa del Ministro della Guerra, «unico rappresentante legittimo del comando in seno al governo», e diramò ai comandi sottoposti l'ordine di espellere Bissolati, se mai si fosse loro presentato.

Bissolati era uno specchiato galantuomo e un'anima candida. Il suo interventismo non aveva nulla a che fare con quello dei nazionalisti, anche se con questo aveva colluso, nel «maggio radioso», per motivi tattici. Come gli altri uomini della sinistra radicale e repubblicana, egli voleva la guerra come coronamento di quelle risorgimentali, affermazione delle nazionalità e lotta contro l'imperialismo austro-tedesco. Ma, risoluto e coraggioso in trincea, non lo era altrettanto nella lotta politica, nella quale lo tradiva il temperamento emotivo. Non aveva paura di Cadorna, ma ne aveva soggezione, e la sua collera lo sconcertò. Ancora più sconcertato fu Boselli, che si affrettò a calmare il Generalissimo con una lettera piena di umiltà che gli dava le più ampie assicurazioni e che rappresentava la definitiva resa del potere civile a quello militare.

Mentre conduceva questa offensiva contro Roma, Cadorna preparava quella contro gli Austriaci: la quinta battaglia dell'Isonzo. Convinto di aver messo in crisi con la *Strafexpedition* tutto il nostro schieramento, Conrad fu colto di sorpresa quando il 6 agosto si vide piovere addosso, nel saliente di Gorizia, la III Armata del Duca d'Aosta. Erano 17 divisioni contro 8. Gli Austriaci resistettero dapprima vigorosamente sperando di fare in tempo a portare rinforzi. Ma dopo tre giorni dovettero abbandonare le loro munitissime posizioni del Sabotino e del San Michele che montavano la guardia all'Isonzo e a Gorizia, incalzati dalle fanterie del generale Capello, che fu il maggiore protagonista della brillante operazione. Il fiume fu attraversato, la città cadde, e per un momento parve che tutto il dispositivo nemico traballasse. Poi i nostri dovettero fermarsi per riparare alle pesanti perdite che avevano subìto. Ma quella «prima, grande, autentica vittoria italiana», come la chiamò Bissolati, sollevò il morale delle truppe, fece salire la nostra quotazione in campo alleato, rinsaldò il governo e gli diede il coraggio di prendere alcune fondamentali iniziative.

La prima fu la dichiarazione di guerra alla Germania: un avvenimento che molto stupì i nostri fanti che, incapaci di distinguere fra Austriaci, Boemi, Ungheresi e Croati, li chiamavano tutti «Tedeschi» e credevano di essere in guerra con loro da sempre. Fino all'ultimo questa decisione era stata avversata da Salandra, sempre fedele alla sua concezione di «guerra italiana». Boselli la prese su insistenza di Sonnino, e malgrado l'opposizione di Orlando e Meda che seguivano la linea salandrina. La seconda fu l'invio di un corpo di spedizione a Salonicco, dove gli Anglo-francesi avevano aperto un fronte balcanico. A esigere questa misura era stato lo stesso Cadorna, che di quel fronte capiva l'importanza per alleggerire il suo.

Tutto questo, sommato al successo di Gorizia, ci riqualificò presso gli Alleati, che fin allora ci avevano guardato con molto sospetto per il nostro modo di condurre la guerra a mezzo, un piede dentro e un piede fuori, come se volessimo tenerci la strada aperta a qualche voltafaccia. I nostri statisti avevano perfino evitato di partecipare ai raduni interalleati per lo scambio d'informazioni e il coordinamento dei piani. Sicché quando finalmente si erano decisi a presentarsi a quello di Parigi, nel marzo del '16, vi furono accolti come i loro predecessori lo erano sempre stati dagli Austro-tedeschi ai tempi della Triplice, cioè come soci di seconda serie su cui non c'era da fare affidamento. Ora finalmente questo clima di sospetto cominciava a diradarsi, tanto che fu deciso di tenere a Roma il successivo raduno, fissato per il gennaio del '17.

Ma intanto Cadorna, imbaldanzito dai suoi successi, si mostrava sempre più impaziente e autoritario. Quando seppe che Capello riceveva Bissolati e altri uomini politici, lo sbalzò senza tanti complimenti al comando di una zona morta. Il dissidio fra i due uomini, che tanto doveva pesare sulle sorti della guerra, era scritto nei loro caratteri. Quanto Cadorna era solitario, monacale, ruvido e chiuso in un giro di valori e d'idee tradizionali, tanto Capello era brillante, estroverso, moderno, ricco d'immaginazione e maestro di «pubbliche relazioni». Per di più era massone, e Gallarati-Scotti diceva che proprio su questo «legame settario» si basava la sua amicizia con Bissolati. Ma a motivare il siluro c'era anche dell'altro. Capello non solo aveva avuto una parte preminente nella presa di Gorizia, ma aveva anche saputo farselo riconoscere dalla stampa, che parlava di lui come di una specie di Ludendorff. Cadorna non era un uomo meschino, ma non ammetteva insidie all'assolutezza del suo primato, e volle dimostrare ch'era deciso a esercitarlo anche su chi poteva vantare le più grosse benemerenze.

Un altro episodio sopraggiunse a rinfocolare la sua ostilità al potere civile. Il colonnello Douhet redasse un memoriale pieno di feroci critiche a Cadorna, e lo consegnò all'on. Mosca perché lo recapitasse a Bissolati. Salendo in treno per Roma, Mosca lo infilò nella tasca del cappotto. Ma giunto a destinazione, non ce lo trovò più. Il memoriale era già sul tavolo di Cadorna, e nessuno seppe mai come ci fosse arrivato. Douhet fu denunciato al tribunale militare, ma il vero imputato del processo fu Bissolati come esponente del mondo politico. Violentemente attaccato dai nazionalisti, egli diventò il capro espiatorio della battaglia che seguitava a infuriare fra Roma e Udine. Questa assunse toni talmente drammatici che Boselli dovette nuovamente accorrere al quartier generale e sollecitare l'intervento del Re. L'incidente fu saldato con un anno di reclusione a Douhet e con la completa sottomissione di Bissolati che accettò un'anticamera di quindici giorni prima di essere ammesso alla presenza del Generalissimo per un incontro di rappacificazione. Da allora egli concepì per Cadorna un rispetto reverenziale che, facendosi sempre più evidente e marcato, spianò la strada all'unico rapporto umano di cui Cadorna era capace: quello da superiore a subalterno.

Forse fu l'ebbrezza di questi successi che indusse il Generalissimo in un errore di sopravvalutazione delle proprie forze. Tutto sommato, nella *Strafexpedition*, la truppa s'era comportata bene, senza lasciarsi cogliere dal panico. Ma, accanto a episodi di autentico eroismo, ce n'erano stati altri, piuttosto inquietanti, di cedimento morale. La 35ª divisione s'era sfaldata al primo urto, i soldati erano fuggiti gettando le armi, e per fermarli c'era voluto il fuoco dei carabinieri che aveva fatto tra loro parecchi morti. Appena ne fu informato, Cadorna ordinò che l'abbandono di posto, qualunque ne fosse il motivo, venisse punito con la fucilazione senza processo. Pochi giorni dopo un sottotenente, tre sergenti e otto soldati del 141° Reggimento subirono quella sorte, e Cadorna se ne felicitò col Colonnello che aveva ordinato l'esecuzione. «È stato il primo encomio solenne da lui distribuito fino a questo momento», aveva scritto Douhet nel suo memoriale. L'11 giugno un Generale di Corpo d'Armata fu destituito per non aver applicato gli stessi metodi.

Ai primi di luglio, alcuni fanti dell'89° Reggimento, logorati da dieci ininterrotti mesi di prima linea e rimasti per due giorni e due notti nella «terra di nessuno» che separava le opposte trincee, scivolarono verso quelle nemiche e si arresero. Cadorna ordinò di concentrare su di esse il fuoco dei cannoni fino al totale annientamento, e fece sottoporre a decimazione il reparto cui i transfughi appartenevano.

Malgrado questi sistemi repressivi, o forse proprio grazie a essi, accadde che i soldati cominciassero a sentirsi più solidali coi nemici che avevano di fronte che coi comandi che avevano alle spalle. Fra le trincee dirimpettaie si stabilirono dei dialoghi a base di grammofono: gli Austriaci suonavano *Il Danubio blu* e gl'Italiani rispondevano con *O sole mio*. Poi dal grammofono si passò al megafono per scambi di saluti misti a corbellature, e anche a incontri a mezza strada per qualche piccolo baratto tra pane e vino contro tabacco e acquavite. A Zàgora, due comandi di compagnia, uno austriaco, uno italiano, finirono per dividersi la stessa baracca, metà e metà. È vero che di simili episodi se ne verificavano anche sugli altri fronti, francesi, balcanici, russi, e che al segnale dell'attacco questi uomini tornavano a uccidersi tra loro. Ma lo facevano per non essere uccisi, e comunque erano episodi che l'anno prima, dopo il baldanzoso passaggio del Piave, sarebbero stati inconcepibili. Ma a cancellarli era sopravvenuta la vittoria di Gorizia, che forse diede a Cadorna l'illusione di avere ormai il nemico alla sua mercé.

Effettivamente, egli ora godeva su di esso di una larga superiorità. Mentre gli Austriaci non potevano distrarre forze dal fronte balcanico e da quello galiziano, Cadorna disponeva ora di quasi due milioni e mezzo di uomini, un milione più che nel '15, e per di più credeva di avere in mano una nuova irresistibile arma: la bombarda. Ne aveva ricevute seicento con le quali era convinto di poter spazzare i reticolati nemici.

Fosse questa fiducia, o fosse la preoccupazione dei deleteri effetti che sul morale della truppa avrebbe potuto sortire un secondo inverno in trincea, fatto sta che pochi giorni dopo la presa di Gorizia, e quindi senza aver avuto il tempo di prepararla con la necessaria cura, egli scatenò sull'Isonzo una nuova battaglia, la sesta, con l'ambizioso obiettivo di «piantare la bandiera tricolore sulla torre di San Giusto». Per giorni e giorni le bombarde dilaniarono le petraie del Carso. Ma quando le fanterie si lanciarono all'assalto, si accorsero che i reticolati avevano resistito a quella gragnuola, e su di essi si spense, come al solito, il loro impeto.

Cadorna, a cui riusciva sempre difficile riconoscere i propri errori, non si diede per vinto, e fra settembre e novembre, a brevi intervalli l'una dall'altra, lanciò ancora altre due offensive, la settima e l'ottava, sempre col medesimo risultato. Alla fine d'ottobre il Duca d'Aosta andò personalmente a informarlo che aveva dovuto procedere a parecchie decimazioni per reprimere la rivolta di alcuni reparti. L'indomani 2 novembre il Generalissimo impartì alle operazioni offensive un alt che significava un «arrivederci a primavera».

Il 1915 si era concluso con la perdita, fra morti e feriti, di duecentocinquantamila uomini. Il '16 si concludeva con quella di oltre quattrocentomila. E sui sopravvissuti calava il secondo inverno di guerra.

CAPITOLO DICIASSETTESIMO

# «L'INUTILE STRAGE»

Ai primi di gennaio del '17 si riunì la Conferenza interalleata. Si riunì, come abbiamo detto, a Roma anche per premiare l'Italia del suo maggiore impegno, e anzitutto stese il consuntivo di quel terzo anno di guerra – il secondo per l'Italia – che non era molto incoraggiante. Dopo esitazioni e contrasti che ricordavano quelli nostri, la Romania si era decisa a entrare in guerra, ma una fulminea *Strafexpedition* austro-tedesca l'aveva messa in ginocchio in pochi giorni occupando tutto il Paese. Le forze interalleate di Salonicco non erano riuscite a porgerle aiuto e, nonostante qualche successo in Macedonia, erano tenute in scacco dalla Bulgaria. Nella stessa Grecia la situazione era precaria. Ad Atene il germanofilo re Costantino non voleva sentire d'intervento. L'ex Primo ministro Venizelos gli si era ribellato costituendo a Salonicco un governo provvisorio schierato con gli Alleati, ma minacciato dalle forze regolari rimaste fedeli al Re. Infine, il fronte interno russo scricchiolava e il marasma politico si rifletteva sull'esercito che dava segni di collasso.

Per fortuna, il nemico non si trovava in condizioni migliori. Le sue perdite erano state enormi, il blocco della flotta inglese faceva sentire i suoi effetti impedendo i rifornimenti, e a Vienna la morte del vecchio e venerato imperatore Francesco Giuseppe accelerava il moto centrifugo delle nazionalità ungheresi e slave. Il successore Carlo, nel discorso inaugurativo del suo Regno, lasciò capire che l'Austria era pronta a una pace di compromesso, e i favorevoli commenti che le sue dichiarazioni provocarono a Berlino dimostravano ch'esse erano state concordate e che anche la Germania era disponibile a trattative.

Sebbene il suo Paese non fosse in guerra, il Presidente americano Wilson prese la palla al balzo offrendosi come mediatore e invitando le due parti a porre le loro condizioni. Questo invito non poteva essere ignorato perché gli Alleati ormai capivano che solo l'intervento americano poteva dar loro la vittoria. E quindi la Conferenza, come prima cosa, formulò una risposta generica, ma in armonia con le pregiudiziali democratiche di Wilson. Per quanto riguardava l'Austria, il documento diceva che la condizione irrinunciabile a una pace con Vienna era la liberazione dal suo dominio delle popolazioni italiane, slave e romene. Più tardi, i tre firmatari negarono di aver mirato con quella dichiarazione allo smembramento dell'Austria-Ungheria. E forse la loro intenzione effettivamente non era questa. Ma ne era la inevitabile conseguenza.

Il secondo problema che gli Alleati si proposero fu quello militare. Poco tempo prima Bissolati era andato a Londra e aveva avuto un lungo colloquio con Lloyd George, da poco diventato Primo Ministro. Ormai era chiaro, gli aveva detto, che militarmente la Germania non era battibile. L'unico modo di venire a capo della sua resistenza era di concentrare tutto lo sforzo interalleato sul fronte italiano per una grande offensiva che liquidasse la barcollante Austria: sul morale dei Tedeschi, il crollo dell'alleato sarebbe stato un colpo decisivo.

Spaventato dalle perdite che gl'Inglesi avevano subìto anche nell'ultima inutile offensiva sul fronte francese,

Lloyd George si lasciò facilmente convincere, e si presentò alla Conferenza di Roma con una bozza di progetto in tasca. Ma qui si trovò completamente isolato. Contro la sua tesi furono anzitutto i Francesi, e lo si può capire: temevano di veder indebolito il proprio fronte. Ostili furono i militari inglesi, e anche questo lo si può capire: la loro solidarietà coi camerati francesi era ormai cementata da due anni e mezzo, e quel fronte era l'unico che conoscevano. Molto meno si capisce l'ostilità, o almeno la freddezza e l'esitazione di Sonnino e di Cadorna, che pure avevano dato il loro consenso al piano di Bissolati. Il loro atteggiamento si può spiegare solo con la grettezza. Sempre fedele alla sua concezione di «guerra italiana», Sonnino aveva paura di compromettersi troppo con gli Alleati accettandone un massiccio intervento sul nostro fronte. Quanto a Cadorna, il ministro Hankey sospettò ch'egli fosse stato sottoposto a lavaggio del cervello dal suo collega inglese Robertson. Ma il motivo vero della sua tiepidezza doveva essere un altro: il timore che un'offensiva interalleata sfuggisse al suo comando.

Bissolati, che alla Conferenza non partecipava, quando seppe del rifiuto, corse nuovamente a Parigi e a Londra nel disperato tentativo di farlo revocare. Ma invano. Lloyd George aveva ormai aderito al progetto di una nuova grande offensiva in Francia. Anche Sonnino e Cadorna si resero subito conto dell'occasione che avevano perso. Se l'avessero colta, l'Italia si sarebbe risparmiata Caporetto. A disastro avvenuto, ricorda Salvemini, Lloyd George disse a Bissolati: «La colpa, voi lo sapete, non è mia».

I contrasti militari non erano che il riflesso e la conseguenza di quelli politici. Nei confronti degli Alleati, la diplomazia di Sonnino seguitava a ispirarsi ai sospetti e a suscitarne. Egli non voleva lasciarsi coinvolgere in imprese oltre la sfera dei più stretti interessi italiani, ma nello stesso tempo non ammetteva di essere escluso dagli utili, e soprattutto viveva nell'incubo che gli altri prendessero alle sue spalle degli accordi fra loro. Quando ne subodorò uno di spartizione dell'Impero turco, esigette che venisse rimesso in discussione per soddisfare le esigenze italiane, tutt'altro che modeste: una grossa fetta di Asia Minore con Adalia, Adana, Konya, Mersina e perfino Smirne. «Quale altra guerra ha perso l'Italia per meritare tanto?» chiese sarcasticamente il ministro russo Sazonov. E le trattative rimasero sospese.

Un dissidio ancora più grave scoppiò a proposito della Grecia. Mentre gli Alleati davano man forte a Venizelos nella sua lotta contro Costantino, l'Italia l'ostacolava nel timore che, come premio dell'intervento, alla Grecia fosse assegnata Smirne, e magari anche l'Albania e il Dodecaneso. Sonnino vedeva nel Risorgimento greco un ostacolo alla nostra espansione nel Mediterraneo, e faceva di tutto per contrastarlo.

Ma il motivo fondamentale del conflitto era l'atteggiamento verso gli Slavi. Era chiaro che sulle rovine e sotto la guida della Serbia, la quale aveva tutto sacrificato a questo scopo, sarebbe nato uno Stato jugoslavo. Un accordo era già stato raggiunto, con la piena approvazione di Francesi e Inglesi, fra gli esponenti serbi, croati e sloveni. Ma sebbene costoro avessero subito offerto all'Italia una «stretta e leale collaborazione» basata sul riconoscimento della nostra supremazia in Adriatico, Sonnino seguitava ostinatamente a contrastare i loro sforzi e si vantava di essersi sempre rifiutato di trattare «con questi irresponsabili». Così, anche su questo problema, egli condannava l'Italia all'isolamento.

Un'altra frattura la provocarono i sondaggi austriaci per una pace separata. L'imperatore Carlo non aveva rinunciato a questo suo progetto, e ne aveva segretamente affidato l'esecuzione al cognato Sisto di Borbone, ufficiale nell'esercito belga. Questi fece da tramite di Vienna con Lloyd George e col Presidente francese Poincaré. Le proposte austriache erano: evacuazione del Belgio, restituzione dell'Alsazia-Lorena alla Francia, Costantinopoli alla Russia. Come si vede, Carlo era di manica larga, ma a spese della Germania e della Turchia. L'Austria-Ungheria doveva restare intatta, e quindi per gl'Italiani non c'erano neanche le briciole. Poincaré e il capo del governo Briand, che detestavano il nostro Paese, si mostrarono favorevolmente disposti, e Lloyd George addirittura entusiasta. Ma proprio in quel momento Briand cadde e il suo successore Ribot, anche su pressioni di Barrère, si rese conto che un accordo su quelle basi era incompatibile non solo col Patto di Londra, ma anche con l'onore della Francia. Egli disse a Lloyd George che non si poteva continuare a trattare col nemico n° 1 dell'Italia alle spalle dell'Italia, molto più che questa poteva anche essere disposta ad accettare Smirne e la Cilicia al posto di Trento e Trieste.

Boselli e Sonnino che di questi maneggi avevano avuto qualche sentore, ma nessuna precisa informazione, vennero invitati a San Giovanni di Moriana. Ma al primo accenno di compromesso con l'Austria, Sonnino reagì con violenza, accusò gli Alleati di tramare col nemico nel buio (proprio lui che al buio faceva tutto) e disse che, se il Patto di Londra non fosse stato rispettato alla virgola, al Re non sarebbe rimasta che l'abdicazione.

Sotto questa minaccia, gli Alleati s'impegnarono a rompere le trattative e informarono il principe Sisto che nessuna proposta di pace poteva essere presa in considerazione se non teneva conto degl'interessi italiani. Carlo non si diede per vinto e tornò alla carica coi Franco-inglesi informandoli che i loro scrupoli di lealtà verso l'Italia erano del tutto gratuiti, visto che l'Italia aveva già fatto alle spalle degli Alleati delle offerte di pace separata sia all'Austria che alla Germania. L'affare non è mai stato del tutto chiarito. Sembra che effettivamente dei sondaggi italiani fossero in corso a Madrid e a Berna. Secondo Valiani, Carlo li «montò» per discreditarci. Purtroppo l'Italia di credito ne godeva così poco in fatto di fidatezza che le «montature» della sua ambiguità non apparivano mai tali. Comunque gli Alleati preferirono liquidare la vertenza mettendo al corrente Sonnino di tutta la trattativa ormai superata dai due grandi avvenimenti che nel frattempo erano maturati: nel mese di febbraio era scoppiata in Russia una rivoluzione che, al posto dell'assolutismo, aveva istaurato un regime democratico sotto la guida di Kerenski, e nel marzo gli Stati Uniti erano scesi in guerra contro Austria e Germania.

Questi due fatti mutavano radicalmente il volto della guerra. Sebbene Kerenski si mostrasse fermamente deciso a continuarla, tutti sentivano che il suo potere era precario, e più di tutti lo sentivano i soldati russi, ormai alla mercé di una propaganda politica che li aizzava alla ribellione e alla diserzione. Se fosse sopravvenuto il collasso, Austria e Germania avrebbero potuto ritirare le loro forze dal fronte orientale per concentrarle su quelli occidentali di Francia e Italia. Era la situazione che gli Alleati avevano sempre più paventato. A controbilanciarla c'era l'intervento dell'America. Ma era chiaro che questa, del tutto impreparata, non poteva far sentire subito il suo peso. Così, al posto della guerra di usura e di pazienza, subentrava, da una parte e dall'altra, una disperata corsa contro il tempo. E vedremo come si svolse.

Ma oltre che sul piano militare, i due avvenimenti ebbero uno sconvolgente riflesso su quello politico. E l'Italia fu forse il Paese che ne restò più toccato.

Col passare del tempo e il crescere delle perdite, i nazionalisti italiani si erano persuasi che gli obiettivi fissati dal Patto di Londra non bastavano a compensare i sacrifici che la guerra c'imponeva. E nell'aprile Franchetti presentò a Sonnino, in procinto di partire per San Giovanni di Moriana, un promemoria sottoscritto da tremila firme dei più alti esponenti della politica e della cultura, che elencava le «rivendicazioni» italiane. Era un documento che dava piena ragione a Bismarck, quando diceva che «gl'Italiani hanno pessimi denti, ma eccellente appetito». Oltre gli acquisti già concordati col Patto di Londra, il Trentino fino al Brennero, Trieste, tutta l'Istria, tutta la Dalmazia, il «dominio esclusivo» dell'Adriatico, gl'Italiani chiedevano mano libera sull'Etiopia, Gibuti, l'Oltregiuba, un cospicuo «arrotondamento» della Libia, e tutta l'Asia Minore che, secondo Franchetti, si prestava egregiamente, per le sue risorse agricole, a diventare una grande colonia di popolamento.

Fu su questo documento che il fronte interventista si ruppe. Esso era sempre stato un ibrido perché i nazionalisti alla Federzoni e alla D'Annunzio vedevano e volevano la guerra come la grande occasione che si offriva all'Italia di assumere il rango di grande potenza europea e coloniale; mentre i democratici alla Bissolati, in piena coerenza con le idealità risorgimentali, la vedevano e volevano come lotta contro tutti gl'imperialismi e moto di liberazione delle nazionalità oppresse dall'Austria.

Questa divergenza si era già manifestata in varie circostanze. Bissolati, che dell'interventismo democratico era l'esponente più qualificato e attivo, aveva a più riprese insistito perché l'Italia rinunciasse al Dodecaneso in favore della Grecia di cui quelle isole facevano incontestabilmente parte, e non voleva sentire parlare di Dalmazia, la cui popolazione era in schiacciante maggioranza slava. Egli era convinto che saggia politica – oltre che impegno morale – fosse non quella delle forzate annessioni territoriali, ma quella della cordiale intesa coi popoli dell'altra sponda adriatica e specialmente con gli Slavi. Anzi, aveva stretto amicizia con uno dei loro esponenti in esilio, Supilo, e aveva rotto con Sonnino perché questi si era rifiutato di riceverlo.

Nella primavera del '17, Bissolati credeva di aver partita vinta. A Pietroburgo Kerenski invitava gli Alleati a una revisione, anzi a una revoca dei patti concordati fra loro per la spartizione del bottino, e a una «pace senza annessioni né indennità»; mentre il Presidente americano Wilson, che oramai si presentava come il salvatore della democrazia, assumeva il patronato delle piccole nazioni affermandone il diritto all'autodecisione. Ed ecco che proprio quando sul campo alleato cominciava a spirare quest'aria, i nazionalisti presentavano quel documento che vi contraddiceva in pieno.

La polemica scoppiò quando Sonnino, senza nemmeno avvertirne il Consiglio dei Ministri, autorizzò la proclamazione del protettorato italiano sull'Albania, per prevenirvi un'azione di Venizelos che frattanto aveva vinto la sua partita col Re e portato la Grecia all'intervento. L'avventato gesto non gli valse soltanto il biasimo degli Alleati che lo costrinsero a un'umiliante ritrattazione, ma anche la furibonda reazione di Bissolati che diede le dimissioni insieme a tre colleghi della sua parte. Boselli dovette mettercela tutta per evitare la crisi. Alla fine Bissolati e Sonnino, ch'erano vecchi amici, si scambiarono un abbraccio di rappacificazione. Ma i motivi del dissenso rimasero anche perché ormai tutto il Paese ne era inquinato e incrinato.

«Né aderire, né sabotare» era stata la parola d'ordine lanciata dal partito socialista nel «maggio radioso». Era una formula di comodo che a lungo andare doveva rivelarsi improduttiva, ma il massimalismo dei dirigenti non ne consentiva altre. Secondo loro, la vera guerra era solo quella di classe: tutte le altre non erano che «malattie del capitalismo». «Lasciamo che la borghesia faccia la sua guerra», scriveva l'«Avanti!» Ma i più responsabili, guidati da Turati e Treves, si rendevano conto che questa guerra si era ormai trasformata in guerra di popolo e avevano cercato di adeguarvisi. Di una sconfitta, essi dicevano, anche il proletariato avrebbe fatto le spese, mentre la vittoria sarebbe stata comunque un passo avanti sulla strada della democrazia e della giustizia. Essi insomma non volevano che il partito divorziasse dalla Nazione e, pur senza ripudiare le loro pregiudiziali pacifiste, incoraggiavano tutte quelle attività assistenziali come la Croce Rossa che attestassero una «presenza» socialista nello sforzo bellico nazionale. Anche per loro la rivoluzione russa e l'intervento americano fu una manna. «Con Kerenski e con Wilson, la lotta fra due imperialismi è diventata lotta contro un solo imperialismo» scrisse Turati a un suo amico romano.

Ma la massa dei militanti era rimasta sorda a queste sollecitazioni. Anzi, col passare del tempo, la sua renitenza si era accentuata anche perché trovava un buon concime nella generale stanchezza. Dopo due anni di sacrifici, che per il momento si rivelavano del tutto sterili, il soldato si mostrava sensibile agli slogan semplicistici ma orecchiabili del pacifismo.

Tuttavia, più che in trincea, questa propaganda si rivelava efficace in città e in fabbrica. Le necessità della produzione bellica avevano provocato un massiccio inurbamento, e nei sovraffollati centri industriali la vita non era facile. Difettavano gli alloggi, e i salari erano assolutamente inadeguati a un costo della vita in continuo rapido rialzo. Sulla massa scontenta i sindacati esercitavano sempre maggior presa, e specialmente quello dei metalmeccanici – la FIOM – godeva di largo seguito e prestigio per la sua combattività. Non per nulla l'epicentro della protesta si localizzò a Torino, sede della grande industria automobilistica.

In agosto (del '17) vi giunse una delegazione del Soviet di Pietroburgo, che si preparava a dare la spallata al regime di Kerenski. Il governo italiano ne aveva autorizzato l'ingresso perché lo scopo ufficiale della visita era la ricerca di appoggi allo sforzo bellico russo. Ma gli ospiti ne approfittarono per svolgere anche un'attiva propaganda social-rivoluzionaria che scaldò gli animi dei «compagni» italiani. Proprio in quel momento mancò il pane. Ci furono proteste, tumulti, pestaggi, saccheggi di botteghe alimentari. Colti di sorpresa, il partito socialista e la Confederazione del Lavoro cercarono d'imbrigliare il moto e si rifiutarono di avallare lo sciopero generale che i sindacalisti avevano bandito, e che infatti fallì. Ma costoro rimasero padroni della piazza, e per ripristinare l'ordine dovette intervenire l'esercito. Ci furono una cinquantina di morti, e l'episodio lasciò dietro di sé una scia di sgomento. Anche i riformisti dovettero prendere atto degli umori della cosiddetta base, e lo stesso Treves, il grande alleato di Turati, lanciò la nuova parola d'ordine: «Non un altro inverno in trincea!».

Anche fra i cattolici i contrasti si accentuarono. Il Papa naturalmente aveva deprecato la guerra come voleva il suo magistero, non nascondeva le sue preoccupazioni per la sorte della cattolica Austria, e si era adoperato contro l'intervento italiano. Ma una volta che questo era stato deciso, si era astenuto da parole e gesti di condanna, limitandosi a manifestare la sua accorata partecipazione ai lutti e ai sacrifici del Paese. Molti alti prelati testimoniavano il loro patriottismo, e i sacerdoti arruolati nell'esercito come cappellani seguitavano a svolgere esemplarmente la loro opera di assistenza spirituale dividendo coi soldati i rischi e i patimenti della trincea.

Quanto ai cattolici laici, «tutto il nostro dovere di cittadini, ma nessuna responsabilità» aveva detto il loro capo, Dalla Torre. Ma la direttiva era stata interpretata in modi assai diversi. I moderati di estrazione borghese e d'ispirazione liberal-conservatrice avevano finito per fare fronte comune coi nazionalisti e gl'interventisti alla Sonnino, tanto che il loro maggiore esponente, Meda, faceva parte del governo. Viceversa l'ala populista, che faceva capo a Miglioli e alle sue «leghe bianche», restava ostinatamente pacifista.

Questa antitesi era logica in una forza politica interclassista qual era quella cattolica e quale sarà quella democristiana. I Meda interpretavano i sentimenti e gl'interessi della media e alta borghesia cittadina cui essi stessi appartenevano e ch'era in larga misura contagiata dal nazionalismo. La base di Miglioli erano le masse rurali, che alla guerra erano sempre state ostili e che ora ne sopportavano il maggior peso. Se le leghe bianche avessero lasciato a quelle rosse l'esclusiva del pacifismo, avrebbero perso le campagne, ch'erano il loro punto di forza. Così, per combattersi fra loro, i due massimalismi si sommarono. E a questa saldatura lo stesso Papa fornì un autorevole avallo.

Il Vaticano era naturalmente al corrente dei sondaggi di pace intrapresi dal principe Sisto, e Benedetto XV non volle restarvi estraneo sia perché la pace costituiva, per la Chiesa, un perentorio impegno morale, sia perché essa considerava suo supremo interesse il salvataggio dell'Austria, sia perché un suo intervento risolutore avrebbe notevolmente contribuito al suo prestigio. Fu così che, dopo aver accertato la disponibilità dei Tedeschi, il Papa diramò a tutte le potenze belligeranti il pubblico invito a un accordo «giusto e duraturo» che ponesse fine alla «inutile strage».

Voleva essere soltanto una mossa diplomatica che del resto non sortì alcun effetto un po' perché arrivava quando ormai gli andirivieni del principe Sisto erano stati interrotti, un po' perché gli Alleati diffidavano del Papa considerandolo filo-tedesco. Ma in mano alla propaganda pacifista quella «inutile strage» diventò una solenne condanna morale della guerra e l'invito a un vero e proprio «sciopero militare». Infatti il commento più entusiastico venne non dall'«Osservatore Romano», ma dall'«Avanti!».

Era fatale che tutti questi contrasti, fermenti e inquietudini trovassero eco nel parlamento, tuttora in mano ai giolittiani. Costoro, dopo aver provocato la caduta di Salandra, volevano piena rivincita sugli avversari nazionalisti che nel «maggio radioso» li avevano con l'aiuto della piazza svillaneggiati, intimiditi e in certi casi anche bastonati. I soprusi di quei giorni vennero denunziati, di Giolitti si parlò come della «più pura espressione del patriottismo», Boselli fu invitato a proporre agli Alleati una trattativa globale col nemico, e Turati dichiarò che avrebbe appoggiato qualsiasi governo pronto a negoziare sulla base del «parecchio», cioè su quella che Giolitti aveva a suo tempo caldeggiato.

Giolitti non si era mai più mosso dal suo rifugio piemontese, né si era compromesso in complotti e manovre. A Malagodi, ch'era andato a trovarlo in gennaio, aveva detto che a una pace separata non c'era da pensare, che l'Italia doveva tener fede agl'impegni con gli Alleati, ma che se questi non riportavano qualche decisivo successo militare, il nostro esercito difficilmente avrebbe sopportato un terzo inverno di guerra. Ma era un discorso fra amici, di cui infatti nessuno seppe nulla.

La prima sortita in pubblico, dopo due anni di silenzio, Giolitti la fece a Cuneo il 13 agosto, proprio il giorno in cui a Torino giungeva la delegazione sovietica e si scatenavano i primi tafferugli della «settimana di sangue». Contro la guerra non pronunciò parola, ma criticò il modo in cui veniva condotta sul piano diplomatico lasciando così capire che si perdevano le occasioni di porvi fine, denunciò l'ingiusta distribuzione dei sacrifici, e disse che dopo la vittoria si sarebbe dovuto procedere a sostanziose riforme sociali che compensassero i ceti che ne avevano sopportato il maggior peso. «Una enciclica» la definirono i suoi nemici. Ma essa rianimò i suoi, e fu salutata da socialisti e cattolici come una specie di versione laica della «inutile strage» del Papa.

I giorni di Boselli erano ormai contati. Il suo era sempre stato, come scriveva Nitti, «il ministero della debolezza che simula la forza», e nessuno lo sapeva meglio di Cadorna che ne aveva largamente approfittato. La tracotanza del Generalissimo era arrivata a tal punto da dar credito alla voce ch'egli si preparasse a un colpo di Stato per impadronirsi anche del potere civile.

A dare il via a questo sospetto fu un articolo del «Secolo», organo dell'interventismo democratico milanese in cui si leggeva: «Ricordiamo che a Udine esiste un governo a cui si obbedisce volentieri perché ha mostrato di meritare la fiducia della nazione». L'indomani Cadorna capitò a Roma per conferire con Boselli, ed egli stesso ci ha lasciato la descrizione di questo incontro:

> Mi domandò se avevo letto l'articolo del «Secolo», ed in quel mentre egli mi guardava con estrema diffidenza per indagare se realmente io covassi aspirazioni dittatoriali ed avessi con tale scopo ispirato l'articolo. È naturale caratteristica delle persone deboli di essere sospettose ed io ebbi un bel daffare per dissipare i suoi timori, ad alimentare i quali proprio nulla avevo fatto, pur essendo convinto che un tale debolissimo governo era l'assoluta negazione di ciò che si richiedeva per condurre a buon fine la guerra.

Boselli però non era il solo a nutrire quei dubbi. Alcuni mesi dopo Giolitti dichiarò che anche a lui era giunta voce che Cadorna si preparasse, d'accordo con Sonnino, a istaurare un governo militare. «Non dico e voglio credere che così fosse,» aggiunse «ma lo si credeva in tutta Italia.» E questo è vero perché risulta anche da un rapporto di polizia, in cui si parlava degli stretti contatti avviati dal Generalissimo, attraverso la figlia Carla, con alcuni esponenti dell'interventismo più acceso e più smanioso della «mano forte».

In tempi recenti, il figlio del Generalissimo ha smentito in termini categorici le intenzioni attribuite a suo padre, e crediamo che abbia sostanzialmente ragione. L'idea d'un colpo di Stato non fu di Cadorna, ma di alcuni interventisti milanesi, fra cui Dinale e Pirolini, che si recarono più volte a Udine per concordare con lui il colpo di mano. Secondo Dinale, ch'era un redattore del «Popolo d'Italia», anche Mussolini, allora convalescente della ferita riportata in trincea, era a conoscenza dell'operazione e si proponeva di secondarla. Ma i due messaggeri – quali che fossero le forze che li muovevano, e si può bene immaginarle – non ebbero mai rapporti col Generalissimo, come risulta da una sua lettera del 7 giugno: «Scotti ha parlato con Pirolini; questi ha detto che vuol parlarmi, ma l'ho pregato di astenersene perché non si creda a un complotto». Scotti era Gallarati-Scotti, addetto alla segreteria del Generalissimo e suo fervente ammiratore. Fu lui a tenere i contatti con gl'interventisti. E che in questi contatti si parlasse della opportunità di dare tutto il potere a Cadorna, e che magari Gallarati-Scotti desse in proposito qualche affidamento, è possibile. Lo stesso Dinale scrisse più tardi:

> Ci si fece sapere che il Generale per motivi di salute, e per altre particolari ragioni intime, pure riconoscendo la gravità della situazione e la necessità di porvi rimedio, non si sentiva più in grado di parteciparvi, come aveva promesso e aveva sperato fosse possibile. Si venne a sapere molto più tardi che tale inatteso atteggiamento era stato determinato dagli scrupoli religiosi e monarchici infiltrati nell'animo del Generale dall'abilità di padre Semeria, suo confessore».

Da ciò si dovrebbe desumere che almeno in un primo momento Cadorna un'adesione l'aveva data. Ma anche di questo dubitiamo. Per il governo e il parlamento, Cadorna nutriva, è vero, il più profondo disprezzo. È probabile, anzi è assolutamente certo, che nei suoi frequentissimi scatti di collera egli manifestasse il proposito di «prendere a pedate *quei signori*», come chiamava gli uomini politici. Ed è altrettanto probabile che i suoi devoti scambiassero queste intemperanze verbali per propositi di *pronunciamiento*. Ma nulla, assolutamente nulla, comprova ch'egli li abbia realmente covati. E se così fosse stato, non sarebbe certamente ricorso a personaggi di seconda categoria come Dinale e Pirolini. «Durante una dimostrazione a Milano» scrisse a sua moglie «hanno gridato: *Viva Cadorna dittatore!* Non ci mancherebbe altro, ed il solo emettere di queste grida puoi pensare come mi mette in cattiva luce con quei signori!...» Da vero militare di tradizione sabauda, egli aveva alla politica un'avversione invincibile, e quanto poco ne capisse lo dimostra la contraddizione in cui si dibatteva: quella di volere un governo efficiente e autorevole, che fosse nello stesso tempo ligio ai suoi ordini, cioè incapace e privo d'autorità.

A ciò si aggiunga che in quel momento egli si mostrava abbastanza fiducioso di risolvere la guerra per suo conto. Da quel metodico e tenace organizzatore che era, aveva saputo trar profitto dalla pausa invernale per migliorare l'equipaggiamento e l'armamento della truppa, che ora non avevano nulla da invidiare a quelli nemici. A suo dire, la disciplina era stata restaurata «grazie alle esemplari fucilazioni» inflitte dai comandi, e l'afflusso delle nuove leve portava in trincea «un'ondata di freschezza». Poco prima che l'offensiva riprendesse, il colonnello Bencivenga, capo della sua segreteria, scriveva: «C'è la sensazione che la fine della guerra sia vicina».

A metà maggio Cadorna diede il via alla decima battaglia dell'Isonzo. L'attacco stavolta fu concentrato in un breve settore del fronte, ebbe per teatro il terribile Carso, ma non diede i risultati sperati. In tre settimane i nostri lasciarono sul terreno, fra morti e feriti, centotrentamila uomini, penetrando per quattro chilometri nello schieramento nemico, ma senza riuscire ad aprirvi falle. Gli Austriaci non si limitarono alla difensiva. Contrattaccarono, e in pochi giorni si ripresero il poco che avevano perso.

Di questo insuccesso, Cadorna cercò di scaricare la responsabilità sul governo e il Paese. Egli indirizzò a Boselli quattro famose lettere in cui diceva che l'ondata di disfattismo che saliva dall'interno aveva contaminato i reparti e che i disertori avevano superato i cinquantamila. Queste lettere furono poi il pezzo forte della sua difesa davanti alla commissione d'inchiesta per Caporetto, ma non dicevano il vero, o per meglio dire ne davano un'immagine molto deformata. La maggior parte di quei disertori erano soldati che, andati in licenza, ne tornavano con qualche ritardo più o meno giustificato, e da quasi tutte le testimonianze risulta che i fanti erano scattati dalle trincee con coraggio e decisione. Il loro slancio si era spento quando si erano accorti che la battaglia stava prendendo la piega di quelle che l'avevano preceduta, e negli ultimi giorni Gatti racconta che, muovendo all'assalto, «piangevano».

Ora il loro morale era effettivamente scosso. Per ricaricarlo, Cadorna pensò che il mezzo migliore fosse di scatenare subito un'altra offensiva, l'undicesima, che stavolta ebbe per teatro il tratto tra la Valsugana e Asiago, e per obiettivo le cime dell'Ortigara. Vi furono impegnati trecentomila uomini che, a prezzo di terribili sacrifici, raggiunsero la vetta. Ma ci arrivarono così stremati che al primo contrattacco nemico la ripersero.

Questo ennesimo fiasco scoraggiò tutti, meno Cadorna. Pur continuando a denunziare nei suoi rapporti i deleteri effetti che il disfattismo dell'interno sortiva sulla truppa, egli si mostrava fermamente deciso a liquidare la partita entro l'estate e tuttora fiducioso di riuscirvi. Forse su questa sua ostinazione pesavano anche due paure per nulla immaginarie: quella di un terzo inverno di guerra e quella di un ribaltamento del rapporto di forze: lo sgretolamento dell'esercito russo si faceva sempre più evidente, e il suo sfacelo avrebbe consentito alle forze austriache del fronte orientale di accorrere su quello italiano. Perciò decise di sferrare una nuova offensiva, la dodicesima, non badò ai mezzi pur di assicurarle il successo, e stavolta ricorse, per rialzare il morale della truppa, anche a quelli della propaganda, forse per la prima volta accorgendosi che la truppa aveva un morale.

Contravvenendo alla solita ossessione della segretezza, i preparativi vennero ostentati per dare al fante il senso tonificante della loro imponenza. Effettivamente si trattava del più grosso schieramento di forze che fin allora si fosse visto: 51 divisioni ammassate, contro le 19 austriache, in un arco di ottanta chilometri fra Tolmino e il mare, e appoggiate da oltre cinquemila pezzi d'artiglieria. Ordini del giorno, volantini, rapporti alle truppe, riuscirono a creare nel soldato lo stato d'animo dell'«ultimo sforzo». Ma qualcuno ne vide anche tutti i pericoli. Che sarebbe successo, se il colpo non fosse riuscito? scriveva Amendola a Bissolati scongiurandolo di fare il possibile per prevenire quel rischio. Ma Bissolati ormai era infatuato di Cadorna. E del resto, anche se avesse voluto dissuaderlo, non ci sarebbe riuscito.

Il 18 agosto settecentomila uomini si avventarono all'assalto e i primi rapporti che giunsero al quartier generale sembrarono dar ragione a Cadorna. Sulle ali di Tolmino e del Carso gli Austriaci avevano retto, ma nel settore centrale della Bainsizza il loro schieramento aveva ceduto, e gl'Italiani erano penetrati per oltre dieci chilometri sino all'ultima linea a protezione di Trieste. Dai rapporti del comando austriaco, risulta che questo era sul punto di ordinare l'arretramento di tutto il fronte. Ma sull'ultimo ostacolo, i nostri si fermarono dissanguati: in pochi giorni avevano perso centomila uomini. Era una vittoria, ma non *la* vittoria. E successe quello che Amendola aveva previsto: all'entusiasmo seguì uno scoramento, di cui di lì a poche settimane si sarebbero viste le conseguenze. La dodicesima battaglia dell'Isonzo fu la vera prefazione di Caporetto.

Rimbalzando a Roma, questo stato d'animo mise il fuoco alle polveri. La tempesta si abbatté su Boselli. I nazionalisti lo attaccarono avallando gli argomenti del loro idolo Cadorna, che naturalmente ancora una volta attribuiva nei suoi rapporti l'insuccesso militare alla debolezza del governo, alla sua inefficienza, alla sua tolleranza verso il disfattismo. I neutralisti non lo difesero. Piazze in tumulto chiedevano le dimissioni del ministero e la formazione di un gabinetto di guerra finalmente sottratto agli «intrighi bizantini» del parlamento.

Quando questo tornò a riunirsi in ottobre, Boselli si accorse di essere solo. Da destra lo tacciavano di rinunciatario perché non s'impegnava nella guerra abbastanza a fondo, da sinistra gli davano di guerrafondaio perché vi s'impegnava troppo senza nulla tentare per uscirne. E sentendo odor di naufragio, anche i colleghi del governo lo abbandonarono. Sia Nitti che Orlando, con l'aria di difenderlo, auspicarono un ministero di coalizione nazionale, a cui entrambi ponevano implicitamente la candidatura.

Il 25 ottobre Boselli chiese la fiducia e fu rovesciato da una valanga di no. Nello stesso momento un'altra valanga, ma di ferro e di fuoco, si abbatteva sul fronte dell'Isonzo provocandovi una paurosa falla, e nei rapporti dei comandi tornava con sempre maggiore insistenza un nome sinistro: Caporetto. L'incombenza della crisi militare abbreviò i tempi di quella politica. A decidere la scelta del nuovo Presidente del Consiglio fu in definitiva Sonnino, che veniva considerato inamovibile come incarnazione dell'intervento e pegno di fedeltà agli Alleati, e che pose il veto a Nitti.

Non restava che Orlando, il quale prese possesso della carica il 30 ottobre, quando la catastrofe si profilava ormai in tutta la sua gravità. Nitti passò dalle Finanze al Tesoro e fu l'uomo di maggior prestigio del nuovo governo insieme a Sonnino e a Bissolati. In quel momento quanto restava del nostro Esercito in sfacelo refluiva disordinatamente verso il Piave.

CAPITOLO DICIOTTESIMO

# CAPORETTO

«La partita, per quest'anno, pare che debba essere finita. Almeno, queste sono le nostre previsioni» scriveva il 4 ottobre nei suo *Diario* il colonnello Gatti, unico depositario delle confidenze di Cadorna. «Adesso» questi gli aveva detto «sto una quindicina di giorni a Vicenza, verso il 20 tornerò.» Non era il solo ad andarsene in congedo. Su sua istruzione, i vari comandi avevano firmato ben centoventimila licenze, e i treni erano carichi di militari che tornavano a casa per godersi un po' di meritato riposo, ora che con l'avanzato autunno le operazioni entravano, come sempre, in letargo.

Il 9 Orlando, allora Ministro degl'Interni, scrisse al Generalissimo per chiedergli se sapeva nulla di un'offensiva nemica che alcuni informatori gli davano come probabile. Cadorna gli rispose da Vicenza che quelle voci, giunte anche a lui, avevano tutte la stessa origine in quanto venivano da prigionieri o disertori austriaci, e pertanto erano da accogliere con beneficio d'inventario. «Ciò non toglie» aggiungeva «che io non dovessi dare e non abbia dato tutti gli ordini per fare fronte a un attacco, anche improvviso, prendendo le necessarie misure precauzionali.»

Non era del tutto vero. Come poi è risultato dai documenti, Cadorna non credeva affatto a quell'attacco, ma finse di prenderlo in considerazione per giustificare la sua inazione di fronte agli Alleati che, impegnati in una ennesima offensiva sul fronte francese, gli chiedevano di tenere in movimento quello italiano. Egli era convinto che la Russia, dove frattanto era scoppiata una seconda rivoluzione, quella di Lenin, stesse per abbandonare il campo: il che avrebbe consentito agli Austro-tedeschi di concentrare tutti i loro sforzi sui fronti occidentali, compreso quello italiano. Ma pensava che ciò sarebbe avvenuto solo in primavera, quando si poteva contare sugli aiuti americani. Tant'è vero che le «misure precauzionali» di cui aveva dato assicurazione a Orlando erano ancora, in gran parte, allo stato delle intenzioni.

Per lungo tempo si è creduto che questo avvenisse per colpa non di Cadorna, ma di Capello che avrebbe disobbedito agli ordini. Ma è un'interpretazione che va per lo meno ridimensionata. Dopo il castigo che gli aveva inflitto nel '16 per i suoi rapporti con Bissolati, Cadorna aveva restituito a Capello quello che gli era dovuto affidandogli il comando della II Armata. Il dissidio era rimasto perché i due uomini non potevano intendersi, ma non aveva più avuto occasione di esplodere. Nell'ultima battaglia dell'Isonzo, Capello si era ancora una volta distinto, e ora presidiava uno dei punti nevralgici del fronte.

Secondo i suoi accusatori, egli si sarebbe rifiutato di assumere lo schieramento difensivo che Cadorna aveva ordinato, fornendo in tal modo al nemico una facile breccia. Ma i documenti non suffragano questa tesi. È vero che in tutte le riunioni dello Stato Maggiore, Capello sostenne sempre che il miglior schieramento difensivo è quello controffensivo con artiglierie e rincalzi a ridosso della prima linea. Ma in realtà egli non tradusse in pratica questo concetto, e mantenne com'erano le posizioni conquistate sulla Bainsizza senza troppo preoccuparsi di dar loro un carattere invece che un altro perché era convinto di avere davanti a sé tutto l'inverno. Cadorna, che su questo punto la pensava come lui, non gli fece mai fretta. Capello era l'unico Generale cui Cadorna non toglieva mai la parola di bocca e di cui, pur detestandolo, subiva il fascino.

Da Vicenza, dove trascorreva il suo riposo, il Generalissimo fece qualche ispezione sul fronte. Non su quello dell'Isonzo che conosceva a memoria, e su cui era convinto che non potesse succedere nulla, ma su quello trentino, che aveva sempre trascurato. Il giorno 13 ricevette un rapporto del Servizio Informazioni – che allora si chiamava «Ufficio situazione» –, secondo il quale c'era da prevedere come «molto prossima» un'offensiva nemica nel settore di Tolmino. Ma non si mosse: un'offensiva a metà ottobre non era, secondo lui, nel novero delle cose possibili.

Capello invece ebbe dei dubbi. Il 14, parlando coi suoi sottoposti Badoglio e Cavaciocchi, disse che non credeva a un intervento dei Tedeschi, «che sono più stanchi e logori di noi». Ma il 16 cambiò idea e spedì a Cadorna, tuttora in ferie, un urgente messaggio per dirgli che, secondo ulteriori informazioni, il nemico si preparava ad attaccare alla fine del mese. Non sappiamo di che fonte fossero queste informazioni: forse la stessa cui aveva attinto il Re che proprio il giorno prima aveva inviato a Cadorna lo stesso monito.

Finalmente – era il 19 – Cadorna si decise a tornare a Udine, e subito vi convocò Capello per prendere accordi con lui e rimettergli un'alta onorificenza. Il colloquio fu cordialissimo. Febbricitante e stremato da un grave attacco di nefrite, Capello s'impegnò ad accelerare lo schieramento difensivo che la sua Armata non aveva ancora as-

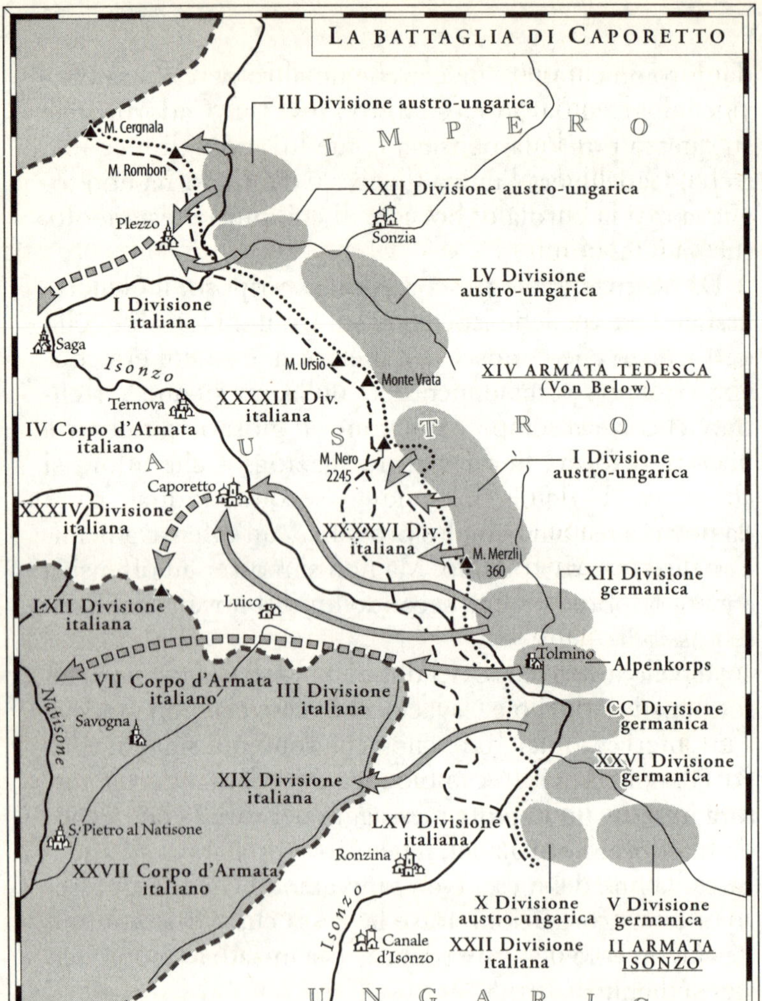

La battaglia di Caporetto
III Divisione austro-ungarica
M. Cergnala
M. Rombon
I M P E R O
XXII Divisione austro-ungarica
Plezzo
Sonzia
LV Divisione austro-ungarica
I Divisione italiana
Saga
Isonzo
M. Ursic
Monte Vrata
XIV ARMATA TEDESCA (Von Below)
Ternova
XXXXIII Div. italiana
IV Corpo d'Armata italiano
A U S T R O
M. Nero 2245
I Divisione austro-ungarica
Caporetto
XXXIV Divisione italiana
XXXXVI Div. italiana
M. Merzli 360
XII Divisione germanica
LXII Divisione italiana
Luico
Tolmino
Alpenkorps
VII Corpo d'Armata italiano
III Divisione italiana
Natisone
Savogna
CC Divisione germanica
XXVI Divisione germanica
XIX Divisione italiana
S. Pietro al Natisone
LXV Divisione italiana
Ronzina
XXVII Corpo d'Armata italiano
X Divisione austro-ungarica
V Divisione germanica
Canale d'Isonzo
XXII Divisione italiana
II ARMATA ISONZO
U N G A R I C O
Linee trincerate al 24-X
Italiane
Austriache
Attacco austro-tedesco (24-X)
Direttrici d'invasione
Altopiano della Bainsizza

sunto, e che in ogni caso avrebbe richiesto un certo tempo, ma sollecitò un breve congedo per rimettersi in salute e proseguì per Padova.

Due giorni dopo due ufficiali romeni e un boemo disertarono le linee austriache e si presentarono al nostro Comando per informarlo che l'offensiva era imminente e avrebbe preso le mosse da Plezzo, dove si erano concentrate numerose divisioni tedesche. Cadorna, subito informato, si dimostrò scettico. La nostra aviazione da ricognizione che quotidianamente sorvolava le linee nemiche non aveva segnalato movimenti di truppe e la conca di Plezzo sembrava la meno adatta a un attacco per la facilità con cui lo si poteva imbottigliare. Questa fu anche l'opinione di Capello che, richiamato da Padova, rientrò al suo quartier generale il 22. «Che vogliano cacciarsi nella conca di Plezzo,» disse ai suoi subordinati «non ci credo. Ma poi, vengano pure. Li prenderemo prigionieri, e li manderò a passeggiare a Milano per farli vedere.»

Questo ottimismo fu incrinato solo dal risveglio dell'artiglieria nemica. Quella che cominciò la mattina del 21 non fu una grande azione di fuoco. Anzi, era chiaro che solo poche batterie vi partecipavano. Ma Soffici ha descritto molto bene nella sua *Ritirata del Friuli* l'impressione che suscitò. Non era il solito cannoneggiamento, massiccio ma approssimativo, con cui gli Austriaci preparavano le loro offensive. Erano tiri isolati, ma a preciso bersaglio, con proiettili che arrivavano senza sibilo e scoppiavano a tradimento. Se ne accorse anche il Re che ispezionava come al solito le linee, e che segnalò quelle novità a Cadorna. Ma Cadorna non vi diede peso. La sera del 23, Gatti racconta che alla mensa del comando supremo si parlò molto dell'offensiva, ma in tono di scherzo. Nessuno ci credeva veramente.

Vent'anni dopo, il maresciallo Erwin Rommel, la famosa «volpe del deserto» della seconda guerra mondiale, raccontò in un libro di memorie la battaglia di Caporetto, vista dalla parte dei vincitori, e cioè al di fuori della polemica che ha sempre inficiato il memorialismo nostrano. Rommel nel '17 era capitano e comandava un battaglione di alpini del Württenberg, che faceva parte di una delle sette divisioni mandate dai Tedeschi in aiuto dell'Austria. Inchiodato sul fronte francese, il comando germanico aveva finalmente accettato il piano di Conrad di una «spallata» a quello italiano, l'unico su cui si poteva riportare una vittoria decisiva prima che l'America facesse sentire il suo peso.

Perché la sorpresa funzionasse, le truppe furono rivestite in uniformi austriache, e i loro spostamenti avvennero solo di notte in modo da sfuggire agli avvistamenti dell'aviazione. In quattro giorni Rommel percorse coi suoi uomini oltre cento chilometri a piedi e al buio. Sebbene non avesse che ventisei anni e rivestisse un grado subalterno, fu messo al corrente di tutto il piano di operazioni perché dal momento dell'attacco in poi avrebbe perso ogni contatto coi suoi comandi e quindi doveva agire d'iniziativa. Questo piano s'ispirava a una nuova tattica, sperimentata da poco sul fronte russo di Riga: concentrazione delle forze d'attacco su un limitatissimo settore dello schieramento nemico, e infiltrazione nella falla di reparti, che senza curarsi di ciò che accadeva sulle ali, dovevano penetrare nelle retrovie avversarie e prenderne a tergo le posizioni.

Il tema fu svolto con meticolosa precisione. Dopo i tiri d'inquadramento operati i giorni precedenti, alle due del mattino del 24 ottobre l'artiglieria austro-tedesca si scatenò, ma il suo fuoco non durò che cinque ore e batté solo un tratto di quattro o cinque chilometri. Alle otto e mezzo era quasi del tutto cessato, tanto che il generale Bongiovanni disse al Re, il quale si trovava presso il suo comando, che quello non era di certo il prologo di una grande offensiva, e ne chiese per telefono conferma a Badoglio, che gliela diede dicendo che «nulla d'importante» era accaduto.

In quel momento il battaglione di Rommel era già penetrato nella piccola breccia aperta dal fuoco concentrato delle batterie tedesche, e si trovava una diecina di chilometri alle spalle delle nostre linee. Non aveva incontrato resistenza perché gli scampati all'uragano di ferro erano stati fulminati dai gas. Si trattava di fosgene che provocava la morte istantanea.

Nessuno si era accorto di questa infiltrazione perché i nostri posti di avvistamento avevano i cannocchiali puntati per in su invece che per in giù. Gli ufficiali che li comandavano avevano appreso dai loro manuali di tattica che le battaglie si combattono per il possesso delle cime. E siccome sulle cime non succedeva nulla, tutti erano convinti che nulla fosse avvenuto. Un colonnello che si trovava sul Monte Nero riferì più tardi alla commissione d'inchiesta di aver visto alle otto del mattino del 24 una colonna di soldati che marciava in bell'ordine sulla strada del fondovalle e di non avere nemmeno per un momento dubitato che si trattasse d'un reparto nemico. Se ne rese conto solo quando si vide assalito alle spalle e dovette cedere quasi senza resistenza le posizioni, la cui conquista due mesi prima era costata settimane di furibonda lotta frontale e diecine di migliaia di morti.

Dopo ventiquattr'ore Rommel con le sue tre compagnie di alpini aveva fatto diecimila prigionieri e occupato le preziose posizioni del Kuk e del Kolovrat perdendo solo, fra morti e feriti, una trentina di uomini. Ma il comando supremo di Udine non si era ancora reso conto di quello che stava succedendo. In una lettera confidenziale al direttore del suo giornale, il corrispondente di guerra Alessi, eco fedele del quartier generale, scriveva che il nemico si era cacciato in un guaio spingendosi in avanti senza curarsi delle montagne. E questa, secondo Gatti, era anche l'opinione del Re e di Cadorna. Soltanto il 26 il sottocapo di Stato Maggiore, Porro, cominciò a chiedersi se non si era commesso un errore trascurando le difese dei fondivalle.

Mentre a Udine ci si ponevano queste domande, Rommel e compagni erano a Caporetto, una trentina di chilometri dietro il fronte, e marciavano a tappe forzate verso Sud-Ovest tagliando la via della ritirata alla truppe schierate sull'Isonzo. Di questa drammatica realtà, Cadorna cominciò a prendere coscienza solo nella notte fra il 26 e il 27, quando già la stessa Udine era minacciata dalle avanguardie nemiche. Non aveva un quadro esatto di ciò che stava avvenendo perché i telefoni dei vari comandi non rispondevano più alle chiamate: o erano stati abbandonati, o le linee erano interrotte. Ma una cosa era certa: che il fronte era stato tagliato in due tronconi e che nella falla di Caporetto, larga ormai una cinquantina di chilometri, il grosso del nemico irrompeva a fiumana. Solo la III Armata del Duca d'Aosta si stava sganciando con un certo ordine dalle sue posizioni. Ma la II, quella di Capello, era in piena dissoluzione e ridotta a una torma di fuggiaschi che intasavano le comunicazioni e vi creavano il caos.

Il 27 Cadorna diramò l'ordine di ripiegare sul Tagliamento, ma pochi furono i reparti che lo ricevettero. In quel marasma più nulla funzionava, e il ripiegamento si fece non per piano, ma per fuga.

Solo il 28 Cadorna si decise ad annunziare la disfatta con un comunicato che cominciava con queste parole: «La mancata resistenza di reparti della II Armata, vilmente ritiratisi senza combattere o ignominiosamente arresisi al nemico...». Era insieme il tentativo di far passare quel disastro come frutto non di errori di comando, ma di un cedimento morale dovuto al disfattismo, e la vendetta contro Capello. A Roma se ne resero conto e attenuarono così la spietata e ingenerosa denunzia: «La violenza dell'attacco e la deficiente resistenza di taluni reparti della II Armata hanno permesso alle forze austro-tedesche...». Ma il comando supremo aveva già diffuso per radiotelegrafo la versione originale in tutto il mondo, e gli Austriaci naturalmente ne approfittarono per alluvionare con gli aerei le truppe italiane in fuga di volantini che dicevano: «In questo momento così critico per la vostra nazione, il vostro generalissimo, che insieme a Sonnino è uno dei più colpevoli responsabili di questa guerra inutile, ricorre ad uno strano espediente per scusare lo sfacelo. Egli ha l'audacia di accusare di viltà il vostro esercito, fiore della vostra gioventù che tante volte si è slanciata per ordine suo ad inutili e disperati attacchi. Questa è la ricompensa del vostro valore!».

I fuggiaschi non chiedevano di meglio che di poter rigettare tutte le responsabilità sui comandi. «Fra loro» dice Ferrari «si delineò la leggenda di aver fatto ciò che avevano fatto, deliberatamente, *per insegnare a Cadorna e al Re che quando i soldati sono stanchi, sanno come fare per mettere ogni cosa a posto.*» Infatti, più che di una fuga, le più autorevoli testimonianze parlano di uno «sciopero militare, festaiolo e bonario» come scrive Amendola. E Rommel racconta che alcuni reparti, invece di opporgli resistenza, lo portarono in trionfo gridando: «Viva l'Austria e la Germania!». Ma questo avvenne quando ormai la disfatta assumeva le proporzioni della catastrofe.

Questa sembrava ormai irrimediabile. Udine era caduta, Venezia quasi a portata delle artiglierie nemiche, trecentomila uomini erano rimasti chiusi nella morsa e si avviavano verso i campi di concentramento, tremila cannoni, depositi, magazzini erano stati abbandonati, e frammischiati a un milione di soldati sbandati che cercavano scampo senza saper dove, brancolavano cinquecentomila civili che fuggivano l'invasione con carri e masserizie. Si disse più tardi che una delle più gravi carenze rivelate dai comandi fu la mancanza di un piano organico di ritirata. È probabile. Ma anche se ci fosse stato, i comandi non avrebbero potuto applicarlo per il semplice motivo che non esistevano più. Quella che refluiva era una massa umana che obbediva solo al proprio istinto di sopravvivenza. Tutte le testimonianze sono concordi: non era una ritirata, era il caos.

L'aspetto più angoscioso era il blocco delle strade. Tutti infilavano quelle che vedevano infilare dagli altri e che restavano paralizzate. Sui ponti del Tagliamento gl'ingorghi furono risolti gettando nel fiume automezzi e artiglierie, mentre il generale Caviglia che, disobbedendo agli ordini, evitò il traghetto di Codroipo, trovò quello di Latisana assolutamente sgombro e poté incolonnarvi le sue truppe in discreto ordine.

L'ultima circolare di Cadorna, diramata quando già si profilava il disastro, ordinava di «purificare col ferro e col fuoco» la vergogna della fuga e della diserzione. «Chiunque non senta» concludeva «che sulla linea fissata per la resistenza o si vince o si cede con onore, non è degno di vivere.» E queste parole dimostrano quanto ancora una volta egli fosse chiuso in una concezione astratta e retorica del Dovere e lontano dall'animo del soldato. Comunque, la prima misura che il comando supremo prese nella sua affannosa anabasi verso Padova fu l'istituzione di un «Ispettorato del movimento di sgombro» affidato al Generale più duro di tutto l'Esercito: Andrea Graziani (da non confondere con Rodolfo, quello dell'Abissinia e della Repubblica di Salò). Costui aveva acquistato presso Cadorna molto credito il giorno che, abbandonando il suo comando di divisione, si era messo, armato di moschetto, a dare personalmente la caccia agli sbandati. Per regolare lo sgombro, usò gli stessi criteri, ordinando esecuzioni sommarie e facendo asportare le ruote di carri e autocarri per impedire ai fuggiaschi di servirsene. Sono metodi che nelle disfatte tutti gli eserciti seguono. Ma l'Italia, che un esercito lo aveva solo da pochi anni, ne inorridì. Graziani «il fucilatore», che poi fu Generale della Milizia fascista, nel '31 fu trovato morto in fondo alla scarpata di una linea ferroviaria. Non si è mai saputo se fosse precipitato dal treno per accidente o per qualche regolamento di conti.

Cadorna, che aveva molto stentato a rendersi conto dell'entità del disastro, stentò ancora di più a fissare un piano, cioè un punto di resistenza. Il 27 pensava ancora di attestarsi sul Tagliamento, ben lontano dall'immaginare che le avanguardie nemiche c'erano già arrivate. Poi si decise per il Piave, ma l'ordine non giunse a tutti i comandi, e anche di quelli che lo ricevettero non tutti vi si conformarono. Abituati all'attacco frontale, cioè a contendere il terreno al nemico metro per metro, e del tutto disadattati alla guerra di movimento, a essi sembrava inconcepibile che ora si dovesse abbandonare agli Austriaci intere province. E la loro renitenza provocò alcuni di quegli «eroici episodi» di cui sono costellate tutte le disfatte italiane e che poi, in mano alla propaganda nazionalista, servono a gabellarle per vittorie. Mentre il grosso della II Armata si liquefaceva, alcuni suoi reparti, per non abbandonare il posto, vi si facevano massacrare accatastando sul terreno trentamila tra morti e feriti, e a Pozzuolo del Friuli due Reggimenti di Cavalleria si lanciarono al macello in una carica da «kamikaze».

Dopo il passaggio del Tagliamento, i fuggiaschi erano tuttora un'orda randagia e ribelle a ogni richiamo. La maggior parte credevano di andare semplicemente a casa, e vi si avviavano senza odio né rancori, cercando soltanto di sopravvivere alla fame e agli stenti. Altri approfittavano del generale sbandamento per violentar donne e saccheggiare case. Altri ancora cercavano di aizzare alla ribellione gridando: «Viva la rivoluzione!» o «Viva la repubblica!». Rommel racconta che alcuni reparti, consegnandoglisi prigionieri, gridavano anche: «Viva l'Austria!». Correvano e trovavano credito le voci più strane: che Cadorna si era suicidato, che il Re era fuggito, e anche che la III Armata era entrata a Trieste. In questa babele si vedevano degli ufficiali che si erano strappati i gradi per confondersi con la truppa, altri che con la pistola in pugno cercavano di far diga alla traboccante fiumana, mentre ogni tanto si udiva il crepitìo di un plotone di esecuzione che fucilava uno sbandato preso a caso fra cento che ne passavano. Soffici, Prezzolini, Malaparte, Lussu, De Lollis, Ferrari ci hanno tramandato di questo sfacelo immagini contraddittorie, ma tutte ugualmente drammatiche. A rileggerle, si capisce benissimo che non furono di certo le resistenze approntate di qua dal Piave a fermare insieme quel magma umano e l'avanzata nemica.

Il fatto è che contro gli Austro-tedeschi finì per giuocare lo stesso elemento che tanto aveva giuocato contro di noi: la sorpresa. A detta dei loro storici militari, essi non si aspettavano né di poter operare un'infiltrazione così facile, né di provocare un crollo così totale. E quando se ne accorsero, era ormai troppo tardi per lanciare sulle orme delle loro veloci avanguardie delle forze sufficienti a sfruttarne fino in fondo il successo, cioè a impedire lo «sganciamento» e a tagliare la strada alla III e alla IV Armata, che riuscirono a ripiegare senza troppe perdite. Lo stesso Diaz riconobbe che se il nemico avesse calcolato giusto, «il nostro disastro sarebbe stato irreparabile e l'intero esercito sarebbe stato distrutto». I Rommel che a marce forzate raggiunsero la sponda del Piave avevano il vuoto alle spalle, e dovettero aspettare quasi due settimane prima che il grosso sopraggiungesse.

E in quelle due settimane, molte cose erano cambiate.

Il Paese visse il dramma del suo Esercito come mai era avvenuto prima di allora. Franchetti, il fido amico di Sonnino, si suicidò, e Bissolati fu sul punto di seguirne l'esempio. Emotivo com'era, mandò un messaggio a Giolitti invitandolo a riprendere il potere e a trattare la pace. «È finita per noi» dichiarò. «Noi dobbiamo scomparire. Noi siamo stati coloro che hanno fatto il sogno della più grande Italia. Abbiamo voluto creare un'Italia militare. Abbiamo errato. Costruivamo sul vuoto. Gl'Italiani non erano preparati. Noi ci facevamo illusioni: noi abbiamo con questo trascinato l'Italia a questo punto. Perciò dobbiamo pagare, e scomparire.» Molti considerarono la disfatta come un riprova che l'Italia non era Nazione vitale e che pertanto era meglio restituirla agli Asburgo del cui Impero sarebbe diventata la componente più numerosa, e quindi più forte. Ma alla prima ondata di sgomento seguì una benefica reazione che diede al governo la forza di affrontare l'emergenza con insolita energia.

Orlando racconta che al momento di assumere la carica, egli era già d'accordo col Re sulla sostituzione di Cadorna con Diaz. Ma, se non di un falso, si tratta certamente di una inesattezza. È probabile che, al momento della sua designazione al posto di Boselli, Orlando abbia parlato col Re di questa eventualità: Orlando non era un estimatore di Cadorna, che a sua volta considerava Orlando uno dei principali responsabili del disfattismo cui egli attribuiva la catastrofe. Per di più Orlando era convinto che, fin quando ci restava Cadorna, non fosse possibile stabilire fra comando supremo e governo un qualsiasi rapporto di collaborazione. Ma la decisione vera e propria della sua sostituzione non fu presa in quel momento né in quella sede.

Quando si era accorto del disastro, Cadorna aveva chiesto aiuto alla missione militare alleata dislocata presso il quartier generale, ma ne aveva ottenuto una risposta dilatoria. Già da un pezzo i Franco-inglesi erano insoddisfatti di Cadorna e dei suoi criteri strategici, tanto che due mesi prima gli avevano ritolto i rinforzi di artiglieria che gli avevano concesso, convinti ch'egli avesse abbastanza mezzi per far fronte all'emergenza. Ma di fronte all'evidenza del collasso, i generali Foch e Robertson raggiunsero in tutta fretta Padova, nuova sede del nostro comando, per rendersi conto coi propri occhi della situazione. Ne furono sgomenti e chiesero la convocazione di una speciale conferenza dei capi politici e militari a Rapallo per concordare le misure da prendere.

Fu qui che il 6 novembre i due capi di governo francese e inglese, Painlevé e Lloyd George, espressero la loro sfiducia in Cadorna e ne chiesero l'allontanamento. Orlando si disse d'accordo, ma fece anche presente «la difficoltà di fare tali mutamenti in momenti difficili». Cercava cioè di guadagnar tempo, e questo dimostra che la sostituzione non era ancora stata decisa. Ma Lloyd George insisté. Se Cadorna restava al suo posto, disse senza tanti complimenti, «dovremmo sempre temere che le truppe italiane alla destra e alla sinistra dei nostri reparti possano lasciarci nell'imbarazzo». Il che voleva dire: «O lo sostituite, o non vi diamo gli aiuti». La soluzione la trovò il diplomatico inglese Hankey che suggerì ad Aldrovandi-Marescotti di nominare Cadorna rappresentante italiano al Consiglio Superiore Interalleato in via di costituzione. Aldrovandi lo riferì a Orlando che fece sua la proposta e incaricò Porro e Gatti, che lo avevano accompagnato a Rapallo, d'informarne Cadorna.

Gatti racconta la scena: «Sono le 19,30: l'ora di pranzo. Cadorna esce dalla stanza con Porro. Ha lo stesso passo di quando ci è venuto incontro, e pare abbia la stessa impassibilità; ma la testa gli è rientrata un po' più fra le spalle, che sono sempre state un po' alte. Si siede a tavola e dice: "Non mi abbatteranno mai. Se mi credono uguale a loro, sbagliano di molto"».

Non un cedimento, non un dubbio, nemmeno nell'ora del disastro e della disgrazia. Cadeva in piedi, col suo immenso orgoglio, con la sua incapacità di riconoscere ed ammettere un errore. Avevano sbagliato gli altri. Avevano tradito gli altri.

Dopo averlo rifiutato, su insistente preghiera del Re, accettò l'incarico al Consiglio Superiore. Ma non ci rimase che un paio di mesi. Dopo, fu collocato a riposo, e uscì di scena. Ma senza mai piegare la testa.

CAPITOLO DICIANNOVESIMO

# DI CHI LA COLPA?

Alla commissione d'inchiesta che di lì a poco fu istituita per indagare sulle responsabilità del disastro, Cadorna ripeté quello che aveva detto nel bollettino che lo annunziava e nel telegramma che aveva inviato al governo: «Esercito non cade vinto da nemico esterno, ma da quello interno». Cioè: le colpe andavano ricercate non nella conduzione militare della guerra, ma in quella politica. E questa tesi fu prontamente avallata da tutti perché a tutti faceva comodo. Lo faceva ai comandi, di cui copriva le colpe. Lo faceva ai nazionalisti per discreditare i pacifisti. E più tardi lo fece al fascismo per infamare le «forze sovversive» che avrebbero aperto la «falla morale». C'è voluto il ritorno a un regime di libertà per ricostruire i fatti, e non interamente, perché nel frattempo parecchi documenti scomparvero e altri furono manomessi. Ma quanto è venuto alla luce basta a dimostrare che la versione dello «sciopero militare» dovuto alla propaganda disfattista, anche se non è del tutto infondata, va tuttavia ampiamente ridimensionata.

Su una cosa, per cominciare, non ci sono dubbi: che i nostri comandi si lasciarono cogliere di sorpresa e del tutto impreparati a una situazione di emergenza. Su questo, le testimonianze sono unanimi. Né Cadorna né i comandanti di Armata credettero all'offensiva nemmeno dopo che questa aveva conseguito i primi decisivi successi: erano convinti che si trattasse di un bluff. E anche quando si accorsero ch'era una cosa più che seria, non capirono né come né dove si sviluppasse l'attacco. Investito in pieno dall'offensiva, Capello ricevette l'ordine di smistare duecento cannoni al Duca d'Aosta che invece non ne era minacciato.

Altro elemento assodato è la totale impreparazione a una tattica di guerra diversa da quella tradizionale. Ciò che più disorientò Cadorna fu la brevità della preparazione di artiglieria e la ristrettezza del suo raggio. Il nemico bombardò con inaudita violenza le nostre linee, ma solo per cinque ore e per un tratto di cinque o sei chilometri: quanto bastava, secondo i nostri comandi, ad aprire una falla, ma troppo angusta per rischiarvi un'infiltrazione di fanterie. Non solo. Ma stavolta le bombe, oltre che le trincee, centravano le postazioni di artiglieria molto più indietro. Queste entrarono immediatamente in crisi perché non c'erano abituate: fin allora le artiglierie italiane e austriache si erano, per così dire, fra loro rispettate, accanendosi solo sulle opposte fanterie.

Altra sorpresa, che non avrebbe dovuto esserci, fu quella dei gas. Il nemico li aveva già usati nella *Strafexpedition* del '16, e quindi non si capisce come il nostro comando se ne lasciasse cogliere alla sprovvista. Il lancio delle bombole non durò che trenta secondi, ma bastò ad annientare un battaglione di genieri addetti ai telefoni, scompaginando così tutta la rete dei collegamenti. Un ufficiale tedesco, Weber, così descrisse la scena: «È l'inferno dopo una vertiginosa discesa nell'abisso. La nebbia in mezzo alla quale essi corrono divora i loro polmoni. I disgraziati crollano a terra». Ma molti non ebbero nemmeno il tempo di correre: furono trovati con la matita in mano e la cuffia incollata all'orecchio.

Altro fattore fu la «fissazione delle cime». Nessuno guardava i fondivalle, né si curava di ciò che vi succedeva, perché la guerra di posizione escludeva che potesse succedervi qualcosa finché la situazione sulle alture restava immutata. Abbiamo riferito l'esperienza di Rommel. Ma essa fu comune a tutti i reparti che si lanciarono nei ristretti valichi aperti a Plezzo e a Tolmino. Essi non si curarono dei reparti italiani dislocati ai margini della loro rapida avanzata, ma nemmeno gl'Italiani si curarono di loro, tanto lontani erano dal sospetto che il nemico potesse passare di lì.

Ma il fattore più determinante fu la totale assenza di spirito d'iniziativa. Mentre nei reparti tedeschi anche gli ufficiali subalterni erano, come abbiamo detto, al corrente di tutto il piano di attacco e godevano di piena libertà nella scelta dei mezzi per attuarlo, quelli nostri erano, come dice Melograni, condizionati da un gerarchia di comandi che toglieva anche a quelli più elevati, di Corpo d'Armata e d'Armata, ogni autonomia di decisione. Questo vizio era insieme la causa e l'effetto della guerra di posizione. Gl'Italiani non sapevano fare che quella perché quella sola era congeniale alla loro formazione e mentalità. Le nostre scuole e Accademie militari non sfornavano dei tecnici, ma dei burocrati della guerra, per i quali quella delle armi era soltanto una «carriera», dove le virtù che contavano agli effetti degli «scatti di grado» erano lo zelo e l'obbedienza. Di questo tipo di ufficiale, osservante scrupoloso dei rituali di caserma, spesso coraggioso di fronte al nemico, ma timidissimo di fronte alle responsabilità, Cadorna era l'incarnazione più compiuta e in un certo senso più nobile. La macchina militare ch'egli aveva montato era il suo ritratto. Basata come diceva il Regolamento sulla «obbedienza cieca e assoluta», essa non lasciava margine d'iniziativa nemmeno ai comandanti delle grandi unità, che non potevano prendere nessuna decisione senza il preventivo assenso del Capo. Fu questa anchilosi a determinare il crollo, o per lo meno ad aggravarlo. Quando i vari comandi persero il contatto con quello supremo – e lo persero sin dapprincipio grazie alla distruzione della rete di collegamento –, non seppero più cosa fare, e furono colti dal panico. Più che dall'incalzare del nemico, essi erano atterriti dalla prospettiva di doversi assumere delle responsabilità a cui erano totalmente impreparati, e a bordo di automobili e biciclette cercavano non tanto di mettersi in salvo, quanto di raggiungere il quartier generale, che frattanto aveva abbandonato Udine e arrancava verso il Piave, per riceverne ordini e direttive. Mentre il capitano Rommel agiva come il Generale di se stesso, i Generali italiani agivano come capitani di Cadorna. In quell'emergenza insomma mancarono ai nostri comandi le qualità più necessarie a farvi fronte: immaginazione, adattamento all'imprevisto, coraggio e rapidità di decisione.

Tuttavia, se è certo che la causa prima della sconfitta fu questa lunga serie di errori dovuti all'arteriosclerosi dei comandi, e quindi da addebitare alla conduzione militare, altrettanto certo è che a trasformare la sconfitta in rotta, anzi in sfacelo, fu il crollo morale della truppa. Questo non fu il fattore principale, e tanto meno l'unico, come pretendeva Cadorna. Ma che abbia operato, è inconfutabile. Non ci consentono di dubitarne le deposizioni dei testimoni oculari: ce ne sono a centinaia, e delle più svariate angolazioni ideologiche. Il falso non sta dunque nello «sciopero militare», che effettivamente ci fu, ma nelle motivazioni che ne addussero il comando supremo, i nazionalisti, e poi i fascisti. Cerchiamo di vederne il perché.

Cadorna era sempre vissuto nell'incubo della propaganda «sovversiva»: lo provano le numerose «circolari» che ingiungevano di sorvegliare strettamente gli «elementi sospetti» e di allontanarli dalle linee. Per elementi sospetti egli intendeva anche gl'interventisti di marca democratica, come i radicali e i repubblicani, accorsi anche come volontari, a cui fu severamente proibita qualsiasi azione di apostolato patriottico. Ma naturalmente i più diffidati erano i socialisti e gli anarchici. Il generale Zupelli mise in guardia i comandi dalla propaganda rivoluzionaria di «un certo prof. Benito Mussolini», cui fu vietato di accedere al corso allievi-ufficiali. Questo Generale, che allora era anche Ministro della Guerra, ignorava evidentemente Mussolini e tutta l'azione che questi aveva svolto col «Popolo d'Italia» in favore dell'intervento: tale era la maturità politica del nostro Stato Maggiore.

Comunque, grande fu la sorpresa dei comandi, e forse condita anche da un certo imbarazzo, quando dovettero constatare che i soldati schedati come socialisti, accolti con diffidenza e tenuti in condizione di sorvegliati speciali, non solo non svolgevano nessuna attività disfattista, ma molto spesso diedero esempio di ardore combattivo. Lo riconobbero alcuni Generali, come De Rossi, e anche alcuni parlamentari antisocialisti come Pullé e Gasparotto. Sebbene appartenessero quasi tutti alla «Federazione Giovanile», che militava nell'estrema sinistra del partito, la più ostile alla guerra, questi ragazzi, appena arrivati in trincea, si ricordavano solo di essere soldati e si avventavano all'assalto, disse un loro ufficiale, «in un diluvio di rabbiose bestemmie conio bassa Romagna». Tanto che gli stessi giornali socialisti, pur ribadendo la loro ostilità alla guerra, menarono vanto di averle fornito simili campioni, e per giustificarsene sul piano ideologico, ricorsero a questo argomento: che i socialisti, essendo migliori in tutto, era logico che lo fossero anche in guerra.

Questo non disarmò i sospetti e le diffidenze di Cadorna che tuttavia nella sua «caccia alle streghe» del disfattismo non riuscì mai a fornire convincenti e consistenti prove della loro esistenza. Le sue circolari denunziavano continuamente la circolazione fra i soldati di pubblicazioni «sovversive». Ma alla fine risultò che si trattava soprattutto de *La paga del sabato* di Papini e di due opuscoli stampati nel '13, cioè due anni prima della guerra: *Il soldo del soldato* e *Coscritto, ascolta!* Del resto la prova che il disfattismo non saliva dall'interno verso il fronte ma, caso mai, dal fronte verso l'interno, è nelle sollecitazioni di Cadorna a esercitare una stretta sorveglianza sui militari in licenza perché non inquinassero coi racconti delle loro sofferenze il morale del Paese.

Il fatto è che l'intervento aveva messo in crisi tutte le forze politiche paralizzandone l'azione. Non se n'erano salvati nemmeno gli anarchici, un'ala dei quali si dichiarò per la guerra, anzi se ne infervorò, e le diede volontari alcuni suoi dirigenti come Massimo Rocca, Gigli, Lygier. Ma anche i socialisti si trovarono nel più grande imbarazzo, come dimostra l'ambigua formula che avevano adottato: «Non aderire né sabotare», e sulla quale il partito si trovò più diviso che mai. Esso, scriveva uno dei suoi maggiori esponenti, Treves, «dà l'idea di tanti partitini racchiusi uno dentro l'altro, come certi giocattoli cinesi» (e si direbbe che parlasse di quello d'oggi). Naturalmente i «riformisti», come si chiamavano gli elementi che facevano capo a Turati, insistevano sul «non sabotare»; i massimalisti sul «non aderire». Ma nemmeno questi ultimi osarono assumere un atteggiamento scopertamente antipatriottico. Nessuno voleva prendersi la responsabilità di una secessione interna che avrebbe significato la «pugnalata alla schiena» del Paese. E perfino Lazzari e Serrati, il direttore dell'«Avanti!», che passavano fra i più estremisti, condannavano l'«insurrezionalismo». Come dice Melograni, non osavano pronunciare la parola «patria», ma ne erano condizionati.

Comunque, anche se avessero voluto seminare il disfattismo fra i soldati, non avrebbero potuto. Come ho già detto, i fanti erano al 75 per cento contadini. Salvo i braccianti della Romagna e di certe zone padane, essi erano sempre rimasti impervi alla propaganda socialista. Ma ancora di più lo erano diventati da quando avevano visto che i socialisti, in stragrande maggioranza operai, venivano esentati dalle armi. Da quel momento, nella bocca del fante-contadino, i tre termini – operaio, socialista, imboscato – diventarono sinonimi. E lo si era visto al momento dei famosi incidenti di Torino. I manifestanti cercarono di trarre dalla loro i soldati inondandoli di volantini che l'invitavano a fraternizzare con loro e a gettare le armi. In risposta non ebbero che scariche di moschetti. Quanto al contraccolpo di quella rivolta nelle trincee, così lo descrisse Bissolati a Malagodi: «I soldati che si sottomettono a tanti sacrifici, e rimangono alle volte delle giornate senza rancio, erano furiosi a sentire che i fortunati che non corrono nessun pericolo e guadagnano salari enormi alle loro spalle, facessero una rivolta per un po' di scarsità di pane. Se fossero condotti contro i rivoltosi, ne farebbero macello». In realtà quei salari, come abbiamo visto, non erano affatto enormi, e anche l'operaio aveva le sue difficoltà da risolvere. Ma i sentimenti del fante-contadino verso l'operaio erano questi, e facevano da sbarramento a qualsiasi propaganda.

Gli unici che avrebbero potuto farla erano i preti-soldati e i cappellani, un po' perché vivevano a stretto contatto della truppa, di cui condividevano disagi e patimenti, un po' perché da secoli erano i pastori del gregge contadino, di cui conoscevano benissimo l'anima, le debolezze, le superstizioni, il linguaggio, e infine perché Cadorna, devoto com'era alla Chiesa, li lasciava abbastanza liberi di svolgere il loro apostolato. Questo fu a più riprese vivacemente attaccato come veicolo di pacifismo e di «austriacantismo». Ma le accuse erano quasi tutte di fonte massonica, cioè sospetta, e l'inchiesta non riuscì a trovare elementi abbastanza consistenti per suffragarle.

Dai documenti pubblicati ci sembra di poter dedurre questo: che il Clero di guerra visse la sua esperienza di guerra esattamente come il soldato, più risentendo delle sue reazioni e condividendole che provocandole. Come disse un autorevole esponente cattolico, i cappellani cercarono di «adattarsi ai bisogni e all'opportunità dei vari luoghi e momenti» per impedire che il soldato si lasciasse irretire da «promesse, miraggi e consigli di altri partiti certo meno ispirati a princìpi di ordine e di dovere civile». E crediamo che sia stato proprio così. Il sacerdote in divisa non dimenticava di essere un sacerdote anche quando combatteva come un soldato. Egli non voleva né poteva perdere contatto col «fedele», e questo lo portava istintivamente ad adeguarsi al suo stato d'animo fino a parteciparne. Che d'accordo col Vaticano e su sue istruzioni egli abbia voluto di proposito minare il morale del soldato nell'interesse dell'Austria e magari per la restaurazione di uno Stato pontificio, è una di quelle panzane anticlericali di cui i veri laici arrossiscono. Infatti l'unico incidente di rilievo che si verificò fra cappellani e comando fu quando, su suggerimento di padre Gemelli, i cappellani promossero la «consacrazione dell'Esercito al Sacro Cuore di Gesù». Il Comando ci vide una manifestazione pacifista, e invece si trattava di ben altro. La maggior parte dei preti-soldati avevano precorso la sorte dei preti-operai. Partiti per la guerra nella speranza ch'essa gli fornisse una grande occasione di apostolato, a molti di loro era successo che, invece di condurre il soldato alla salvezza spirituale, si erano fatti condurre da lui alla perdizione. «Nelle ore di libera uscita» scriveva uno di loro, De Rossi «questi poveri fratelli nostri anziché affollare le chiese, sono corsi prima ai più tenui, poi ai più avvelenati ritrovi mondani.» Insomma, anche per loro si poneva un problema di disciplina, e la consacrazione doveva servire a riaffermarla. Nemmeno dopo l'enciclica del Papa sulla «inutile strage», risulta che i cappellani svolgessero propaganda contro la guerra. Anzi, molti cappellani – dice Gatti – così spiegarono quelle parole al soldato: «Il Papa vuole la pace: è giusto, è bene, ma noi la pace l'avremo, dando un buon colpo al nemico». De Rossi diede questa interpretazione: che il Papa aveva rivolto il suo monito ai governi, non ai popoli, e quindi nemmeno agli eserciti, appunto per non fuorviarli dal loro dovere, ch'era quello di combattere fino alla vittoria. Però lo stesso De Rossi diceva in un altro scritto: «Il mio colonnello desidera che in tutti i miei discorsi io sospinga i soldati al sacrifizio completo per le superiori idealità della patria. Ma in tal caso i miei soldati darebbero alla mia parola l'identico valore che danno a certi discorsi di ufficiali, quello cioè di discorsi ufficiali. Come debbo regolarmi?».

Si regolarono in modo da restar sempre all'unisono col fante e riflettendone l'abbattimento così come nei primi momenti ne avevano riflesso l'entusiasmo. Anch'essi erano stanchi. Anch'essi avevano perso la fiducia nella vittoria risolutiva. Ma del generale stato d'animo di sconforto non erano più colpevoli di quanto il sismografo lo sia del terremoto.

La famosa falla morale non fu dunque aperta dalle forze sovversive dell'interno e dalla loro propaganda. Si aprì da sé, al fronte. Ma non si può negare che ci sia stata, ed era il frutto di molti e complessi fattori, che il comando ebbe il torto d'ignorare o di sottovalutare per congenita miopia e ottusità. Privo – da secoli – di tradizioni militari e del sostegno morale di un forte sentimento nazionale, il soldato italiano era il meno adatto a sopportare il logorio di una «guerra cronica» come quella impostata da Cadorna. Le campagne per l'indipendenza avevano ampiamente dimostrato ch'egli era capace di battersi di slancio e sullo slancio: ecco perché l'unico Generale che aveva saputo condurlo alla vittoria era stato Garibaldi, nonostante la povertà della sua strategia. Alcuni storici militari sostengono che se Cadorna avesse fin dal primo giorno scatenato le sue truppe all'attacco sfruttando gli entusiasmi del «maggio radioso» avrebbe sortito risultati molto più sostanziosi di quelli che conseguì, o meglio non conseguì con le dodici massacranti battaglie della sua «guerra programmata». Noi non siamo in grado di giudicarne, e comunque sappiamo che coi *se* non si fa storia. Però sappiamo altrettanto bene che il primo crollo lo provocò il «funereo autunno» del '15, quando il fante vide svanire la speranza di una soluzione rapida e gloriosa, anche se sanguinosa.

Di questo crollo, i metodi repressivi di Cadorna avevano stroncato le manifestazioni – ch'erano soprattutto la diserzione e l'autolesionismo –, ma senza eliminarne i motivi che col passare del tempo si fecero sempre più gravi. E questo fu il suo fatale errore. Il Generalissimo non aveva dubbi che la disciplina bastasse a tutto: anche a restituire il mordente a chi lo aveva perso. Invece bastava soltanto a provocare uno stato d'animo di rinunzia e di rassegnazione, che nella routine della guerra di posizione potevano anche passare per virtù guerriere, ma non lo erano, o quanto meno non lo sarebbero state il giorno in cui ci fosse stato bisogno di opporre al nemico qualcosa di più di una massa inerte, capace soltanto di far muro. Due anni di trincea avevano fatto del fante italiano non un ribelle, ma un essere senza volontà, nemmeno quella della rivolta contro un sacrificio di cui non comprendeva i motivi. I casi di ammutinamento infatti non furono né gravi né numerosi: nell'esercito francese, per esempio, ce ne furono molti di più. Il fante italiano esprimeva la sua protesta con la passività. Quando l'ufficiale dava il segnale dell'assalto, ci andava. Ma – come racconta Gatti – piangendo.

Il colpo definitivo a questo vacillante morale lo dette non la propaganda disfattista, ma l'ultima battaglia, quella della Bainsizza. In quella offensiva il fante investì le sue residue speranze di vittoria, e ce le perse tutte. Quando, spossato e dissanguato, dovette fermarsi sull'ultima linea di difesa nemica, si convinse che la vittoria era irraggiungibile, e da quel momento fu pronto ad accettare la pace anche da una sconfitta. A predisporvelo non fu il grido lanciato alla Camera dal socialista Treves: «Non un altro inverno in trincea!», che forse non lo raggiunse nemmeno, ma la sua propria disperazione.

La vera chiave di Caporetto è qui, e investe la conduzione *militare* della guerra nel suo complesso. Delle responsabilità individuali diremo poi. Ma possiamo anticipare ch'esse furono solo marginali.

## CAPITOLO VENTESIMO

# IL PIAVE

Come si giunse alla designazione di Diaz quale successore di Cadorna, non è del tutto chiaro. Il suo nome non era di quelli che potessero infondere fiducia a un Esercito e a un Paese, che soprattutto di fiducia avevano urgente bisogno. Quasi nessuno lo conosceva perché mai c'era stata occasione di renderlo noto. Piccolo di statura, occhialuto, con un aspetto più da professore che da soldato, e oberato da un forte accento napoletano che non contribuisce di certo alla marzialità, più che al comando di reparti, Diaz aveva fatto la sua carriera nello Stato Maggiore, ma non risulta che nemmeno qui avesse mai brillato. Dicono che a caldeggiarne la nomina fu Nitti per solidarietà meridionale e per rompere il monopolio piemontese del comando supremo. Orlando la racconta così: «Sua Maestà mi disse che egli aveva presente un nome, ma desiderava che io comunicassi il mio. "Il generale Diaz" dissi obbedendo a un desiderio che era per me un ordine. "È pure il nome che io le avrei proposto"». Resterebbe da sapere perché il Re aveva pensato a lui, ma questo è più facile da capire. Gli Alleati avevano suggerito il Duca d'Aosta, o almeno mostravano per lui una spiccata preferenza. E il Re volle tagliargli la strada: il cugino era l'uomo di cui più diffidava, e a cui meno desiderava fornire occasioni di mettersi in luce.

Comunque, se quella nomina fu per tutti una sorpresa, ancora di più lo fu quella del sottocapo di Stato Maggiore che a Diaz venne affiancato con mansioni molto più importanti di quelle che l'uscente Porro aveva esercitato con Cadorna, e che infatti da quel momento fu la vera mente del comando supremo e l'ispiratore di tutti i suoi piani: Badoglio.

Dei sei Generali che di lì a qualche mese furono sottoposti a inchiesta per il disastro di Caporetto – Cadorna, Porro, Capello, Cavaciocchi, Bongiovanni e Badoglio –, quest'ultimo era forse il più indiziato, e seguita a esserlo forse anche perché è l'unico che riuscì sempre a restare sulla cresta dell'onda, prima con Mussolini e poi contro Mussolini, di cui fu insieme il successore e il carceriere. Ce n'è quanto basta per farne a tutt'oggi uno dei più controversi protagonisti del nostro tempo.

Badoglio era di Grazzano Monferrato, e veniva da una tipica famiglia di piccoli notabili di provincia piemontese. Coltivatori diretti, suo padre e suo nonno erano anche stati sindaci del paese, e Pietro ne aveva ereditato tutte le stigmate: la tenacia, l'avarizia, il buon senso, l'equilibrio fisico e morale. Fece l'ufficiale perché in tutte le famiglie di quello stampo la «giubba del Re» era titolo d'onore. E non potendo scegliere la Cavalleria, dove gli scatti di grado si guadagnavano a furia più di blasone che di capacità, scelse l'Artiglieria ch'era considerata l'«arma dotta». Le sue «note informative», sia da allievo che da subalterno, sono eccellenti. Era tenente, quando chiese di essere aggregato al corpo di spedizione di Baldissera in Eritrea. Possiamo categoricamente escludere che a spingerlo fosse il «mal d'Africa», allora di gran moda, o qualche sogno di gloria guerriera. Badoglio non covò mai di queste romanticherie. Per lui la guerra non fu mai altro che un'occasione di soprassoldo e di carriera. Infatti, quando vide che non aveva modo di distinguersi, chiese di tornare e di essere ammesso alla Scuola di Guerra che della carriera rappresentava la più sicura scorciatoia e apriva le porte dello Stato Maggiore. A trentaquattro anni (era nato nel '71) era capitano, e grandi prospettive di avanzamenti non ne aveva. Ma sopraggiunse la guerra di Libia, e la fortuna gli dette il primo dei suoi molti baci. Il combattimento di Ain Zara, al quale prese parte, non fu in realtà che una scaramuccia. Ma la stampa, ubriaca di ardori colonialistici, la trasformò in una grande battaglia che fruttò a Badoglio una medaglia e la chiamata presso il comando del corpo di spedizione, prima come sottocapo, poi come Capo di Stato Maggiore. Il Generale era Frugoni, di cui dicono che avesse un debole per Badoglio perché entrambi erano massoni. E sarà anche vero. Ma il fatto è che Badoglio dimostrò di meritare la fiducia, e a Zanzur si guadagnò la promozione a maggiore per merito di guerra. Anche Zanzur fu più una scaramuccia che una battaglia. Ma lo fu anche perché Badoglio vi spiegò una notevole maestria: l'uomo era di nervi saldi ed esercitava molto ascendente sulla truppa.

Alla vigilia della grande guerra, era nello Stato Maggiore della II Armata in via di costituzione. A comandarla – e fu un altro bacio della fortuna – venne il generale Frugoni, che il 24 maggio la condusse oltre il Piave, occupando una conca con un colpo a sorpresa studiato da Badoglio. Era – guarda caso – la conca di Caporetto. Ma lì si fermarono come voleva la guerra di posizione programmata da Cadorna.

La sua grande ora scoccò nel '16 con la conquista del Sabotino, sulle cui pendici i fanti avevano lasciato, in una lunga serie d'inutili assalti, migliaia di morti. Il colonnello Badoglio riuscì a convincere Cadorna che per conquistare quella cima bisognava ricorrere a una tattica diversa dall'attacco frontale, e se ne assunse l'esecuzione. Invece di farli uscire allo scoperto, egli portò i soldati, attraverso un dedalo di gallerie scavate nella roccia, quasi a contatto delle posizioni nemiche, sicché essi poterono prenderle d'assalto quasi di sorpresa e con poche perdite. Più tardi questo merito gli fu contestato: c'è chi dice che spetta a Montuori, c'è chi dice che spetta a Venturi. Ma qui si entra nel pettegolezzo. Il fatto è che Capello, forse il più intelligente Generale italiano, che allora comandava il VI Corpo d'Armata, dopo averne studiato il piano e seguito l'attuazione, fece promuovere Badoglio a Generale, lo chiamò presso di sé, e quando assunse il comando della II Armata, gli diede quello di un Corpo d'Armata, che per grado non gli spettava e che infatti fece scandalo.

Anche in questo caso fu poi detto che il trattamento di favore era dovuto alla solidarietà massonica che legava i due uomini. Ma questa è una motivazione a cui si ricorre troppo spesso per poterci credere. Il fatto è che in uno Stato Maggiore piuttosto a corto di concezioni strategiche moderne, Badoglio era uno dei pochi che ne avesse, che riuscisse a imporle e che sapesse farsene riconoscere il merito. Dice Gatti:

> Era instancabile lavoratore, e nello stesso tempo lieto e amichevole. Il suo sorriso perenne, anche fra i pericoli e i danni, chiamava irresistibilmente la fortuna. Dei colligiani del Monferrato, dai quali discende, aveva la ferrea salute, la calma, la pazienza e l'apparente bonomia, che nasconde la grande abilità di trattare a proprio vantaggio gli uomini e le cose quotidiane. Questa sua dura e semplice figurazione faceva di lui, per molti, la personificazione del

> combattente italiano, e realmente egli dava una grande forza alle truppe che comandava. La piccola azione di guerra, che a un altro Generale non riusciva, riusciva al generale Badoglio. La sua mente era piuttosto immune da gravi difetti che dotata di grandi qualità. La parte intellettuale dell'arte gli sfuggiva. La scarsa abitudine di trattare le grandi questioni, e la breve cultura, gliela rendevano difficile e dura. Ma l'ambizione, l'amore del mestiere, una certa ordinatezza di pensieri, l'ostinatissima volontà e la grandissima attività gli avevano fatto conoscere i più intimi congegni della macchina militare. Ma la virtù che consacra i comandanti, la forza costruttiva dell'intelligenza, gli mancava.

A quarantasei anni, Badoglio era al culmine della carriera. Sopra di lui c'erano solo Capello e Cadorna. Il Corpo d'Armata ch'egli comandava, il XXVII, era uno dei perni del nostro fronte, fra Tolmino e la Bainsizza, tanto che lo avevano dotato di ottocento cannoni e di truppe di rincalzo. Secondo il suo più attento biografo, Bertoldi, egli sapeva benissimo che il nemico avrebbe attaccato nella notte fra il 23 e il 24 ottobre, e proprio nel punto tenuto da lui. Di questo, dubitiamo. Cioè non dubitiamo che lo sapesse perché lo sapevano tutti, dopo le informazioni date dai disertori cecoslovacchi e romeni. Ma non ci credeva. E lo dimostrano due cose: il fatto che, invece di assumere lo schieramento difensivo, aveva mantenuto quello controffensivo, come del resto Capello aveva sempre voluto; e che, invece di trovarsi quella notte nella sede del suo comando tattico di Osti Kras, se ne stava in un comando di retrovia, a Cosi. L'accusa che ci si fosse rifugiato per codardia non ha fondamento: Badoglio non cercava il pericolo, ma sapeva affrontarlo con freddo coraggio. Quando si rese conto della situazione, cercò disperatamente di tornare in linea rischiando a più riprese la pelle sotto il bombardamento nemico; ma ormai era troppo tardi. Le voci secondo cui sarebbe scappato fino a Bologna o che, impietrito dalla paura, avrebbe solo mormorato: «Aspettiamo il colonnello dei carabinieri che verrà ad arrestarci», sono assolutamente false.

Il capitano Sforza, che lo accompagnava, ha ricostruito minuto per minuto quella drammatica giornata. Solo alle otto del mattino, quando già i reparti tedeschi avevano aggirato le sue posizioni, Badoglio cominciò a capire che non si trattava di un bluff, come aveva creduto. Ma non riuscì a mettersi in contatto né col comando dell'artiglieria, né con quello della divisione più esposta, la 19ª, perché non c'era più personale ad azionare i collegamenti: i gas lo avevano sterminato, e nessuno lo sapeva, nemmeno Cadorna. Ecco perché gli ottocento cannoni di Badoglio restarono, come poi disse Orlando, «tragicamente muti» e caddero intatti nelle mani del nemico. Qualcuno dice ch'egli non volle di proposito azionarli perché aveva un suo piano personale: lasciare che il nemico s'incuneasse nella conca a culdisacco di Volzana per sterminarvelo. Ma nessun elemento di fatto suffraga questa supposizione, oltre tutto superflua. Badoglio non sparò semplicemente perché non era più in contatto coi propri cannoni – ai quali era vietato di sparare senza un suo ordine –, e quindi era come se non li avesse. Con la sua *Trikappa*, egli cercò di risalire verso Osti Kras, ma fu investito da una fiumana di fuggiaschi ch'egli cercò invano di fermare con la pistola in pugno, eppoi da una granata che lo scaraventò fuori della macchina, distruggendola. Da quel momento egli non fece che arrancare in quella marea di sbandati per ristabilire qualche contatto coi suoi subalterni, e fu così che Capello non riuscì più a stabilirne con lui. Sforza dice ch'era in stato di choc, cioè in parole povere aveva perso la testa. E non la ritrovò di certo quando seppe che la sua 19ª divisione, dopo un'eroica resistenza riconosciuta dallo stesso nemico, era stata annientata; mentre le altre tre, per sottrarsi alla stessa sorte, si erano poste sotto il comando di Caviglia – il più accanito rivale e nemico di Badoglio – che le stava conducendo in salvo con una brillante manovra. Ma intanto il crollo del settore provocava, a catena, quello di tutti gli altri, aprendo quella «falla» che, come si vede, non era «morale» e solo di conseguenza lo diventò.

Questi fatti erano già abbastanza noti quando Badoglio, invece della convocazione presso la commissione d'inchiesta, ricevette quella presso il quartier generale per assumere, insieme a Giardino, la carica di vicecapo di Stato Maggiore, che rappresentava una promozione. Come abbia fatto, è tuttora un mistero. Ma molto v'influì di certo la sua padronanza di nervi. Dopo il trauma, fu tra i primi a recuperare tutto il suo sangue freddo e ad affrontare la situazione con ponderata calma. Nulla lo turbava: nemmeno la notizia che l'eroico comandante della 19ª divisione, Villani, si era suicidato per sottrarsi al disonore di una disfatta ch'era colpa di Badoglio, e che un altro Generale, Rubin de Cervin, ne aveva seguito l'esempio perché accusato da Badoglio di aver ceduto. «L'uomo riusciva simpatico» dice il suo biografo Mondini, e dobbiamo credergli perché per Caporetto riuscì addirittura a farsi dare una medaglia. Quanto alla sua nomina, certo v'influì il Re, di cui godeva le simpatie. Certo v'influì Orlando che preferiva sempre i preferiti del Re. Ma più di tutti forse v'influì Diaz che, secondo Bertoldi, avrebbe detto: «Badoglio me lo tengo, mi è indispensabile».

Come poi sia sfuggito all'inchiesta, lo rivelò alcuni anni fa il Presidente del Senato, Paratore. Questi fu pregato da Orlando di ricordare al presidente della commissione che Badoglio era ormai il vero Generalissimo, e che quindi il discredito gettato su di lui si sarebbe ripercosso su tutto l'Esercito proprio nel momento in cui questo era impegnato nello sforzo supremo. Fatto sta che, come ha ricostruito Antonio Spinosa, nella relazione finale furono soppresse tredici pagine. E tutto lascia credere che fossero quelle relative alle responsabilità di Badoglio.

Un altro uomo aveva recuperato subito il suo sangue freddo, anzi non lo aveva mai perso: il Re. Era stato fra i primi a rendersi conto del disastro, e lo aveva seguito passo passo ispezionando i punti più minacciati e parlando coi vari comandanti: sempre impassibile, sino a dare una sensazione d'indifferenza. Il 6 telegrafò ai capi politici e militari riuniti a Rapallo invitandoli a Peschiera per prendere le decisioni definitive. Vennero tutti: Painlevé, Lloyd George, Ministri e Capi di Stato Maggiore oltre, si capisce, i nostri.

Fu lui che tenne rapporto anche perché era il solo che poteva farlo nelle lingue degli ospiti (Orlando non parlava nemmeno il francese), e si guadagnò il rispetto di tutti per la chiarezza e franchezza con cui fece il punto della situazione, realisticamente e senza retorica. Elencò le cause del disastro citando anche la «falla morale», ma senza attribuirla alla propaganda disfattista, cui infatti non credeva (e lo aveva già detto ai nostri Generali). Ma garantì la resistenza sul Piave escludendo perentoriamente qualsiasi ipotesi di crollo nazionale. «Alla guerra si va» disse in inglese «con un bastone per darle e con un sacco per prenderle.» Gli Alleati rimasero colpiti dalla sua fermezza, e concessero gli aiuti richiesti: sei divisioni francesi e cinque inglesi, che avrebbero collaborato col comando italiano, ma senza essere poste ai suoi ordini.

Due giorni dopo, Orlando gli presentò il testo di un proclama da lanciare alla Nazione. Cominciava con queste parole: «Una immensa sciagura ha straziato il mio cuore di Italiano e di Re». Ma Vittorio Emanuele le cancellò: anche nell'emergenza rifiutava la retorica.

La linea di resistenza approntata da Cadorna sul Piave si rivelò abbastanza solida. Al suo riparo, gli sbandati che seguitavano ad affluire dall'Isonzo poterono essere raccolti, riordinati in reparti più o meno organici, e in parte anche moralmente «ricostruiti». Questo diede il via alla leggenda secondo cui Esercito e Paese, nel veder «calpestato il sacro suolo della Patria», avrebbero ritrovato di colpo il loro ardore combattivo. Ma questa spiegazione del Piave fa il paio con quella della falla morale invocata per il disastro. La resistenza fu dovuta a tre fattori militari. Primo, la buona disposizione dello schieramento difensivo sul fiume. Secondo: il fatto che il nemico ci arrivò spossato da una marcia a tappe forzate, di cui esso stesso non aveva previsto la rapidità, e che quindi creava alle sue spalle un pauroso vuoto di rifornimenti. Terzo, e decisivo: il ritiro di tre delle sette divisioni tedesche (le altre quattro furono ritirate in gennaio). Infine, ci si mise anche il cielo scaricando piogge torrenziali che naturalmente nuocevano più alle operazioni offensive che a quelle difensive.

Il nemico passò subito all'attacco, il 10 novembre, sfruttando la sua momentanea superiorità – 50 divisioni contro 35 –, e cercando di prevenire il riassestamento delle nostre truppe. Ma non aveva studiato la zona perché non si era aspettato di arrivare fin lì, e commise l'errore –

da lui stesso più tardi riconosciuto – di dislocare troppi effettivi nella piana e troppo pochi sulle montagne. I combattimenti più duri si svolsero qui, sull'altipiano di Asiago, e specialmente sul Grappa. Gli Austro-tedeschi conquistarono alcune cime, e in un punto della piana riuscirono a passare il fiume. Ma pagarono questi parziali successi con gravissime perdite, e sia qui che là vennero inchiodati dalle nostre artiglierie e dagli alpini.

Il 4 dicembre lanciarono una seconda violenta offensiva. Il nostro dispositivo barcollò, e Diaz accennò all'ipotesi di un ripiegamento sulla linea del Mincio. Ma la furia del nemico si esaurì presto, e questo fece capire che anch'esso cominciava a entrare in crisi: pressappoco la stessa crisi che aveva colto gl'Italiani dopo la battaglia della Bainsizza e la delusione dell'«ultimo sforzo». Ora si poteva procedere con più calma alla riorganizzazione degli sbandati, e non era compito da poco. Ce n'erano circa trecentomila che, gettato il fucile, ripugnavano a riprenderlo anche perché, una volta commessa la diserzione, erano istintivamente portati ad attribuirle una giustificazione ideologica. Da quel che ci sembra di capire, diremmo che non furono tanto i socialisti a fare Caporetto, quanto Caporetto a fare i socialisti, cioè a moltiplicarli. Scriveva Alessi al suo direttore: «Gli alpini si battono da leoni. Ma nella nostra resistenza ci sono dei tratti slegati, quelli che vengono occupati dai reparti ex sbandati, moralmente senza consistenza». E Ojetti alla moglie, l'8 dicembre: «Qui corre la parola d'ordine di esaltare l'eroismo delle truppe a ogni costo per fare il contraltare al comunicato Cadorna che tu sai e hai. Ora il metodo ottimista, certo, ha il suo valore, ma non bisogna esagerare. Tra la brutale sincerità di Cadorna e la pietosa bugia (ma per gli alpini è stata pura verità) di Diaz, ci sarebbe la via di mezzo: tacere, per non illudere». Insomma «l'eroica riscossa», la «gloriosa resurrezione» erano solo nei bollettini di Diaz, e quello del Piave non fu affatto «un miracolo», come poi sempre lo si chiamò. Ci vollero ancora i carabinieri per riportare gli sbandati in trincea e tenerveli inchiodati.

Avvicinandosi il Natale, corse voce che si preparasse uno sciopero militare per affrettare la pace. E stavolta fu Orlando che mise in guardia Diaz dalla propaganda disfattista. Ma Diaz rispose che questa propaganda la faceva il nemico a mezzo di volantini e di agenti prezzolati nelle zone occupate che s'infiltravano nelle linee. Il 24 dicembre infatti il nemico attaccò, sperando di raccogliere i frutti di questa azione. Ma stavolta gli alpini di Rommel incontrarono gli alpini del Grappa e ne furono decimati. Questo tuttavia non bastò a dissolvere le apprensioni: il Comando sentiva che la crisi non era superata. «Dal dicembre al marzo» scrisse il maggiore Tondi «dominò un'incertezza fosca, su cui incombeva un problema più fosco ancora: si sarebbe potuto resistere?» Era ciò che si domandava anche Alessi, notando che nelle trincee si riudivano battute e canzoni contro la guerra, e che perfino nelle mense ufficiali si tenevano discorsi come questo: che, vista l'inafferrabilità della vittoria e la buona intenzione austriaca di restituirci i territori invasi, era chiaro che l'Italia seguitava a combattere non nel proprio interesse, ma in quello della Francia e dell'Inghilterra.

Questo rigurgito di sciovinismo qualunquista era una reazione alla presenza delle truppe franco-inglesi. Finché queste furono tenute in riserva, si disse ch'erano venute per tenere sotto controllo gl'Italiani e ingrassare alle loro spalle. Quando furono impiegate, si disse ch'erano venute a defraudarci del merito della resistenza. In queste chiacchiere si sfogava il complesso d'inferiorità che gl'Italiani avevano sempre covato nei confronti degli Alleati, e che Caporetto aveva reso vieppiù acuto. I Franco-inglesi dal canto loro si batterono benissimo, le poche volte che furono sollecitati a farlo: specialmente i Francesi sul Monte Tomba. Ma molto spesso trattarono gl'Italiani con un'alterigia che sconfinava nel disprezzo e che dava corpo alla voce ch'essi fossero accorsi, come diceva Ferry, «non per salvare l'Italia, ma per mantenerla nell'alleanza», cioè per farvi da gendarmi. La chiave di questo risentimento restava tuttavia l'invidia. «L'Inglese,» scriveva Monti «come dominava per la statura il nostro piccolo fante, così lo superava nell'eleganza del vestire, nei danari di cui poteva disporre, nella inverosimile quantità di roba in conserva con le quali migliorava il proprio rancio.»

In marzo, a una riunione degli alti comandi, i partecipanti dissero che il morale delle truppe risultava «incomparabilmente migliore», ma «tuttora poco offensivo». E quando di lì a pochi giorni giunse notizia che i Tedeschi, ormai liberati dalla minaccia della Russia che dopo la rivoluzione bolscevica si era ritirata dalla guerra, avevano sfondato sul fronte francese nella direttrice Parigi-Calais, e ora si preparavano a ripetere il colpo su quello italiano, lo sgomento fu grande. Tutti erano convinti che il Piave non avrebbe retto a una nuova grande offensiva.

Per fortuna l'offensiva non venne. Vennero invece i rinforzi americani.

CAPITOLO VENTUNESIMO

# LA GUERRA SUL MARE

Se finora non abbiamo mai parlato della guerra sul mare, è non soltanto perché essa fa storia a sé, ma anche perché il Paese vi si sentiva molto meno coinvolto. Questo dipendeva anzitutto dal diverso reclutamento. Il fante era l'operaio, l'artigiano, e più ancora il contadino, insomma l'Italia proletaria. Il marinaio era di solito uno che faceva il marinaio – sui pescherecci o sulle navi da carico – anche nella vita civile: insomma uno «specialista» che aveva semplicemente mutato «servizio». Questo si rifletteva anche nella composizione dei «quadri». Per la loro ristrettezza numerica, questi costituivano una «casta» molto più chiusa e soprattutto meglio selezionata dell'Esercito. Carrierista intrigante e cattivo stratega, l'ammiraglio Persano aveva però al suo attivo l'Accademia navale di Livorno, eccellente e rigorosa incubatrice di seri professionisti del mare, dotati di un alto senso del dovere e dell'onore. Certamente alla loro riuscita contribuiva anche la tradizione. Salvo il Piemonte, gli Stati italiani non avevano mai avuto eserciti, ma solo milizie mercenarie; avevano però avuto, almeno fino al Settecento, delle grandi Marine. Gli ufficiali erano molto spesso figli di ufficiali, e i loro equipaggi erano formati da uomini che sulle navi c'erano sempre stati. In loro lo «spirito di corpo» prevaleva anche su quello patriottico.

Essi si sentivano più marinai che italiani, ma anche l'Italia li sentiva così.

A questo si aggiunga il motivo strategico. La minaccia dal mare non incombeva che sulle città della costa adriatica, e solo in funzione di qualche bombardamento. Nessuno prese mai sul serio l'eventualità di uno sbarco nemico, e tanto meno di un'invasione. Quanto alla possibilità di un «blocco», questa era esclusa dal fatto che nel Tirreno, nostra principale via di rifornimento, dominavano incontrastate le flotte alleate.

Quella italiana, al momento dell'intervento, attraversava una fase critica. L'impresa di Libia e le spedizioni contro la Turchia le avevano imposto un notevole logorio di mezzi, proprio nel momento in cui l'Austria compiva il massimo sforzo per irrobustire i suoi. Potenza quasi esclusivamente terrestre, l'Austria aveva sempre impegnato le sue risorse nell'Esercito, per il mare contentandosi di una buona difesa costiera. A costringerla al riarmo fu l'Italia quando, sulla fine del secolo, varò un vasto programma di costruzioni navali. Questo, secondo Crispi, doveva servire a controbilanciare la preponderanza francese in Mediterraneo. Ma automaticamente sovvertiva il rapporto di forze con l'Austria, che dovette accettare la sfida, anche se non era lanciata a essa. Così era cominciata una corsa che, alla vigilia dell'intervento, ci vedeva soccombenti sia come tonnellaggio complessivo, sia come modernità di armamento, sia soprattutto come «basi». Da Trieste a Scutari, lungo tutta la costa istriana e dalmata, dietro gl'isolotti che la frastagliano, la flotta austriaca poteva contare su un'infinità di ancoraggi e rifugi sicuri; mentre quella italiana non disponeva che di quattro porti, fra loro lontanissimi: Venezia, inaccessibile alle grandi unità per via dei suoi bassi fondali; Ancona, con le sue attrezzature invecchiate; Brindisi e Taranto, unica base efficiente, dove infatti ebbe sede il comando supremo.

Questo venne affidato in un primo tempo al Duca degli Abruzzi, cugino del Re, ma naturalmente in funzione più che altro rappresentativa. Il comando effettivo lo esercitarono i Capi di Stato Maggiore, fra i quali emerse Thaon di Revel che lo fu al principio della guerra, e lo ridivenne alla fine.

L'inizio non fu incoraggiante. Quattr'ore prima che cominciassero le ostilità, l'ammiraglio austriaco Horthy – che in realtà era ungherese – prese il largo con tutta la sua Armata da Pola e scorrazzò lungo tutte le coste italiane da Termoli a Barletta bombardandole, danneggiando gravemente Ancona e penetrando fin dentro Porto Corsini. Fu un'azione in grande stile, alla Tegetthoff, che oltre tutto dimostrò l'efficienza del servizio di spionaggio austriaco, perfettamente informato della dislocazione delle nostre forze. Colte di sorpresa, queste reagirono in maniera disordinata. La difesa costiera di Porto Corsini non aveva nemmeno le batterie puntate perché non era stata avvisata dell'apertura delle ostilità, da Venezia i sottomarini non si mossero, e la squadra di Brindisi ricevette la segnalazione della comparsa del nemico quando questo aveva già bombardato Barletta.

Gli Austriaci avevano deciso quell'azione nella speranza di prostrare il morale del Paese. Ma, fallito lo scopo, non ci si provarono più. E così la grande speranza che la nostra Marina accarezzava, quella di «lavare l'onta di Lissa» con una grande battaglia in mare aperto, rimase inappagata. Per snidarli dai loro munitissimi fiordi, l'ammiraglio Millo – quello dei Dardanelli – finse una sortita in alto Adriatico. Ma Horthy non abboccò, e Millo dovette contentarsi di un modesto bombardamento contro il semaforo e la stazione radiotelegrafica di Curzola. Da allora apparve chiaro che entrambi i Paesi avevano completamente sbagliato la loro politica navale, svenandosi per la costruzione di grandi unità che non servivano a nulla: nel budello adriatico non era possibile altra guerra che di «corsa», fatta di agguati e di azioni di sorpresa con mezzi leggeri.

Era un tipo di guerra che richiedeva anzitutto un servizio di spionaggio e controspionaggio molto efficiente. Ma proprio questo era invece il nostro punto debole. Secondo gli storici militari italiani, tutto era preparato in grandissimo segreto. Ma, a leggere quelli austriaci e tedeschi, si scopre che si trattava del segreto di Pulcinella. La corazzata *Amalfi* venne silurata da un sottomarino perfettamente informato dei suoi movimenti. E le «finte» di Millo fallirono appunto perché il nemico sapeva che si trattava di finte.

Questo fantasioso e bollente ammiraglio tentò di rivalersi con un'azione di sorpresa su Gravosa. Ma proprio la sorpresa mancò. E a farne le spese fu la stessa nave ammiraglia, colata a picco dai sottomarini austriaci, perfettamente informati del suo itinerario. L'inchiesta appurò in seguito che l'informazione era partita da certe «basse sfere» della base di Brindisi. Ma intanto, mentre la flotta austriaca era praticamente intatta, la nostra, dopo tre mesi di guerra, aveva già perso due corazzate, cui di lì a poco se ne aggiunse una terza, saltata in aria nello stesso porto di Brindisi, con un Ammiraglio, ventidue ufficiali e quattrocento uomini di equipaggio.

L'azione più brillante e meglio congegnata, in questa prima parte del conflitto, fu di carattere logistico: il salvataggio e il trasporto, attraverso l'Adriatico, dei resti dell'esercito serbo incalzato da quello austriaco: un totale di oltre centocinquantamila persone, fra militari e civili, molti feriti e affetti da colera. Fu un'operazione poco spettacolare, ma che rivelò una grande capacità organizzativa, l'efficienza dei quadri e la disciplina degli equipaggi.

Ma erano lo spionaggio e il controspionaggio che seguitavano a non funzionare. Nell'agosto del '16 un'altra corazzata, la *Leonardo da Vinci*, saltò in aria per un atto di sabotaggio identico a quello che aveva distrutto la *Brin*. E quattro. Di lì a qualche mese, la *Regina Margherita* subì la stessa sorte per l'urto su una mina. E cinque. Fra le vittime stavolta ci fu anche il Duca degli Abruzzi, rimosso dal comando.

Forse perché convinti che queste perdite avessero fiaccato e disanimato il nostro morale, gli Austriaci decisero di forzare il Canale di Otranto, dentro il quale eravamo riusciti a tenerli fin allora imbottigliati. Fu il solito Horthy a tentare l'avventura. Ma non fu un successo. Egli riuscì a sorprendere e immobilizzare un nostro cacciatorpediniere, ma i suoi tre incrociatori rimasero gravemente danneggiati e non sarebbero sfuggiti all'affondamento se non gli fossero giunti dei rinforzi da Sebenico. Per parte nostra, fu una grande occasione mancata, che ancora di più spinse Revel a limitarsi a una guerra di corsa.

Protagoniste di questa fase furono le motosiluranti o *mas*, di cui era propugnatore l'ammiraglio Cagni. Cominciarono a entrare in servizio nel '16, e non erano che una cinquantina. Ma di lì a due anni avevano superato i duecento perché si era constatato ch'erano i mezzi più redditizi, e forse anche i più congeniali a una Marina come quella italiana, affidata soprattutto alle risorse dell'iniziativa individuale, dell'ardimento e dell'improvvisazione. Fu a bordo di uno di quei veloci battelli che l'istriano Nazario Sauro, transfuga della flotta austriaca e volontario in quella italiana, tentò di penetrare nel porto di Fiume per silurarvi un cargo; e, caduto prigioniero, finì sulla forca come Cesare Battisti. Ma le imprese più brillanti e di maggior successo furono quelle di Rizzo e di Costanzo Ciano.

Sulla fine del '17, a bordo del suo agile mezzo, Rizzo penetrò con l'aiuto delle tenebre nel golfo di Trieste e lanciò i suoi siluri contro le due corazzate, *Wien* e *Budapest*. La *Budapest* non fu colpita; ma la *Wien*, centrata in pieno, colò a picco in pochi minuti. Ora gli Austriaci cominciavano a non sentirsi più sicuri neanche nei loro munitissimi fiordi. E avevano ragione perché proprio in quel momento Ciano penetrava in quello di Pola, ritenuto inviolabile, a farvi strage di naviglio coi suoi «barchini-saltatori» che si chiamavano *Pulce*, *Locusta*, *Cavalletta* e *Grillo*.

Era il '18. Dopo la fiammata di Caporetto, l'Austria sentiva avvicinarsi la disfatta. E Horthy non volle lasciarsene sorprendere nelle sue basi, esposto al logorio che gl'infliggevano i mezzi d'assalto italiani. Preferì tentare un'azione in grande rompendo lo sbarramento del Canale di Otranto che, con l'aiuto degli Alleati, i nostri avevano perfezionato con la posa di reti e di banchi di mine. Ai primi di giugno uscì al comando della squadra dando appuntamento al largo di Cattaro alle due corazzate *Szent Istvan* e *Tegetthoff* ancorate a Pola. Per qualche disfunzione dei mezzi di collegamento, le due corazzate partirono con mezz'ora di ritardo. Poteva essere la loro salvezza perché Rizzo, che si trovava coi suoi due *mas* a incrociare nelle acque di Lussino, secondo gli ordini ricevuti avrebbe già dovuto esserne ripartito. Il caso volle che fosse in ritardo anche lui perché l'orologio gli s'era inceppato. Quando vide stagliarsi sull'orizzonte i due giganti protetti soltanto da un paio di torpediniere, si lanciò al loro inseguimento e, a distanza di tiro, scagliò i suoi siluri. La *Tegetthoff* li scansò. Ma la *Szent Istvan* fu centrata e affondò.

Horthy dovette rinunziare al suo piano, e da quel momento l'iniziativa restò agl'Italiani, alle cui azioni ora collaborava sempre più attivamente l'aviazione. Queste azioni si rivelarono particolarmente efficaci sulle coste albanesi, dove la flotta era continuamente impegnata a sbarcare truppe e a rifornirle. Sul finire della guerra, il bilancio complessivo era ancora largamente in favore degli Austriaci che ci avevano inflitto più perdite di quante ne avessero subìte; ma questa era l'inevitabile conseguenza della tattica offensiva che avevamo seguito contro una difensiva appoggiata su basi navali molto meglio articolate e protette delle nostre: il che non aveva comunque impedito alla flotta italiana di restare padrona dell'Adriatico.

Anche in seno alla Marina ci furono gelosie, invidie, rivalità: il gergo marinaresco distingueva quattro Marine: quella del dolore dislocata a Valona, e insidiata dalla fame e dalla malaria; quella del dovere dislocata a Brindisi e impegnata nel pericoloso pattugliamento del canale di Otranto; quella dell'onore dislocata a Venezia, dedita alle audaci ma rapide sortite dei *mas*; e quella del piacere, cioè delle grandi unità di stanza a Taranto, che prendevano il mare una volta all'anno e sulle quali si viveva come in grandi alberghi. Ma queste discriminazioni non compromettevano lo spirito di corpo e il morale degli equipaggi che rimase sempre saldo e allergico alle crisi che travagliavano l'Esercito.

A differenza del fante, il marinaio faceva la sua guerra senza sentirsene una vittima.

CAPITOLO VENTIDUESIMO

# VITTORIO VENETO

Un mese dopo la grande disfatta, si costituì a Roma un «Comitato per l'esame nazionale», cui aderì il fior fiore della cultura. Esso si proponeva una revisione critica di tutta la storia italiana dal Medio Evo in poi, per ricercarvi le cause che avevano provocato il disastro militare. Come poi osservò Gioacchino Volpe, questa pretesa di rivangare e reinterpretare il nostro millenario passato «quasi come teleologicamente orientato verso Caporetto», era assurda. Ma dimostrava quale contraccolpo la sconfitta aveva provocato nella coscienza degl'Italiani, e infatti l'iniziativa riscosse l'approvazione anche delle due personalità più eminenti nel campo del pensiero: Benedetto Croce e Giovanni Gentile.

L'episodio sembrerebbe confermare la tesi secondo cui Caporetto agì sul Paese come un benefico elettrochoc suscitandovi una grande resurrezione di sentimenti patriottici e una irriducibile volontà di resistenza. In realtà di questo fenomeno fu partecipe solo la piccola minoranza colta di cui gl'intellettuali erano espressione. La grande massa reagì in tutt'altro modo, e cioè con la sfiducia e lo spirito di resa. Quasi tutti erano convinti che l'esercito non avrebbe tenuto nemmeno sul Piave, che a una vittoria non c'era più da pensare, e che quindi altro non restasse che una pace separata. Di questa opinione, non era soltanto l'uomo della strada. Giolitti confidava a Malagodi che l'unica cosa da fare era attestarsi sul Po, lasciando al nemico tutta l'Italia settentrionale, e lo stesso Orlando pensava che solo sul Mincio si potesse resistere. Gli articoli che Albertini ed Einaudi pubblicarono sul «Corriere della Sera» per dimostrare l'impossibilità di una pace separata provano appunto quanto diffusa ne fosse la tentazione.

Naturalmente il linguaggio ufficiale batteva su altri tasti: quelli della concordia nazionale e della volontà di riscossa. Anche Giolitti vi si adeguò. Rompendo il proprio isolamento, egli scese a Roma il 14 novembre per la riapertura della Camera e prese la parola cercando di darle un tono solenne che non era nelle sue corde e che infatti suonò piuttosto sforzato. Però sostenne recisamente che bisognava continuare a battersi. E a lui fecero eco i socialisti con discorsi improntati alla più assoluta lealtà: «Quando il nemico calpesta il nostro suolo, abbiamo un solo dovere, quello di resistergli», scrisse Rigola.

Ma dietro le quinte si razzolava in maniera ben diversa. In un convento sul Monte Celio, Nitti ebbe una serie d'incontri col cardinale Gasparri per indurlo a farsi mediatore di un accordo con Vienna. Il momento era favorevole. Sia il Presidente americano Wilson che Lloyd George, scossi dal crollo italiano, sembravano disposti, per isolare la Germania, a un'intesa con l'Austria, con cui anche i Francesi stavano trattando. E questo offriva all'Italia la possibilità di uscire dalla guerra col consenso, anzi con l'aiuto degli stessi Alleati, che ormai ci consideravano soltanto un peso. Le proposte di Nitti erano allettanti: ritorno alla vecchia frontiera, cioè rinunzia a Trento e a Trieste, solo invocando per quest'ultima uno statuto di «città libera»; rinunzia alla Tripolitania in cambio di Valona; e altri «aggiustamenti» adriatici di minima importanza. La trattativa fu abbozzata, ma con molta lentezza. Nel momento in cui poteva demarrare, Orlando la troncò perché la situazione era mutata.

Dopo la seduta del 14 novembre in cui si era evitata qualsiasi discussione sulla responsabilità della disfatta, la Camera aveva indetto la nuova riunione per il 12 dicembre. Era chiaro che quel giorno la tregua sarebbe finita, e quindi i gruppi approfittarono dell'intervallo per prepararsi allo scontro. Gl'interventisti si costituirono in un «Fascio parlamentare per la difesa nazionale» forte di un centinaio di deputati, cui si contrappose la «Unione della difesa parlamentare». Il primo gruppo era molto meno omogeneo del secondo perché vi riaffiorava la vecchia incompatibilità fra interventismo democratico e interventismo nazionalista. Ma fu questo a prevalere su quello grazie a un'arma che in Italia si rivela sempre irresistibile: il ricatto della retorica e della demagogia. La paura di passare per disfattisti finì per rimorchiare anche i più cauti su posizioni estremiste.

Per evitare che la lotta fra i due gruppi diventasse di dominio pubblico e dividesse ancor più il Paese, fu deciso di tenere le successive sedute della Camera in «comitato segreto», cioè a porte chiuse. Lo scontro fu duro. Quando Giolitti accennò a prendere la parola, fu zittito dal grido: «Torni a Cavour!». Per ritorsione, i suoi seguaci chiesero l'incriminazione di fronte all'Alta Corte di Giustizia di Cadorna e di tutti i Ministri dei passati governi. Il processo a Caporetto era istruito. Il Ministro della Guerra, Alfieri, ne fornì una spiegazione che a mezzo secolo di distanza stupisce per la sua pacatezza e onestà. Sarebbe ingiusto, disse, attribuire la colpa del disastro solo alla propaganda disfattista e pacifista. Dunque egli riconosceva le responsabilità militari.

Il 18 la Camera riprese le sedute pubbliche, ma senza essere riuscita a ripristinare neanche l'apparenza della concordia. Glielo impediva la violenza delle passioni che dividevano il Paese. Il deputato cattolico e pacifista Miglioli fu aggredito dai nazionalisti per strada, e l'indomani la stessa sorte toccò al suo collega socialista Modigliani. Proprio in quei giorni i trionfanti comunisti russi, per discreditare il regime dello Zar e la «guerra capitalista» da cui si erano ritirati, pubblicarono gli accordi segreti stipulati fra loro dagli Alleati, compreso il Patto di Londra. Così i parlamentari cattolici vennero a sapere che l'Italia aveva imposto l'esclusione di qualsiasi rappresentanza della Santa Sede dai futuri negoziati di pace, e gl'interventisti democratici dovettero prendere atto delle ipoteche poste sulle terre slave, che contraddicevano in pieno alle loro pregiudiziali ideologiche, e di cui nemmeno Bissolati, sebbene da due anni Ministro, sapeva niente.

Sonnino dovette presentarsi alla tribuna per difendere il proprio operato, e lo fece in modo piuttosto malaccorto, un po' mentendo, un po' seguitando a invocare, per sottrarsi alle spiegazioni, la «segretezza» dei patti, ch'egli era rimasto il solo a custodire. Ma le sue imbarazzate parole non riuscirono a ricucire il fronte interventista che ormai si era rotto sul problema dei rapporti con gli Slavi. Sonnino non aveva mai voluto trattare con loro. Ma anche alcuni nazionalisti come Albertini si rendevano conto dell'assurdità di questo atteggiamento, ora che gli Alleati dimostravano chiaramente di volere la creazione di un forte Stato jugoslavo e il ritiro della Russia dentro le sue frontiere stornava il pericolo che questo Stato ne diventasse la *longa manus* in Adriatico, come Sonnino aveva sempre temuto.

Alla fine di dicembre Orlando s'incontrò a Londra con Trumbic, e pose con lui le basi di un raduno a Roma di tutte le nazionalità – serbe, cèche, polacche e romene – che lottavano per la loro indipendenza dall'Austria. Il raduno si tenne in aprile e si concluse con un Patto, che poteva essere l'avvìo a una politica d'intesa coi nuovi popoli che stavano per emergere dalle macerie dell'Impero austro-ungarico, e specialmente con la Jugoslavia. Ma poi, come vedremo, Sonnino tornò all'attacco e, sostenuto dai nazionalisti dalmati e istriani, mandò in fumo queste iniziative di distensione spianando la strada all'avventura di Fiume e indirettamente alla marcia su Roma.

Bene o male tuttavia, agli inizi del nuovo anno, la tempesta di Caporetto era superata anche sul piano politico. E anche se il Paese non «balzò alla riscossa» con lo slancio di cui si favoleggia, si dispose alla continuazione della guerra con una coscienza molto più chiara dei sacrifici che questa imponeva. La prova la si ebbe quando Nitti, che dello sforzo bellico fu il vero pianificatore, lanciò un nuovo prestito. Le Banche pronosticarono ch'esso avrebbe raccolto non più di un miliardo e mezzo. Invece superò i sei. Nitti non ebbe paura di spronare le industrie private e di Stato a massicci investimenti anche a costo di provocare gravi scompensi. Il disavanzo dell'importazione sull'esportazione, che nel '17 era di 700 milioni, arrivò a 6 miliardi. Ma l'Ilva estese i suoi impianti fino a impiegarvi 50 mila dipendenti e l'Ansaldo superò i 100.000. Dalle loro fonderie in pochi mesi uscirono 2000 cannoni per rimpiazzare quelli persi a Caporetto, la produzione delle mitragliatrici assunse la cadenza di 1200 al mese, e i 380 aeroplani del '15 diventarono oltre 6000. Naturalmente gli effetti furono sconvolgenti. L'inflazione galoppò triplicando i prezzi delle derrate e riducendo alla miseria le categorie sociali a reddito fisso. L'impresa privata dovette cedere in molti campi a quella di Stato. E i grandi concentramenti operai crearono problemi di ogni genere: da quelli politici a quelli urbanistici. Ma il Paese lavorava a pieno ritmo, sia pure fra squilibri e sordide speculazioni. E soprattutto aveva aggiunto al suo «decollo» la pedina che mancava: l'industria meccanica. La «rivoluzione», che Salandra e Sonnino tanto paventavano e che nell'illusione di una rapida vittoria avevano cercato di evitare «appaltando» la guerra al solo Esercito, era già in atto.

Il 9 marzo fu tenuta al quartier generale una riunione fra capi civili e militari. Non era la prima volta che questi consulti si svolgevano. Rovesciando il metodo di Cadorna, Diaz manteneva i più cordiali rapporti col potere politico, s'incontrava con Orlando tre o quattro volte al mese, e sedeva con lui in un «comitato di guerra» dove venivano prese le grandi decisioni. Anzi, la sua vera e unica attività era questa, come oggi si direbbe, di «pubbliche relazioni», cui lo qualificavano le sue doti di buon diplomatico cortese, affabile, misurato. Allo studio dei piani e al lavoro organizzativo provvedeva in esclusiva Badoglio.

Da quanto poi Nitti confidò a Malagodi, il rapporto si era concluso con referti abbastanza rassicuranti. Il fronte risultava rafforzato per due motivi. Prima di tutto perché, arretrando dall'Isonzo al Piave, si era accorciato di quasi 200 chilometri; eppoi perché l'afflusso delle nuove reclute e la riorganizzazione degli sbandati aveva quasi annullato il vantaggio numerico del nemico. Quanto al morale delle truppe, alcuni comandanti se ne mostravano tuttora dubbiosi. Ma tutti convenivano ch'era «incomparabilmente migliorato» rispetto a due mesi prima.

A questo miglioramento contribuivano diversi fattori. Anzitutto, la forte diminuzione delle perdite. Mentre nel '17 queste erano state, tra morti e feriti, oltre mezzo milione, nel '18 scesero a centoquarantamila. Il calo era dovuto non soltanto al fatto che, da offensiva, la guerra era diventata difensiva, ma anche alla prudenza del comando. Al contrario di Cadorna, Diaz e più ancora Badoglio amministravano la vita dei loro soldati con molta parsimonia, e i soldati lo sentivano.

Un secondo motivo fu il miglioramento delle condizioni materiali. Il rancio fu più abbondante, più curato e meglio distribuito. Ai quindici giorni di licenza invernale ne furono aggiunti altri dieci, e si largheggiò in esoneri per lavori agricoli. La «cinquina» restò invariata, ma a tutti fu concessa gratuitamente una polizza di assicurazione, sia pure modesta, in favore della famiglia. Infine, su iniziativa di Nitti, fu istituita un'Opera Nazionale Combattenti per l'assegnazione a essi, una volta smobilitati, di terre in proprietà.

Ma il fattore forse più decisivo fu la propaganda. Cadorna non ne aveva mai sentito il bisogno, anzi l'aveva sempre scoraggiata, e il poco che se n'era fatto ai suoi tempi era dovuto all'iniziativa di singoli ufficiali. Solo negli ultimi mesi egli aveva consentito delle «conferenze patriottiche», il cui solo effetto fu d'indispettire i soldati perché intrise della solita uggiosa retorica e affidate a professionisti dell'eloquenza che venivano dalle retrovie, e che quindi il fante considerava «imboscati». Dopo Caporetto invece il compito della persuasione venne assolto dai cosiddetti «Ufficiali P.», scelti fra quelli delle trincee, che quindi conoscevano l'animo del fante e ne parlavano la lingua. Trovarne fu un'impresa ardua perché in Italia solo i socialisti avevano qualche esperienza di propaganda di massa. Tutti gli altri erano afflitti dal vizio congenito degl'intellettuali italiani: quello di parlarsi solo fra loro. Queste conferenze, che spesso diventavano discussioni, furono un difficile ma utile tirocinio per coloro stessi che le tenevano e che piano piano si abituarono a un «dialogo» più semplice e diretto con la truppa.

Accanto a questa attività oratoria, si sviluppò quella giornalistica. Cadorna non aveva voluto sentir parlare di giornali per il soldato, oltre un settimanale e un quindicinale di miserevole qualità, in cui il fante non trovava nessuna eco dei suoi pensieri, sentimenti e problemi. Ai primi del '18, Diaz ne autorizzò una diecina che già nel titolo rispecchiavano molto meglio lo spirito brontolone e sarcastico del fante: «La tradotta», «La giberna», «La ghirba», «Signor sì». Vi collaboravano scrittori come Soffici, Prezzolini, Jahier che con la loro sensibilità di artisti si adeguarono immediatamente al loro pubblico e ai suoi umori, e quindi vi fecero breccia.

Ma l'azione propagandistica non si limitò alle nostre truppe; si esercitò anche su quelle avversarie con lanci aerei di volantini e di opuscoli. E il fatto era del tutto nuovo. Prima di Caporetto il nostro comando si era rifiutato di adottare questi metodi anzitutto perché il comando austriaco aveva avvertito che se vi si fosse ricorso, gli aviatori caduti prigionieri in queste operazioni sarebbero stati fucilati; ma più ancora – crediamo – perché Cadorna e gli uomini della sua mentalità consideravano la propaganda un'arma sleale quale infatti era per il tipo tradizionale di guerra a cui essi erano stati educati: una guerra soltanto di eserciti e in cui gli eserciti, pur combattendola accanitamente fra loro, erano solidali nell'escluderne il potere politico e i suoi strumenti «sovversivi».

Ma erano stati proprio gli Austriaci a rompere questa

tregua quando sulle nostre truppe in rotta avevano rovesciato coi loro aerei una pioggia di manifesti e di proclami che le invitavano a gettare le armi e a porre fine a quella guerra inutile. Come diceva Diaz in una lettera a Orlando, il disfattismo che seguitava a fermentare nelle trincee del Piave era dovuto non alla propaganda dell'interno, ma a questa insidiosa azione degli Austriaci che ora imponeva la rivalsa.

Il momento era favorevole. Fin allora il nostro governo, nella vana illusione d'impedire la nascita di uno Stato jugoslavo, aveva evitato di far leva sulla forza centrifuga delle varie nazionalità che minava l'esercito austriaco. Ora la conversione, sia pure momentanea, alla nuova linea politica sancita dall'incontro di Orlando con Trumbic e dal Patto di Roma, consentiva di sfruttare questi motivi. E Ojetti, a cui ne venne affidato l'incarico, lo svolse al meglio. Stampati nelle varie lingue – serba, croata, boema, polacca, slovacca, slovena –, i suoi eloquenti appelli alla diserzione vennero lanciati a milioni di copie sulle linee nemiche, e gli effetti non tardarono a farsi sentire. In un paio di mesi circa quindicimila transfughi si presentarono ai nostri avamposti chiedendo di essere arruolati nell'esercito italiano.

Questo ebbe sui fanti un doppio effetto tonificante. Prima di tutto gli diede l'impressione che l'esercito nemico si stesse disintegrando: i nostri soldati qualche volta avevano disertato, qualche altra si erano arresi, ma nessuno aveva chiesto di combattere contro i propri fratelli. Secondo, gli fece finalmente comprendere ciò che fin allora non avevano compreso anche perché nessuno gliel'aveva spiegato: e cioè ch'essi stavano combattendo non contro una nazione che lottava per la propria indipendenza, ma contro un coacervo di popoli diversi, che chiedevano soltanto di liberarsi dal dominio sopraffattore dell'Austria.

Un altro fattore che contribuì al miglioramento del morale fu un nuovo criterio organico. Fino a Caporetto le reclute che affluivano al fronte venivano sparpagliate, per colmarne i vuoti, nei vari reparti, dove il veterano provvedeva immediatamente a raggelare i loro entusiasmi. Badoglio le tenne invece raggruppate in reparti omogenei in modo che la loro «carica» restasse intatta. Egli consentì anche la formazione di battaglioni di «Arditi». Ma sull'opportunità di questa misura i pareri sono discordi. In molte occasioni gli «Arditi» fecero onore al loro nome. Ma i loro atteggiamenti spavaldi, la loro melodrammatica divisa – fez alla turca, giubba aperta sul maglione nero decorato di teschi, pantaloni alla zuava, cinturone e pugnale –, nonché i privilegi di cui godevano – rancio speciale, soprassoldo, esenzione dai servizi di trincea – li rendevano impopolari agli occhi del fante. Non c'è dubbio che nei loro ranghi incubò quello spirito aggressivo, avventuroso e irrequieto, di cui di lì a poco Mussolini si sarebbe tanto giovato. E lì nacque anche la canzone che per tanti anni doveva sinistramente risuonare sulle piazze d'Italia: «Giovinezza, giovinezza / primavera di bellezza! / Nella vita e nell'ebbrezza / il tuo canto squillerà». Tuttavia, lì per lì in una truppa logorata da tre anni di trincea, essi contribuirono a riportare uno slancio da «maggio radioso».

L'effetto di tutti questi elementi si vide nel giugno, quando gli Austriaci decisero di riprendere l'offensiva. Ora si sa che lo fecero perché sentivano scricchiolare le loro forze sia sul fronte che all'interno. Per sfamare i suoi soldati, l'Austria doveva affamare i cittadini che rispondevano con dimostrazioni e scioperi, i rifornimenti non arrivavano sulle linee, e le diserzioni si moltiplicavano. Il nemico si dispose dunque alla battaglia con lo stesso animo da «ultimo sforzo», con cui gl'Italiani avevano affrontato quella della Bainsizza che aveva creato le condizioni di Caporetto.

Stavolta la sorpresa non ci fu. Ammaestrato dall'esperienza, Badoglio aveva molto ben curato il servizio d'informazioni, e si guardò bene dal sottovalutare quelle che gli recavano i disertori. Sapeva quando il nemico avrebbe attaccato e dove, e aveva tutto predisposto schierando in linea 7000 cannoni e 17.000 mitragliatrici sotto un «tetto» di 4000 aerei. Non aveva nemmeno dimenticato le maschere antigas.

Neppure gli Austriaci del resto si erano curati del segreto. Anzi, i loro giornali annunziavano baldanzosamente l'offensiva cui avevano anche dato, com'era loro abitudine, il significativo e minaccioso nome di «Operazione Radetzki». E questo conferma appunto che ci puntavano sopra tutte le loro residue speranze di vittoria.

Il primo attacco lo sferrarono nel Trentino, nella speranza che il nostro comando vi facesse affluire truppe distraendole dal Piave. Ma Diaz e Badoglio non abboccarono, e lasciarono che l'azione si esaurisse da sola: il che avvenne dopo tre giorni di scontri isolati sulle cime. L'offensiva vera e propria si sviluppò nella notte fra il 14 e il 15 giugno con un massiccio bombardamento accompagnato dal lancio di gas, e investì tutto il fronte. Il massimo sforzo gli Austriaci lo produssero sul Grappa dove riuscirono a strappare alcune pericolose posizioni. Convinto di avere la partita in pugno, Conrad, che ora aveva lasciato la carica di Capo di Stato Maggiore ad Arz e comandava l'Armata del Trentino, lanciò un proclama alle truppe in cui diceva che gl'Italiani erano ormai «appesi con le sole mani a un balcone»: bastava una spinta per farli precipitare. Ma egli non aveva più a disposizione le divisioni tedesche, ch'erano state richiamate sul fronte occidentale, e dimostrava di non averne assimilato la tattica: invece di concentrare lo sforzo in un limitato settore per aprirvi una breccia e infiltrarvisi come i Tedeschi avevano fatto a Caporetto, lo disperdeva su un vasto arco secondo la vecchia superata tattica dell'attacco frontale.

Più tardi egli attribuì lo smacco alla piena del fiume che gli aveva impedito di rafforzare le due teste di ponte ch'era riuscito a gettare sulla nostra sponda presso San Donà. E sembra che questo elemento abbia effettivamente avuto la sua importanza. Ma secondo il nostro più accreditato storico militare, Pieri, ancora più determinante fu la discordia dei vari comandi. L'arciduca Giuseppe volle svolgere con la sua Armata una manovra sul Montello che, non prevista dal piano, scombussolò quelle di Conrad e di Boroevic. I Generali austriaci insomma si comportarono come si erano sempre comportati, da Custoza al Piave, i Generali italiani: ognuno fece una battaglia per conto suo.

Dopo sei giorni d'inutile lotta, Arz ordinò la ritirata. Egli abbandonava sul terreno, fra morti e feriti, quasi centomila uomini, mentre le perdite nostre non superavano i quarantamila. I comunicati ufficiali maggioravano il divario delle cifre, ma ne tacevano una: quella dei prigionieri. Mentre gli Austriaci ne lasciavano in mano nostra venticinquemila, noi ne lasciavamo in mano austriaca quasi il doppio. Questo stava a dimostrare che il morale italiano era meno saldo di quanto gli ottimisti dicessero. Ma in compenso quello austriaco era precipitato a zero. «Per la prima volta» disse Ludendorff «avemmo la sensazione della nostra sconfitta.»

La pubblica opinione aveva seguito con trepidazione l'andamento della battaglia, di cui ora il comando supremo forniva nei suoi comunicati dei resoconti più circostanziati che ai tempi di Cadorna. E nella Camera, riunitasi fin dal 12, ci fu tregua. «Il Grappa è la nostra patria!» tuonò Orlando. E Turati non volle essere da meno: «Grondante di sangue e di lacrime, onusta di fato, si affaccia e passa la storia! Allorché la morte batte l'ala lugubre più rasente alla nostra casa, pulsa al nostro uscio, si asside al nostro desco...». Da ogni settore grandinarono gli applausi: era la prima volta che un socialista veniva plebiscitato. E Bissolati, come al solito sopraffatto dalla commozione, balzò dal banco di Ministro per correre ad abbracciare il vecchio amico-nemico. Nella retorica, tutti gl'Italiani si riconoscono fratelli.

Ancora più che in Italia, il successo fu apprezzato ed esaltato nei Paesi alleati. «Si tratta» dichiarò Lloyd George «di una di quelle disfatte e di quelle vittorie che implicano risultati infinitamente più grandi di quelli di altre vittorie che sembrano più importanti per quantità di effettivi impiegati. La questione non è ora di sapere se gli Austriaci si ritireranno, ma se potranno ritirarsi. Ecco qual è attualmente la situazione dell'esercito austriaco che, avendo impegnato tutte le sue forze in questa grande offensiva, si è visto infliggere il più grande disastro della guerra...»

In questo entusiasmo, c'era anche del calcolo. Fin allora i capi alleati – sia politici che militari – erano stati concordi nel ritenere che per risolvere la guerra sarebbe occorso almeno un altro anno. Ma ora gli avvenimenti cominciavano a precipitare. Grazie al massiccio arrivo dei rinforzi americani – circa due milioni di truppe fresche e baldanzose – il fronte tedesco in Francia dava segni di cedimento. Nella penisola balcanica il corpo di spedizione alleato, che ora si chiamava Armata d'Oriente, e in cui figuravano anche cinquantamila italiani, stava mettendo alle corde le due minori potenze della coalizione nemica, Bulgaria e Turchia. Ma ancora più incoraggianti erano le notizie che giungevano dall'interno di Austria e Germania: la gente affamata prendeva d'assalto i negozi di generi alimentari e sfilava in corteo chiedendo la pace. Se gl'Italiani avessero sfruttato il successo gettandosi alle calcagna del nemico in ritirata, forse avrebbero provocato il crollo dell'Austria entro il '18. Ed era a questo che Lloyd George li spronava dandone per già sgominato l'avversario.

Ma Diaz e Badoglio non ne vollero sapere. Il conteggio dei prigionieri, il perfetto ordine in cui si era svolta la ritirata nemica, e più ancora – crediamo – il ricordo della Bainsizza, li rendevano cauti. Erano convinti che solo nella primavera del '19 si sarebbe potuta dare la spallata definitiva, e non escludevano nemmeno che il nemico potesse riprendere l'iniziativa: tant'è vero che seguitavano a tenere folti reparti di genieri dislocati sull'Adige e sul Po per apprestarne i traghetti in caso di ritirata. Non mutarono opinione nemmeno quando dalla Francia giunse l'annuncio che a Ypres e a Verdun i Tedeschi avevano iniziato il ripiegamento sotto l'incalzare delle truppe alleate. E seguitarono a opporre un netto rifiuto alle pressioni di Orlando e di Sonnino, ossessionati dalla paura che la pace sorprendesse l'Italia con le armate nemiche ancora in casa, come a Custoza.

Orlando ebbe un incontro a Padova coi due Generali, che a quelle conferenze si presentavano sempre insieme. E fu l'unica volta in cui la buona armonia fra potere civile e potere militare rischiò di rompersi. Orlando disse che gli Alleati erano stati espliciti: se noi avessimo insistito nella nostra inazione proprio nel momento in cui essi producevano il loro massimo sforzo e tutto dimostrava che il contributo italiano avrebbe potuto essere risolutivo, ce l'avrebbero fatta duramente pagare al tavolo della pace. Diaz, a quanto pare, tentennò. Ma Badoglio fu irriducibile, alzò la voce, picchiò il pugno sul tavolo, e alla fine disse: «Allora dia l'ordine per iscritto!».

Orlando riunì il Consiglio dei Ministri, ma lo trovò diviso. Nitti, col suo solito pessimismo, disse che il crollo del nemico a breve termine era una pia illusione, dando così ragione a Badoglio, e minacciò le dimissioni se le considerazioni politiche fossero state sovrapposte a quelle militari. Orlando, non osando assumersene la responsabilità, si rivolse al Re perché intervenisse su Diaz, ma invano. A smontare la renitenza dei Generali furono soltanto i fatti.

Il 26 settembre gli Alleati sfondarono la cosiddetta «linea Hindenburg» mettendo in crisi tutto lo schieramento tedesco del fronte francese. Il 29 i Bulgari capitolarono sotto l'incalzare dell'Armata d'Oriente. Il 3 ottobre gli Ungheresi, unica nazionalità dell'Impero asburgico rimasta sempre fedele all'Austria, se ne proclamarono indipendenti. L'indomani la Germania chiese di trattare sulla base proposta l'anno prima da Wilson nei suoi famosi «Quattordici Punti», cioè secondo il principio dell'autodecisione dei popoli e del loro diritto all'indipendenza nazionale.

A negare che questi avvenimenti preludessero al collasso dei due Imperi, rimase soltanto Nitti, che minacciò nuovamente le dimissioni se si fosse costretto Diaz ad agire. Egli era convinto che si potesse tentare l'offensiva solo se gli Alleati ci avessero dato 25 divisioni per pareggiare le 71 austriache, che invece erano 58 come le nostre. Ma

Orlando stavolta fu irremovibile, parlò persino di destituire il Generalissimo, e lo stesso Badoglio si rese conto che non si poteva più tergiversare.

Il piano di operazioni fu messo allo studio verso il 10 ottobre, e il «via» venne fissato al 24 perché era l'anniversario di Caporetto, e gl'Italiani hanno sempre avuto la religione delle ricorrenze. La stessa brevità della preparazione conferma ciò che i documenti provano: e cioè che il nostro comando si proponeva un'azione limitata per costituire una testa di ponte oltre il Piave che facesse da trampolino di lancio all'offensiva di primavera. Badoglio era convinto che l'esercito austriaco fosse ancora solido, ma a Vienna non furono dello stesso parere. Alla notizia dell'imminente attacco di cui il nostro comando non faceva un segreto, l'imperatore Carlo decise di rivolgersi al Papa per una mediazione. Ma era già il 23, e forse la richiesta non fece nemmeno in tempo ad arrivare a Roma.

L'offensiva cominciò alle tre del mattino col solito martellamento di artiglierie lungo tutto il fronte. Il piano di Badoglio non era un attacco frontale alla Cadorna. Prevedeva l'apertura di una falla nello schieramento nemico e una manovra aggirante, cioè una battaglia di movimento. Ma pioveva a dirotto da alcuni giorni e il fiume in piena opponeva alle nostre truppe le stesse difficoltà di traghetto che tre mesi prima aveva opposto a quelle austriache. Infatti l'inizio non ebbe nulla di promettente. Sul Grappa, ridiventato un inferno, gli Austriaci respinsero sanguinosamente i nostri assalti, e sul Piave occorsero tre giorni di lotta per creare una testa di ponte. Una folata di pessimismo investì comandi, truppa e Paese. «Siamo battuti,» scrisse Nitti a Orlando «l'offensiva è infranta, si profila un disastro, e tu ne sei il responsabile.»

Queste parole raggiunsero il destinatario proprio nel

momento in cui la situazione si ribaltava. All'ordine di contrattacco, i reggimenti cèchi, croati, polacchi, ungheresi gettarono le armi, e l'esercito austriaco crollò di schianto. Intuendone il collasso e agendo d'iniziativa, il generale Caviglia traghettò oltre il fiume a Susegana la sua VIII Armata, e lanciò la cavalleria su Vittorio Veneto, che fu raggiunta la sera stessa. Minacciata di aggiramento, la VI Armata austriaca dovette abbandonare il Monte Grappa, e da quel momento la ritirata si tramutò in rotta: «una Caporetto alla rovescia» dice Seton Watson.

L'indomani 29 un ufficiale austriaco si presentò a un nostro comando avanzato per preannunziare l'arrivo di un plenipotenziario con la richiesta d'armistizio. Il plenipotenziario era il generale Weber von Webenau, e fu accolto a Villa Giusti nei pressi di Padova da Badoglio. La trattativa era subordinata a quella che si sarebbe tenuta a Versaglia dove, secondo gli accordi intervenuti fra gli Alleati, si dovevano negoziare armistizi e paci. L'unico punto da discutere era dunque la data della cessazione delle ostilità, e Badoglio non aveva fretta perché alla pace voleva arrivare con le nostre truppe già in saldo possesso dei territori assicuratici dal Patto di Londra. Egli firmò il documento il 3, ma con la clausola ch'esso sarebbe entrato in vigore ventiquattr'ore dopo per dare tempo alle nostre avanguardie di entrare a Trento e alle nostre navi di sbarcare alcuni reparti a Trieste.

Mentre proseguivano le conversazioni, giunse da Vienna la notizia che l'imperatore Carlo, prima di abdicare, aveva fatto dono della flotta austriaca al governo provvisorio jugoslavo, ripetendo l'affronto fatto all'Italia da Francesco Giuseppe nel '59 e nel '66 con la consegna della Lombardia e del Veneto a Napoleone. All'oscuro del gesto, due ufficiali di marina italiani, Rossetti e Paolucci, penetrarono l'indomani a bordo di un *mas* nella rada di Pola e vi silurarono la corazzata *Viribus unitis*: un'impresa spettacolare, ma fuori stagione, perché già gli Alleati avevano deciso di accaparrarsi tutta la flotta austriaca e di ripartirsela fra loro.

Ancora si discute se Vittorio Veneto fu una battaglia combattuta e vinta dall'Italia o non piuttosto l'improvviso crollo di un esercito già in sfacelo. Naturalmente quella che sul momento prevalse fu la prima versione. Ma per accreditarla, Orlando dovette ricorrere a un sotterfugio imbrogliando le carte, cioè le date. Egli disse che l'offensiva era cominciata il 24 con l'attacco sul Grappa dove il nemico, aiutato dall'accidentato terreno, aveva opposto una tenace resistenza. Ma dai documenti risulta che quello fu soltanto un diversivo tattico, artificialmente collegato al seguito delle operazioni su suggerimento telegrafico di Orlando: «Credo opportuno che il ciclo della nostra attuale offensiva sia riportato al 24... Questo concetto potrebb'essere accennato nei comunicati supplementari del comando, organizzando la diffusione di esso tra i corrispondenti non solo italiani, ma soprattutto esteri. È inutile che spieghi l'importanza di tale retrodata della nostra offensiva...».

La battaglia vera fu quella che cominciò il 26 nella piana, e il fatto che per risolverla fossero bastate meno di quarantott'ore è già di per sé abbastanza eloquente. Ma poi ci sono le cifre delle perdite. Fra morti e feriti, Arz lasciò sul terreno circa trentamila uomini: ben poco, in confronto agli oltre quattrocentomila prigionieri. Scrivendo: «Vittorio Veneto è una ritirata che abbiamo disordinato e confuso, non una battaglia che abbiamo vinto», Prezzolini è il testimone che più si avvicina alla verità.

Nelle lettere di Ojetti alla moglie dal quartier generale

sono raccontate le scene che vi si svolsero via via che giungevano i rapporti sulla fulminea diluviale avanzata delle nostre truppe oltre gl'intatti ponti del Tagliamento e dell'Isonzo. Sulla gioia, sulla commozione, sull'entusiasmo, domina lo stupore: nessuno si aspettava una simile marcia trionfale. Fra queste lettere ce n'era una, che poi è scomparsa dal libro in cui sono state raccolte e pubblicate, ma che noi abbiamo letto coi nostri occhi, in cui Ojetti racconta che, mentre i compilatori dell'ultimo bollettino di guerra ne scandivano con voce rotta l'altisonante passaggio: «I resti di quello che fu uno dei più potenti eserciti del mondo risalgono in disordine e senza speranza le valli che avevano disceso con orgogliosa sicurezza», Diaz se ne stava con la faccia incollata a un'enorme carta topografica a esplorarla coi suoi occhi miopi dietro le lenti professorali, mormorando in napoletano: «Ne', ma 'sto Vittorio Veneto addo' c. sta?»

CAPITOLO VENTITREESIMO

# VERSAGLIA

L'annunzio della vittoria – «una vittoria romana» la chiamò Orlando – sollevò nel Paese un'ondata di entusiasmi rumorosi ed effimeri, come lo sono sempre gli entusiasmi italiani. A raffreddarli fu anzitutto il conteggio dei costi. C'erano 600.000 morti e mezzo milione di mutilati. C'erano delle province devastate. Da 200 milioni, il disavanzo era salito a oltre 23 miliardi, l'inflazione galoppava, il costo della vita era quadruplicato, e lo spettro della crisi incombeva sulle industrie patologicamente enfiate dai consumi di guerra. Gli Alleati che, per mandarle avanti, ci avevano fin allora fornito circa dodici milioni di tonnellate di carbone, di colpo le dimezzarono, e altrettanto fecero col grano. Al Consiglio economico da essi temporaneamente istituito in attesa dei definitivi regolamenti di pace, i nostri delegati dissero che l'Italia era minacciata da una «morte economica» che avrebbe immancabilmente provocato la rivoluzione. Ma l'argomento valse a poco.

Altre delusioni vennero dalla diplomazia. L'Italia aveva approfittato delle clausole armistiziali imposte da Badoglio a Villa Giusti per occupare immediatamente tutti i territori assegnatici dal Patto di Londra: Trentino, Alto Adige, Venezia Giulia, Istria e Dalmazia. Ma per quest'ultima la Serbia fece opposizione, e il contrasto provocò una serie di reazioni a catena che lo resero sempre più aspro. Le autorità militari che ne assunsero il governo trattarono le province slave come terre di conquista, sciogliendo di forza le amministrazioni locali, sopprimendo i giornali, deportando i resistenti e vietando le bandiere nazionali. La clausola che ci attribuiva Valona con un «adeguato entroterra» fu interpretata in modo che le nostre truppe non si limitarono a estendere l'occupazione a quasi tutta l'Albania, ma si spinsero fin dentro il Montenegro. Lo scopo della spedizione era di puntellare sul trono il re Nicola, suocero di Vittorio Emanuele, che il parlamento di Cettigne aveva deposto per proclamare l'annessione allo Stato jugoslavo. Giuridicamente, l'atto si prestava a contestazione. Ma politicamente era inopportuno e soprattutto sterile.

Questo seguito di gesti provocatori fece esplodere in seno al governo il conflitto fra gli ultranazionalisti, convinti che l'Italia potesse affermarsi come grande potenza solo ingrandendosi territorialmente a spese di altre nazionalità, e i democratici che di queste nazionalità esigevano il rispetto. Mentre D'Annunzio parlava di «vittoria mutilata», Bissolati si dimetteva dopo un aspro scontro con Sonnino a proposito di Fiume. Per questa città, prevalentemente italiana, ma non contemplata nel Patto di Londra, Bissolati chiedeva che si rinunziasse alla Dalmazia slava; mentre per Sonnino, che lo considerava il suo «capolavoro», quel Patto era intoccabile. Pochi giorni dopo si dimise anche Nitti, esasperato dall'indifferenza del governo per quelli ch'egli considerava i veri concreti problemi del Paese, che non erano secondo lui le annessioni territoriali, ma l'inflazione, i rifornimenti di materie prime e la riconversione dall'economia di guerra a quella di pace. Orlando non fece nulla per trattenerlo, ma non fece nulla nemmeno per affrontare quelle fondamentali questioni, e neppure per concordare coi colleghi la linea politica da seguire alla Conferenza della pace che stava per riunirsi nel castello di Versaglia a Parigi. Anche lui pensava, come Bissolati, che valeva meglio insistere per Fiume che per la Dalmazia, ma non osava dirlo all'intrattabile Sonnino, di cui aveva soggezione. Quando i due partirono per la Francia, Luzzatti disse: «Sonnino tacerà in tutte le lingue che sa, Orlando parlerà in tutte le lingue che non sa». E infatti non sapeva nemmeno il francese.

A Versaglia si trovarono subito in una situazione difficile. Conducendola nel '17 in guerra a fianco degli Alleati, Wilson aveva fissato in quattordici «punti» e quattro «princìpi» gli scopi che l'America si prefiggeva. Uno dei punti era: «La rettifica delle frontiere italiane sarà fatta secondo linee di nazionalità chiaramente riconoscibili». Uno dei princìpi era: «I popoli e le province non devono più essere barattati dai governi come un gregge o usati come pedine di un giuoco di scacchi». Più che un uomo politico, Wilson era, da buon americano di mentalità quàcchera, un missionario fermamente risoluto ad anteporre l'esigenza morale a quella della «ragion di Stato», anzi incapace di riconoscere una ragion di Stato in contrasto con la morale. Per questo odiava i trattati segreti e reclamava che fossero messi per sempre al bando.

Egli non si sentiva affatto impegnato dal Patto di Londra, di cui anzi ignorava l'esistenza e che aveva tutti i requisiti a lui più odiosi, da quello del giuoco di scacchi a quello della segretezza, e fin da principio lo combatté risolutamente, anche se parzialmente. Egli infatti non sollevò obiezioni all'annessione del Tirolo del Sud, sebbene la sua popolazione fosse quasi totalmente austriaca. Dando prova di un certo realismo in contrasto con la sua nomèa di visionario, egli riconosceva un diritto dell'Italia al Brennero come sua «frontiera naturale». Ma non ammetteva che oltre un milione di Slavi venissero trasferiti «come un gregge» dentro i confini Italiani.

Questa opposizione mise in imbarazzo i franco-inglesi, ch'erano decisi a rispettare il Patto di Londra, ma nello stesso tempo non volevano inimicarsi l'unica potenza in grado di riassestare le loro economie non meno disastrate della nostra, e aggravò la crisi che covava in seno alla delegazione italiana. Orlando, che in sostanza la pensava come Bissolati, avrebbe volentieri rinunziato alla Dalmazia in cambio di Fiume. Ma, oltre che con Sonnino, doveva vedersela con una pubblica opinione che dal «Presidente della Vittoria» – come egli veniva comunemente chiamato – reclamava una pace altrettanto vittoriosa. Perciò, invece di proporre il baratto, che sarebbe stato facilmente accettato, egli chiese sia la Dalmazia che Fiume, mentre il delegato jugoslavo Trumbic non soltanto respingeva tutto il Patto di Londra, ma chiedeva addirittura l'annessione di Trieste e di Gorizia e proponeva di sottoporre la diatriba all'arbitrato di Wilson.

Contro quest'abile mossa, che faceva del Presidente americano il «protettore» della Jugoslavia, gl'Italiani non fecero nulla, anzi la favorirono assumendo un atteggiamento di rigido rifiuto che trasformò quello italo-jugoslavo in uno scontro italo-americano. Wilson propose una sua «linea» di compromesso che pure lasciava dentro la nostra frontiera quasi quattrocentomila sloveni, ma ne tagliava fuori Fiume, che Wilson considerava molto più necessaria alla Jugoslavia che all'Italia. Sonnino respinse la proposta con un gelido silenzio, Orlando con un mare di parole condite di gesti e anche di lacrime. Si dice che Clemenceau, il quale soffriva di prostata, mormorasse guardandolo con invidia: «Ah, se io potessi pisciare come lui piange!».

Le discussioni diventarono sempre più aspre senza che si riuscisse a fare un passo avanti. Furono proposte altre varie soluzioni come quella di dare a Fiume, Zara e Sebenico – i centri più caratteristicamente ed etnicamente italiani incuneati in un territorio slavo – uno statuto di «città libere» sotto il controllo della Società delle Nazioni, come Danzica. Ma inutilmente. Allora Wilson si appellò direttamente al popolo italiano con un manifesto in cui lo invitava alla moderazione e al rispetto dei diritti delle altre nazionalità.

Il gesto era contrario a tutte le regole della diplomazia e anche a quelle della buona creanza perché era in pratica un invito alla sconfessione di Orlando. Infatti sortì un effetto opposto a quello che si riprometteva Wilson, il quale era convinto che gl'Italiani fossero i figli di Mazzini, di cui era egli stesso un grande ammiratore. Anche i «rinunciatari», come venivano sprezzantemente chiamati i Bissolati, i Salvemini, e tutti coloro che si battevano per un equo accordo con la Jugoslavia, si associarono alla generale indignazione di cui i nazionalisti furono i più vociferosi interpreti. Dal balcone, D'Annunzio aizzò la folla contro il Presidente americano che, con la sua bocca «piena di falsi denti e di false parole», osava impartire lezioni «a una nazione vittoriosa, anzi alla più vittoriosa di tutte le nazioni, anzi alla salvatrice di tutte le nazioni». E polizia e carabinieri ebbero il loro daffare a proteggere dagli assalti della folla le rappresentanze diplomatiche non solo americane, ma anche francesi e inglesi.

Orlando, per protesta, aveva abbandonato la Conferenza ed era ripartito con Sonnino per Roma. Vi fu accolto come un eroe, dovette anche lui affacciarsi al balcone, e lasciandosi come al solito contagiare dagli umori della folla, pronunciò parole che approfondivano ancora di più la rottura con gli Alleati. Egli era convinto che di fronte a quelle dimostrazioni di unità e concordia nazionale intorno al suo nome, costoro si sarebbero affrettati a richiamarlo a Parigi.

Ma il richiamo non venne. Dapprincipio Lloyd George e Clemenceau avevano tentato d'indurre Wilson a un gesto conciliante. Ma quando seppero che Sonnino aveva ordinato di sua testa lo sbarco di un piccolo corpo di spedizione ad Adalia in Asia Minore per assicurarsi i «compensi» promessici in quella zona dal Patto di Londra, persero la pazienza e decisero di riprendere per conto loro i negoziati con l'Austria e la Germania. Fu così che tutte le colonie tedesche in Africa vennero spartite tra Francia e Inghilterra senza nessun riguardo per l'Italia, e Lloyd George dichiarò seccamente che se questa seguitava a rifiutarsi di partecipare alle trattative, voleva dire che intendeva stipulare una pace separata, il che annullava il Patto di Londra.

In Italia, i furori nazionalistici che vi avevano ricreato un'atmosfera da «maggio radioso» sbollirono di colpo per lasciare il posto alle recriminazioni. I membri della delegazione rimasti a Parigi avvertivano che gli Alleati, infischiandosi delle reazioni italiane, facevano sul serio, avevano invitato Venizelos a mandare anche lui un corpo di spedizione in Asia Minore per fare da contrappeso a quello italiano, e stavano per concludere il negoziato con Austria e Germania. Non c'era tempo da perdere. La sera del 5 maggio, quasi di nascosto, Orlando e Sonnino risalirono sul treno di Parigi, dove furono accolti quasi come due fastidiosi postulanti.

La condizione d'isolamento diplomatico e di disagio morale in cui si erano cacciati lasciava ai due plenipotenziari italiani poco margine di manovra, ma Sonnino si rifiutò di approfittare anche di quel poco. Chiuso nel suo sdegnoso orgoglio, egli declinò l'offerta di Venizelos di una collaborazione italo-greca in Asia Minore dicendo che la dignità gli vietava di «abbassarsi al livello dei piccoli popoli che andavano mendicando territori», ma nello stesso tempo ordinava, senza informarne gli Alleati, altri sbarchi nei pressi di Adalia. Orlando non faceva che piagnucolare. «Io sono un nuovo Cristo,» disse a Malagodi «e devo soffrire la mia passione per la salute della patria.» Aveva rinunziato al Patto di Londra e non insisteva più per la Dalmazia; chiedeva soltanto Zara, Sebenico, alcune isole, e uno statuto di città libera per Fiume. Ma Wilson era irremovibile, e al di là della frontiera da lui proposta accettava solo la creazione di uno Stato-cuscinetto che, data la preponderanza slava, sarebbe stata fatalmente una «dipendenza» di Belgrado.

Lloyd George, ch'era uomo di fervida immaginazione, propose all'Italia un diversivo: la «protezione» della Repubblica transcaucasica di Batum che, approfittando della guerra civile che imperversava in Russia, se n'era staccata. L'offerta accese gli entusiasmi degl'Italiani: Batum voleva dire petrolio, sbocco nel Mar Nero, potenza e prestigio. Convocati a Parigi, Diaz e Caviglia, che ora era Ministro della Guerra, si dissero pronti ad allestire un corpo di spedizione di centomila uomini. Per fortuna il progetto sfumò prima che i nostri soldati si trovassero alle prese con le armate bolsceviche che stavano riconquistando le province russe sottrattesi al loro controllo.

Non restava nulla di che soddisfare le smanie di grandezza del nazionalismo italiano. Per i compensi coloniali promessici dal Patto di Londra, ora che l'impero africano della Germania era spartito, i nostri delegati chiesero l'Oltregiuba, Cassala, Giarabub, la Somalia inglese e Gibuti che ci avrebbero consentito, chiudendone gli sbocchi, di ridurre l'Abissinia alla nostra mercé. La controfferta fu: Giarabub, un pezzo di Oltregiuba e una rettifica del confine libico-tunisino.

Il tempo stringeva, e le trattative volgevano alla conclusione. La bozza del Trattato di San Germano con l'Austria era pronta fin dal 3 giugno, anche se il documento venne poi firmato il 10 settembre. Il Trattato di Versaglia con la Germania fu perfezionato il 28 giugno. Uno dei più perspicaci diplomatici italiani, il conte Sforza, disse che l'Italia era la Nazione che più aveva beneficiato della guerra e della vittoria non tanto perché aveva raggiunto le sue frontiere naturali, quanto perché – all'opposto della Francia, che ancora doveva vedersela con una Germania unita e potenzialmente fortissima – essa si era per sempre liberata del «nemico ereditario», ora che al posto dell'Austria-Ungheria coi suoi cinquanta milioni di abitanti, c'erano un'Austria di sei milioni, e una Jugoslavia arretrata e devastata di dodici.

In realtà era proprio questo il nostro guaio. L'Italia era riuscita a svolgere una parte di grande potenza solo finché aveva potuto mettersi all'incanto fra quelle vere che si contendevano il primato in Europa. Scomparso il blocco degl'Imperi Centrali, essa non aveva più di che alimentare questo giuoco ed era costretta a ridimensionarsi sulla sua vera misura, ch'era quella di una potenza di secondo piano, che aveva poco da chiedere perché aveva poco da dare.

Umiliato e deluso, Orlando riprese con Sonnino la via di Roma. Poche settimane erano bastate a fare del «Presidente della Vittoria» il «Presidente della disfatta». Le pendenze più grosse, quelle con la Jugoslavia, erano ancora sul tappeto, e il loro regolamento si annunciava tutt'altro che favorevole. Sul treno che lo riconduceva in

Italia, Orlando tenne nei pressi della frontiera un Consiglio dei Ministri in cui gli furono chieste le dimissioni. La proposta fu respinta, ma dopo una tempestosa discussione in cui l'uomo apparve scoraggiato e depresso. Egli stesso si rendeva conto che il ritorno a Parigi dopo l'impennata del ritiro dalla Conferenza aveva segnato la sua fine: gl'Italiani non cercavano che un capro espiatorio su cui rigettare la colpa di aver sacrificato i concreti interessi del Paese al retorico melodramma del «soli contro tutti» che tanto li aveva inebriati nelle dimostrazioni di piazza.

Infatti si consegnò quasi senza difesa a una Camera ostile che il 19 giugno lo travolse votandogli a larga maggioranza la sfiducia. E cedette il posto a Nitti che aveva dato le dimissioni sei mesi prima appunto per aspettare il suo turno e prepararvisi.

Lucano di Melfi, Francesco Saverio Nitti incarnava anche nel fisico tozzo e grassottello il tipo del notabile meridionale colto, brillante, scettico e alquanto egocentrico. Alla politica era approdato dalla cattedra universitaria, in cui si era guadagnati fama e credito come professore di scienza delle finanze. Ma la sua specialità era il problema del Mezzogiorno, di cui fu tra i primi seri studiosi e che gli fornì anche la base elettorale. Non siamo del tutto convinti ch'egli fosse fino in fondo sincero quando presentava il Sud come la vittima del Nord, delle sue spoliazioni e sopraffazioni, della sua politica protezionistica. Della sua terra e della sua gente, egli aveva una visione non molto diversa e non meno disperata di quella di Giustino Fortunato. La differenza era che Giustino Fortunato aveva il coraggio del suo pessimismo anche perché non covava ambizioni di carriera politica. Nitti invece di queste ambizioni era impastato, e la difesa del Sud era il modo migliore per nutrirle.

Ciò non diminuisce i suoi meriti, ch'erano notevoli. Sul livello medio della classe politica di allora, egli faceva spicco per preparazione, equilibrio e lucidità, ma anche per una certa propensione ad attribuirsi il monopolio di queste virtù. Sono pochi gli uomini politici di cui, nei suoi libri di ricordi, egli parla con rispetto. Anzi, mi pare che ce ne sia uno solo: Lloyd George. Anche di Giolitti scrive che «aveva cinismo e metodi di governo non sempre ammirabili», ch'è un giudizio molto più indulgente di quelli che dava a voce e in privato. Il disprezzo degli altri è, negli uomini politici, quasi fisiologico. Ma Nitti aveva il torto d'ostentarlo, condito di sarcasmi che pungevano sul vivo le vittime, attirandogliene i rancori. Molte delle ostilità che sempre lo circondarono, se le costruì con le proprie mani, o meglio con la propria lingua.

Un'altra caratteristica, che non contribuiva di certo alla sua popolarità, era la totale sfiducia nel Paese. Nitti era stato nettamente avverso all'impresa di Libia, ch'egli definì «una stoltezza», e nei confronti dell'intervento nella guerra mondiale, tenne una condotta a dir poco ambigua. Solo *a posteriori* egli qualificò il Patto di Londra «una idiozia» e un «documento di disonestà». Ma contro l'ondata nazionalista che metteva a soqquadro la piazza, non osò prendere posizione che in maniera indiretta con un saggio sulla situazione economica italiana in cui cercava di dimostrare che l'Italia non era una colonia del capitale tedesco, come dicevano gl'interventisti, ma caso mai di quello anglo-francese. Di questa ambiguità cercò di scusarsi, in sede di memorie, dicendo che, una volta dichiarata la guerra, «mi parve disonesto sabotarla, come tentarono col loro atteggiamento Giolitti e molti dei suoi amici». Ma il giudizio è doppiamente ingiusto. Giolitti aveva sabotato la guerra prima che fosse dichiarata, e se un rimprovero c'è da muovergli è, caso mai, di averlo fatto troppo timidamente. Dopo, non più. Mentre Nitti, pur considerandola un grossolano errore, non fece assolutamente nulla per impedirla.

È probabile che anche lui, come Giolitti, si aspettasse il disastro militare. Comunque, non si fece mai illusioni su una vittoria rapida e facile, e definì «criminale» il comportamento di Sonnino che a Londra non si era assicurato nemmeno l'aiuto economico degli Alleati. «Quando l'on. Salandra» disse più tardi «affermò in Senato che l'Italia non aveva *mercanteggiato* il suo intervento e che avrebbe creduto disonorarsi mercanteggiandolo, io provai un vivo senso di pena. Io avrei mercanteggiato: era una necessità ed era un dovere: le guerre si fanno col sentimento, ma anche con le armi, con gli approvvigionamenti.»

Non essendo al governo, cercava di dar consigli a coloro che ci stavano, sebbene li disprezzasse tutti. Salandra era un incapace, Sonnino un visionario, Boselli un impotente e il suo governo «la più parolaia accozzaglia di declamatori di guerra». Ma questa parte di Cassandra dietro le quinte l'abbandonò per uscire allo scoperto solo quando fu sicuro ch'era venuto il suo momento. Il colpo di grazia a Boselli lo diede lui con un discorso in cui disse che «l'on. Presidente del Consiglio, quando ha una difficoltà, aumenta il numero dei Ministri, o almeno dei Sottosegretari di Stato». Qualcuno dice ch'egli sperava di raccoglierne la successione che invece toccò, come si è visto, a Orlando. Ma l'anima del nuovo governo, in cui entrò come Ministro del Tesoro, fu lui. Non vi ebbe vita facile perché facile egli stesso non la rendeva a nessuno. «Il Ministro del Tesoro può in ragione del suo ufficio entrare un po' in tutto. E anche se non avessi il diritto di farlo, ne avrei il dovere» scriveva al suo amico Diaz per giustificare la propria invadenza, di cui gli altri si lamentavano. Non andava d'accordo con nessuno. Di Sonnino, ch'era rimasto agli Esteri, pensava quel che sappiamo. Con Orlando il contrasto era, più che ideologico, umano. Impulsivo, emotivo, melodrammatico, sempre oscillante fra esaltazione e depressione, Orlando si pasceva soprattutto di quell'oratoria che Nitti, tutto fatti e cifre, invece disprezzava. «L'Italia» disse una volta «ha un'istituzione fra le altre, che è la più importante di tutte, che è al di sopra di qualunque istituzione fondamentale dello Stato, e alla quale tutti s'inchinano: la retorica.» Non parlava di Orlando, ma alludeva anche a lui.

Fra i due, fu un seguito di urti. Uno, tempestoso, scoppiò al momento di Vittorio Veneto, quando Orlando impose a Diaz l'offensiva, e Nitti pronosticò il disastro. Ma va a Nitti il maggior merito di aver tratto l'Italia dalla posizione d'isolamento in cui Sonnino, con la sua ossessione della «guerra italiana», l'aveva inchiodata. Convinto che solo con l'aiuto degli Alleati l'Italia poteva risolvere i suoi problemi, e non soltanto quelli militari, egli aveva allacciato con loro, e specialmente con Lloyd George, rapporti diretti che gli avevano consentito di svolgere una sua personale diplomazia.

Il pretesto delle sue dimissioni dal governo, poco dopo la vittoria, fu il «rimpasto» provocato dal ritiro di Bissolati. Nitti chiese che alcuni Ministeri venissero assegnati a dei tecnici. «Ma per tecnici» disse Orlando «egli intende gli amici di casa sua.» Ed è probabile che così fosse perché, da buon meridionale, Nitti era anche uomo di clientela. Ma il contrasto vero verteva sul modo di condurre le trattative di pace, come lo stesso Orlando confidò a Malagodi in una conversazione ch'ebbe con lui a Parigi: «Si era messo in testa di venire qui, e Lei sa che bel servizio avrebbe reso all'Italia con le diffidenze e le antipatie che ha saputo crearsi tra Francesi, Inglesi e Americani...».

Su questo punto, Orlando mentiva. Per la sua competenza e conoscenza dei problemi, per la sua concretezza, per la sua antiretorica e spregiudicatezza, Nitti era uno dei pochi Italiani che andavano a genio agli Alleati e a cui gli Alleati andavano a genio. Egli non avrebbe mai commesso il clamoroso errore di ritirarsi dalla Conferenza. E appena insediatosi al potere, manifestò subito il proposito di trarre l'Italia dalla posizione d'isolamento in cui si era cacciata con le sue impennate di puntiglio e di dispetto, ponendo le trattative su un piano di distensione e collaborazione. Ma subito incappò nell'ostacolo di Fiume.

Fiume non era stata inclusa nel «pacchetto» delle rivendicazioni italiane presentato a Londra nel '15 perché Sonnino partiva del presupposto che l'Austria-Ungheria sarebbe sopravvissuta e, perse Trieste e Pola, come sbocco sull'Adriatico non avrebbe avuto che Fiume. Ma quando l'Austria-Ungheria si decompose e la città venne occupata dalle truppe jugoslave, gl'irredentisti insorsero accampando il fatto che Fiume era un centro etnicamente italiano. In realtà era di lingua italiana una metà dei suoi cinquantamila abitanti. Ma erano la componente più attiva e culturalmente più avanzata della popolazione. Infatti istituirono subito un Consiglio nazionale che all'indomani di Vittorio Veneto proclamò l'annessione all'Italia e spedì a Roma i suoi emissari per prendere contatti con Orlando e affidargli la sua causa. Orlando ordinò lo sbarco di alcuni reparti, la cui convivenza con quelli serbi creò una situazione così esplosiva da richiedere l'intervento delle altre potenze. Solo dopo drammatici contrasti fu raggiunto un compromesso per cui i Serbi accettarono di evacuare la città, che fu posta sotto il controllo di una guarnigione interalleata, ma al comando del generale Grazioli.

Come l'ammiraglio Millo, governatore militare della Dalmazia, Grazioli era un ultra-nazionalista, che considerava Fiume ormai acquisita all'Italia. Egli ebbe numerosi incidenti con gli Anglo-francesi che si servivano del porto per i rifornimenti della loro Armata d'Oriente, e si rivalse del loro scoperto appoggio agli Jugoslavi favorendo le attività di Host-Venturi, un acceso irredentista, ex capitano degli Arditi, che capeggiava le organizzazioni nazionaliste dell'Istria e della Dalmazia. Entrambi erano in rapporto con D'Annunzio ed erano sostenuti da molti Generali dell'Esercito, fra cui il Duca d'Aosta e Giardino, decisi a un'azione di forza anche contro il governo. Probabilmente era stato anche per prevenire un pericolo di *pronunciamiento* dell'Esercito in stile sud-americano che Orlando aveva abbracciato con tanto calore la causa di Fiume e aveva cercato, in polemica con Sonnino, di assicurarsela anche a costo di una rinuncia alla Dalmazia.

Le cose erano a questo punto quando Nitti formò il suo governo e, al posto dell'intrattabile Sonnino, si scelse come Ministro degli Esteri il vecchio e malleabile Tittoni. Questi si accorse subito di aver raccolto un'eredità fallimentare. Appena arrivato a Parigi, vi trovò un *memorandum* anglo-francese in cui si dichiarava che, non avendo l'Italia assolto durante la guerra gl'impegni contratti col Patto di Londra, questo era da considerarsi nullo. E tutto ciò era detto in termini così brutali che Tittoni, nonostante le sue doti d'incassatore, fu tentato di abbandonare la Conferenza. Ma poi, ricordandosi di Orlando, ingoiò il rospo, si mise a negoziare, e già stava riportando qualche successo, quando la situazione di Fiume precipitò.

Il 6 luglio, in uno dei tanti incidenti che in quella città

si verificavano quasi giornalmente fra irredentisti e truppa alleata, nove soldati francesi vennero linciati. In piena Conferenza, Clemenceau chiamò gl'Italiani «popolo d'assassini», e seguitò a ripeterlo per giorni e giorni. Tittoni finse di non sentire, e riuscì alla meglio a placare l'indignazione del vecchio «Tigre» – come Clemenceau era comunemente chiamato – impegnando l'Italia a sottostare alle decisioni di una commissione d'inchiesta interalleata. Questa, dopo aver indagato sul posto, chiese l'allontanamento di Grazioli, lo scioglimento del Consiglio nazionale e l'istituzione di una forza di polizia alleata sotto controllo inglese.

Di colpo, Fiume prese fuoco. Gl'irredentisti scesero in piazza, Host Venturi mobilitò la Legione Fiumana che nel frattempo aveva costituito, alcuni reparti di truppa al comando del maggiore Rejna si sollevarono al grido di «O Fiume, o morte!», e inviarono un messaggio a D'Annunzio, invitandolo ad assumere il patronato della loro causa.

CAPITOLO VENTIQUATTRESIMO

# FIUME

D'Annunzio aveva fatto della guerra italiana una sua guerra privata, che aveva arricchito il suo petto di una interminabile fila di medaglie.

Dapprincipio le autorità militari avevano respinto la sua domanda di arruolamento, adducendo a pretesto i limiti di età (aveva cinquantadue anni), di fatto perché ne paventavano le iniziative. Ma alla fine, su preghiera di Salandra, Cadorna aveva dovuto arrendersi alle sue intimidatorie insistenze e gli aveva concesso uno *status* speciale che lo autorizzava a qualsiasi impresa di terra, di mare e di cielo. Forse sperava di utilizzarne soltanto le facoltà oratorie, mandandolo in *tournée* fra i reparti a rialzarne il morale. Ma D'Annunzio voleva la guerra, e più ancora la gloria. Potendo scegliere fra le varie qualifiche che quella condizione di franco tiratore gli consentiva, adottò quella di «Comandante», e si stabilì in un piccolo delizioso palazzo di Venezia, la Casetta Rossa, che fu insieme il suo quartier generale e la sua *garçonnière*. Naturalmente si scelse per amante la dama più in vista della città, la contessa Morosini, nella cui alcova erano passati i personaggi più illustri, a cominciare dal *Kaiser*. Ma questo non gl'impedì di compiere imprese azzardose e – quel che più conta – di sicuro effetto propagandistico. A bordo di un apparecchio contrassegnato dal motto *Iterum leo rugit* volò su Trieste e su Pola che, per gli aeroplani di allora, non erano passeggiate. E fu in questa occasione che, insieme ai manifestini, egli ordinò ai piloti di lanciare un grido di sua invenzione: *Eja, eja, alalà* che naturalmente nessuno, da terra, poteva udire, ma ch'era destinato a rintronare per vent'anni gli orecchi degl'Italiani. Un altra sua spettacolare gesta fu la «beffa di Buccari», un porto sulla costa dàlmata dove egli penetrò alla testa di una flottiglia di *mas*, silurandovi un mercantile e lasciandovi, dentro involucri di gomma, il testo di un suo sarcastico messaggio al governo austriaco.

Al ritorno da queste imprese, egli ne dava regolarmente notizia alla sua amante in biglietti lapidari e conditi di frasi latine, che dovevano mettere in serio imbarazzo la destinataria, famosa non soltanto per la sua avvenenza, ma anche per la sua ignoranza. Ma non soltanto a lei. Col suo genio delle pubbliche relazioni, D'Annunzio sapeva fare in modo che le sue iniziative fossero subito sulla bocca di tutti e vi acquistassero un sapore di saga. Non era un profittatore della gloria. Se la conquistava a rischio della vita, perché coraggio ne aveva da vendere. Ma la voleva clamorosa e abbagliante per ricavarne il massimo profitto pubblicitario. Un giorno, in un atterraggio di fortuna, sbatté la testa contro l'impugnatura della mitragliatrice, e rimase cieco. Solo dopo lunghi mesi di buio recuperò un occhio, e fu allora che scrisse il *Notturno*, unica opera in cui tentò di esplorare se stesso, ma senza riuscirci perché ancora una volta il «personaggio» ebbe la meglio sull'uomo D'Annunzio e lo soverchiò con le sue demiurgiche pose. Fece tuttavia in tempo a coronare la sua carriera di guerriero con la più spettacolare di tutte le sue imprese: il volo su Vienna alla testa di una squadriglia di undici aeroplani, di cui uno solo non fece ritorno. Non gettò bombe, ma manifestini in cui invitava gli Austriaci alla resa.

Alla pace si rassegnò male, anche perché come scrittore e poeta sentiva di aver ormai dato tutto. Solo l'azione gli avrebbe consentito di restare un protagonista, e Fiume gliene forniva un valido pretesto. Egli ne assunse il patrocinio in una «Lettera ai Dàlmati» e scorrazzò l'Italia pronunciando in loro favore una serie di discorsi incendiari, pieni d'insulti contro il governo rinunciatario e il presidente Nitti, da lui ribattezzato «Cagoia». In settembre, come abbiamo detto, lo raggiunse a Venezia il maggiore Rejna, latore di un disperato appello: affidare Fiume a un corpo di polizia interalleata sotto controllo inglese, come si era stabilito a Parigi, significava consegnarla agli Jugoslavi che già si preparavano al colpo di mano. Bisognava prevenirlo. La Legione di Host Venturi era già mobilitata, ed essa poteva contare sull'appoggio di parecchi giovani ufficiali dell'Esercito e sui loro reparti dislocati in zona di occupazione. Solo un gesto di forza poteva risolvere l'indegno mercato che di Fiume si stava facendo a Versaglia. Ma non c'era tempo da perdere.

D'Annunzio non aspettava altro. Compose per la «Gazzetta del Popolo» una specie di articolo-proclama in cui spiegava in termini biblici ch'egli riprendeva le armi «per amore di Cristo» e in nome dello Spirito contro «il banco dell'usuraio», e annunciò la sua decisione in una lettera a Mussolini, ormai diventato col suo «Popolo d'Italia» il più ardente avvocato della causa irredentista: «Caro camerata, il dado è tratto. Domani mattina prenderò Fiume con le armi». L'indomani mattina era il 12 settembre. Partì all'alba con circa trecento uomini, diretto a Ronchi, una cittadina a pochi chilometri da Trieste, che diede il nome a quella prima «Marcia». A Ronchi trovò i granatieri di Rejna e i legionari di Host Venturi, sicché il suo esercito salì a circa mille uomini, i soliti «Mille» di tutte le imprese italiane, sui quali «le stelle brillavano come brillavano a Quarto».

Alla notizia del suo imminente arrivo, il generale Pittaluga che temporaneamente sostituiva Grazioli come governatore di Fiume, gli andò incontro per fermarlo. «Se lo considerate vostro dovere, sparate qui!» lo apostrofò D'Annunzio offrendogli il petto grondante di medaglie. Invece di sparare, Pittaluga si rifugiò tra le sue braccia gridando: «Viva Fiume italiana!», e i soldati dell'una e dell'altra parte fecero coro. Insieme si presentarono sul balcone del Municipio alla folla esultante, e tutta la guarnigione, compresi gli equipaggi delle navi da guerra ancorate nel porto, si mise agli ordini del Poeta. I reparti alleati furono consegnati in caserma per evitare incidenti con la popolazione impazzita, e poco dopo abbandonarono in punta di piedi la città.

D'Annunzio agì da Capo di Stato, e di uno Stato in guerra con tutti, anche con l'Italia. Formò un governo, che intavolò o cercò d'intavolare rapporti diretti con Roma e coi capi alleati riuniti a Versaglia, e organizzò un esercito di cui dettò egli stesso le uniformi e i rituali. Il saluto col braccio alzato, la cintura col pugnale, il grido di *Alalà*, la camicia nera istoriata di teschi, insomma tutto il funebre armamentario di simboli e di emblemi che in seguito doveva caratterizzare il fascismo, nacque allora a Fiume. E vi nacque anche, o meglio vi trovò il suo coronamento, la retorica degli «immancabili destini», del «mare nostrum», delle «legioni romane», del sacrificio sublime, della patria imperiale, di cui il Poeta condiva i suoi discorsi dal balcone. Ne faceva uno al giorno, e qualche volta anche due, tanto che la popolazione bivaccava in piazza per fargli da coro.

In pochi giorni i mille Legionari diventarono tre, poi cinque, poi ottomila grazie all'afflusso d'idealisti e di avventurieri non soltanto italiani. Il Ministro degli Esteri era un belga, Koschnitzy, e la parte di valigia diplomatica era stata affidata a un giapponese napoletanizzato, Harukici Shimoi, che per il colore della sua pelle poteva attraversare le linee senza suscitare sospetti e recapitare a Mussolini i messaggi del Comandante. C'era di tutto. C'era Keller, l'asso dell'aviazione che, dopo le bombe sulle linee austriache, aveva lanciato un vaso da notte sul tetto di Montecitorio. C'era un giovane scrittore non ancora consacrato alla gloria, Comisso. C'erano eroi di guerra e ragazzi che non avevano fatto in tempo a diventarlo. C'erano gentildonne e prostitute, non facilmente distinguibili le une dalle altre. C'erano attori e artisti in cerca di pubblicità. C'erano omosessuali e spacciatori di droga. E questa babele forniva a D'Annunzio il materiale umano più adatto a realizzare la sua ideale Repubblica.

Egli governava sulla pubblica piazza, interrogando la folla dal balcone. «A chi, Fiume?» E la folla in coro: «A noi!». «A chi, l'Italia?» «A noi!» E così di seguito fino alla formula di chiusura, in dialetto veneto: «Vu con mi, mi con vu!». Fu con questa procedura ch'egli elaborò e promulgò la famosa «Carta del Carnaro», traduzione in termini statutari delle sue concezioni politiche e sociali. Vi si legge che il potere doveva essere gestito dai «migliori», che la popolazione doveva essere divisa in sei categorie di produttori come le Arti fiorentine, che «la vita è bella e degna di essere magnificamente e severamente vissuta», che la religione nazionale di Fiume doveva essere la Bellezza e l'Armonia, per cui la ginnastica e il canto rappresentavano doveri sociali, lo Stato doveva signorilmente provvedere ai vecchi e ai disoccupati, i sessi erano parificati, e al libero amore non era posto altro limite che quelli estetici, insomma dovevano farlo solo i belli e in bella maniera.

A distanza di tanti anni, ci sono ancora degli storici che si domandano in tutta serietà a quali ideologie D'Annunzio si fosse ispirato nel redigere il documento e credono di scoprirvi il segno di un'audace concezione economica e sociale molto in anticipo sui tempi. In realtà si trattava di un miscuglio di Atene, di Sparta e di Firenze, di fronte al quale l'utopia di Platone può anche sembrare un monumento di concretezza. Ma il Poeta era convinto di aver dischiuso una nuova èra all'umanità dettandole un modello di organizzazione sociale che prima l'Italia e poi tutto il resto del mondo avrebbe adottato.

Sotto il pungolo del grande mattatore, che l'aveva ridotta a suo palcoscenico, la città viveva in stato di perpetua eccitazione con comizi e adunate a getto continuo, e le strade gremite di gente vestita nelle più svariate e spettacolari fogge, come a un ballo in costume. Alle camicie nere dei legionari si mescolavano quelle rosse dei veterani di Garibaldi che avevano passato l'ottantina. Le ragazze circolavano senz'altro indumento che una bandiera tricolore portata a mo' di sciamma. A parte i guanti, il monocolo e il pugnale, ch'erano comuni a tutti, ognuno si era inventata una sua uniforme per meglio adeguarsi alla volontà del Poeta che voleva fare di Fiume «un popolo di esteti». Keller rifiutava altro cibo che non fossero i petali di rose canditi. Il giorno trascorreva in rituali, la notte in feste. E anche se fin allora la popolazione non era stata, di sangue, del tutto italiana, certamente lo diventò col passaggio di D'Annunzio.

Purtroppo, questa popolazione non poteva nutrirsi soltanto di Bellezza, di Musica e di Armonia. Aveva anche bisogno di proteine, vitamine, calorie, insomma di riempirsi lo stomaco. E questo era un problema di più difficile soluzione.

Nitti era stato preso completamente contro piede dalla marcia di Ronchi. Quando gliene recarono la notizia, dapprima non volle crederci, poi la qualificò «una scappata» in tutto degna della «testa matta» di D'Annunzio, e chiamò «disertori» gli ufficiali e i soldati che lo avevano seguito. Quando gli dissero che per sottrarre Fiume a D'Annunzio non restava che annetterla, vi si rifiutò dicendo: «Siamo alla vigilia della fame: con questi atti si vuole affrettarla» e manifestò il proposito di schiacciare la sedizione con la forza.

Ma subito si rese conto che non era così semplice. Badoglio, che aveva il comando della zona, lo informò che in caso di attacco a Fiume non rispondeva della fedeltà della truppa, e le manifestazioni che si susseguivano dappertutto dimostravano che il Paese simpatizzava col golpe. Nitti pensò che di questa agitazione fossero responsabili soltanto i nazionalisti, e si appellò alle masse. Ma con sua grande sorpresa scoprì che anche queste solidarizzavano con D'Annunzio, convinte che la sua sedizione fosse «il prodromo della rivoluzione proletaria».

Questa imprevista collusione fra nazionalisti e socialisti segnò una svolta destinata a pesare non soltanto sulla vicenda di Fiume, ma su tutto il corso della storia nazionale. Ad afferrarne l'importanza fu prima di ogni altro Mussolini che lanciò una sottoscrizione in favore di D'Annunzio e in quattro giorni raccolse mezzo milione, cifra enorme per quei tempi. «La capitale d'Italia è sul Carnaro, non sul Tevere» scrisse sul suo giornale. «Là è il *nostro* governo, al quale d'ora innanzi obbediremo.»

A questo punto cominciò fra i due uomini un sottile e ambiguo giuoco sul quale dovremo tornare più a lungo nel prossimo volume, ma di cui occorre anticipare l'essenziale.

Sei mesi prima della marcia di Ronchi, e precisamente il 23 marzo (del '19), Mussolini aveva fondato a Milano i Fasci di combattimento, che già nel nome portavano impressa la propria identità, o per meglio dire la propria indefinibilità ideologica. Nel loro programma c'era di tutto: l'esaltazione della guerra, l'irredentismo più acceso, e insieme le più avanzate istanze sociali come la terra ai contadini, la partecipazione operaia alla gestione delle aziende, il voto alle donne. Ma tutte queste contraddizioni erano sanate dal «combattimento», cioè dalla promessa dell'azione. Col suo fiuto politico, Mussolini aveva capito che solo questo poteva esercitare un richiamo su uomini che, abituatisi in trincea a menar le mani, stentavano a riadattarsi alla normalità, e non cercavano che pretesti per sfogare il loro scontento. Mussolini ne offriva a tutti: ai nazionalisti, rifacendosi ai motivi del «maggio radioso» e della «vittoria mutilata»; ai rivoluzionari, col mito della violenza sorelliana e della palingenesi sociale; ai conservatori, con quello dell'ordine e dell'autorità. Infatti intorno a lui erano accorsi uomini della più disparata provenienza ideologica, ma accomunati dal passato di combattenti, dalla voglia di restar tali, e dalla convinzione di aver maturato dei crediti nei confronti del Paese. «Noi i sopravvissuti, noi i ritornati, rivendichiamo il diritto di governare l'Italia» aveva detto Mussolini ponendosi così a campione del «reducismo», che di tutti gl'«ismi» italiani è sempre stato, sul piano pubblicitario ed elettorale, il più produttivo. Ma a contendergliene l'esclusiva c'era D'Annunzio, il cui nome in quel momento era molto più popolare e prestigioso del suo.

Ecco perché Mussolini accettava una posizione subalterna nei suoi confronti, e le diede plastico rilievo presentandosi a Fiume a bordo di un aeroplano. Ufficialmente, lo scopo della visita era di rendere omaggio al Poeta e prenderne gli ordini. Ma l'obiettivo vero era un altro. I Legionari andavano dicendo che la marcia su Fiume non era stata che il prologo di quella su Roma, cui anche parecchi elementi dell'Esercito si dicevano disposti a partecipare. E Mussolini voleva dissuaderne D'Annunzio non si sa se per sfiducia nell'impresa o perché fin d'allora meditava di compierla lui. In pubblico i due uomini diedero l'impressione della più completa armonia, ma il colloquio a quattr'occhi ebbe toni aspri. D'Annunzio diede di opportunista e perfino di codardo all'ospite che, tornato a Milano, parlò di lui come di un pazzo pericoloso. Ma, pur cominciando a prendere cautamente le distanze, Mussolini non poté dissolidarizzare dal Poeta, e ufficialmente seguitò ad agire come suo portavoce.

Tutto questo metteva Nitti e Tittoni in una posizione di estremo disagio. Essi dovevano dimostrare agli Alleati che il governo era assolutamente estraneo all'impresa di D'Annunzio, ma nello stesso tempo non potevano agire contro di lui per paura della reazione della piazza e di un *pronunciamiento* dell'Esercito. Clemenceau e Lloyd George capirono la buona fede degl'Italiani, e per trarli d'imbarazzo accettarono la loro proposta di compromesso: rinunzia da parte nostra al Patto di Londra, cioè alla Dalmazia, in cambio del mandato sull'Albania, dell'autonomia di Zara e di uno Statuto di città libera per Fiume purché collegata a Trieste da una striscia di terra italiana. Ma Wilson, irriducibilmente attaccato al suo progetto di uno Stato-cuscinetto fra Jugoslavia e Italia, mandò in fumo anche questa soluzione. E Tittoni, stanco e sfiduciato, si dimise.

Ora a Nitti non restava che confidare nel tempo. E non era un calcolo sbagliato perché se quella posizione di stallo era imbarazzante per lui, lo era ancora di più per D'Annunzio che non poteva rassegnarsi all'ordinaria amministrazione. Per tener desti gli entusiasmi dei suoi e richiamare su di sé l'attenzione del mondo, organizzò una marcia su Traù, una cittadina che non rientrava nelle nostre spettanze; ma l'avventura fu troncata in due ore dall'*ultimatum* di una squadra americana che incrociava in quelle acque. Badoglio, che manteneva col Vate rapporti amichevoli, lo richiamò alla moderazione esagerando la minaccia di una contromossa jugoslava. Il Vate ne fu spaventato lì per lì, ma subito dopo organizzò una spedizione marittima su Zara, dove fu ricevuto con grandi onori da Millo. Nitti, furente, definì «ignobile» il gesto dell'Ammiraglio e ne dispose il richiamo. Ma la Marina si oppose, la pubblica opinione la sostenne, Millo rimase al suo posto, e D'Annunzio seguitò nei suoi colpi di testa con la certezza della propria impunità. Per rimpolpare l'esauste finanze del suo piccolo Stato, egli introdusse il divorzio che fece di Fiume la mecca delle coppie in dissesto. E per assicurargli i rifornimenti, non esitò a organizzare, con l'aiuto del capitano Giulietti – un sindacalista nazionalista che dirigeva la Federazione dei Marittimi – una flottiglia di pirati che, come quelli dell'antica Dalmazia, si chiamarono Uscocchi. In realtà di rifornimenti Fiume non aveva molto bisogno perché il blocco che avrebbe dovuto e potuto facilmente ridurla alla capitolazione per fame non aveva mai funzionato. Badoglio, cui spettava il compito di applicarlo, definiva la marcia di Ronchi la più bella impresa dopo quelle di Garibaldi. E lo stesso Nitti ammise più tardi di non aver mai fatto nulla per impedire l'afflusso di merci. In compenso, con le loro spericolate imprese, gli Uscocchi davano a Fiume un alone salgariano di «nido della filibusta», oltremodo redditizio sul piano pubblicitario.

Ma qui abbiamo un poco anticipato sugli avvenimenti, fra i quali ce n'era stato uno che aveva impresso una brusca svolta alla vita del Paese: le elezioni.

## CAPITOLO VENTICINQUESIMO

# LA CADUTA DI NITTI

Uno degli obiettivi che D'Annunzio si era proposto marciando su Fiume era quello di mettere in crisi il governo «rinunciatario» di Nitti, l'odiato «Cagoia». Il colpo non riuscì perché dopo un tempestoso dibattito alla Camera, Nitti ne ottenne ancora la fiducia con un margine di 65 voti. Ma l'indomani la sciolse, indicendo per novembre le elezioni.

La decisione era ineccepibile perché i termini di legislatura di quella Camera eletta nel '13 erano scaduti nel '18. Quindi già da un anno essa sopravviveva a se stessa, e solo perché non riusciva a varare la nuova legge elettorale su cui si era accesa un'accanita battaglia. La posta infatti era grossa perché il sistema uninominale, seguito fin allora con poche e parziali eccezioni, era stato la forza dei «notabili» che avevano dominato l'Italia. Ogni collegio non potendo eleggere che un deputato, era logico che a vincere fosse sempre o quasi sempre la figura che godeva di maggior seguito non tanto per le sue idee, quanto per il suo credito personale e per i favori che aveva saputo rendere. Questo aveva i suoi vantaggi perché, essendo i collegi molto ristretti, l'elettore sapeva bene per chi votava, e l'eletto a sua volta conosceva l'elettore, le sue aspirazioni, i suoi bisogni. Ma aveva anche i suoi inconvenienti perché conduceva quella politica a una lotta di «clientele» tenute insieme non da comunanza d'idee, ma da solidarietà d'interessi che molto spesso diventava complicità mafiosa.

Il sistema proporzionale creava, fra eletto ed elettore, un rapporto completamente diverso. Intanto, al pulviscolo dei cinquecento e più collegi, esso sostituiva cinquantaquattro grandi circoscrizioni, ognuna delle quali avrebbe dato fra i quindici e i venti deputati, in base ai suffragi riscossi dai partiti che li presentavano candidati. Anche questo sistema aveva i suoi vantaggi e svantaggi. Il fatto che il voto andasse più al partito che alla persona faceva sì che l'elemento ideologico prevalesse su quello personale. Ma faceva anche sì che l'eletto si sentisse più un rappresentante del partito che un delegato dell'elettore.

Naturalmente a volere la proporzionale erano i partiti di massa, cioè i socialisti e i popolari che, essendo rimasti fin allora assenti dalla lotta per il potere, non potevano presentare personalità di collaudato prestigio. Ma per essa si batterono anche alcuni gruppi di destra e gli stessi nazionalisti, convinti che fosse l'unico modo per sbarazzarsi delle cricche giolittiane.

Notabile egli stesso e tipico rappresentante del sistema clientelare, Orlando era riuscito a insabbiare la riforma. Nitti invece se ne fece paladino in odio a Giolitti. Questi comprese benissimo che la manovra era diretta contro di lui. Ma, fedele al suo principio che in politica si combattono solo le battaglie che si possono vincere, non tentò di sventarla. E così in agosto era stata approvata la legge che al collegio uninominale sostituiva la proporzionale ed estendeva il diritto di voto a tutti i cittadini maschi che avessero superato i ventuno anni di età.

A risentire della riforma fu anzitutto il costume. Fin allora, le campagne elettorali, implicando una ristretta cerchia di cittadini, avevano avuto per arena i circoli, le associazioni, qualche volta i teatri, ma specialmente i ristoranti perché di solito era al termine di qualche banchetto che il candidato esponeva il proprio programma ai suoi «grandi elettori», i quali provvedevano a informarne la «base» – una base di poche centinaia di persone – e a incettarne i voti. Col sistema proporzionale e col suffragio universale che mobilitava le masse, l'arena diventò la piazza, e anche l'oratoria dovette adeguarvisi. Abituato a un pubblico scelto e capace di afferrare sfumature e sottintesi, il notabile non aveva nemmeno le corde vocali per affrontare il comizio all'aria aperta, molto più congeniale alla tonitruante millenaristica tribunizia eloquenza di un Enrico Ferri o di un Mussolini. E non fu questa l'ultima causa del declino della classe politica tradizionale.

Fra i partiti di massa che scendevano nell'agone, la grande incognita era rappresentata da quello cattolico, di cui abbiamo già seguito la lunga incubazione. Come abbiamo detto, era stata la guerra a precipitarne le ultime tappe. Nel '15 l'Azione Cattolica era stata completamente riorganizzata su basi di maggiore indipendenza dal Vaticano in modo da consentire a molti cattolici di assolvere i loro doveri di patrioti senza entrare in contrasto con la Chiesa, tenuta a una linea di stretta neutralità. Ispiratore di questo «nuovo corso» fu don Sturzo che, prima ancora di Vittorio Veneto, diede avvìo a una organizzazione sindacale, la Confederazione Italiana del Lavoro o CIL, per sbarrare il passo alla CGL socialista e strapparle soprattutto le masse contadine. Alla fondazione del partito faceva tuttavia ostacolo il *non expedit*, che aveva il suo maggior fautore non nel Papa, ma nel cardinale Gasparri, Segretario di Stato. Ma subito dopo la vittoria, don Sturzo riuscì a farlo revocare dimostrando l'assoluta necessità di una forza politica concorrenziale di quella socialista. Gasparri si convinse, ma pose queste condizioni: che il nuovo partito non si qualificasse né «cattolico» né «cristiano», che s'impegnasse a non interferire mai nelle pendenze fra lo Stato italiano e il Vaticano, e che don Sturzo, pur conservandone la guida, non andasse in parlamento. Don Sturzo si dichiarò d'accordo: quel mezzo ripudio gli permetteva di accentuare l'aconfessionalità e quindi l'autonomia del partito cui diede il nome ch'esso aveva nel Trentino, quando il Trentino era austriaco: «Partito popolare». L'Azione Cattolica rimase, ma con compiti ristretti ai «supremi interessi religiosi e morali», che automaticamente escludevano quelli politici, riservati al partito.

Questo si scelse come emblema una croce bianca su scudo azzurro, e come motto la parola *Libertas* che appariva poco congeniale a una forza tradizionalmente avversa alle concezioni del liberalismo laico. Ma la *Libertas* che i popolari invocavano era di carattere, come oggi si dice, settoriale. Essi volevano quella dell'insegnamento mediante la parificazione a quella statale della scuola privata, quasi totalmente in mano ai preti, una maggiore autonomia dei cosiddetti «enti locali» – comune e provincia –, cui speravano di aggiungerne un altro, la regione, e l'attribuzione alla CIL degli stessi diritti riconosciuti alle altre organizzazioni sindacali.

Questo fu il programma annunciato dal partito al suo primo congresso, che si tenne nella primavera del '19. In pochi mesi le sezioni si erano moltiplicate in tutto il Paese, e anche in parlamento la nuova forza aveva fatto una ventina di proseliti. Ma nemmeno gli entusiasmi suscitati da questo promettente debutto valsero a sanare i contrasti fra le varie «correnti». Quella di destra, capeggiata dal sacerdote milanese Agostino Gemelli, voleva un partito conservatore e di stretta osservanza cattolica. Quella di sinistra, capeggiata da Miglioli, il padre delle «leghe bianche», propugnava un progressismo cristiano per certi lati più oltranzista di quello socialista. Fra queste due ali estreme prevalse la posizione di centro, abilmente sostenuta da don Sturzo e da un suo collaboratore che, per quanto giovane, era l'unico ad avere un'esperienza politica perché l'aveva fatta nel parlamento di Vienna come deputato dei «popolari» trentini: Alcide De Gasperi. Essi vinsero perché compresero che il nuovo partito aveva un avvenire solo se restava il punto di confluenza di ceti intermedi, a mezza strada fra il proletariato e la borghesia – il coltivatore diretto, il piccolo imprenditore, l'artigiano –, cioè se accettava la propria eterogeneità con tutti i compromessi che ne sarebbero derivati. Ciò implicava quella vocazione all'ambiguità che anche oggi rimproveriamo alla Democrazia Cristiana, ma che fin d'allora ne costituì la forza elettorale. Pigiando secondo i luoghi e le circostanze ora sul pedale del conservatorismo alla Gemelli, ora su quello del progressivismo alla Miglioli, il partito si presentava alla sua prima prova elettorale con un seguito crescente e bene organizzato di proseliti.

L'altro partito di massa di cui tutto lasciava presagire il grande successo era naturalmente quello socialista che, in un Paese stanco di guerra, beneficiava del fatto di esservisi sempre opposto. Il dissesto economico, l'inflazione, la frustrazione dei reduci dalle trincee, lo sdegno provocato dagl'illeciti arricchimenti dei «pescecani»: tutto contribuiva a creare l'attesa di una palingenesi sociale. Ma il gruppo dirigente non seppe trarne il profitto che avrebbe dovuto e potuto. Imbaldanzito dai crescenti successi della sua propaganda, esso si diede in braccio a una direzione estremista capeggiata da Serrati. Questi voleva inaugurare i Soviet sull'esempio dei «compagni» russi, di cui non sapeva nulla o quasi nulla. Turati, che tentava di ricordargli che l'Italia non era la Russia, fu sonoramente fischiato, manifestò l'intenzione di ritirarsi, e solo per le pressioni della Kuliscioff e degli amici finì per restare, ma in una posizione di quasi completo isolamento.

In questo clima di demagogico oltranzismo, il partito prese alcune decisioni che di lì a poco si sarebbero rivelate rovinose. Una fu quella d'intensificare la campagna contro la guerra proprio nel momento in cui questa volgeva al suo vittorioso epilogo scatenandone un'altra non solo contro coloro che l'avevano voluta, ma anche contro coloro che l'avevano fatta come semplici soldati di leva. Fra di essi ce n'erano molti che, tornati delusi dalle trincee, non chiedevano di meglio che di arruolarsi sotto la bandiera rossa, e invece ne furono respinti come «complici della borghesia». Un'altra fu il rifiuto dogmatico e aprioristico di qualsiasi alleanza o intesa con altri partiti. Il socialismo non si contentava di una parte del potere. Lo voleva tutto e da solo per sottrarsi a pericoli di «inquinamento». Turati era disperato. «Questo partito» scrisse alla Kuliscioff «ha la vocazione alla solitudine e all'impotenza.» E anche Lenin e Trotzki pronunciarono giudizi di fuoco contro tanta idiozia e inettitudine, condite di vuota verbosità rivoluzionaria.

Questa toccò il suo culmine al XVI Congresso del partito, che si tenne a Bologna proprio alla vigilia delle elezioni. Fu il trionfo definitivo dei massimalisti che esclusero ogni possibilità di accordo con lo «Stato borghese» e decisero l'adesione alla Terza Internazionale, fondata pochi mesi prima da Lenin a Mosca col chiaro proposito di legare al proprio carro tutti i socialismi europei e di assumerne la guida. Tuttavia soltanto il piccolo gruppo capeggiato da Bordiga sostenne con coerenza la tesi rivoluzionaria dicendo che se il partito rifiutava lo Stato, doveva rifiutarne anche gl'istituti a cominciare dal parlamento, e quindi non aveva senso che si presentasse alle elezioni. La sua proposta però fu bocciata con speciosi argomenti che rivelavano l'intima contraddizione di un gruppo dirigente il quale voleva nello stesso tempo le poltrone di deputato e le barricate, e che credeva di risolverla includendo nella lista dei candidati alcuni disertori di guerra e scatenando una campagna di violenze e d'intimidazioni.

Tutto questo naturalmente faceva il giuoco di Mussolini, che sempre più vedeva affluire nei suoi Fasci reclute della più svariata provenienza sociale e ideologica: borghesi moderati impauriti dalle provocazioni di Serrati e compagni, e molti reduci di guerra che, pronti ad accorrere sotto la bandiera del socialismo, se ne vedevano non solo respinti, ma sbeffeggiati e qualche volta bastonati. Numericamente, i Fasci avevano ancora scarso peso. Ma erano l'unica forza che, per la sua organizzazione paramilitare, cominciava ad apparire, agli occhi dei cosiddetti benpensanti, una garanzia contro la palingenesi continuamente minacciata da un massimalismo rosso parolaio e inconcludente. Formate per la maggior parte da ex combattenti che avevano avuto il tirocinio della trincea, le squadre fasciste erano le sole che riuscivano a rintuzzare le violenze socialiste. Perché nel '19 le violenze venivano da quella parte. Fu solo dopo un paio di anni di scontri e di sangue che il rapporto si rovesciò, e gli aggressori diventarono aggrediti, e aggrediti con metodi molto più sistematici e brutali di quelli ch'essi stessi avevano praticato.

Fu in questo clima di tensione, di sangue e di paura, che Giolitti ridiscese decisamente nell'agone riproponendo la propria candidatura agli elettori di Dronero con un discorso programmatico che fece sensazione. Egli rivendicò anzitutto il merito di essersi battuto per la neutralità prima dell'intervento contro un governo «senza intelligenza e senza coscienza», e di aver poi secondato lo sforzo del Paese in guerra astenendosi dal crearvi dissensi perché questo era «l'unico servizio che potessi allora rendere alla Patria». Ma ora, per evitare altri disastri, bisognava far tesoro dell'esperienza e trarne la lezione. La lezione era questa: che non si poteva più lasciare soltanto al Re la tremenda responsabilità di decidere della pace e della guerra, come prescriveva l'articolo 5 dello Statuto e come era avvenuto nel maggio del '15, quando la Camera si era trovata di fronte a un trattato di alleanza, il Patto di Londra, stipulato a sua insaputa.

(A questo punto, riferiscono le cronache dei giornali, l'uditorio era esploso in un fragoroso applauso durato parecchi minuti. Ma non altrettanto entusiasmo le parole di Giolitti dovettero sollevare a Corte. È anzi molto probabile che il Re, il quale delle sue prerogative era gelosissimo, abbia concepito allora l'antipatia che poi sempre dimostrò per il vecchio statista piemontese.)

Ora, questi proseguì, bisognava riparare al disastro che la guerra aveva provocato. Le spese non potevano farle le classi popolari che già ne subivano i più gravi disagi. Occorreva una riforma fiscale che colpisse i ceti privilegiati e soprattutto coloro che della guerra avevano profittato, e una riforma politica che desse anche agli umili il mezzo di far sentire la loro voce e di esercitare un controllo sulle decisioni che potevano coinvolgere anche il loro destino.

Questo discorso, con cui praticamente Giolitti riproponeva la propria candidatura non al seggio di deputato, ma a quello di Primo Ministro, ebbe un'eco enorme. L'opinione moderata appioppò all'autore, dal nome della più alta onorificenza di cui il Re lo aveva insignito, «il bolscevico dell'Annunziata». Ma Togliatti definì più tardi quel discorso «il più avanzato manifesto politico lanciato in Italia da un uomo delle classi dirigenti borghesi». Quest'uomo dimostrava di possedere ancora intatti, malgrado i suoi settantott'anni, quel fiuto e quella lucidità che avevano fatto di lui, per tre decenni, il dominatore della scena nazionale. Egli dimostrava di aver afferrato lo sconvolgimento sociale provocato dalla guerra molto meglio di tutti i suoi coetanei e di essere l'unico in grado di adeguarvisi. Ma forse nemmeno lui comprese quanto a fondo e distruttivamente il suffragio universale e la proporzionale incidessero sul «sistema» da cui il giolittismo traeva la sua forza. Per quanto pronti fossero i suoi riflessi nell'adattarsi alla nuova situazione, egli restava l'uomo di una «Italia dei notabili» che ormai andava in pezzi sotto la spallata dei partiti di massa.

Le urne ne fornirono la prova. Sicuro del successo e dopo avere per tanti anni denunziato i soprusi, gl'intrallazzi, i brogli, le intimidazioni, insomma le sporche manovre con cui i precedenti governi, sia di destra che di sinistra, avevano condotto le campagne elettorali, Nitti si rifiutò di ricorrervi, sicché quella del '19 fu la prima manifestazione di un voto veramente libero. Ma questo sancì il disastro della vecchia classe dirigente. I notabili liberali e democratici mantennero le loro posizioni solo nel Sud, dove più forte era il sistema clientelare. Ma nel Centro-Nord furono travolti. Dei 508 seggi in palio, 156 furono conquistati dai socialisti, e 100 andarono ai popolari di don Sturzo. Gli altri 252 andarono spartiti in quel pulviscolo di liberali, democratici, radicali, repubblicani eccetera che, anche se fossero riusciti a trovare fra loro un'intesa, sarebbero rimasti in minoranza rispetto alla coalizione social-cattolica. Le destre erano praticamente scomparse. E Mussolini non riuscì a conquistare nessun seggio, tanto che i socialisti gli fecero per beffa una parodia di funerale.

Anche se non in quella misura, il successo dei socialisti era abbastanza scontato. La grande sorpresa fu quello dei popolari che dalla prova uscirono imbaldanziti. Essi dissero e scrissero che se non fosse stato per loro i socialisti avrebbero strappato non 150, ma 250 seggi, quasi la maggioranza assoluta. E questo corrispondeva almeno in parte alla verità perché effettivamente essi avevano bloccato l'avanzata socialista soprattutto nelle campagne. Era il primo vagito di quella teoria della «diga» che specialmente in questo secondo dopoguerra ha tanto ben servito i loro interessi, ma che fin d'allora fece presa su tanti laici d'estrazione moderata, convinti ormai che come diga i vecchi partiti liberali e democratici non servissero più.

Quando la Camera fu convocata per il rituale discorso della Corona che inaugurava la nuova legislatura, i 156 deputati socialisti si alzarono e abbandonarono l'aula al grido di: «Viva la repubblica socialista!». Come al solito, il loro spirito rivoluzionario si sfogava ed esauriva in questi gesti teatrali che servivano soltanto a sgomentare la pubblica opinione e a sospingerla verso l'opposto estremismo. Ma era chiaro ch'essi intendevano restar fedeli alla parola d'ordine di Bologna: «Soli contro tutti», cioè al diniego di qualsiasi collaborazione con qualsiasi altro partito.

In questa situazione, a Nitti non restava che un'intesa coi popolari. Ma era un'intesa labile e precaria che gli permetteva solo di sopravvivere, non certo di governare, nel momento in cui proprio di un governo c'era urgente bisogno. In pochi mesi la circolazione cartacea era cresciuta da quattordici a venti miliardi, la lira si era svalutata in egual misura, e le materie prime scarseggiavano tanto che si dovette perfino ridurre i treni per mancanza di carbone. Per rimediare al deficit del bilancio, che saliva paurosamente, sarebbe occorso revocare il prezzo politico del pane che costava allo Stato ben sei miliardi all'anno. Ma questo avrebbe provocato, o per meglio dire aggravato la rivolta delle masse operaie, che Nitti non era in grado di affrontare.

L'ordine pubblico infatti restava il problema più affliggente. Col loro solito velleitarismo barricadiero, i socialisti seguitavano a tenere surriscaldata la piazza, senza raggiungere altro risultato che un sempre maggiore afflusso di reclute nei ranghi di Mussolini. Infoltite e rinforzate, le squadre fasciste reagivano alle provocazioni socialiste con crescente decisione e brutalità. Per reprimere le violenze dell'una e dell'altra parte, Nitti istituì uno speciale corpo di polizia, le «Guardie regie», perché ormai era chiaro che le Forze Armate regolari – Esercito e Carabinieri – parteggiavano per i fascisti. Ma invano egli cercò di richiamare i socialisti al pericolo di questa collusione. Gli operai capirono, e i capi della CGL accettarono di collaborare sotto banco con lui. Ma i dirigenti del partito, prigionieri della loro demagogia, insisterono nella loro dissennata azione provocatoria, che Mussolini chiamava non senza ragione «il ballo di San Vito dell'incosciente epilessia massimalista».

Solo in politica estera, Nitti ottenne qualche successo. Egli riuscì a conquistarsi la fiducia e l'appoggio di Lloyd George e di Clemenceau, che imposero alla Jugoslavia una trattativa diretta con l'Italia. «Checché facciate o diciate, comunque c'ingiuriate, non riuscirete mai a farmi vostro nemico. Noi siamo vicini e dobbiamo essere buoni vicini» disse Nitti ai delegati jugoslavi. Costoro s'incontrarono a Pallanza col ministro degli Esteri Scialoja, e anche se un accordo sul problema di Fiume non fu raggiunto, fu raggiunta una distensione che gli fece da prologo e da concime.

Ma alla politica estera s'interessavano solo i nazionalisti, che consideravano quella di Nitti una continua abdicazione ai «sacri diritti». La pubblica opinione era assetata solo di ordine pubblico e di stabilità economica, e Nitti, per la precarietà della sua maggioranza, non era in grado di assicurare né l'uno né l'altra. Nel marzo (del '20) i popolari gli chiesero, come prezzo del loro appoggio, una serie di misure ch'egli non poteva concedere senza perdere quello dei suoi naturali alleati liberali. Non gli rimase quindi che procedere a un «rimpasto» imbarcando nel suo ministero i giolittiani che fin allora lo avevano osteggiato e cercando ancora una volta qualche accordo coi socialisti. Ma nemmeno Turati, che pure forse ne comprendeva la necessità, vi si mostrò disposto. Quella collaborazione, disse, «sarebbe il nostro suicidio». E Nitti dovette accontentarsi di quello che oggi si chiamerebbe un governo «di parcheggio».

In aprile i popolari tennero un congresso in cui decisero di passare all'opposizione facendo blocco coi socialisti, e la conseguenza fu che Nitti dovette dare le dimissioni. Solo Turati si astenne dal voto e, rimangiandosi quanto aveva detto poco prima, scrisse alla Kuliscioff: «Dico che questo voto fu un abominio. Dico che i miei compagni sono dei delinquenti. Si votava per lo sfacelo dello Stato e di ogni disciplina morale. Si votava per il buio, per l'equivoco e indubbiamente per la reazione». In quel momento la violenza fascista stava prendendo il sopravvento su quella socialista, le «spedizioni punitive» si moltiplicavano lasciandosi dietro scie di sangue. E i socialisti seguitavano a paralizzare l'unico potere in grado di ripararli dall'incombente minaccia.

Nitti tentò ancora di formare un terzo governo con cui giuocò l'ultima disperata carta: un aumento del prezzo del pane, sia pure parziale e accompagnato da un sussidio integrativo dei salari che consentisse ai lavoratori di farvi fronte. Ma non bastò. I socialisti scatenarono la piazza. E Nitti ritirò il decreto e presentò le dimissioni stavolta definitive.

Il successore c'era già, e il suo nome correva sulla bocca di tutti: Giolitti.

CAPITOLO VENTISEIESIMO

# IL «NATALE DI SANGUE»

Anche coloro che lo avevano sempre osteggiato accolsero il ritorno di Giolitti al governo con un respiro di sollievo. Perfino i nazionalisti, perfino Mussolini, compresero che non c'era scelta: o lui, o il caos. Solo i socialisti rimasero murati nel loro dogmatico rifiuto di collaborazione. I socialisti e don Sturzo, che covava un sordo rancore personale contro lo statista piemontese, il quale lo chiamava «un pretino intrigante». Ma gli altri dirigenti del partito non si sentirono di condividere, in un momento come quello, le allergie del loro capo, e decisero di partecipare al governo, mandandoci Meda come Ministro del Tesoro. Gli Esteri furono affidati a Sforza, risoluto partigiano dell'accordo con la Jugoslavia, mentre al Lavoro fu chiamato l'unico socialista disponibile perché sindacalista e indipendente: Arturo Labriola. Ma la grande sorpresa fu l'assegnazione dell'Istruzione a un uomo che alla politica si era sempre mostrato refrattario: Benedetto Croce. Questi spiegò più tardi che aveva accettato l'offerta come si accetta la cartolina-precetto che richiama alle armi in tempo di guerra. Ma tutti si stupirono che Giolitti gliel'avesse rivolta. Che avesse letto Croce e ne fosse un ammiratore non c'è da crederlo perché Giolitti leggeva soltanto i bilanci e i rapporti. Ma il fatto è che, come racconta lo stesso Croce, quando Giolitti lo conobbe e lo sentì parlare, disse tutto stupito: «Ma questo filosofo ha molto buon senso». E fu per le sue qualità di buon senso, non per quelle di filosofo, che decise d'infilarlo «come un fiore all'occhiello» di quel suo quinto e ultimo ministero.

Giolitti si presentò alla Camera con un discorso programmatico in cui riprendeva i temi di quello di Dronero, a cominciare dalla riforma dell'art. 5 dello Statuto che riservava al capo del potere esecutivo, cioè al Re, l'esclusivo diritto di dichiarare la guerra e di fare la pace. E su questo punto sapeva che il consenso sarebbe stato unanime. Si assicurò quello dei popolari proponendo la parificazione alle scuole statali di quelle private, quasi tutte in mano ai preti. E gettò un'offa ai socialisti con un progetto di legge che avocava allo Stato i profitti di guerra e appesantiva la mano del fisco sui diritti di successione. I socialisti gli negarono ugualmente la fiducia, ma furono i soli. Del prezzo del pane non parlò: sapendo ch'era una battaglia persa in partenza, rinunziò a ingaggiarla.

Purtroppo, la piazza non si quietava. Un battaglione in partenza per l'Albania si ammutinò ad Ancona, e una nuova «settimana rossa» di scioperi e di violenze si scatenò, sotto il pungolo di Malatesta, in tutte le Marche. Ma presto l'epicentro dell'agitazione si spostò a Torino, la città di più alto sviluppo industriale e quindi anche di più agguerrito proletariato operaio. Qui il sindacato dei metalmeccanici, la FIOM, scese in lotta col patronato sul concreto e decisivo problema dei poteri dei Consigli di fabbrica, sotto la regìa organizzativa di Bruno Buozzi e quella ideologica di Gramsci. Il patronato s'irrigidì proclamando la serrata. E ai metalmeccanici, che avevano condotto la trattativa con notevole moderazione, non restò che bandire prima l'ostruzionismo, e poi l'occupazione delle fabbriche che immediatamente si estese anche a Milano e a Genova.

In questa emergenza, Giolitti ricorse alle sue vecchie ricette ordinando ai prefetti di ridurre al minimo le loro interferenze nelle diatribe sindacali e di limitarsi a mantenere l'ordine pubblico. Egli era convinto che quando gli operai si fossero accorti che non potevano mandare avanti le fabbriche, l'occupazione si sarebbe esaurita da sola, e il suo fallimento sarebbe servito di lezione per il futuro. Frassati racconta che proprio in quei giorni Giolitti si trovò a passare per Torino, dove Agnelli gli chiese d'impiegare la truppa per far sgombrare la FIAT. «Sono in grado di provvedere subito,» rispose Giolitti «dando l'ordine che la FIAT sia bombardata.» «No, no» fece Agnelli spaventato. «E allora?» replicò Giolitti.

Ancora una volta il suo metodo si rivelò efficace. Al consiglio della CGL, che si riunì a Milano ai primi di settembre, la corrente moderata guidata da D'Aragona prevalse, sia pure di stretta misura, su quella massimalista, e accettò di sottoporsi all'arbitrato dello stesso Giolitti. Questi convocò i rappresentanti delle due parti e riuscì a metterle d'accordo su una formula di compromesso che riconosceva agli operai un diritto di «controllo» sulle aziende, ma senza precisarne l'estensione e la sostanza. L'occupazione cessò, ma nel patronato e in tutta l'opinione moderata rimase un senso di sgomento che si rifletté nelle elezioni amministrative di fine ottobre.

A queste elezioni i fascisti, per non esporsi a un altro smacco, non presentarono una lista propria. Preferirono entrare in quelle dei «Blocchi nazionali» che chiamavano a raccolta tutte le forze moderate in difesa dell'ordine e della legalità. I Blocchi riportarono un grosso successo conquistando gran parte del Mezzogiorno e alcune importanti città del Centro-Nord, fra cui Roma, Firenze, Genova e Torino. Insieme al fallimento dell'occupazione delle fabbriche, questi risultati dimostrano che «la rivoluzione delle parole», come poi lo stesso Turati chiamò quella socialista, aveva stancato anche molti simpatizzanti senza sortire altro effetto che di cementare il fronte avversario. Anche i popolari ne risentirono perché molti cattolici, su istigazione di alcuni prelati come il cardinale Ferrari, Arcivescovo di Milano, preferirono votare per il Blocco. Era chiaro che il Paese, stanco di violenze, si spostava a destra. E a capirlo prima e meglio degli altri fu Mussolini che diede ai suoi Fasci, rimasti fin allora un coacervo delle tendenze più contraddittorie fino a includerne anche di anarchiche, una decisa sterzata in senso reazionario.

Convinto che l'ondata estremista fosse ormai in reflusso e che il Paese si stesse avviando alla normalità, Giolitti decise di liquidare l'ultima pendenza lasciata dalla guerra: la questione di Fiume, da cui dipendeva il definitivo regolamento di conti con la Jugoslavia. Appunto per questo egli aveva affidato gli Esteri a Sforza, risoluto partigiano di un accordo con Belgrado. La loro prima mossa fu lo sganciamento dall'Albania, occasione di continui attriti non solo con la Jugoslavia che aspirava ad annettersene la zona settentrionale con Scutari, ma anche con la Grecia che rivendicava quella meridionale. Gli Alleati riconoscevano all'Italia un diritto su Valona, che però lo Stato Maggiore riteneva indifendibile senza l'occupazione di un vasto entroterra, ormai sotto il controllo di un caperonzolo locale, Ahmed Zogu, che si batteva, o diceva di battersi per l'unità e l'indipendenza nazionale. Quando i bersaglieri destinati a sbarcare laggiù si ammutinarono ad

Ancona, Giolitti e Sforza ne presero pretesto per rinunziare a Valona, convinti che questo gesto, oltre a risparmiarci una endemica guerriglia con gli Albanesi, avrebbe spianato la strada a una intesa con la Jugoslavia. E così fu.

Sforza dichiarò agli Alleati che l'Italia si contentava dell'isolotto di Saseno che fronteggia Valona, e gli Alleati reciprocarono il gesto affidando all'Italia la difesa dell'integrità territoriale dell'Albania, il che significava praticamente un protettorato su di essa. Greci e Jugoslavi dovettero ritrarsene, Zogu diventò nostro vassallo e così, senza sprecare né un uomo né un soldo, restammo praticamente padroni di quella terra.

In luglio, mentre Sforza si abboccava col suo collega belgradese Trumbic, Giolitti discusse la questione adriatica con Lloyd George e Millerand, che accettarono la tesi italiana di una frontiera fissata lungo la linea di displuvio alpina più un'esile striscia di territorio per collegarla a Fiume che però sarebbe rimasta città libera. In compenso, l'Italia rinunziava alla Dalmazia, con l'eccezione di Zara.

La trattativa diretta con gli Jugoslavi si svolse a Rapallo in novembre. La condusse Sforza con molta abilità, Giolitti v'intervenne solo quando ormai l'accordo era raggiunto. Gli Jugoslavi avevano opposto tenace resistenza perché quella linea di frontiera lasciava in casa nostra quasi mezzo milione di loro connazionali, ma furono accattivati dalla prospettiva di una vantaggiosa collaborazione economica che Sforza offrì in perfetta buona fede. Egli concepiva infatti la missione dell'Italia come quella di uno Stato-guida delle nazioni balcaniche e mitteleuropee per un fronte comune contro l'espansionismo germanico. E come pegno delle sue intenzioni riconobbe agli Jugoslavi la sovranità su Porto Baros che geograficamente faceva parte di quello di Fiume.

Ora, firmato il trattato, restava da persuadere D'Annunzio ad abbandonare la città. E nel caso che avesse opposto resistenza, bisognava fare in modo che questa non sollevasse nel Paese un'altra ondata d'isterìa nazionalista.

D'Annunzio era in crisi. Già al tempo del governo Nitti, egli aveva accettato una proposta di Badoglio secondo cui il governo di Roma avrebbe proclamato il diritto di Fiume all'autodecisione, e D'Annunzio l'avrebbe consegnata ai reparti regolari in attesa della definitiva sistemazione alla Conferenza della pace. Questo accordo era stato approvato dal Consiglio nazionale, che fungeva da parlamento di Fiume, e poi consacrato da un plebiscito. Il fatto è che la città era stanca del clima sagraiòlo in cui D'Annunzio la teneva immersa riducendola a una specie di Circo Barnum, e non vedeva l'ora di liberarsi di lui e dei suoi Legionari che passavano la vita a bivaccare nei caffè, a programmare imprese più o meno goliardiche e a ordire congiure da operetta.

Ma il Comandante, subito dopo aver dato la parola a Badoglio, se la rimangiò, mettendo in crisi gli elementi nazionalisti e militari ch'erano accorsi sotto la sua bandiera per spirito patriottico. Rejna lo abbandonò. Lo abbandonò Millo. E lo abbandonò anche il suo capo di gabinetto Giuriati, l'uomo più serio di tutta la banda, che venne sostituito dal sindacalista De Ambris. Con lui prese piede l'elemento estremista che mirava a fare di Fiume la rampa di lancio di un movimento rivoluzionario nazionale, cui aderì perfino il capo degli anarchici, Malatesta. La città diventò la mecca degli agitatori europei, dall'egiziano Zaghlul Pascià all'irlandese O' Killy all'ungherese Béla Khun. Fu sotto la loro influenza che D'Annunzio elaborò la sua famosa e fumosa «Carta del Carnaro», guadagnandosi la stima di Lenin, il quale parlò di lui come di un vero capo rivoluzionario.

Oltre che fra i Legionari, i quali si ridussero da ottomila a cinquemila, questa svolta produsse una spaccatura anche nella popolazione fiumana, già indignata dal voltafaccia del Comandante. Questi dovette cedere l'amministrazione civile al Consiglio nazionale, e il capo dei socialisti autonomisti, Zanella, andò a Roma per cercare un'intesa che sbloccasse la situazione. Ormai era chiaro che a opporvisi era soltanto D'Annunzio coi suoi residui *desperados*. E Caviglia, che aveva sostituito Badoglio, si diceva pronto a liquidarli con un atto di forza.

Questa era la situazione che Giolitti aveva trovato tornando al potere. Ma, invece di forzarla, preferì lasciarla maturare. Dopo il trattato di Rapallo che regolava i conti con gli Jugoslavi, l'obiettivo che si propose fu d'isolare completamente D'Annunzio staccando da lui anche Mussolini. L'impresa era facile perché Mussolini aveva ben misurato l'inconsistenza e il dilettantismo del Comandante e voleva mettersi al riparo dalle sue impennate e improvvisazioni. Solo, voleva farlo al momento opportuno, e cioè quando le forze fasciste non avessero avuto più bisogno dell'appoggio morale del dannunzianesimo.

Lo sganciamento avvenne per gradi e con circospezione. Sobillato dai rivoluzionari e rendendosi conto che quella posizione di stallo lo stava logorando, D'Annunzio rimise a nuovo i suoi vecchi progetti di marcia legionaria su Roma e ne informò Mussolini per sollecitarne la collaborazione. Mussolini rispose con un memoriale in cui si diceva pronto a collaborare anche in posizione subalterna, ma a condizione di essere preventivamente interpellato sulla scelta del momento e dei criteri tattici, che la spedizione battesse bandiera repubblicana e che comunque venisse rinviata alla primavera dell'anno dopo, cioè del '21. Quest'ultima clausola era la più importante: Mussolini voleva guadagnar tempo perché era sicuro che il tempo lavorava per lui e contro D'Annunzio.

Questo accadeva in ottobre. In novembre ci furono le elezioni amministrative che, col successo del Blocco nazionale, avevano dato a Mussolini un'indicazione precisa: il Paese voleva l'ordine, e per presentarsi come campione dell'ordine egli impresse ai Fasci una sterzata reazionaria rinnegandone le confuse tendenze rivoluzionarie, e cioè muovendo dei passi nella direzione opposta a quella di D'Annunzio. Subito dopo venne il trattato di Rapallo. Sul suo giornale, Mussolini lo commentò favorevolmente dicendo che, pur non essendo la soluzione ideale, era tuttavia la migliore fra quelle possibili. Questo appoggio a una transazione che fin allora egli stesso aveva qualificato «rinunciataria», sollevò stupore e indignazione nei nazionalisti, e anche in molti fascisti che ci videro un tradimento e stilarono un ordine del giorno che ribadiva, contro di lui, la rivendicazione di Fiume e di tutta la Dalmazia. Mussolini rispose indirettamente sul «Popolo d'Italia»: «Solo un pazzo o un criminale può pensare a scatenare nuove guerre. Per questo noi riteniamo buoni gli accordi per il confine orientale e per Fiume».

Il voltafaccia era così radicale che molti sospettarono una segreta intesa fra lui e Giolitti, il quale infatti venne attaccato alla Camera come alleato dei fascisti. L'intesa naturalmente non c'era. C'era soltanto una occasionale coincidenza d'interessi: tutt'e due volevano liquidare D'Annunzio, Giolitti perché lo considerava un nemico, Mussolini perché lo considerava un rivale.

D'Annunzio aveva risposto al trattato di Rapallo con un colpo di mano sulle isole di Arbe e di Veglia, eppoi con un discorso dal balcone: «Eccoci di nuovo soli, soli contro tutti col nostro solitario coraggio». Ma, rendendosi conto anche lui che la sua parola non esercitava più il magico potere di una volta, tentò ancora un accordo con Mussolini mandandogli come ambasciatore De Ambris. L'incontro avvenne a Trieste, alla presenza di Foscanelli che poi ne raccontò lo svolgimento in un libro di ricordi: *Gabriele d'Annunzio e l'Ora sociale*. De Ambris tornò a illustrare il progetto di una marcia di Legionari e di fascisti su Roma. Ma «era chiaro che Mussolini aveva tutt'altra voglia che aderire al programma rivoluzionario di Fiume». Egli sollevò una serie di obiezioni che resero difficile il colloquio trasformandolo in alterco, tanto che Foscanelli fu pregato di gettare nella stufa gli appunti che aveva preso. Dopodiché De Ambris proseguì alla volta di Roma in cerca di qualche soluzione che permettesse al Comandante di salvare la faccia. Ma non la trovò. Informato dal prefetto di Milano, Lusignoli, Giolitti già sapeva della rottura fra D'Annunzio e Mussolini; e ora ch'era isolato, D'Annunzio non gli faceva più paura.

Il Comandante lanciò il suo guanto di sfida con un'altra impennata oratoria: «Per Fiume, per le isole, per la Dalmazia, noi otterremo tutto ciò che è giusto. Ma se questo non potessimo ottenere, se non potessimo superare l'iniquità degli uomini e l'avversità delle sorti, io vi dico sul mio onore di soldato e di marinaio italiano che tra l'Italia e Fiume, tra Fiume e l'Italia e le isole, tra l'Italia e la Dalmazia resterà sempre il mio corpo sanguinante».

Qualcuno dice ch'egli carezzava ancora l'illusione di provocare un *pronunciamiento* fra le truppe e gli equipaggi. Ma noi riteniamo più verosimile, perché più congeniale al personaggio, l'altra ipotesi: ch'egli cercasse soltanto di concludere in bellezza la sua avventura con gualche gesto in tono con l'esaltata e surreale atmosfera in cui egli l'aveva vissuta e fatta vivere ai suoi seguaci.

Giolitti tentò di evitare il sangue accordandosi con Zanella per un moto insurrezionale dall'interno della città che mettesse D'Annunzio in condizione di chiamare egli stesso le truppe di Caviglia o comunque gl'impedisse di far loro resistenza. L'operazione doveva avvenire il giorno di Natale all'alba, e Zanella la preparò d'intesa con Rejna per sincronizzarne i tempi coi movimenti dell'Esercito. Ma questo, contravvenendo ai patti, diede avvìo all'azione la sera del 24. Caviglia lanciò un *ultimatum* cui il Poeta rispose, al contrario di Garibaldi, con un sonoro «Disobbedisco» e con un proclama ai soldati in cui, parafrasando Nelson, diceva che «l'Italia aspettava che nessuno facesse il proprio dovere».

Visti inutili i tentativi di pacifica composizione, Caviglia ordinò l'attacco in quello che poi D'Annunzio chiamò «il Natale di sangue». Di sangue ne corse poco perché una commissione di cittadini si presentò al Comandante scongiurandolo di porre fine a quella lotta fratricida. D'Annunzio rispose con un gesto degno di lui: affidando la decisione al «testa o croce» di una moneta lanciata in aria, ma senza specificare quale significato attribuiva all'uno e all'altro segno. Venne testa, e lui le attribuì il significato della resa. A un popolo che abbandonava Fiume al suo destino, scrisse più tardi, per non distrarsi dalle sue «gozzoviglie natalizie», non valeva la pena sacrificare il proprio corpo sanguinante: quasi le stesse parole che di lì a venticinqu'anni avrebbe pronunciato Hitler, nel suo bunker assediato, sul conto dei Tedeschi, ma in chiave di tragedia, non di melodramma.

I Legionari, che avevano perso una cinquantina di uomini, abbandonarono Fiume indisturbati. Il Poeta vi si trattenne, indisturbato anche lui, per qualche altra settimana. Poi la lasciò, disse Nitti, «come aveva lasciato tutte le sue donne: in miseria», per avviarsi verso il suo dorato esilio di Gardone.

Per qualche tempo, lo vedremo ancora ricomparire di quando in quando in scena, nel vano tentativo di assumervi nuovamente una parte di protagonista. Questa parte ormai era in palio fra Giolitti e Mussolini, che, tolto di mezzo lui, ora si fronteggiavano. Ma il loro duello rientra in un altro capitolo della nostra storia.

# Nota bibliografica

La bibliografia per la ricostruzione di questo periodo è sterminata, e credo che nessuno studioso sia in grado di citarne tutte le fonti, disperse per lo più in riviste, giornali e carteggi anche inediti. Io indicherò soltanto quelle principali, elencandone gli autori per ordine alfabetico:

P. Alatri, *Nitti, D'Annunzio e la questione adriatica*; id., *Le origini del fascismo*; L. Albertini, *Le origini della guerra*; id., *Venti anni di vita politica*; id., *Epistolario*; R. Alessi, *Dall'Isonzo al Piave*; G. Ansaldo, *Il Ministro della buona vita*; E. Barone, *Storia militare della nostra guerra fino a Caporetto*; S. Bertoldi, *Vittorio Emanuele III*; id., *Badoglio*; L. Bissolati, *Diario di guerra*; id., *La politica estera dell'Italia dal 1897 al 1920*; Von Bülow, *Memorie*; L. Cadorna, *La guerra alla fronte italiana*; id., *Pagine polemiche*; L. Capello, *Per la verità*; id., *Note di guerra*; E. Caviglia, *Le tre battaglie del Piave*; id., *Diario*; id., *Il conflitto di Fiume*; M. Cervi, *Caporetto*; F. Chabod, *L'Italia contemporanea*; S. Cilibrizzi, *Storia parlamentare, politica e diplomatica d'Italia*; E. Corradini, *Il nazionalismo italiano*; B. Croce, *Storia d'Italia dal 1871 al 1915*; R. De Felice, *Mussolini il rivoluzionario*; id., *Mussolini il fascista*; L. Einaudi, *La condotta economica e gli effetti sociali della guerra italiana*; E. Faldella, *Caporetto, le vere cause di una tragedia*; A. Frassati, *Giolitti*; A. Gatti, *Caporetto*; A. Gerschenhron, *Notes on the rate of industrial growth in Italy*; G. Giolitti, *Memorie della mia vita*; G. Giuriati, *Con D'Annunzio e Millo in difesa dell'Adriatico*; P. Gobetti, *Opere complete*; A. Gramsci, *La questione meridionale*; A. Jemolo, *Chiesa e Stato in Italia negli ultimi cento anni*; A. Labriola, *Lettere a Engels*; L. Lipparini, *Andrea Costa*; Lloyd George, *Memorie di guerra*; E. Lussu, *Un anno sull'altipiano*; L. Luzzatti, *Memorie autobiografiche e carteggi*; id., *Opere*; D. Mack-Smith, *Storia d'Italia*; O. Malagodi, *Conversazioni della guerra 1914-1919*; P. Melograni, *Storia politica della grande guerra. 1915-1918*; A. Monticone, *La battaglia di Caporetto*; P. Nenni, *Storia di quattro anni*; F.S. Nitti, *L'Italia all'alba del secolo XX*; id., *Nord e Sud*; id., *Rivelazioni*; U. Ojetti, *Lettere alla moglie*; V.E. Orlando, *Memorie*; P. Pieri, *L'Italia nella prima guerra mondiale*; G. Po, *La guerra marittima dell'Italia*; L. Preti, *Le lotte agrarie nella valle padana*; G. Prezzolini, *Caporetto*; id., *Vittorio Veneto*; di G. Prezzolini si veda ancora tutta la pubblicistica relativa a «La Voce» e i numerosi e preziosi epistolari; R. Romeo, *Breve storia della grande industria in Italia*; E. Rommel, *Guerra senza odio*; A. Salandra, *L'intervento 1915*; id., *La neutralità italiana*; id., *Memorie politiche*; L. Salvatorelli, *La Triplice Alleanza*; G. Salvemini, *La politica estera dell'Italia dal 1871 al 1914*; A. Serpieri, *La guerra e le classi rurali italiane*; C. Seton-Watson, *Storia d'Italia dal 1870 al 1925*; M. Silvestri, *Isonzo 1917*; A. Soffici, *La ritirata del Friuli*; G. Spadolini, *Giolitti e i cattolici*; id., *L'opposizione cattolica*; L. Sturzo, *I discorsi politici*; M. Toscano, *Il Patto di Londra*; id., *La Serbia e l'intervento in guerra dell'Italia*; F. Turati-A. Kuliscioff, *Carteggio*; V. Vailati, *Badoglio risponde*; N. Valeri, *Da Giolitti a Mussolini*; id., *D'Annunzio davanti al fascismo*; id., *Giolitti*; L. Valiani, *La dissoluzione dell'Austria-Ungheria*; G. Volpe, *Ottobre 1917, dall'Isonzo al Piave*; id., *Italia moderna*.

## Avvenimenti principali

1900 – 29 luglio. A Monza Gaetano Bresci uccide re Umberto I, cui succede il figlio Vittorio Emanuele III.
1901 – Marzo. Al governo Saracco succede il ministero Zanardelli con Giolitti agli Interni.
1902 – 28 giugno. Quarto rinnovo della Triplice Alleanza.
1902 – Settembre. Congresso nazionale socialista di Imola.
1903 – Gennaio. Accordo anglo-italiano sulle questioni coloniali.
1903 – Viene eletto Papa Pio X.
1903 – Ottobre. Giolitti diventa Capo del governo.
1904 – Fondazione a Roma dell'Unione agraria italiana.
1904 – 15 settembre. Sciopero nazionale per protesta contro gli eccidi in Meridione.
1905 – Marzo. A Giolitti dimissionario succede Alessandro Fortis.
1905 – Dicembre. Crisi del governo Fortis; gli succede Sonnino.
1906 – Gennaio-aprile. Conferenza di Algesiras per il Marocco.
1906 – 8 maggio. Cade il governo Sonnino; ritorna Giolitti.
1906 – Settembre. Nascita della Confederazione Generale del Lavoro a Torino.
1906 – 13 dicembre. Accordo italo-franco-inglese sull'Etiopia.
1907 – 8 settembre. Pio X condanna il modernismo con l'Enciclica *Pascendi*.
1908 – Giuseppe Prezzolini fonda «La Voce».
1908 – Settembre. Congresso del Partito socialista a Roma.
1908 – 28-29 dicembre. Terremoto di Messina e Reggio Calabria.
1909 – Dicembre. Dimissioni di Giolitti, cui succede Sonnino.

1910 – 31 marzo. Nuovo governo formato da Luigi Luzzatti.
1911 – 30 marzo. Nuovo ministero Giolitti.
1911 – 29 settembre. Truppe italiane iniziano lo sbarco a Tripoli.
1911 – 5 novembre. Annessione della Libia all'Italia.
1911 – 16 dicembre. Salvemini fonda la rivista «L'Unità».
1912 – Luglio. Congresso del Partito socialista a Reggio E. Mussolini diventa direttore dell'«Avanti!».
1912 – Novembre. Viene creata l'Unione Sindacale Italiana.
1913 – 26 ottobre. Elezioni. Vince il governo.
1914 – 19 marzo. Dimissioni del ministero Giolitti. Viene formato un gabinetto Salandra.
1914 – 28 giugno. Attentato di Sarajevo.
1914 – 23 luglio. *Ultimatum* dell'Austria alla Serbia.
1914 – 27 luglio. Il generale Luigi Cadorna è nominato Capo di Stato Maggiore.
1914 – 28 luglio. Attacco dell'Austria alla Serbia: ha inizio la prima guerra mondiale.
1914 – 2 agosto. Dichiarazione di neutralità dell'Italia.
1914 – 3 agosto. Invasione del Belgio da parte della Germania.
1914 – 20 agosto. Muore Pio X; gli succede Benedetto XV.
1914 – 5-14 settembre. Battaglia della Marna.
1914 – 4 novembre. Sonnino assume il Ministero degli Esteri.
1914 – 15 novembre. «Il Popolo d'Italia» inizia le sue pubblicazioni.
1914 – 24 dicembre. Gli Italiani occupano Valona.
1915 – 26 aprile. Patto di Londra.
1915 – Maggio. In tutta Italia avvengono manifestazioni interventistiche.
1915 – 22 maggio. Mobilitazione generale.
1915 – 24 maggio. L'Italia dichiara guerra all'Austria.
1915 – 23 giugno. Prima battaglia dell'Isonzo.
1916 – 21-24 febbraio. Verdun.
1916 – 15 maggio. Grande offensiva austriaca sul fronte italiano (*Strafexpedition*).
1916 – 10 giugno. Cade il ministero Salandra. Assume il potere Boselli.

1916 – 21 novembre. Muore l'imperatore d'Austria Francesco Giuseppe; gli succede il nipote Carlo I.
1917 – 12 marzo. A Pietroburgo scoppia la rivoluzione russa.
1917 – 9 agosto. L'«inutile strage» di Benedetto XV.
1917 – 24-29 ottobre. Caporetto.
1917 – 30 ottobre. Dopo la caduta del ministero Boselli, Orlando forma il nuovo governo.
1917 – 6 novembre. Convegno interalleato di Rapallo.
1917 – 9 novembre. Esonero di Cadorna e nomina di Diaz.
1917 – 7 dicembre. L'America dichiara guerra all'Austria.
1918 – 8 aprile. Patto di Roma.
1918 – 10 giugno. Affondamento della corazzata austriaca *Santo Stefano*.
1918 – 15-22 giugno. La battaglia del Piave.
1918 – 24 ottobre. Vittorio Veneto.
1918 – 3 novembre. Firma dell'armistizio a Villa Giusti.
1919 – 23 marzo. Mussolini fonda a Milano il primo Fascio di combattimento.
1919 – 24 aprile. Orlando e Sonnino abbandonano la Conferenza di Parigi.
1919 – 28 aprile. Si vara lo Statuto della Società delle Nazioni.
1919 – 22 giugno. Gabinetto Nitti.
1919 – 10 settembre. Trattato di Saint-Germain con la Germania.
1919 – 12 settembre. D'Annunzio entra a Fiume.
1919 – 16 novembre. Elezioni. I deputati socialisti alla Camera sono 156 e 100 popolari.
1920 – Giugno. Giolitti assume il governo.
1920 – 30 agosto. Occupazione delle fabbriche da parte degli operai.
1920 – 9 settembre. Reggenza del Quarnaro.
1920 – 29 dicembre. Dopo il «Natale di sangue», D'Annunzio abbandona la reggenza di Fiume.

# APPENDICE

# RITRATTI

*Biografie essenziali delle principali figure storiche trattate in questa* Storia d'Italia.

## Giorgio Sidney Sonnino
(Pisa 1847 – Roma 1922)
Politico italiano

Abbracciata la carriera diplomatica, dopo aver conseguito la laurea in diritto a Pisa, ricoprì incarichi di rappresentanza presso le Legazioni italiane a Madrid, a Vienna e a Parigi. La svolta decisiva alla sua vita la impresse nel 1873, quando lasciò il corpo diplomatico per concentrarsi sullo studio dell'agricoltura e delle condizioni in cui versavano i contadini italiani; i risultati più importanti di questo impegno furono le memorie *La mezzeria in Toscana* (1874) e *La Sicilia nel 1876* (1877). In breve tempo Sonnino si distinse nel panorama politico italiano quale promotore di radicali riforme come il suffragio universale e l'abolizione della tassa sul macinato, quest'ultima decisamente avversata dalla popolazione. Eletto nel 1880 alla Camera, fu designato prima quale sottosegretario al Tesoro, quindi Ministro delle Finanze e del Tesoro, infine del Tesoro nel terzo governo diretto da Francesco Crispi. Durante lo svolgimento della carica ministeriale si impegnò attivamente nello sforzo di portare in pari il deficit del Regno, senza esitare ad adottare delle misure economiche invise alle masse popolari e alla limitazione delle spese. In questo periodo Sonnino suscitò una vivace polemica con un suo articolo apparso sulla rivista «Nuova Antologia» del gennaio 1897, dal titolo *Torniamo allo Statuto*, in cui sollecitava appunto un risoluto ritorno al governo costituzionale definito dallo Statuto albertino a discapito di quello parlamentare. Una presa di posizione dai chiari connotati conservatori, dettata dalla preoccupazione di arginare il diffuso ricorso al trasformismo nella vita politica italiana, che non mancò di ispirare l'orientamento del secondo governo Pelloux.

L'inizio del XIX secolo e dell'era giolittiana vide Sonnino porsi in aperta opposizione alla politica di ampie aperture verso i socialisti e i cattolici intrapresa da Giolitti. Nel 1901 fondò con Antonio Salandra «il Giornale d'Italia», che nelle sue intenzioni doveva farsi portavoce delle posizioni della Destra storica liberale, e cinque anni più tardi fu incaricato di formare il suo primo, breve, governo: godendo dell'appoggio dei radicali e dei conservatori, Sonnino intraprese un programma di riforme che interessava l'annosa questione meridionale e la libertà di stampa. Un secondo incarico di guidare l'esecutivo lo ricevette nel 1909, ma si rivelò altrettanto poco fortunato. Allo scoppio del primo conflitto mondiale il toscano tenne una posizione neutralista ma la nomina a Ministro degli Esteri nel gabinetto Salandra lo portò ad avviare trattative con l'Austria-Ungheria per ottenere la cessione all'Italia di Trento e Trieste. Davanti al netto rifiuto dell'Impero, nel marzo 1915 Sonnino prese di conseguenza contatto con la Triplice Intesa e sottoscrisse il Trattato di Londra, che impegnava l'Italia a partecipare alla guerra in atto a fianco di Gran Bretagna, Francia e Russia, in cambio di consistenti ampliamenti territoriali. Mantenne l'incarico degli Esteri per tutto il periodo di guerra, circostanza questa che gli consentì di partecipare con il capo del governo, Vittorio Emanuele Orlando, ai lavori della Conferenza di pace di Parigi del 1919, durante i quali difese in modo tenace gli interessi italiani nell'area adriatica a discapito del nuovo principio di nazionalità. La caduta del governo Orlando nel giugno 1919 lo portò a rassegnare le dimissioni dal suo dicastero.

# Ferdinand Foch

(Tarbes 1851 – Parigi 1929)
Generale e maresciallo francese

Il vincitore della prima guerra mondiale iniziò la sua lunga carriera militare nel 1870, quando lasciò i gesuiti, presso i quali studiava a Metz, per arruolarsi e lottare contro i Prussiani durante la guerra franco-prussiana che portò al collasso del secondo Impero. Sebbene non avesse avuto l'opportunità di combattere, Foch nondimeno non abbandonò la strada intrapresa e nel 1871 si iscrisse all'École politechnique, poi alla scuola di artiglieria, a quella di cavalleria quindi, nel 1885, all'École de guerre, di cui negli anni seguenti fu professore (raccolse le sue lezioni in due opere, *Principi della guerra*, 1903, e *Condotta della guerra*, 1904) e in seguito direttore.

All'indomani dello scoppio della prima guerra mondiale Foch fu posto a capo della IX armata francese, con la quale conseguì la vittoria della Marna, e contribuì a bloccare l'avanzata germanica verso Parigi. Nel 1915, come comandante delle armate del Nord, diresse le operazioni nell'Artois e nella Champagne, mentre l'anno seguente sostenne la battaglia della Somme. La sua nomina a capo di Stato Maggiore avvenne nel 1917 e con tale grado fu presente per un breve periodo anche sul fronte italiano, periodo che coincise con lo sfondamento austriaco delle linee italiane a Caporetto. Richiamato in patria, fu designato dal capo del governo francese Georges Clemenceau il comando supremo delle truppe alleate su tutti i fronti. A un primo insuccesso, subìto presso lo Chemin des Dames (strada in Piccardia, nel dipartimento dell'Aisne, che si snoda sulle alture presenti alla destra del fiume Aisne) procedette alla riorganizzazione delle truppe francesi impegnate nel conflitto e diresse la campagna di Francia fino alla vittoria decisiva sui Tedeschi nella seconda battaglia della Marna, sancita dalla firma dell'armistizio nel novembre 1918.

In qualità di presidente del Consiglio superiore di guerra, creato nel 1917 durante i lavori della conferenza di Rapallo per coordinare le operazioni lungo il fronte occidentale, si prodigò per far assegnare alla Francia la frontiera del Reno, ponendosi però in questo modo in aperto contrasto con i piani di Clemenceau.

## Vittorio Emanuele Orlando
(Palermo 1860 – Roma 1952)
Politico e giurista italiano

Fu il fondatore della scuola italiana del diritti pubblico, che delineò nei due manuali dei *Principi di diritto costituzionale* (1889) e *Principi di diritto amministrativo* (1890), dove il diritto pubblico acquisiva il carattere definitivo di disciplina scientifica.

Ottenuta la laurea in legge nel 1881 diede alle stampe uno studio, dal titolo *Della riforma elettorale*, che toccava un aspetto delicato della vita politica del Regno d'Italia sullo scorcio dell'Ottocento: l'allargamento della base elettorale, che di fatto avvenne l'anno successivo. Il saggio, e l'eco che ne seguì, gli permise di conseguire la libera docenza nelle Università di Palermo, Modena, Messina e Roma come docente di diritto amministrativo, di diritto pubblico e di diritto costituzionale. Alla fine del XIX secolo risale l'impegno politico di Orlando: nel 1897 fu membro del governo Zanardelli, in seguito fu nominato Ministro della Pubblica Istruzione e di Grazia e Giustizia nel secondo (1903) e nel terzo governo Giolitti (1907). L'incarico al dicastero di Grazia e Giustizia lo riottenne durante il gabinetto Salandra, che nel 1915 si espresse apertamente a favore dell'intervento italiano in guerra accanto alle potenze dell'Intesa. Dopo la crisi di Caporetto e l'esonero del governo Boselli, Orlando fu chiamato ad assolvere in prima persona alla funzione di presidente del Consiglio, dando prova di possedere buone attitudini di governo.

Nel 1919, in occasione delle trattative di pace a Parigi, ebbe non poche difficoltà a far valere le posizioni italiane sulla Dalmazia e su Fiume, per nulla aiutato a tal fine dal ministro degli Esteri Sidney Sonnino: mentre Orlando si mostrava più possibilista sulla rinuncia italiana alla Dalmazia ma chiedeva l'annessione di Fiume, Sonnino reclamava al contrario il pieno controllo su tutti questi territori in base alle clausole del Trattato di Londra del 1915. Le difficoltà sorte con gli alleati anglo-franco-americani e l'insanabile divergenza di vedute con Sonnino spinsero Orlando ad abbandonare la Conferenza di pace, cui fecero seguito le dimissioni da capo del governo.

Con l'affermarsi del fascismo negli anni Venti, Orlando appoggiò il movimento guidato da Mussolini e fece pure parte della commissione incaricata di analizzare la legge Acerbo, la quale assegnava al partito che avesse conseguito il 25% dei voti i due terzi dei seggi parlamentari. Il nome di Orlando fu quindi inserito nel listone fascista per le elezioni del 1924 in Sicilia, ma l'assassinio del deputato socialista Giacomo Matteotti lo portò all'opposizione. Alla caduta del regime fascista nel 1945, Orlando fu deputato alla Costituente e poi nominato senatore di diritto, carica che rivestì fino 1952.

## Armando Diaz
(Napoli 1861 – Roma 1928)
Generale italiano

Fu avviato sin da giovane alla carriera militare: cadetto dapprima nel collegio militare di Napoli, poi si spostò a Torino, dove frequentò l'Accademia militare di artiglieria, da cui uscì nel 1884 come ufficiale; dieci anni più tardi fu ammesso alla Scuola di guerra, conseguendo ottimi risultati. La prima esperienza bellica la fece in Libia nel 1910, a Zanzur, nel corso della quale rimase ferito.

Rientrato in Italia venne assegnato allo Stato Maggiore dell'esercito, prima alle dipendenze del generale Pollio, in seguito di Cadorna. Allo scoppio della prima guerra mondiale Cadorna assegnò Diaz al corpo di Stato Maggiore come addetto al comando supremo delle operazioni militari, posto che conservò fino al 1916, quando fece domanda per essere assegnato a un comando divisionale. Ricevette quindi la direzione della 49ma divisione di fanteria dislocata sul Carso, mentre l'anno successivo comandò il XXIII corpo d'armata, sempre sul Carso. Il 1917 si rivelò l'anno fondamentale per la sua carriera: dopo aver condotto con ordine le sue truppe fino al Piave ricevette dal governo e da Vittorio Emanuele III l'ordine di sostituire Cadorna nella direzione delle operazioni belliche. In questa nuova veste Diaz si preoccupò innanzitutto di organizzare le difese lungo il fronte del Piave e sul Monte Grappa per bloccare l'avanzata austro-tedesca; in secondo luogo, migliorò le condizioni materiali e morali delle truppe, demoralizzate dopo lo sfondamento nemico a Caporetto e stanche per la durata della guerra. Un espediente per ridare loro fiducia fu l'istituzione di uffici di propaganda, che avevano il compito di spiegare ai soldati le finalità del conflitto in atto e la condotta della guerra. Nell'autunno del 1918 Diaz predispose l'attacco finale contro gli Austriaci: l'offensiva iniziata il 24 ottobre aveva per obiettivo lo sfondamento a Vittorio Veneto, che si concretizzò con successo tra il 28 e il 29 ottobre. Il 4 novembre il Generale poté inviare a Roma il comunicato della vittoria e la cessazione delle ostilità.

Diaz seguì per breve tempo l'evolversi dei lavori della Conferenza di pace a Parigi per poi lasciare il comando dell'esercito al suo sottocapo, Badoglio. Nel 1923, con il primo governo Mussolini, ebbe il dicastero della Guerra e contribuì alla realizzazione del nuovo assetto dell'esercito italiano.

# Cronologia essenziale

*La seguente cronologia si propone di integrare e arricchire il percorso storico tracciato dagli Autori, evidenziando gli eventi principali che costituiscono l'ossatura di questa* Storia d'Italia.

1919

*4-15 gennaio* – A Berlino scoppia l'insurrezione della Lega di Spartaco soffocata nel sangue (settimana di sangue); i due capi del movimento, Rosa Luxemburg e Karl Liebknecht, sono assassinati. In Irlanda il Sinn Fein proclama la repubblica e l'IRA (l'esercito repubblicano irlandese) attua una guerriglia antibritannica.

*18 gennaio* – Iniziano i lavori della conferenza di pace di Versailles; le decisioni sono prese da Wilson, Lloyd George, Clemenceau, Orlando (i «quattro grandi»).

*marzo* – A Mosca si apre la III Internazionale, che fa proprio il programma di rivoluzione mondiale. In Ungheria si insedia un governo dei *soviet* guidato da Béla Kun.

*23 marzo* – Mussolini fonda a Milano il primo fascio di combattimento.

*16 aprile* – I fasci di combattimento devastano la sede dell'«Avanti!» a Milano.

*24 aprile* – Orlando e Sonnino abbandonano la Conferenza di Parigi in seguito ai contrasti sorti sulla questione di Fiume.

*28 aprile* – Viene varato lo Statuto della Società delle Nazioni, la cui sede è posta a Ginevra.

*22 giugno* – Gabinetto Nitti.

*28 giugno* – Trattato di Versailles: la Germania è obbligata a ridurre le forze armate, la flotta militare, smilitarizzare il Reno, rinunciare alle colonie e all'Alsazia-Lorena, cedere alla Polonia parte dell'Alta Slesia, della Pomerania (dove si costituisce il corridoio di Danzica che divide la Prussia orientale dal resto della Germania) e della Posnania.

*agosto* – In Ungheria il generale M. Horthy obbliga Béla Kun a fuggire e instaura un periodo di «terrore bianco». In Germania viene promulgata la costituzione della Repubblica di Weimar e il socialista Friedrich Ebert ne è il primo presidente: è una repubblica federale con governo centrale e 17 *Länder* regionali, il potere legislativo è affidato a un *Reichstag* davanti al quale il cancelliere è responsabile.

*10 settembre* – Trattato di Saint-Germain con l'Austria: con le amputazioni dei territori che formano Cecoslovacchia, Polonia, Jugoslavia l'Austria si riduce di 1/8 dell'estensione del territorio imperiale; è posta sotto la tutela della Società delle Nazioni che ne garantisce l'indipendenza contro ogni ipotesi di unione alla Germania.

*12 settembre* – D'Annunzio entra a Fiume alla testa di un gruppo di volontari e attende che l'Italia proceda all'annessione della città («reggenza del Carnaro»).

*novembre* – Il Senato americano non accoglie il trattato di Versailles e gli Stati Uniti non fanno parte della Società delle Nazioni.

*16 novembre* – Elezioni italiane: i deputati socialisti (156) e quelli popolari (100) entrano alla Camera.

*27 novembre* – Trattato di Neuilly: la Bulgaria cede la Tracia alla Grecia, la Dobrugia alla Romania, la Macedonia alla Jugoslavia.

Giuseppe Ungaretti pubblica la raccolta poetica *Allegria di naufragi*; Marcel Proust *All'ombra delle fanciulle in fiore*; André Gide *La sinfonia pastorale*; Franz Kafka *Nella colonia penale*; lo storico Johan Huizinga *L'autunno del Medioevo*; il giornalista John Reed *I dieci giorni che sconvolsero il mondo*; l'economista J.M. Keynes *Le conseguenze economiche della pace*. L'architetto W. Gropius istituisce a Weimar la *Bauhaus*. Padre Agostino Gemelli dà vita a Milano all'Università Cattolica. Gli Stati Uniti vietano la vendita di alcolici (18° emendamento della Costituzione): inizia il proibizionismo.

1920

*aprile* – I Polacchi, decisi a ricostituire la Grande Pologna, entrano in conflitto con la Russia.

*16 maggio* – La Svizzera aderisce alla Società delle Nazioni dopo una campagna referendaria che ha diviso il Paese. L'adesione comporta, da una parte il mantenimento della neutralità militare; dall'altra l'applicazione delle sanzioni finanziarie ed economiche decretate dalla Società (è la «neutralità differenziata»).

*giugno* – Giolitti assume la direzione del governo.

*4 giugno* – Trattato del Trianon: l'Ungheria è privata di ampi territori e costretta a far fronte a pesanti riparazioni di guerra.

*agosto* – I Russi giungono alle porte di Varsavia, ma i Polacchi, appoggiati dai Francesi, contrattaccano con successo.

*7-8 agosto* – Adolf Hitler fonda a Monaco di Baviera il partito nazionalsocialista tedesco dei lavoratori (*Nationalsozialistische Deutsche Arbeiterpartei*, NSDAP), al quale aderiscono molti reduci di guerra.

*10 agosto* – Trattato di Sèvres: è previsto che la Gran Bretagna riceva il mandato su Iraq e Palestina, il controllo degli Stretti, della Transgiordania, Arabia e Yemen; la Francia ha un mandato sulla Siria.

*30 agosto* – Occupazione delle fabbriche da parte degli operai; il governo giolittiano mantiene un atteggiamento neutrale.

*8-12 novembre* – Trattato di Rapallo: l'Italia rinuncia a ogni pretesa sulla costa dalmata (eccetto l'Istria e Zara), che cede alla Jugoslavia, e quest'ultima lascia Fiume, che diviene «città libera».

*21 novembre* – In Irlanda si verificano scontri violenti tra i nazionalisti e le truppe inglesi («domenica di sangue»). A Bologna si consuma l'eccidio di palazzo Accursio: in seguito all'intervento della Guardia Regia a bloccare i fascisti, decisi a interrompere i festeggiamenti organizzati dai socialisti per la vittoria elettorale, sono esplosi dei colpi d'arma da fuoco. È quanto basta a creare panico e a spingere la folla festante verso il palazzo, dove però alcune Guardie rosse e dei massimalisti chiudono il portone e lanciano delle bombe a mano pensando che si tratti di un assalto fascista. Il bilancio finale è di 10 morti e di oltre 50 feriti.

*23 dicembre* – Il governo inglese riconosce l'autonomia all'Irlanda, che risulta così divisa in due zone: una meridionale, a maggioranza cattolica; l'altra settentrionale, a maggioranza protestante.

*29 dicembre* – Dopo il «Natale di sangue», caratterizzato da scontri tra le truppe regie e i volontari di D'Annunzio, questi abbandona la reggenza di Fiume.

A Mosca il secondo congresso del Komintern approva i 21 punti di Lenin che portano all'adesione dei partiti all'Internazionale comunista e a sostenere la «rivoluzione mondiale». L'Armata Rossa guidata da Trotzkij vince la armate dei «bianchi» comandate dagli ex generali zaristi, che hanno goduto dell'appoggio di Gran Bretagna, Francia e Giappone. Ad Ankara Mustafa Kemal guida il governo turco. Negli Stati Uniti è approvato il voto alle donne (19° emendamento della Costituzione). In India Gandhi inizia la prima campagna di resistenza passiva contro l'Inghilterra.

Marcel Proust pubblica *I Guermantes*; Jaroslav Hašek, *Le avventure del buon soldato Švejk*; Ezra Pound compone i *Cantos*. Muore a Parigi

Amedeo Modigliani. Si afferma l'*art déco* in architettura e arredamento. In Tripolitania una spedizione italiana avvia gli scavi di Leptis Magna.

1921

*gennaio* – XVII Congresso socialista a Livorno: in seguito a una scissione all'interno del partito nasce il Partito comunista italiano, guidato da Antonio Gramsci, Amedeo Bordiga, Angelo Tasca.

*febbraio* – Lenin avvia la «nuova politica economica» (NEP) rivolta alle campagne, con la riduzione delle tasse che devono essere versate in natura e due anni dopo in denaro; il commercio è riaperto all'iniziativa privata. La NEP favorisce il rilancio delle piccole-medie imprese private, del commercio e dgli scambi città-campagna.

*marzo* – Pace di Riga, che pone fine alla guerra russo-polacca: la Polonia conserva ampie zone della Russia Bianca e dell'Ucraina.

*2-17 marzo* – L'Armata Rossa reprime in modo cruento la rivolta dei marinai di Kronstadt che protestano contro il governo.

*15 maggio* – Elezioni politiche in Italia: entrano alla Camera 35 deputati fascisti e 16 comunisti.

*giugno* – Il governo Bonomi subentra a Giolitti.

*agosto* – In Germania Adolf Hitler affianca al suo partito un gruppo paramilitare, le SA (*Sturm Abteilung*).

*3 agosto* – Patto di pacificazione tra fascisti e socialisti.

*12 novembre* – Il movimento fascista si trasforma in Partito nazionale fascista (PNF).

*21 novembre-6 febbraio 1922* – Conferenza di Washington sul disarmo: sono raggiunti accordi sulla forza delle flotte di Stati Uniti, Inghilterra, Giappone, Francia e Italia; sul mantenimento dello *status quo* nel Pacifico tra Stati Uniti, Inghilterra, Francia e Giappone.

*6 dicembre* – Trattato di Londra: l'Irlanda, escluso l'Ulster a maggioranza protestante, consegue il titolo di *dominion* (territorio con semiautonomia politica) e prende il nome di «Stato libero d'Irlanda».

Il censimento effettuato in Italia rivela che il Regno ha 37.856.000 abitanti. La Francia crea una rete di alleanze attorno alla Germania per isolarla, coinvolgendo Polonia, Jugoslavia, Romania e Cecoslovacchia (Piccola Intesa).

L'attore Rodolfo Valentino si afferma nel cinema americano. Charlie Chaplin gira *Il monello*. Il canadese F.G. Banting scopre l'insulina. A. Calmette e C. Guérin producono il vaccino antitubercolare.

1922

*22 gennaio* – Muore papa Benedetto XV.

*24-25 gennaio* – Convegno sindacale dei fascisti a Bologna.

*6 febbraio* – È eletto Papa il cardinale Ratti con il nome di Pio XI.

*25 febbraio* – Primo gabinetto di Luigi Facta.

*31 luglio* – Sciopero generale di protesta contro le violenze fasciste. I fascisti rispondono intensificando le loro azioni punitive.

*3 agosto* – Occupazione di palazzo Marino a Milano da parte dei fascisti.

*24 ottobre* – Adunata fascista a Napoli.

*27 ottobre* – Facta propone la proclamazione dello stato d'assedio, che viene però respinta dal Re il giorno dopo.

*28 ottobre* – Marcia su Roma compiuta dai fascisti. Facta rassegna le dimissioni.

*29 ottobre* – Vittorio Emanuele III affida a Benito Mussolini l'incarico di formare il nuovo governo.

*25* e *29 novembre* – Camera e Senato accordano i pieni poteri a Mussolini.

*15 dicembre* – Si costituisce il Gran Consiglio del fascismo.

*30 dicembre* – Nasce l'Unione delle Repubbliche Socialiste Sovietiche (URSS).

In Inghilterra avanza il partito laburista, che diviene la seconda forza politica dopo i conservatori. Termina la guerra greco-turca, che vede i Turchi respingere con successo i Greci e dall'Asia Minore e dalla Tracia orientale; a Losanna si apre la conferenza di pace. La Gran Bretagna si vede assegnare dalla Società delle Nazioni il mandato sulla Palestina, dove la maggioranza della popolazione è araba, mentre con una percentuale nettamente inferiore vi sono ebrei e cristiani. L'Egitto è proclamato Regno indipendente con re Fuad I.

François Mauriac scrive *Il bacio del lebbroso*. Il filosofo Ludwig Wittgenstein pubblica il *Tractatus logico-filosoficus*; James Joyce l'*Ulisse*; il poeta T.S. Eliot *La terra desolata*. Muore Marcel Proust. Friedrich Murnau gira il film *Nosferatu il vampiro*; Fritz Lang *Il dottor Mabuse*. Greta Garbo inizia la carriera cinematografica. Lord Carnarvon e H. Carter portano alla luce la tomba del faraone Tutankhamen nella Valle dei Re.

1923

*gennaio* – Le squadre fasciste sono inquadrate nella Milizia Volontaria per la Sicurezza Nazionale (MVSN).

*11 gennaio* – La Francia di Raymond Poincaré procede all'occupazione della Ruhr per obbligare la Germania a rispettare le clausole per la riparazione dei danni di guerra previste dal Trattato di Versailles.

*10 luglio* – Don Sturzo rassegna le dimissioni da segretario del Partito popolare.

*24 luglio* – Trattato di Losanna: la Turchia si riappropria della Tracia orientale e dell'Anatolia; l'Italia conserva il Dodecaneso e l'Inghilterra l'isola di Cipro; gli Stretti sono smilitarizzati e aperti alla libera navigazione.

*27 agosto* – Viene trucidata in Grecia la missione italiana di armistizio guidata dal genere Tellini.

*31 agosto* – In seguito all'agguato alla missione italiana di armistizio Mussolini procede all'occupazione dell'isola di Corfù.

*29 ottobre* – Viene proclamata la Repubblica turca e Mustafa Kemal ne è il presidente; la capitale è fissata ad Ankara.

*novembre* – Fallisce a Monaco di Baviera il tentativo di *putsch* da parte di Adolf Hitler e del generale Erich von Ludendorff per rovesciare il governo bavarese.

*13 novembre* – In Italia viene introdotta la legge Acerbo che modifica il sistema elettorale: 2/3 dei seggi spettano alla lista che la maggioranza relativa.

Il ministro Giovanni Gentile attua la riforma scolastica in Italia. Il generale M. Primo de Rivera esercita una dittatura militare in Spagna con l'avallo del Re e il sostegno del clero e dei conservatori. In Inghilterra i laburisti vincono le elezioni e Ramsay Mac Donald forma il primo governo laburista.

Italo Svevo scrive *La coscienza di Zeno*; Raymond Radiguet *Il diavolo in corpo*; il poeta Pablo Neruda *Venti poesie d'amore e una canzone disperata*; Jorge Luis Borges *Fervore di Buenos Aires*. Muore la scrittrice Katherine Mansfield.

1924

*21 gennaio* – Muore Lenin. Inizia una serrata lotta per la successione tra Trotzkij, Stalin, Zinoviev e Kamenev.

*5 aprile* – Elezioni con il nuovo sistema maggioritario, che si svolgono in un clima di violenza e paura. Vince il «listone» di cui fa parte il Partito fascista: questi consegue il 64,9% dei voti e 374 seggi.

*giugno* – In Francia si affermano le sinistre (Cartello della sinistra) e nasce un governo a maggioranza socialista, al quale si oppongono gli ambienti finanziari.

*10 giugno* – I fascisti assassinano Giacomo Matteotti, esponente del Partito Socialista Unitario, colpevole di aver denunciato in Parlamento le illegalità commesse dai fascisti durante le elezioni.

*16 giugno* – Federzoni nuovo Ministro dell'Interno.

*27 giugno* – L'opposizione parlamentare si ritira per protesta sull'Aventino: i deputati acconsentono a rientrare alla Camera solo in seguito alla restaurazione della legalità e all'abolizione della Milizia.

*ottobre* – In Inghilterra tornano al governo i conservatori grazie al diffuso timore del «pericolo bolscevico».

*28 ottobre* – La Milizia giura fedeltà al Re.

*30 novembre* – L'Aventino pone la «questione morale» al regime fascista.

Francia e Inghilterra riconoscono l'Unione Sovietica.

Thomas Mann scrive *La Montagna incantata*; viene pubblicato postumo il romanzo di Herman Melville *Billy Budd, gabbiere di parrocchetto*. Muore a Kierling Franz Kafka, a Bruxelles Giacomo Puccini. George Gershwin compone la *Rapsodia in blu*. Il jazzista Duke Ellington dà vita al suo primo complesso musicale. Il quotidiano del Partito comunista «L'Unità» inizia a essere pubblicato.

1925

*gennaio* – Durante il XIV Congresso del Partito comunista russo Trotzkij è destituito dalla carica di commissario di guerra per la rivalità con Stalin.

*3 gennaio* – Dichiarazione di Mussolini alla Camera: «Assumo, io solo, la responsabilità politica, morale, storica, di tutto quanto è avvenuto». Con essa chiude la crisi apertasi il precedente 10 giugno 1924; è la fine dello Stato e del sistema liberale e l'inizio della dittatura fascista.

*5-16 ottobre* – Conferenza internazionale di Locarno: Inghilterra, Francia, Germania, Belgio, Italia, Cecoslovacchia e Polonia definiscono una politica di stabilità europea. A tal fine Germania, Belgio, Francia si impegnano a conservare le frontiere fissate dal Trattato di Versailles; la Germania rispetta le disposizioni sulla zona smilitarizzata della Renania; Germania, Francia, Belgio, Polonia e Cecoslovacchia ricorrono all'arbitrato per dirimere le vertenze, così da scongiurare conflitti futuri.

*novembre* – Un attentato organizzato dall'ex deputato socialista Tito Zaniboni contro Mussolini fallisce.

In Germania, il feldmaresciallo Paul von Hindenburg è eletto presidente della Repubblica di Weimar. L'Albania diviene una repubblica.

Eugenio Montale pubblica *Ossi di seppia*. Esce postumo *Il processo* di Franz Kafka. Virginia Woolf pubblica *La signora Dalloway*; Francis Scott K. Fitzgerald *Il grande Gatsby*, Adolf Hitler il *Mein Kampf*. Il jazzista Louis Armstrong si afferma con la sua *band*, gli *Hot Five*. S. Ejzenstein realizza *La corazzata Potëmkin*; C. Chaplin *La febbre dell'oro*. Viene terminata la prima autostrada, la Milano-Laghi. Giovanni Treccani degli Alfieri crea l'Istituto che pubblica l'*Enciclopedia italiana*.

# Bibliografia

*Una serie di contributi, divisi per area tematica, per chi volesse approfondire alcuni aspetti raccontati in questa* Storia d'Italia. *Si è scelto di privilegiare testi in lingua italiana e di facile reperibilità.*

Per l'Italia del Novecento:


P. Carlucci, *Un progetto liberale. La formazione di Sidney Sonnino (1847-1882)*, Il Campano, Pisa 2000

A. Del Boca, *La disfatta di Gasr bu Hàdi. 1915: il colonnello Miani e il più grande disastro dell'Italia coloniale*, Mondadori, Milano 2004

J. Dickie, *Una catastrofe patriottica. 1908: il terremoto di Messina*, Laterza, Roma-Bari 2008

D.J. Forsyth, *La crisi dell'Italia liberale. Politica economia e finanza (1914-1922)*, Corbaccio, Milano 1998

E. Gentile, *Le origini dell'Italia contemporanea. L'età giolittiana*, Laterza, Roma-Bari 2003

E. Minuto, *Il partito dei parlamentari. Sidney Sonnino e le istituzioni rappresentative, 1900-1906*, L.S. Olschki, Firenze 2004

A.A. Mola, *Giolitti. Lo statista della nuova Italia*, Mondadori, Milano 2006

G. Pescosolido, *Agricoltura e industria nell'Italia unita*, Laterza, Roma-Bari 2004

G. Rumi (a cura di), *Benedetto XV e la pace – 1918*, Morcelliana, Brescia 1990

G. Sabbatucci e V. Vidotto (a cura di), *Storia d'Italia*, vol. III

*Liberalismo e democrazia. 1887-1914*, Laterza, Roma-Bari 2007

Ch. Seton-Watson, *L'Italia dal liberalismo al fascismo. 1870-1925*, Laterza, Roma-Bari 1999

G. Toniolo, *Storia economica dell'Italia liberale 1850-1918*, Il Mulino, Bologna 1988

L. Trincia, *Emigrazione e diaspora. Chiesa e lavoratori italiani in Svizzera e in Germania fino alla Prima guerra mondiale*, Studium, Roma 1997

Per l'Europa del Novecento:

M. Binaghi e R. Sala, *La frontiera contesa. I piani svizzeri di attacco all'Italia nel rapporto segreto del colonnello Arnold Keller (1870-1918)*, Casagrande, Bellinzona 2008

H. Bozarslan, *La Turchia contemporanea*, Il Mulino, Bologna 2006

M. Campanini, *Storia del Medio Oriente 1798-2005*, Il Mulino, Bologna 2010

V. Dedijer, *Il groviglio balcanico a Sarajevo*, Il Saggiatore, Milano 1969

E. Di Nolfo, *Storia delle Relazioni Internazionali*, Laterza, Roma-Bari 2000

F. Fejtö, *Requiem per un impero defunto. La dissoluzione del mondo austro-ungarico*, Mondadori, Milano 1999

M. Ferro, *Nicola II. L'ultimo zar*, Laterza, Roma-Bari 1990

A. Foa, *Diaspora. Storia degli ebrei nel Novecento*, Laterza, Roma-Bari 2009

E. Goldstein, *Gli accordi di pace dopo la Grande guerra. 1919-1925*, Il Mulino, Bologna 2005

E. Hösch, *Storia dei Balcani*, Il Mulino, Bologna 2006

E. Ivetic, *Le guerre balcaniche*, Il Mulino, Bologna 2006

P.M. Kennedy, *L'antagonismo anglo-tedesco. Dalla collaborazione all'ostilità 1860-1914*, Rizzoli, Milano 1993

J.M. Keynes, *Le conseguenze economiche della pace*, Adelphi, Milano 2007

W. Laqueur, *La Repubblica di Weimar 1918-1933. I mali oscuri della democrazia europea*, BUR, Milano 2002
G. Lewy, *Il massacro degli armeni*, Einaudi, Torino 2008
C.A. Macartney, *L'Impero degli Asburgo 1790-1918*, Garzanti, Milano 1981
J.W. Mason, *Il tramonto dell'Impero asburgico*, Il Mulino, Bologna 2000
E. Nolte, *La rivoluzione conservatrice nella Germania della Repubblica di Weimar*, Rubbettino, Soveria Mannelli 2009
A. Rosselli, *Il tramonto della Mezzaluna. L'Impero ottomano nella Prima guerra mondiale*, BUR, Milano 2003
H. Schulze, *La Repubblica di Weimar. La Germania dal 1918 al 1933*, Il Mulino, Bologna 1993
Y. Ternon, *Gli Armeni. 1915-1916: il genocidio dimenticato*, BUR, Milano 2007
F. Thiess, *Tsushima. Il romanzo di una guerra navale 1904-1905*, BUR, Milano 2007
L. Valiani, *La dissoluzione dell'Austria-Ungheria*, Il Saggiatore, Milano 1985

Per la Prima guerra mondiale:

L. Albertini, *Le origini della guerra del 1914*, 2 voll., Goriziana Editrice, Gorizia 2010
S. Audoin-Rouzeau, J.J. Becker e A. Gibelli (a cura di), *La Prima guerra mondiale*, 2 voll., Einaudi, Torino 2007
D. Ceschin, *Gli esuli di Caporetto. I profughi in Italia durante la Grande guerra*, Laterza, Roma-Bari 2006
L. Del Boca, *Grande guerra, piccoli generali. Una cronaca feroce della prima guerra mondiale*, Utet, Torino 2010
E. Forcella e A. Monticone, *Plotone di esecuzione. I processi della Prima guerra mondiale*, Laterza, Roma-Bari 2008
A. Gatti, *Caporetto. Diario di guerra (maggio-dicembre 1917)*, Il Mulino, Bologna 2007
A. Gibelli, *La grande guerra degli italiani 1915-1918*, BUR, Milano 2007

—, *L'officina della guerra*, Bollati Boringhieri, Torino 2003
M. Gilbert, *La grande storia della Prima guerra mondiale*, Mondadori, Milano 2000
A. Horne, *Il prezzo della gloria. Verdun 1916*, BUR, Milano 2003
M. Isnenghi, *Il mito della Grande guerra*, Il Mulino, Bologna 2007
– e G. Rochat, *La Grande guerra 1914-1918*, Il Mulino, Bologna 2008
J. Joll, *Le origini della Prima guerra mondiale*, Laterza, Roma-Bari 1999
J. Keegan, *La Prima guerra mondiale. Una storia politico-militare*, Carocci, Roma 2004
B.H. Liddel Hart, *La Prima guerra mondiale 1914-1918*, BUR, Milano 2001
E. Lussu, *Un anno sull'Altipiano*, Einaudi, Torino 2005
P. Melograni, *Storia politica della Grande guerra 1915-1918*, Mondadori, Milano 1997
F. Minniti, *Il Piave*, Il Mulino, Bologna 2002
S. Robson, *La Prima guerra mondiale*, Il Mulino, Bologna 2002
G.E. Rusconi, *L'azzardo del 1915. Come l'Italia decide la sua guerra*, Il Mulino, Bologna 2009
G. Sabbatucci e V. Vidotto, *Storia d'Italia*, vol. IV, *Guerre e Fascismo. 1914-1943*, Laterza, Roma-Bari 1998
M. Silvestri, *Caporetto. Una battaglia e un enigma*, BUR, Milano 2010
—, *Isonzo 1917*, BUR, Milano 2007
M. Vianelli e G. Cenacchi, *Teatri di guerra sulle Dolomiti. 1915-1917: guida ai campi di battaglia*, Mondadori, Milano 2006
G. Volpe, *Il popolo italiano nella Grande guerra*, Luni Editrice, Milano-Trento 1998

Per la rivoluzione russa:

N. Boscomb, *Ammutinamento. La vera storia della corazzata Potëmkin*, Mondadori, Milano 2010

E.H. Carr, *La rivoluzione bolscevica. Da Lenin a Stalin (1917-1923)*, Einaudi, Torino 1964

R. Pipes, *I tre «perché» della rivoluzione russa*, Rubbettino, Soveria Mannelli 2006

—, *La rivoluzione russa*, Mondadori, Milano 1994

J. Reed, *I dieci giorni che sconvolsero il mondo. La cronaca della Rivoluzione d'Ottobre in presa diretta*, BUR, Milano 2010

V. Serge, *L'Anno primo della rivoluzione russa*, Einaudi, Torino 1991

A. Wood, *La rivoluzione russa*, Il Mulino, Bologna 1999

# INDICI

# INDICE DEI NOMI

# INDICE DELLE CARTINE

# RIFERIMENTI ICONOGRAFICI

© Fototeca Storica Nazionale Ando Gilardi:
1. Achille Beltrame, *L'assassinio di Umberto I*
2. *Giuseppe Zanardelli a Salsomaggiore*
3. Achille Beltrame, *La battaglia navale del 27 maggio nello stretto di Corea terminata con la sconfitta della flotta russa*
4. *Carica dei cosacchi*
5. Leopoldo Metlicovitz, *Manifesto per l'Esposizione Internazionale di Milano del 1906*
6. Mario Nunes Vais, *X Congresso del Partito Socialista*
7. *Guerra di Libia*
9. *Papa Benedetto XV*
11. *Ritirata di Caporetto*
12. *Ritratto del generale Diaz*
13. *Lenin in Piazza Rossa*
14. *Carlo I d'Austria*
16. *D'Annunzio a Fiume*

© PhotoserviceElecta/Leemage:
8. *Assassinio dell'Arciduca d'Austria e della Duchessa a Sarajevo*

© The Print Collector/Heritage-Images/Scala, Firenze:
10. *Pezzo d'artiglieria tirato dai soldati italiani durante la seconda battaglia dell'Isonzo*

© Smithsonian American Art Museum/Foto Scala, Firenze:
15. Johansen John Christen, *Firma del trattato di Versailles*

# SOMMARIO

## APPENDICE



## INDICI

Finito di stampare nel mese di marzo 2011 presso
Grafica Veneta S.p.A.
Via Malcanton, 2 - Trebaseleghe (PD)

Printed in Italy

RCS Libri

ISBN 978-88-17-04678-7